本书系2019年国家哲学社会科学基金一般项目
"新时代提高非公有制经济党的建设质量研究"
（项目编号：19BDJ015）的结项成果。

本书得到全国重点马克思主义学院、上海市重点马克思主义学院、
中共上海市委宣传部与华东师范大学共建马克思主义学院的支持。

新时代
提高非公有制经济组织
党的建设质量研究

王可园 著

天津出版传媒集团

天津人民出版社

图书在版编目（CIP）数据

新时代提高非公有制经济组织党的建设质量研究 /
王可园著 . -- 天津 : 天津人民出版社, 2025. 5.

ISBN 978-7-201-20929-6

Ⅰ. D267.1

中国国家版本馆 CIP 数据核字第 2025E0J311 号

新时代提高非公有制经济组织党的建设质量研究
XIN SHIDAI TIGAO FEI GONGYOUZHI
JINGJI ZUZHI DANG DE JIANSHE ZHILIANG YANJIU

出　　版　天津人民出版社
出 版 人　刘锦泉
地　　址　天津市和平区西康路 35 号康岳大厦
邮政编码　300051
邮购电话　（022）23332469
电子信箱　reader@tjrmcbs.com

责任编辑　王　玎
特约编辑　曹忠鑫
装帧设计　汤　磊

印　　刷　天津新华印务有限公司
经　　销　新华书店
开　　本　710 毫米×1000 毫米　1/16
印　　张　21.5
插　　页　2
字　　数　310 千字
版次印次　2025 年 5 月第 1 版　2025 年 5 月第 1 次印刷
定　　价　98.00 元

序

　　非常高兴看到我的博士生王可园又一部著作出版。王可园读博士期间从事的是农民问题研究,毕业以后,跟着我做执政党建设研究,主要聚焦非公有制经济组织党的建设,先后主持了2018年教育部人文社科青年项目"非公经济组织区域化党建参与意愿的影响因素和提升路径研究"(项目编号:18YJC710068)和2019年国家哲学社会科学基金一般项目"新时代提高非公有制经济党的建设质量研究"(项目编号:19BDJ015),本书就是后一课题的结项成果。

　　改革开放以来,我国非公有制经济从小到大、从弱到强,从社会主义公有制经济的"补充"的定位,到进一步明确是社会主义市场经济的"重要组成部分"和我国基本经济制度的内在要素,认识的深化体现党创新非公经济发展理论的思想升华。坚持中国共产党的领导、加强非公有制经济组织党的建设,始终是非公有制经济健康发展和非公有制经济人士健康成长的根本政治前提。党的十九大报告指出,要不断提高党的建设质量,注重从非公有制经济组织中发展党员。党的二十大报告强调,要加强非公有制企业党建工作。王可园的这本著作以《提高非公有制经济组织党的建设质量》为题,比较准确地把握了新时代中国共产党领导非公有制经济健康发展的关键。

　　本书在对新民主主义革命时期中国共产党关于私人资本主义的政策进行细致梳理的基础上,着重对改革开放以来我国非公有制经济和非公有制经济组织党建的互动发展进行了概括总结。以结构—过程—文化为框架,对新时代非公有制经济组织党的建设质量状况进行评估分析,从主体力量不够过硬、制度体系不够完善、运行机制不够协调和外在支持尚不得力四个方面,阐

1

明了影响非公有制经济组织党的建设质量的制约因素;从政党、国家、企业和社会四个层面阐明了非公有制经济组织党的建设质量不高的问题及其成因。最后,从把准非公有制经济组织党建正确方向、提升非公有制经济组织党建主体力量、完善非公有制经济组织党建制度体系、优化非公有制经济组织党建运行机制、创新非公有制经济组织党建方式方法和增强非公有制经济组织党建外在支持六个方面,提出了提高非公有制经济组织党的建设质量的对策建议。

总体上来说,本书有以下三个方面的优点:第一,注重历史与现实相结合。今天我们所说的非公有制经济,虽然是改革开放的产物,与历史上的私人资本完全不是一回事。但是,这并不妨碍我们从中国共产党处理与私人资本关系的历史实践中汲取有益的经验。本书对改革开放前中国共产党认识私人资本的曲折历程进行了比较深入的研究,体现了作者较为宏阔的历史视野,不是简单地就党建谈党建。

第二,注重理论与实践相结合。中国共产党建设研究既是个重大的实践问题,也是个重要的理论问题。但是,如何将二者有效结合起来却是个难题。近年来,随着中共党史党建学成为一级学科,人们越来越意识到推动中共党建研究学术化、学理化的紧迫性。但是,真正能够做到这一点的著作、文章还不多见。本书体现了作者在这方面的努力。作者既进行了扎实的田野调查工作,同时又不局限于田野调查资料的简单堆砌,而是从理论的高度强调中国共产党"将社会主义与市场经济结合起来,确实是国际共产主义运动史上的'伟大创举'"、强调非公有制经济组织党的建设体现了中国共产党强大的理论创造能力和中国政治体制的强大整合能力。尤其是中国共产党对改革开放以来出现的私营企业主等新兴经济社会群体的成功吸纳,将他们整合到现有体制当中,使他们成为现有体制的支持者而不是反对者,对中国保持经济增长和社会长期稳定起到了积极作用。中国共产党推动非公经济发展的理论,破除了西方政治社会学关于中产阶级的壮大必然推动一国政权向西方式民主转型的理论预设。这些观点都体现了作者对非公有制经济组织党的建设问题作了较为深刻的思考。

第三,注重党建研究的科学化。在中国特色社会主义进入新时代的今天,如何推动党的建设沿着科学化的轨道不断发展,仍然是摆在全党面前的艰巨任务。党建科学化的发展也需要党建研究的科学化,本书中将党的建设质量解析为"结构—过程—文化"三个维度,并以扎实的调查数据作支持,对党的建设质量三个维度进行科学的测量,而不是从概念到概念地谈党的建设质量问题,正是党建研究科学化的有益尝试。

最后,我想说的是,本书在一定程度上体现了作者勤学的精神和严谨的态度。作者攻读博士学位的专业是政治学理论,学位论文聚焦农民抗争行为研究,和中共党史党建研究有一定距离。他能够在几年中花费大量精力研究中国共产党处理与私人资本主义关系的发展历程和实践经验,又沉下心来对非公有制经济组织党的建设进行大量实践调查,在学术研究呈现浮躁现象的当下难能可贵,没有一定的定力和坚韧精神是做不到的。

作为王可园的博士生导师,我对学生取得的学术成就很是欣喜。如今,王可园已经晋升教授了,未来的学术之路还很长,充分肯定其成绩也算是一种鼓励吧。当然,作者对中国共产党建设研究也只是初窥门径,书中肯定还有许多不足之处,希望他在今后的研究中继续努力,在提高学术能力和学术水平上更进一步,以更高质量的研究成果延续自己的学术生涯。

齐卫平

(华东师范大学终身教授、博士生导师)

2025年3月7日

目　录

绪　论

第一节　选题背景与研究意义

一、选题背景

党的十九大报告指出，要"不断提高党的建设质量，把党建设成为始终走在时代前列、人民衷心拥护、勇于自我革命、经得起各种风浪考验、朝气蓬勃的马克思主义执政党"[①]。我国非公有制经济组织的庞大数量、巨大经济体量和就业容量，迫切要求加强非公有制经济组织党的建设，提高非公有制经济组织党的建设质量，这是加强新时代党的建设新的伟大工程、巩固党的执政基础的题中应有之义，是鼓励、支持和引导非公有制经济健康发展的必然要求，也是新发展阶段推动全体人民共同富裕取得更为明显的实质性进展、实现全面建设社会主义现代化国家远景目标的重要举措。因此，党的二十大报告再次明确提出要加强非公有制企业党建工作。[②]

本书的目的是在梳理中国非公有制经济的历史发展和地位变迁，以及非公有制经济组织党的建设实践演进的基础上，着重考察新时代非公有制经济组织党的建设质量及存在的问题，阐明新时代提高非公有制经济组织党建质量的内在理路，并提出提高新时代非公有制经济组织党建质量的切实可行的对策建议。

改革开放以来，随着我国从高度集中的计划经济体制向社会主义市场经

[①]《十九大以来重要文献选编》（上），中央文献出版社，2019年，第44页。
[②]《党的二十大文件汇编》，党建读物出版社，2022年，第51页。

济体制转型,我国的所有制结构也从单一的公有制转向了公有制为主体、多种所有制经济成分并存的格局。个体和私营等非公有制经济在我国所有制结构中所占的比重不断增大,在促进经济增长、提供就业机会、改善人民生活、增强经济活力、推动科技创新等方面发挥着不可替代的重要作用。四十多年来,非公有制经济已经成为我国社会主义市场经济的重要组成部分和促进社会生产力发展的重要力量。在2018年民营企业座谈会上,习近平指出,我国民营企业具有"五六七八九"的特征,即"贡献了百分之五十以上的税收,百分之六十以上的国内生产总值,百分之七十以上的技术创新成果,百分之八十以上的城镇劳动就业,百分之九十以上的企业数量"[1]。

我国非公有制经济的发展在取得巨大成就、作出巨大贡献的同时,也存在着各种各样的问题,面临着各种各样的困难。例如,有的非公有制企业经营比较粗放,热衷于铺摊子、上项目,负债过高;有的非公有制企业法治意识淡薄,甚至存在违法经营的情况;有的非公有制经济人士过于注重个人和家庭生活消费,忽视企业社会责任的履行;极少数非公有制经济人士甚至对党的路线方针政策有这样那样的疑虑。因此,改革开放四十多年来,中国的非公有制经济是在争论中艰难前进的。[2]当然,随着中国共产党对非公有制经济认识的深化,以往关于是否允许非公有制经济发展或是否允许私营企业主入党的问题已经烟消云散,非公有制经济已经成为中国特色社会主义市场经济的重要组成部分,加强非公有制经济组织党的建设成为党的建设新的伟大工程不可或缺的领域,非公有制经济组织党建实践也从早期的有形覆盖向有效覆盖深化,人们认识到,非公有制经济组织党的建设应当从组织进入向功能提升拓展[3],这必然要求提高非公有制经济组织党的建设质量。

二、研究意义

本研究的理论意义在于:一方面,深化人们对非公有制经济组织党建重

---

① 《十九大以来重要文献选编》(上),中央文献出版社,2019年,第673页。
② 张旭东:《改革开放以来关于私营经济发展的五次大争论》,《党史纵横》2008年第5期。
③ 郝晓康:《从组织进入到功能提升:非公企业党建工作研究——以上海市S企业为例》,硕士学位论文,华东师范大学,2020年。

要意义的认识。以往人们主要从党建的角度来看非公有制经济组织党的建设,本书则从巩固党的执政基础、引导非公有制经济健康发展和拓展社会治理资源三个层面,阐明提高非公有制经济组织党建质量的重要意义。另一方面,深化人们对党的建设质量的认识。与以往人们主要从党员(除特殊说明,本书中涉及的"党员"均指中国共产党员)发展质量角度看待党建质量不同,本书试图从结构、过程、文化三个维度来系统地构建非公有制经济组织党建质量的内涵框架,一定程度上深化了人们对党的建设质量的认识。

本研究的实践意义在于:一方面,探索提高新时代非公有制经济组织党建质量的有效路径。以"江浙沪"为研究对象,通过深入的调查研究,充分诊断当前非公有制经济组织党建存在的问题,概括非公有制经济组织党建质量的制约因素,提出切实可行的提高非公有制经济组织党建质量的对策建议,这将对新时代提高全国非公有制经济组织党建质量提供一定的参考借鉴。另一方面,目前关于非公有制经济组织党建的研究,更多的只是就党建谈党建,即人们通常所说的"小党建"概念,没有意识到非公有制经济组织丰富的资源在优化社会治理中的作用。本书注重通过提高非公有制经济组织党的建设质量,推动以非公有制经济组织党组织为抓手,将非公有制经济组织引入社会治理过程,加强基层党组织资源动员和服务群众的能力,提升基层党组织的群众组织力和社会号召力。

第二节　核心概念与文献综述

一、核心概念

(一)非公有制经济/组织

研究非公有制经济组织党的建设质量,首先要搞清楚什么是非公有制经济和非公有制经济组织,恰恰是这个问题不那么容易。从目前所及的文献来看,江泽民在庆祝中华人民共和国成立40周年大会上首次使用了"非公有制经济"这一概念,指出"非公有制经济在我国国民经济中所占比重和发展领域,要根据我国现实的生产力水平和客观需要来确定,不能简单地把它所占比重的大小作为衡量改革成绩的标志"①。此后,1991年党中央批转中央统战部《关于工商联若干问题的请示》中,再次使用了"非公有制经济"的概念。到党的十五大上,明确提出非公有制经济是我国社会主义市场经济的重要组成部分,这一概念逐渐在各类官方文件中被广泛使用。

那么,到底什么是非公有制经济,其内涵具体是什么,或者说它具体包括哪些经济成分? 从官方的角度来看,非公有制经济概念首先是对改革开放以后出现的个体和私营等经济成分的概括,在现行宪法及国务院的相关文件中一般表述为"个体经济、私营经济等非公有制经济"或"个体、私营等非公有制经济"。这里的"等"字就表明非公有制经济又不限于这两个经济成分。实际上,1995年9月党的十四届五中全会上,江泽民在讲话中就将外资经济也纳入了非公有制经济的范畴,强调要"在积极促进国有经济和集体经济发展的同时,允许和鼓励个体、私营、外资等非公有制经济发展,并正确引导、加强监督、依法管理,使它们成为社会主义经济的必要补充"②。1998年9月,国家统计局制定《关于统计上划分经济成分的规定》,将我国经济成分划分为公有制经济和非公有制经济,其中公有制经济包括国有经济和集体经济两种成分,非公有制经济包括私有经济、港澳台经济和外商经济三种成分。③2004年3月,时任全国人大常委会委员、全国人大法律委员会副主任委员的胡康生在解释十届全国人大二次会议通过的宪法修正案对《宪法》第十一条修改的相关内容时提到,宪法修正案将非公有制经济的主体表述为"个体经济、私营经济等非公有制经济",其意指非公有制经济不仅包括个体经济和私营经济,还包括外商投资企业等其他形式的非公有制经济成分。④

官方的这一看法在学界有很高的认可度。例如,厉以宁认为,所谓非公

---

① 《十三大以来重要文献选编》(中),人民出版社,1991年,第621页。
② 《江泽民文选》(第一卷),人民出版社,2006年,第469页。
③ 《国家统计局制定〈关于统计上划分经济成分的规定〉》,《中国统计》1998年第11期。
④ 本书编写组:《宪法和宪法修正案辅导读本》,中国法制出版社,2004年,第186页。

有制经济,是和传统的公有制经济相对应的一种所有制形式,二者的主要区别在于出资人的不同,"出资人为国家或者集体,就是国有或集体经济,即公有制经济;出资人为私人(包括自然人和私营企业),即为非公有制经济"①。郭鸿泰提出,在中国,公有制经济一般是指国有经济和集体经济,以及混合经济中的国有和集体成分。而非公有制经济则包括"个体经济、私营经济、外商投资经济、港澳台投资经济等"②。王克忠认为,公有制经济(即国有经济和集体经济)以外的经济成分都是非公有制经济范畴,"非公有制经济实际上是个体经济、私营经济、港澳台同胞投资独资经济和外商投资独资经济等经济的总称"③。王世谊也认为:"非公有制经济从理论上讲,是指国民经济成分中除公有制经济以外的其他社会经济成分。我国现阶段的非公有制经济,主要包括个体经济、私营经济、港澳台投资经济、外商投资经济以及混合经济和股份合作制经济中的非国有和非集体成分。"④陈永杰认为:"在统计分析上非公经济是指除了国有及国有控股、集体及集体控股之外的经济,包括私营个体经济、外资经济和其他非公有经济。"⑤赵丽也提出,应从所有制角度来定义非公有制经济,"所谓非公有制经济,是生产资料归私人(包括自然人和法人)所有,以营利为目的的一种经济形式。它包括内外资经济中的全部私有制成分,具体而言,它包括个体、私营、外资、混合所有制经济中的非公有成分以及港澳台地区经济"⑥。上述这些关于非公有制经济的定义,尽管并不完全相同,但内涵基本一致,即包括个体经济、私营经济、港澳台同胞投资、外商投资经济,以及混合所有制和股份合作制经济中的非国有和非集体成分。其特点在于,生产资料的私人所有、生产目的的营利性等,本书正是在这个意义上使

① 厉以宁、单忠东:《风物长宜放眼量——"非公经济36条"落实情况区域调查》,经济科学出版社,2008年,第1页。
② 郭鸿泰:《非公有制企业党建工作的理论与实践》,中央文献出版社,2002年,第7页。
③ 王克忠:《非公有制经济论》,上海人民出版社,2003年,第1页。
④ 王世谊:《非公有制经济组织党建运行机制研究:以江苏省为例》,中国社会科学出版社,2014年,第50页。
⑤ 陈永杰:《民营经济税收贡献究竟有多少》,《中国民商》2016年第2期。
⑥ 赵丽:《我国非公有制经济发展问题研究》,博士学位论文,东北师范大学,2017年。

用非公有制经济这一概念。①而非公有制经济组织,就是指非公有制经济的实施组织如公司、集团、商行、个体工商户等,或指这些组织的部分或组合。

这里还要说明一下非公有制经济和人们经常提到的民营经济的关系。一般认为,民营经济更多是学术研究中的概念,相对来说,官方文件中使用得不多。与从所有制角度来界定"公有"和"非公有"不同,"民营"更多是从经营主体的意义上与"国营"相对。单东认为:"把非国有国营的经济形式和经营方式统归于民营经济,这在概念的内涵上才能做到完整性。显然,民营经济概念的内涵比集体经济、个体私营经济更宽、更广、更大。"②李少斐认为:"民营经济不一定就是非公有制经济,尽管目前民营企业事实上是我国非公有制企业的主体,多数民营企业的资产也属于私人所有,存在雇佣劳动关系,但'民营'概念并不规定所有制性质,只是就经营主体而言才有所谓'民营',指由民间人士、民间机构、民间力量经营,不能表明经济关系的性质。"③例如,实践中,就既有国有民营的情况,也有民有民营的情况。黄孟复也提出:"广义的民营经济是对除国有和国有控股企业以外的多种所有制经济的统称,包括个体工商户、私营企业、集体企业、港澳台投资企业和外商投资企业。狭义的民营经济则不包含港澳台投资企业和外商投资企业。"④也就是说,狭义的民营经济主要是指内资民营经济。不过,从近年来习近平在多次讲话中同时使用非公有制经济和民营经济来看,这两者的内涵有很大的重合之处。因此,本书在引用相关资料时,并不对二者进行特别严格的区分,而是直接进行使用。

(二)党的建设质量

党的建设质量是党的十九大提出的新概念,但是无产阶级经典作家和中

---

① 中国共产党成立以来的百余年历史进程中,与之发生密切关联的还有诸如民族资本主义、私人资本主义、民族资本主义工商业等概念,其与改革开放后出现的非公有制经济完全不是一回事。但是,其与非公有制经济的共性在于,均属非官有、非国有,而是私人所有,也可看作当时的非公有制经济。因此,在后续相关章节的论述中,不作更多概念上的解释和区分。

② 单东:《民营经济论》,《浙江社会科学》1998年第2期。

③ 李少斐:《非公有制经济领域党建问题新论——基于组织资源开发视角的分析》,博士学位论文,天津师范大学,2006年,第24页。

④ 黄孟复:《2003年中国民营经济发展形势分析》,《中国科技产业》2004年第1期。

国共产党领导人早就对这个问题有许多重要的论述。1919年6月，列宁在《伟大的创举》一文中就指出："以健康的强有力的先进阶级作为依靠的执政党，要善于清洗自己的队伍……党员数量上的这种减少意味着党的力量和作用的大大增加。"①同年10月，列宁在《工人国家和征收党员周》一文中再次提到："徒有其名的党员，就是白给，我们也不要。世界上只有我们这样的执政党，即革命工人阶级的党，才不追求党员数量的增加，而注意党员质量的提高和清洗'混进党里来的人'。"②这里列宁直接提出了党员发展的数量和质量的辩证关系问题。

中国共产党人也很早就对提高党的建设质量问题做过相关的论述，1928年10月，毛泽东为中共湘赣边界第二次代表大会起草的决议案中提到："过去党的组织扩大，完全只注意数量的发展，没有注意质量上的加强。"③1940年10月，陈云在论及巩固大后方和敌占区党组织的发展时明确提出，党员的质量重于数量，质量上的提高，远胜于数量上的发展，培养成千上万高质量的党员，才是无敌的力量。④1951年第一次全国组织工作会议上，刘少奇提出"为更高的共产党员的条件而斗争"的要求，强调"党员必须具有比普通群众更高的觉悟程度和坚定的革命意志"⑤，实际上就是要求党员要具有更高的质量。20世纪60年代，邓小平在会见外国客人时指出："一个人数少但有战斗力的党比一个人数多而缺乏战斗力的党要强得多。"⑥2000年，江泽民指出："共产党的力量和作用，主要不在于党员的数量，而在于党员的素质。"⑦2007年，胡锦涛要求："坚持不懈地提高党员素质……提高党员发展质量，优化党员队伍结构。"⑧

---

① 《列宁专题文集（论无产阶级政党）》，人民出版社，2009年，第349页。
② 《列宁专题文集（论无产阶级政党）》，人民出版社，2009年，第222页。
③ 《建党以来重要文献选编》（第五册），中央文献出版社，2011年，第632页。
④ 《陈云文选（1926—1949）》，人民出版社，1984年，第139~141页。
⑤ 《刘少奇选集》（下），人民出版社，1985年，第67页。
⑥ 《邓小平文选》（第一卷），人民出版社，1994年，第348页。
⑦ 《江泽民文选》（第二卷），人民出版社，2006年，第555页。
⑧ 《胡锦涛文选》（第二卷），人民出版社，2016年，第655页。

进入中国特色社会主义新时代,习近平同样强调要重视党的建设质量问题。2013年全国组织工作会议上,习近平就指出:"马克思主义政党的力量和作用,既取决于党员数量,更取决于党员质量。对我们这样一个长期执政的党来说,数量应该没什么大问题,难的主要是提高质量。党组织要严格把关,把政治标准放在首位,确保政治合格。"[①]党的十九大把"不断提高党的建设质量"写入新时代党的建设总要求之中,这"标志着党中央质量强党战略新思维的形成,体现了认识党员数量和质量关系的升华,为推进新时代党的建设指明了方向"[②]。2018年全国组织工作会议上,习近平将提高党的建设质量提升到"重大课题"的高度进行了详细阐述。

那么,到底什么是党的建设质量,其基本内涵及构成要素有哪些?党的十八大尤其是十九大以来,随着这个新概念的提出,学术界对这个问题进行了深入研究。阮博较早对党的建设质量的内涵和构成做了界定,认为党的建设质量是对党的建设状况和成效的一种判断与评价,其展现的是党的建设之优劣程度。具体可从两个层面来考察,即从主体构成来看,党的建设质量包括党员干部建设质量和党组织建设质量;从内容构成来看,包括党的政治建设、思想建设、组织建设、作风建设、纪律建设、制度建设和反腐败斗争等方面的质量。[③]此后,赵付科也提出,党的建设质量是指党的建设所表现出的一种整体的优劣状态,其基本构成要素可以从政党组织和党的建设布局两个维度来考察,前者主要指党员、党的干部以及党的组织体系,后者则指党的建设内容从早期的"三位一体"到"四位一体""五位一体"至新时代"5+2"布局的拓展。[④]这大致上和阮博的看法相近。方世南等人认为,党的建设质量由宗旨、功能、效能、稳定、创新等构成,并由党内政治文化质量、党内政治生活质量、党的功能效能质量、党员队伍质量、党的先进性纯洁性持续发挥作用质量等

---

① 《十八大以来重要文献选编》(上),中央文献出版社,2014年,第351页。

② 齐卫平:《质量强党:新时代推进党的建设的战略新思维》,《新疆师范大学学报(哲学社会科学版)》2019年第2期。

③ 阮博:《不断提高新时代党的建设质量》,《中国教育报》2018年7月5日。

④ 赵付科:《党的建设质量论》,《理论探索》2020年第4期。

表现出来。①段治文等人认为,应该从五个层面把握党的建设质量的整体内涵,即全面系统的党建内容体系、科学准确的党建目标体系、完整有效的党建制度体系、严密健全的党建效果体系及科学完善的党建质量评价体系。②刘先春等人提出,应从六个方面认识中国共产党的建设质量,包括体现"以人民为中心"的理念,坚持党的建设、党的领导和党的事业相统一,推动党建标准化和实现政治效应、社会效应最大化相结合,全面从严治党取得显著成效,能够引领经济社会高质量发展,党的自我革命深入推进。③

　　上述这些研究都有各自的道理,为我们更好地理解党的建设质量提供了一定的参考。实际上,关于什么是党的建设质量,习近平有十分明确的阐述,强调其"包括要提高发展党员质量、提高教育实践活动质量、提高选人用人质量、提高党内政治生活质量、提高人才培养质量、提高党的制度建设质量,等等"④。一些学者也正是根据习近平的这一论述来认识党的建设质量的。⑤结合习近平的重要论述和学界已有的研究,我们大致赞同阮博和赵付科等人关于党的建设质量内涵的界定。就构成要素或其指标来说,借鉴相关领域既有的一些研究,⑥以及我们自己的实践调查,我们认为,高质量党的建设,应该具有合理的主体结构、顺畅的运行过程、健康的党内文化三个层面的特征。为此,我们运用关键词共现矩阵,提取结构层面的评估指标,主要包括个体(即党员)和组织(即党组织)成员的年龄、性别、教育水平等,以及党员在企业中

① 方世南、尤西虎:《提高新时代党的建设质量研究》,《中国特色社会主义研究》2018年第1期。
② 段治文、郑玥:《论"党的建设质量"内涵体系的整体性把握》,《观察与思考》2020年第3期。
③ 刘先春、陈慧瑞:《新时代提高党的建设质量的若干思考》,《兰州大学学报(社会科学版)》2021年第2期。
④《十九大以来重要文献选编》(上),中央文献出版社,2019年,第562页。
⑤ 刘红凛:《政治建设、组织力与党的建设质量——新时代党的建设三大新概念新要求》,《思想理论教育》2018年第7期。魏继昆:《以初心和使命为引领提高党的建设质量》,《当代世界与社会主义》2019年第4期。
⑥ 刘笑言、郝东明:《体制·文化·过程:当下中国政治生态现状的三维审视》,《社会科学》2016年第11期。王可园:《农村基层党组织组织力的困境及出路——基于"结构—过程—文化"视角的分析》,《江西师范大学学报(哲学社会科学版)》2020年第1期。

的行政职务情况等。运用选择实验法,提取过程层面的评估指标,主要包括内部过程(即党组织建设的标准化、规范化,党内政治生活的政治化、科学化等)和外部过程(即党组织作用发挥,如参与企业决策、引领企业发展、维护职工权益、参与社会治理等)。从政治文化层面对党员/非党员的文化心理、政治态度和政治价值观念进行分析,提取文化层面的评估指标。主要包括员工对党员、党组织的认可、认同等要素。本书对非公有制经济组织党的建设质量的考察,主要围绕以上这些方面展开。

二、文献综述

(一)国内研究综述

1.非公经济发展的基础理论与实践

非公经济是改革开放的产物,并随着社会主义市场经济体制的不断完善而迅猛发展,已经成为中国特色社会主义市场经济的重要组成部分,在当代中国经济社会生活中发挥着愈加重要的作用。与之相适应,非公经济发展的理论与实践始终是学界研究的热点议题,吸引着多领域学者进行跨学科研究,并在中国共产党认识非公经济的思想历程、非公经济的作用和地位及正确引导非公经济健康与良性发展三个方面有所突破。

第一,中国共产党认识非公经济的思想历程。对非公经济的认识与定位是科学社会主义理论的重大问题,是中国共产党探索社会主义建设道路的关键议题。历史地看,中国共产党对非公经济的认识经历了多次曲折与反复,并在理论与实践的互动中逐渐摆脱了传统社会主义观念的束缚,对非公经济的性质、作用和制度属性形成了科学认识,体现了马克思主义中国化时代化的重大突破。改革开放以来,众多学者对中国共产党发展非公经济的历史过程进行了梳理,并着重分析中国共产党全面执政后对非公经济的认识,侧重探析中国共产党对非公经济认识的历次转折及其原因。从整体上看,中国共产党对民营经济政策的百年变迁,经历了新民主主义革命时期、社会主义革命和建设时期、改革开放和社会主义现代化建设新时期、中国特色社会主义新时代四个历史阶段。

在系统勾勒其历史变迁路径的基础上,不少学者尤为关注中华人民共和国成立初期到改革开放之前党的非公经济政策变迁。一方面,学界对于私人资本主义在1949—1955年的历史命运进行了多角度的分析,对过早消灭私人资本主义的合理性存在一定程度上的争议,对私人资本主义政策变迁的深层次原因进行了探讨。不同于大多数学者聚焦于意识形态层面的分析,①王炳林从社会心理的角度指出,广大人民群众对资本主义的直观否定取代了理性分析,从而形成了资本主义消灭得越早越好的社会心理。急于求成的社会心理、当时已经出现的崇拜和依从心理对于推动私人资本主义走上"绝种"之路也产生了重要影响。②

另一方面,不少学者对中国共产党决定推动私人资本主义走上"绝种"之路后的几次认识反复进行了分析,尤其是对数次自由市场的短暂开放进行了考察:周永生以中药材采购为例,分析了1956—1958年自由市场的短暂开放。③林超超分析了1956年下半年至1957年上半年自由市场的繁荣景象,将其称作改革开放前中国计划经济的一次"异动"。④冯筱才以1958—1963年的自由市场开放政策为例,强调了其作为一种缓解饥荒的举措,对应付黑市带来的经济冲击起到了很好的作用。⑤值得注意的是,大多数学者都认为,自由市场的短暂开放,并不意味着党对于非公经济认识的本质变化,强调其只是特定环境下释放生存压力的应急之举,是对社会主义改造政策的补充,体现的是一种政策的延续,而非断裂和转折。同时,也有学者注意到,这几次自由市场开放的"异动"尝试恰恰为改革开放后中国共产党对非公经济认识的转变提供了某些理论资源。正如郭晓燕指出的那样,改革开放后,中国共产党对非公经

---

① 何薇:《新中国成立初期对私人资本主义的利用和限制》,《党的文献》2010年第1期。
② 王炳林、马荣久:《从社会心理看私人资本主义在新中国头七年的历史命运》,《中共党史研究》2006年第2期。
③ 周永生:《小土产与大市场:自由市场开放前后上海中药材采购研究(1956—1958)》,《中共党史研究》2022年第4期。
④ 林超超:《一九五六年前后的自由市场政策与城市商品供应》,《中共党史研究》2019年第1期。
⑤ 冯筱才:《一九五八年至一九六三年中共自由市场政策研究》,《中共党史研究》2015年第2期。

济的认识是一个互动性过程。一方面,个体经济的发展促进了党对非公经济认识的转变。另一方面,中国共产党自觉进行理论反思,突破传统社会主义固有观念。[①]通过回顾中国共产党认识非公经济的历史进程,学界基本明晰了社会主义市场经济条件下发展非公经济的重大意义,对于坚定改革信念,推进中国特色社会主义事业的发展,有着重要的理论意义和实践意义。[②]

第二,非公经济的作用和地位。非公经济发展理论的创新,是对社会主义初级阶段下解放和发展生产力的内在要求,是对人的理性行为及其利益诉求规律的及时反映。[③]在社会主义市场经济条件下,非公经济的作用不可小觑。新时代新征程上,如何认识非公经济的作用,事关中国式现代化的道路开拓,事关中华民族伟大复兴。当前学界对新时代非公经济的发展进行了深入分析,并侧重于考察非公经济与实现共同富裕和高质量发展的逻辑关系。其一,很多学者注意到非公经济尤其是民营经济的发展在推动全体人民共同富裕过程中的重要作用。在耦合逻辑上,陈健指出,以民营经济促进共同富裕是秉持以人民为中心的政治经济的理论创新逻辑,是传承和发展中国共产党人建党百年推动民营经济发展的历史逻辑,也是基于现阶段缩小贫富差距,适用中国式现代化道路建设进而实现共同富裕的现实逻辑。[④]在互动张力上,杨小勇、闫慧慧指出,当前推动共同富裕与民营经济发展之间存在效率与公平的协调联动性有待加强、民营经济促进共同富裕的方式和路径有待多元化、民营经济促进共同富裕的共识有待凝聚等难点。[⑤]其二,非公经济与实现高质量发展的关系。周文、司婧雯指出,民营经济关系到亿万劳动者的工

① 郭晓燕:《中国共产党对非公经济的认识与重新定位》,《中共党史研究》2007年第1期。
② 江宇:《用辩证的观点看待改革面临的重大关系》,《红旗文稿》2015年第11期。
③ 张莞洺、刘迎秋:《开拓政治经济学中国话语新境界——中国民营经济理论的创新发展》,《中国社会科学》2021年第6期。
④ 陈健:《我国民营经济促进共同富裕的难点及其化解》,《云南师范大学学报(哲学社会科学版)》2022年第4期。
⑤ 杨小勇、闫慧慧:《促进新时代共同富裕实现与民营经济发展的良性互动研究》,《中国经济问题》2023年第2期。

作与生活,关系到是否能构建起现代化经济体系。①邱海平强调,民营经济是创业就业的主要领域、技术创新的重要主体、国家税收的重要来源,在社会主义市场经济发展、农村富余劳动力转移、国际市场开拓等方面发挥了重要作用。②

　　第三,正确引导非公经济健康与良性发展。当前,非公经济受制于结构性、体制性、周期性问题,正在经历总量的阶段性震荡与趋势性收缩、结构的横向竞争加剧与纵向升级受阻、创新的质量下降与转型动能不足三重压力。③如何正确引导非公经济健康和良性发展?在政策环境创设上,邢中先认为,新时代对民营经济政策要立足于"新发展阶段",引导民营经济参与国有企业混合所有制改革;要着眼于"中国特色",统筹国有经济和民营经济协同发展。④除了制度创设,周文、司婧雯指出,实现民营经济高质量发展,不仅需要国家进行制度保障和价值引领,而且需要民营企业的自身努力来转型升级和调整布局,强调既要提供外部条件,又要激发内部动力。⑤而激发内部动力,关键是要做人的工作,强化对非公经济人士的培养。对此,不少学者认为要不断畅通非公经济人士的政治参与渠道。⑥除了非公经济人士,徐军还注意到了自由择业的知识分子同非公经济发展的内在联系。⑦除了畅通政治参与渠道,要进一步加强思想政治教育建设,强化意识形态的引领力。林建华认为,民营经济领域意识形态工作是中国共产党意识形态工作不可或缺的重要组

① 周文、司婧雯:《民营经济发展与共同富裕》,《财经问题研究》2022年第10期。
② 邱海平:《实现民营经济健康发展、高质量发展——深入学习习近平总书记关于发展民营经济的重要论述》,《人民论坛》2023年第7期。
③ 任晓猛、钱滔、潘士远:《新时代推进民营经济高质量发展:问题、思路与举措》,《管理世界》2022年第8期。
④ 邢中先:《百年回眸:中国共产党民营经济政策发展的历史演进与内在逻辑》,《企业经济》2021年第6期。
⑤ 周文、司婧雯:《民营经济发展与共同富裕》,《财经问题研究》2022年第10期。
⑥ 王可园:《习近平关于促进非公有制经济发展的重要论述及其价值》,《福州大学学报(哲学社会科学版)》2021年第3期。
⑦ 徐军:《非公经济人士和自由择业知识分子政治参与的比较研究》,《学习与实践》2012年第6期。

成部分,在党的意识形态工作中的地位和作用日益凸显。[1]通过对非公经济领域意识形态状况的调研,有学者发现,民营经济领域意识形态呈现出总体良性、积极、健康的主流状况与态势,但同时存在着思想认识混乱与模糊的现象,[2]并强调坚定地贯彻和推进党的路线方针政策,以实际行动做好党的路线方针政策的宣传者、实践者,是做好民营经济领域意识形态工作的根本前提。[3]

2.非公经济组织党建的功能作用

非公经济组织党建的功能问题是非公经济党建的重要议题。受国家—社会关系理论的影响,大多数学者将非公经济党建置于国家与社会关系互动的背景下,考察非公党建工作的质量效能。但是,在这一过程中,尚存在分析对象局限于党组织和私营企业主、分析维度不清晰不全面的问题。[4]事实上,社会层面除了企业主体,还存在其他维度。总的来说,非公经济党建涉及国家、企业主体、职工群众、社会公众四大主体。当前学界也大致从上述四大主体入手,兼顾定量研究与定性分析,对非公经济党建工作的基本功能进行了较为深入的考察。

第一,国家层面。当前很多学者将非公经济党建概括为"政党入企",强调企业和国家之间的互动逻辑。[5]林兴初从政党统合的角度出发,认为非公经济党建工作是巩固执政根基的必然举措,是夯实国家结构稳定性的应有之义。[6]李俊也强调,非公经济党建能够增强新经济人士的政党认同,激发党建工作内生性动力,夯实党的执政根基。[7]一般来说,非公经济组织主要是通过

---

① 林建华:《民营经济领域意识形态现状及问题研究——基于部分民营企业出资人和职业经理人的调查分析》,《毛泽东邓小平理论研究》2016年第4期。
② 黄一玲:《整合视野下非公经济组织中党组织拓展研究》,《求实》2016年第1期。
③ 林建华:《民营经济领域意识形态现状及问题研究——基于部分民营企业出资人和职业经理人的调查分析》,《毛泽东邓小平理论研究》2016年第4期。
④ 姚靖:《政党入企:国家与社会双向赋能的中国实践》,《党政研究》2021年第4期。
⑤ 姚靖:《政党入企:国家与社会双向赋能的中国实践》,《党政研究》2021年第4期。
⑥ 林兴初:《基层党建的实践逻辑和经验启示——基于浙江台州市的考察分析》,《北京工业大学学报(社会科学版)》2012年第1期。
⑦ 李俊:《非公企业党建内在动力培育研究——基于政党认同的视角》,《中共天津市委党校学报》2012年第2期。

两种方式建立政治联系：一是非公经济人士获取政治身份，二是在非公经济组织内部建立党组织。①何晓斌、柳建坤发现，设立党组织可以显著提升企业政治地位，并且这一效应要强于政治身份的作用。具体而言，设立党组织和政治身份都可以缓解企业受到的资源约束，但前一种方式的作用更强。②与之有所不同，章高荣则认为，规模以下的非公企业主更倾向于加入民主党派，从而扩大其获取政协委员等政治身份的可能性，并认为在企业内部建立党组织虽然能够同政党建立政治关联，但是实际效果并不理想。这主要是因为绝大部分非公企业都是同乡镇和街道对接，政治关联的级别较低。因此，"相比其他手段的政治关联，基层党组织的嵌入可能更具符号意义，在建立实质的政治关联上相对作用较小"③。

第二，非公经济组织层面。有党组织和没有党组织、党建工作做得好和党建工作做得不好的区别在哪？党建工作对于非公经济组织能够产生哪些作用？上述问题的答案直接影响非公经济党建工作的积极性。非公经济组织是社会主义市场经济条件下自负盈亏的单位，如果党建工作不能为非公经济组织直接或间接带来经济、政治、社会效益，则会遏制非公经济组织党建工作的动力生成。④

当前学界多采用定量研究方法，考察党建工作同非公经济组织某种能力之间的关系。谢健、付映杰基于对温州34家民营企业的调查，着重考察了党建工作与企业可持续发展能力之间的关系。当前，民营企业正处于转型升级的重要阶段，一个企业想要走得远、走得好，就必须具备可持续发展能力。企业可持续发展能力包括硬实力和软实力两个方面。企业党建工作有益于企

① 弓联兵在其博士论文中，将执政党对于私营企业的政治统合归纳为两条路径，即自上而下的组织嵌入和自下而上的政治吸纳。具体参见弓联兵：《政治吸纳与组织嵌入——执政党统合私营企业的逻辑与路径分析》，博士学位论文，复旦大学，2012年。
② 何晓斌、柳建坤：《政治联系对民营企业经济绩效的影响研究》，《管理学报》2020年第10期。
③ 章高荣：《组织同构与治理嵌入：党建何以促进私营企业发展——以D市J科技园企业党建为例》，《经济社会体制比较》2019年第6期。
④ 李俊：《非公企业党建内在动力培育研究——基于政党认同的视角》，《中共天津市委党校学报》2012年第2期。

业硬实力和软实力的全面提升,对企业制度创新、企业文化角色扮演及协调劳资关系、构建和谐企业具有重要促进作用。①刘一鸣、王艺明基于马克思主义劳动价值论构建了企业劳动生产率经济指标,采用2002—2016年中国私营企业调查数据(CPES),实证研究了民营企业基层党建对其劳动生产率的影响。研究发现,在民营企业中设立党组织可以显著提升企业的劳动生产率,显著提升劳动者的努力程度。②董志强、魏下海利用2010年中国私营企业调查数据,对党组织在民营企业中的作用进行经验评估,并发现民营企业党组织能够显著改善职工权益,这种改善主要通过集体呼吁和党政呼吁两个途径来实现。此外,党组织也能显著提高民营企业的个人劳动合同和集体合同的签订率及企业的人均培训费支出。值得注意的是,"一肩挑"(企业负责人兼任党组织书记)党建模式的民营企业,在改善职工权益方面表现更为积极。③

近年来,党建也是生产力的观点在学术界颇受认可,④但持该观点的研究尤其是实证研究大多只做了建立党组织与不建立党组织的区分,并未区分已建立党组织企业的党组织运作成效,造成了非公企业党建效能被夸大的现象。⑤调研发现,非公企业党建效能存在较为明显的极化现象,突出表现为:越是生产经营好的企业开展党建工作的积极性越高,党建工作的效能越好,对企业自身发展的促进作用就越大;越是生产经营不理想的企业开展党建工作的积极性越差,党建更多的只是具备仪式性的特征。⑥

第三,职工群体层面。非公经济组织党建是党的组织扩张和组织覆盖的

---

① 谢健、付映杰:《民营企业党建与企业可持续发展研究——基于温州34家民营企业的调查》,《中共福建省委党校学报》2013年第2期。

② 刘一鸣、王艺明:《民营企业党建与劳动生产率——一个政治经济分析》,《经济科学》2022年第6期。

③ 董志强、魏下海:《党组织在民营企业中的积极作用——以职工权益保护为例的经验研究》,《经济学动态》2018年第1期。

④ 何轩、马骏:《党建也是生产力——民营企业党组织建设的机制与效果研究》,《社会学研究》2018年第3期。

⑤ 姚靖:《政党入企:国家与社会双向赋能的中国实践》,《党政研究》2021年第4期。

⑥ 姚靖:《非公企业党建效能极化现象的形成机理与破解路径》,《湖北社会科学》2023年第5期。

重要内容。①当前非公经济组织党建研究过于强调"自上而下"的组织推进，强调党组织对非公经济组织空间的组织统合与组织嵌入，一定程度上忽视了非公经济党建对于职工群体的影响。②非公经济吸纳了大量农村进城务工人员等相对弱势群体，囿于受教育水平偏低，这一群体的维权意识较差，通过非公经济党建这一"政党入企"实践，能够为保护弱势群体、维护社会秩序拓宽渠道。③基于此，部分学者聚焦非公经济党建同职工群体的互动过程，对非公经济党建的功能发挥进行再阐释。刘玥玥、席猛以安徽虹亚集团党组织的活动内容为实践样本，探讨了民营企业党组织具体功能对促进企业劳动关系和谐发展的作用机制。④刘长庚、王宇航、江剑平基于2011年、2013年中国私营企业调查数据，使用处理效应模型和熵平衡法估计了民营企业党组织对企业劳动收入份额的影响及其机理，发现民营企业建立党组织能够强化员工权益保护，提高劳动收入份额。⑤

　　第四，社会公众层面。在国家脱贫攻坚战略背景下，参与精准扶贫是企业履行社会责任的重要方式。祝丽敏、赵晶、孙泽君以2013—2018年A股民营上市公司数据为样本，研究了党组织建设对企业参与精准扶贫的影响，并发现非公党建能够有效促进企业精准扶贫。在扶贫重要性高、政治信任程度高的地区和员工人数多的企业中，党组织建设对企业精准扶贫的促进作用更大。⑥余威选择2007—2016年A股非金融类民营上市公司为研究样本，聚焦党组织的公司治理作用，实证检验了党组织参与治理对企业慈善捐赠决策的

---

① 弓联兵：《政治吸纳与组织嵌入——执政党统合私营企业的逻辑与路径分析》，博士学位论文，复旦大学，2012年。
② 焦连志、桑玉成：《"回归社会"：非公经济组织党建的理念变革与创新》，《理论探讨》2015年第5期。
③ 姚靖：《政党入企：国家与社会双向赋能的中国实践》，《党政研究》2021年第4期。
④ 刘玥玥、席猛：《民营企业党组织对促进企业劳动关系和谐发展的作用研究——以安徽虹亚集团为例》，《中国人力资源开发》2018年第2期。
⑤ 刘长庚、王宇航、江剑平：《党组织能提高企业劳动收入份额吗？——基于中国民（私）营企业调查数据的实证研究》，《上海财经大学学报》2022年第1期。
⑥ 祝丽敏、赵晶、孙泽君：《党组织建设对企业社会责任承担的影响机理研究》，《经济理论与经济管理》2023年第3期。

影响,并发现党组织参与治理确实提高了民营企业的慈善捐赠水平。①原东良、周建通过定量分析,发现设立党组织的民营企业参与光彩事业的可能性更高,即非公党建可以促进民营企业参与光彩事业,并强调非公党建通过企业家自我认知和统战教育两个渠道影响民营企业参与光彩事业。②

3.非公经济组织党建的实践过程

当前关于非公经济组织党建实践的研究主要基于结构功能主义视角,从宏观制度框架和微观行动逻辑两个方面展开。任何党建实践过程,都是党建制度与行动主体互动的过程。前者具有规范性、稳定性特征,是制度化实践的基本要素,而后者是党建主体的操作化实践,体现出一定的组织自主性。

第一,以"嵌入性"为核心的非公经济党建的制度框架。当前关于非公经济党建的研究主要借助"嵌入性"视角,探察非公经济党组织的行动逻辑,形成了以"嵌入性"为核心的理论研究框架。其中,组织嵌入是非公经济党建工作开展的组织前提。在权力授予层面,组织嵌入具有自上而下的推动性特征;在权力结构层面,组织嵌入具有由内至外的外置性特征。③组织嵌入的方式与路径直接关系到党组织的生存根基。硬性嵌入必然会激化企业与党组织之间的矛盾。当然,正如肖红军、阳镇、张哲指出的那样,"党组织嵌入不仅仅是一个组织或部门嵌入于既有的组织结构之中,并对组织的运营管理行为产生影响,更包括特定价值体系、特定组织实践惯例、特定组织使命理念的嵌入与融合"④。党组织的嵌入只是政党价值目标实现的前提与基础,而非最终目的。⑤

---

① 余威:《党组织参与治理的民营企业更"乐善好施"吗?——基于慈善捐赠视角的实证检验》,《云南财经大学学报》2019年第1期。
② 原东良、周建:《非公党建能够促进民营企业参与光彩事业吗——基于第十一次全国私营企业调查的微观数据》,《当代财经》2020年第5期。
③ 徐敏:《自我弥合:非公有制企业党组织的"策略性生存"——基于上海市八家企业的考察》,硕士学位论文,华东师范大学,2023年。
④ 肖红军、阳镇、张哲:《私营企业党组织嵌入、企业家地位对企业社会责任的影响》,《管理学报》2022年第4期。
⑤ 徐敏:《自我弥合:非公有制企业党组织的"策略性生存"——基于上海市八家企业的考察》,硕士学位论文,华东师范大学,2023年。

具体而言,组织嵌入完成之后,如何实现价值、资源、行动的嵌入则是非公经济党建的难点和痛点。①其一,价值嵌入。价值引领是非公经济党组织对生产经营活动施加影响的重要方式。不少学者强调,党建文化与企业文化的融入是企业党建工作的必然要求,②并认为社会主义核心价值体系与非公企业党建具有内在一致性,在内涵和功能上具有结构性关联。③但也有学者提出党建文化与大众文化之间的结构性张力,并强调提升社会主义核心价值观对于党建工作的引领力。④其二,行动嵌入。行动嵌入主要依赖党员个体先锋模范作用的发挥,通过实实在在的工作,使党员自觉地亮明身份,更好地发挥模范带头作用,让个体的先进性同党员身份发生关联。⑤其三,资源嵌入。非公经济党组织的资源整合能力事关非公经济组织党建的水平与质量。⑥党组织的资源获取不仅依赖于上级党组织、所在企业,也依赖于整个社会系统。⑦当前研究聚焦于社会系统对于非公有制企业党建工作的支撑性作用。⑧尤其是在区域化党建视域下,非公企业党组织的资源整合能力直接关系到党组织生存与发展的空间拓展。⑨

以"嵌入性"框架为核心的理论分析有效透视了非公经济党建的结构性要素,对廓清非公经济党建的运行逻辑大有裨益。⑩但是,过于依赖"嵌入性"

① 王世谊、王婷:《近年来非公企业党的建设研究述评》,《新视野》2011年第6期。
② 王世谊、郭昭如:《代际分析下的非公有制经济组织基层党组织网络建设分析》,《云南行政学院学报》,2011年第1期。
③ 刘林:《社会主义核心价值体系引领非公企业党建工作研究》,《中共成都市委党校学报》2020年第6期。
④ 刘笑言:《党治社会:区域化党建过程中的内卷化倾向研究》,《社会科学》2020年第6期。
⑤ 戴焰军:《把握非公企业党建的普遍性与特殊性》,《中国党政干部论坛》2018年第8期。
⑥ 章高荣:《组织同构与治理嵌入:党建何以促进私营企业发展——以D市J科技园企业党建为例》,《经济社会体制比较》2019年第6期。
⑦ 王世谊:《新经济组织党的建设运行机制探索——以苏南地区为例》,《中共中央党校学报》2009年第1期。
⑧ 王世谊、王婷:《近年来非公企业党的建设研究述评》,《新视野》2011年第6期。
⑨ 汪仲启:《空间结构变迁与城市基层党建发展——以我国城市商务楼宇党建实践为例》,《理论视野》2020年第1期。
⑩ 王世谊、方世南:《苏南发达地区非公有制经济组织党建运行机制研究》,《苏州大学学报(哲学社会科学版)》2010年第6期。

的结构性分析,一定程度忽视了党建实践的复杂样态和多元行动主体的能动性作用。对此,也有学者试图利用"嵌入性自主""包容性耦合"等理论分析工具,深入非公经济党建的过程性分析。①

第二,以"能动性"为核心的非公经济党建的行动逻辑。正如陶周颖、王瑜强调的那样,非公经济党建"不仅需要党组织以结构、权威、资源等差异化的主体形式嵌入其中,也需要党组织充分发挥相对应的功能优势"②。结构嵌入的目的在于功能的有效发挥,而组织功能的发挥依托于组织自身对于现存环境结构的利用、改造。③当前不少学者侧重于厘清党建实践中多元行动主体之间的互动逻辑,以及单个行动主体适应环境的应对逻辑。

其一,非公企业党务工作者群体的行动逻辑。姚靖基于实证调研,对非公企业党务工作者群体的行动逻辑进行考察,将其概括为"凑合式作为",并从十分有限的"人力资源"、进退两难的特殊工作场域、"弱激励—弱问责"的制度设计三个方面,阐释基层非公企业党务工作者"凑合式作为"的形成机理。④

其二,非公经济人士的行动逻辑。邱观建、付佳迪着重考察了非公党建中企业家的行动逻辑,认为企业家的政治关联和非公党建的组织依赖之间是一种多元共生的关系:当企业家的政治关联弱、组织依赖弱时,容易造就分离型的企业家;当企业家政治关联弱、组织依赖强时,容易造就分离合意型的企业家;当企业家政治关联强、组织依赖强时,容易造就合意型的企业家;当企业家政治关联强、组织依赖弱时,容易造就合意分离型的企业家。四种类型的企业家的行动逻辑分别是"戴红帽子""股份合作"或"戴洋帽子""组织惯

① 张慧:《嵌入性理论:发展脉络、理论迁移与研究路径》,《社会科学动态》2022年第7期。胡博成:《包容性耦合:非公企业党建与基层社会治理的内在逻辑研究》,《中共福建省委党校学报》2018年第11期。
② 陶周颖、王瑜:《主体嵌入与功能融入:基层协商治理中党组织的行动逻辑分析——基于苏州市L社区"民生协商项目"的个案研究》,《学习论坛》2022年第4期。
③ 徐敏:《自我弥合:非公有制企业党组织的"策略性生存"——基于上海市八家企业的考察》,硕士学位论文,华东师范大学,2023年。
④ 姚靖:《"凑合式作为":基层非公企业党务工作者行为的一种理论解释——基于Y市G高新区的实证分析》,《理论月刊》2021年第7期。

性""多元主体共治"①。

其三,非公经济党建"积极分子"的行动逻辑。非公企业党务工作者是非公企业党建的重要主体,其往往在基层党建实践中充当主导角色。然而,仅仅依靠基层党务工作者是难以高效完成党建任务的。在具体党建实践中,党务工作者会培育非公经济党建工作的"好帮手",充实党建工作力量。付佳迪、高红波则构建了"积极分子"的解释框架,从党组织力量和社会网络两个重要维度,考察了四种不同类型的非公党建行动者有可能成为积极分子的情况。其中,越靠近党组织力量和社会网络,他们成为积极分子的可能性就越大,付佳迪、高红波还指出积极分子与政治结构的稳定性之间存在正向关系,积极分子能够促进政治结构的稳定。因此,执政党可以通过调动积极分子的积极性,以实现党组织有效嵌入公司治理和改善执政党与社会的关系,从而促进政治结构的稳定。②

当前学界对非公经济组织党务工作者、非公企业家、非公党建"积极分子"等群体的行动逻辑进行了研究,并基本勾勒出了各个行动主体之间的互动逻辑。正如付佳迪、高红波所说:"在国家的政治结构中,以私营企业主为代表的新社会阶层是国家政治稳定的安全阀,而在非公企业的政治结构中,党组织活动中的积极分子是企业内部政治稳定的安全阀。"③非公经济党建实践中,多元主体的良性互动是非公经济党建有效运行的关键,更是夯实国家政治结构稳定性的重中之重。④值得注意的是,多个行动主体之间的互动逻辑反映出了一种不同于党建制度框架的"差异化"逻辑,这种"差异化"虽有悖于部分党建要求,但确是基层党建实践中的真实样态,具有一定的合理性。

① 邱观建、付佳迪:《从"戴红帽子"到"多元主体共治":非公党建中企业家的行动逻辑》,《社会科学研究》2016年第1期。
② 付佳迪、高红波:《积极分子与政治结构的稳定性——基于非公党建行动者策略的考察》,《社会主义研究》2016年第6期。
③ 邱观建、付佳迪:《从"戴红帽子"到"多元主体共治":非公党建中企业家的行动逻辑》,《社会科学研究》2016年第1期。
④ 弓联兵:《政治吸纳与组织嵌入——执政党统合私营企业的逻辑与路径分析》,博士学位论文,复旦大学,2012年。

4.非公经济组织党建的难点

其一,党建工作和业务工作的有机结合难。郑长忠认为,实现党建工作与以民营企业为代表的非公企业的有机融合,推动二者的良性互动是实现中国特色现代企业形态发展与定型的关键所在。[①]当前,非公经济党建最突出的问题是未能与经济活动紧密结合,特别是在组织内部治理中位置"缺失",导致出现非公经济党组织"边缘化"现象。[②]

其二,非公经济党建工作的合法性不足。合法性问题是提升非公经济党建有效性的"先天性"难题,[③]这主要是由非公经济党组织的外部嵌入的结构性特征所致。[④]围绕党的执政合法性问题的探讨一直在持续中,由此产生了在非公有制经济是否应该建立党的组织,能否开展党的工作等问题。[⑤]

其三,非公经济党建人才队伍质量参差不齐。非公经济党建人才队伍是非公经济党建的中坚力量。部分非公经济党组织缺乏对体制外党建环境特殊性、复杂性的深刻认识,将体制内党建机制"移植"过来,使非公经济党建的工作目标、途径和方式与非公经济空间的自身特征和发展要求脱节,进而最终造成党组织"边缘化"。[⑥]而造成这一现象的原因主要是党建工作者的能力问题和积极性问题,即"干不了"和"不想干"。一般说来,非公企业党组织书记整体素质不高,要么年龄偏大、学历偏低,要么兼任企业的其他职务,缺乏既熟悉党务工作又精通企业经营管理的书记。[⑦]

其四,非公经济组织文化与党建文化之间的分歧。作为生产经营的市场

---

① 郑长忠:《党建工作与非公企业有机融合的逻辑、空间与机制》,《毛泽东邓小平理论研究》2019年第11期。
② 初明利:《嵌入公司董事会的民营企业党建机制创新研究》,《兰州学刊》2011年第4期。
③ 赵大朋:《新形势下"两新"党组织功能的激活与实现:挑战与对策》,《理论月刊》2019年第2期。
④ 徐敏:《自我弥合:非公有制企业党组织的"策略性生存"——基于上海市八家企业的考察》,硕士学位论文,华东师范大学,2023年。
⑤ 常胜:《非公企业党建合法性探究》,《理论月刊》2013年第9期。
⑥ 初明利、张敏:《民营企业党建嵌入公司治理的思路与模式》,《天津师范大学学报(社会科学版)》2011年第1期。
⑦ 王永华:《加强非公企业党建工作:问题与对策》,《中共天津市委党校学报》2016年第3期。

主体,非公经济组织在组织行为和管理制度上会形成鲜明的利益导向。不少非公企业中的党组织还不能深刻认识企业文化与政党文化之间的区别与联系,在以党建文化引领企业文化方面缺乏手段。①强行推进党建文化只能造成非公企业主的抵制,或者影响非公经济组织正常经营和管理,使得二者之间产生文化价值裂痕。②

5.非公经济组织党建的优化路径

非公经济党建是一个实践性议题,当前诸多相关研究都是围绕非公经济党建实践的效能提升展开,着眼于突破桎梏非公经济党建质量提升的关键性因素,从理论武装、价值引领、制度创设、动力生成等方面入手,为夯实党建工作提供方法借鉴。

其一,强化政治保障。强化非公经济党建的政治引领是当前学界的基本共识。当代中国非公经济的缘起具有浓厚的政治色彩,并非市场转型的自然结果。③因此,探察非公企业尤其是民营企业的行动逻辑时,要将其同中国特色社会主义市场经济体制背景相结合。郑长忠从政治生态和文化生态入手,明确中国特色社会主义性质是非公企业发展必须遵循的重大政治原则。而对于非公企业来说,党建工作是保证企业遵循中国特色社会主义性质的重要机制。④此外,也有学者从现实角度来看,强调夯实非公经济党建的政治保障不仅是“党领导一切”原则的内在要求,更是现有党建资源结构性条件下的应然之举。⑤李明伟、宋姝茜认为,要不断提高党建工作的发展力、凝聚力、创造力,就必须紧紧围绕新时代非公企业党的基层组织建设的时代目标与创新理

---

① 赵大朋:《新形势下“两新”党组织功能的激活与实现:挑战与对策》,《理论月刊》2019年第2期。

② 蔡文华:《组织融合与文化协同:非公企业党建工作难点及其解决之道》,《理论导刊》2017年第7期。

③ 弓联兵:《政治吸纳与组织嵌入——执政党统合私营企业的逻辑与路径分析》,博士学位论文,复旦大学,2012年。

④ 郑长忠:《党建工作与非公企业有机融合的逻辑、空间与机制》,《毛泽东邓小平理论研究》2019年第11期。

⑤ 翁兆祥:《非公有制企业党组织覆盖问题研究——以2000年以来黑龙江省绥芬河市为例》,硕士学位论文,吉林大学,2017年。

念,结合党和国家的最新战略需求,探讨非公企业基层党组织建设的新方法,为基层党组织的建设工作提供新思路与新模式。①

其二,夯实技术支撑。互联网时代下,信息技术广泛应用于基层社会治理与基层党建实践中。具体而言,信息网络技术的深入发展给非公经济党建带来了深远影响:一方面,对非公经济党建工作提出了更高的要求,催生了非公经济党组织的建设模式、方式的更新迭代,为提升非公经济党建质量提供了新的发展契机。另一方面,对非公经济党组织的思想文化建设和群众工作能力提出了挑战。信息化时代,社会群体的价值倾向日趋多元,社会不良思潮的影响日益加剧。在这一环境下,非公经济党组织如何应对这些挑战,并将其转化为推动党建工作高质量发展的动力,是非公经济党组织贯彻落实新时代党的建设总要求和非公企业适应经济发展新常态的必然要求。基于此,不少学者提出要提升非公经济党建的"智能化"水平,并结合信息化时代的特征,推动非公企业党组织的转型。例如,王鹏、周金龙指出,要以提高党组织党务管理能力为目标,实施组织转型;以密切党群关系为出发点和落脚点,调适党组织工作方式、方法;以思想建设为重点实行文化嵌入。②此外,也有学者注意到了网络技术应用于非公经济党建工作的界限,认为要防止非公经济党建工作中的"技术异化"现象。③

其三,完善制度体系。推进非公经济党建的制度化运作是非公经济党建研究的重要价值取向。④构建什么样的非公经济党建制度体系?一方面,关于非公经济党建制度体系的总特征,岳伟强调要增强党建工作制度体系的动态平衡性,提升非公经济党建管理制度、工作要求等各元素的适配性。⑤胡博

① 李明伟、宋姝茜:《新时代非公企业基层党组织建设质量提升探究》,《新视野》2019年第5期。
② 王鹏、周金龙:《信息化背景下非公企业党建如何高质量发展》,《东岳论丛》2021年第8期。
③ 洪向华、解超:《智能技术赋能基层党建的顶层设计、底层逻辑与发展前景》,《中共天津市委党校学报》2022年第5期。
④ 王世谊、王婷:《近年来非公企业党的建设研究述评》,《新视野》2011年第6期。
⑤ 岳伟:《新时代非公企业党建:价值澄明与策略选择——基于上海市JD区的调研》,《中国延安干部学院学报》2020年第2期。

成注意到体制内外党建工作的隔阂现实,提出要打通非公企业党建与基层社会各个主体之间的体制间隙,要以乡镇和非公企业两级党组织为依托,建立稳定的非公企业党建和基层社会治理的领导协调组织架构,通过定期和不定期的组织协调活动,充分释放非公企业党建的社会治理效能。①另一方面,就非公经济党建的运行机制而言,当前学界紧贴党建实践的最新动态,及时提炼最新的党建创新模式。其中,林常颖就对非公党建项目化运作进行了细致考察。所谓非公党建工作项目化机制是将经济工作中的项目管理模式引入非公党建工作,运用项目管理的思想、策略、手段和方法,将民营企业发展目标和非公党建工作任务,整合、化解为一个个具体可操作的党建工作项目,并遵循党建工作规律和非公企业经营管理规律,进行主题化谋划、项目化管理、系列化运作,加强党的自身建设,促进民营企业健康快速发展。②此外,不少学者也关注到了非公经济党建工作的评价制度。③党建评价体系是党建工作的"指挥棒"和"助推器",对基层党建工作有着重要引领和规范作用。④王世谊更是考察了规模以上非公企业党建绩效考核评价体系,认为考评机制要科学运用效益评价方法和程序,不仅要体现新时期规模以上非公企业党的建设的目标定位、本质特征、时代特点、区域特色和发展趋势,而且应当充分体现科学发展观的发展理念。⑤

其四,优化功能结构。优化非公经济党组织的功能结构是提升非公经济党建质量,破除非公经济党建的机制梗阻的应有之义。政党组织是政治性和社会性的统一体。如何合理配置非公经济党组织的功能结构,实现非公经济党建的效能提升也是当前学界关注的焦点议题。一方面,很多学者关注到,

---

① 胡博成:《包容性耦合:非公企业党建与基层社会治理的内在逻辑研究》,《中共福建省委党校学报》2018年第11期。

② 林常颖:《非公党建工作项目化运作研究——以泉州市为例》,《中共福建省委党校学报》2016年第5期。

③ 王世谊、王婷:《近年来非公企业党的建设研究述评》,《新视野》2011年第6期。

④ 任映红:《非公企业党建评价体系的探索与构建》,《江汉论坛》2007年第1期。

⑤ 王世谊:《建立促进科学发展的规模以上非公企业党建绩效考核评价体系——以江苏省为例》,《理论探讨》2012年第1期。

调试党组织功能结构,推动党组织功能的切实性发挥是非公经济党建"有形覆盖"的重中之重。正如郭为桂指出,在实现"组织覆盖"和"工作覆盖"后,整体上不应该过度追求非公党建的形式构建和组织创新,而应该把主要精力放在规范性功能的发挥上。要把提升内在组织力作为工作重心,[①]而这主要取决于非公党建一线行动者,特别是非公党组织书记和党建指导员的能动性。[②]王玉鹏、李鑫也关注到了"有效覆盖"的重要性,强调要积极构建党建与社建深度融合的大党建覆盖格局,依托"互联网+党建"打造非公企业党建"有效覆盖"的信息化平台,促进非公企业党建功能的精准化、精细化,整体性提升非公企业党建"有效覆盖"的广度和深度。[③]另一方面,"有效覆盖"不仅强调功能覆盖的强度,还指涉功能发挥的适配性,即非公经济党组织的功能发挥应是社会所实际需要的。[④]正如焦连志、桑玉成所倡导的,新时期推进非公经济组织党建工作需要一种"回归社会"的视角,关注政党对社会的"回归"、关注在非公经济组织这一新社会空间中政党与各方面关系的重新调适。[⑤]

其五,建强人才队伍。非公党建工作的质量同党建工作队伍的能力素养直接相关。当前,学界对党建工作的两支队伍即党组织书记队伍和党建工作指导员队伍进行了深入研究。[⑥]也有一些学者基于地方性的创新实践,提出

[①] 赵大朋:《新形势下"两新"党组织功能的激活与实现:挑战与对策》,《理论月刊》2019年第2期。

[②] 郭为桂:《在结构与行动之间:非公有制经济领域党的组织力成长略考》,《长白学刊》2019年第1期。

[③] 王玉鹏、李鑫:《非公企业党建"有效覆盖"的现实困境及破解路径》,《中州学刊》2020年第10期。

[④] 翁兆祥:《非公有制企业党组织覆盖问题研究——以2000年以来黑龙江省绥芬河市为例》,硕士学位论文,吉林大学,2017年。

[⑤] 焦连志、桑玉成:《"回归社会":非公经济组织党建的理念变革与创新》,《理论探讨》2015年第5期。

[⑥] 岳伟:《新时代非公企业党建:价值澄明与策略选择——基于上海市JD区的调研》,《中国延安干部学院学报》2020年第2期。

要创新党建工作队伍的结构设置。①如杜仕菊、刘林对党建顾问模式进行了归纳研究。上海以非公企业的"法律顾问"和"财务顾问"为借鉴,首创"党建顾问"模式,打开了非公企业党建的新局面。通过建立非公企业党建顾问制度,提升非公企业与党委和政府间的交流和互动,增强"两个覆盖"的有效性,实现党建进步、企业发展的双赢战略。②

　　其六,增强文化引领。文化引领是提升非公经济党建质量的重要举措。文化是最深沉、最持久的力量。培育什么样的党建文化直接关系到党建工作的进展,党建工作归根结底是人的工作。③有效推进非公经济党建工作必须发挥人的主动性、调动人的积极性、激励人的创造性,激发企业内外要素齐头并进、互利共赢的强大动力,而这依赖于良好党建文化的创设。④非公经济党建文化包括信任文化、责任文化、工匠文化、规矩文化、法治文化、廉洁文化等内容。付佳迪、邱观建提出,要增强非公经济党建工作的文化自信,积极构建新型的党建文化体系,从多渠道、多方位、多维度培养文化自信。⑤此外,创设良好的非公经济党建文化是增强非公经济党建动力的内在要求。动力来自需要,需要建立在认同的基础上,政党认同是企业主积极推进党建工作的心理前提和动力来源。⑥企业党组织政治核心作用的发挥首先取决于企业主的认同和支持,否则党组织就会形同虚设,通过党建文化孕育党建认同是增强党建文化引领力的应有之义。

① 郝晓康:《从组织进入到功能提升:非公企业党建工作研究——以上海市S企业为例》,硕士学位论文,华东师范大学,2020年。
② 杜仕菊、刘林:《党建顾问:新时代非公企业党建模式新探》,《中共福建省委党校学报》2018年第8期。
③ 郑长忠:《党建工作与非公企业有机融合的逻辑、空间与机制》,《毛泽东邓小平理论研究》2019年第11期。
④ 康燕雪:《以创新获取民营企业家的认同机制研究——基于对泉州市32家非公企业典型示范党组织的调查》,《中共福建省委党校学报》2014年第8期。
⑤ 付佳迪、邱观建:《融合与超越:非公有制企业党的建设中的文化自信》,《学校党建与思想教育》2017年第1期。
⑥ 李俊:《非公企业党建内在动力培育研究——基于政党认同的视角》,《中共天津市委党校学报》2012年第2期。

综观国内学者关于非公经济党建的研究成果,不难发现,国内学者对于非公经济党建的研究热情居高不下,对非公经济党建的最新实践关注较多,这是国内学者的天然优势。但是,值得注意的是,当前国内学者对于非公经济党建的研究存在学理性不强等诸多问题:其一,研究视角单一。国内学界对于非公经济党建的研究成果日益增多,但同质化现象较为明显,缺乏较为新颖的研究视角。绝大部分研究都是从政党推动的角度出发,围绕党建政策文本的精神诠释和贯彻落实,而对于非公经济党建的社会性因素关注不够。其二,研究程度浅,停留在表面。非公经济党建议题是具有丰富内涵的实践性议题。但当前研究多聚焦于非公经济党建的结构性特征,缺乏对结构性因素的过程性和起源性研究,在一定程度上忽视了非公经济党建实践的复杂性与流变性。①此外,国内学者的相关研究缺乏理论深度,理论自觉性不强,进而导致在价值、方法上存在摇摆现象。其三,研究方法匮乏。囿于多重因素影响,国内学者对于非公经济党建研究的方法基础较为薄弱,严重依赖宏大叙事与理论推演,忽视了实证主义的分析方法。基于此,国内学者理应在更新理论框架、平衡研究视角、拓宽研究方法等方面发力,提升基层党建研究的科学化水平。

(二)国外相关研究梳理

总体上看,海外学界专门涉及非公经济党建的研究成果较少,但这并不意味着海外学者对其关注不够深入,不少学者在研究当代中国社会治理、政治体制转型等问题时,不同程度上对非公经济党建的各类议题有所触及,形成了不少真知灼见,为丰富非公经济党建研究提供了理论镜鉴与他者视域。揆诸既有,海外学者大致沿着两种视角开展研究:从自上而下的视角看,非公经济组织党建是中国共产党应对长期执政考验的战略推动;从自下而上的视角看,非公经济党建是私营企业主追求政治利益的组织行动。就前者来说,海外学者尤为关注中国共产党集体行动的组织逻辑,多从组织调试的角度,透视非公经济党建的内在机理。就后者而言,海外学者多以私营企业主的政治诉求为逻辑起点,以私营企业主阶层的政治行动为主轴,将非公经济党建

---

① 王世谊、王婷:《近年来非公企业党的建设研究述评》,《新视野》2011年第6期。

作为私营企业主的政治参与活动,探查其行动逻辑与政治意蕴。

1.自下而上:私营企业主的政治参与

第一,私营企业主阶层的兴起。一般而言,任何阶层对政治赋权的渴望,皆来源于其经济地位的提升。①同理,与非公经济迅猛发展相伴随的是私营企业主阶层的整体性出现,以及私营企业主阶层政治参与意识的显著增强。那么,当代中国的私营企业主阶层是一个什么样的群体? 私营企业主阶层是不是"铁板一块"? 他们展现的政治诉求是否存在差异性? 针对上述问题,在群体面相上,有学者关注到了私营企业主阶层内部的结构问题:蔡欣怡认为,当代中国私营企业主阶层内部存在严重分化现象,并主要将其概括为五种类型:边缘型资本家、隐形资本家、依附型资本家及红色资本家、合作型资本家、理性的资本家。②与之相反,托马斯·海贝勒已然关注到私营企业主阶层的整体性特征,认为其已经成为一个战略群体。③所谓战略群体,即指具有共同特征,存在共同利益和目标设想的群体。当代私营企业主阶层正努力争取最大限度地参与高层决策,获得决定自身事务的权力,并在这一过程中展现出企业家群体的精英特质。值得注意的是,无论是强调私营企业主的内部分化,还是关注私营企业主的整体性特征,都在不同程度上体现出私营企业主阶层的复杂性与流变性。

第二,私营企业主阶层的政治影响。私营企业主阶层的崛起对当代中国社会产生怎样的政治影响是海外政治学者关注的焦点议题。私营企业主阶层的崛起是当代中国市场化转型的结果,是社会自主性的重要体现。根据西方社会阶层分化理论,市场化的体制转型会刺激特定阶层的政治自主性。第二次世界大战后,西方学者基于西方中心视角,以政治发展理论为基础,先验推断西方民主政治体制模式的普适性,认为这种良善模式的合理性是不证自

①王可园、齐卫平:《政治赋权与政治一体化:1832年英国选举权扩大的政治分析》,《华东师范大学学报(哲学社会科学版)》2015年第2期。
②Kellee Tsai, *Capitalists without Democracy: the Private Sector in Contemporary China*, Cornell University Press,2007.
③[德]托马斯·海贝勒:《作为战略群体的企业家:中国私营企业家的社会与政治功能研究》,吴志成等译,中央编译出版社,2003年。

明的,并将政治体制转型的动力依托于新兴阶层的崛起。改革开放以来,西方学者关注到当代中国日益崛起的私营企业主阶层,曾寄希望于其能推动当代中国政治体制转型。然而,正如陈安所言,市场化导向的改革开放虽然推动了私营企业主阶层的崛起,但并没有催生出具有鲜明政治自主性的私营企业主阶层。[1]中国长期稳定的奇迹雄辩地反驳了早前西方学者奉为圭臬的"私营经济—公民社会—民主转型"线性推论。对此,越来越多的西方学者开始对政治发展理论的适用性进行反思。吉勒斯发现,中国的私营企业主进入体制内的欲望比实现政治自主性的欲望更为强烈。[2]狄忠蒲也强调中国私营企业主更可能是国家的伙伴而非反对者。[3]之所以会出现这一情况,蔡欣怡解释道,中国的私营企业并非完全是市场逻辑运作的结果,而是国家战略推动的伴生物,与体制力量有着密切关联,私营企业主不可能成为"民主"的急先锋。[4]当代中国私营经济的发展严重依赖政治权力,需要国家的保护来减少社会攻击和嫉妒。[5]例如,阎小骏发现近年来就有不少私营企业主获得了村党组织书记的职位,[6]这恰恰印证了陈洁和狄忠蒲所持的关于私营企业主与政党国家体制建立共生关系的观点。[7]

第三,私营企业主的政治行动逻辑。按照政治发展理论,私营企业主的政治行动逻辑是实现从"有钱无权"向"有钱有权"的转变,进而推动政治体制

---

[1] Chen An, "Capitalist Development, Entrepreneurial Class and Democratization in China", *Political Science Quarterly*, Vol. 117, No. 3, 2002.

[2] Gilles Guihexu, "The Political Participation of Entrepreneurs: Challenge or Opportunity for the Chinese Communist party?" *Social Research*, Vol. 73, No. 1, 2006.

[3] Bruce Dickson, *Red Capitalists in China: the Party, Private Entrepreneurs and Prospects for Political Change*, Cambridge University Press, 2003.

[4] Kellee Tsai, *Capitalists without Democracy: the Private Sector in Contemporary China.* Cornell University Press, 2007.

[5] Chen An, "Capitalist Development, Entrepreneurial Class and Democratization in China", *Political Science Quarterly*, Vol. 117, No. 3, 2002.

[6] Yan Xiaojun, "To Get Rich is not Only Glorious: Economic Reform and the New Entrepreneurial Party Secretaries", *The China Quarterly*, 210, 2012.

[7] Chen Jie and Bruce Dickson, *Allies of the State: China's Private Entrepreneurs and Democratic Change,* Harvard University Press.

的转型。然而,海外学者逐渐发现,当代中国私营企业主的政治赋能过程并不是激进的,而是以更加柔和的策略加以推进。蔡欣怡以中国经济的"灰色地带"——中国的非正式信贷市场为例,深入分析了当代中国私营经济的成长逻辑,明确指出当代中国民营经济的成长是建立在不够完善、不够健全的制度政策条件基础上的,私营企业主同国家制度框架的互动、磨合构成了市场经济改革的总体性逻辑。从政治活跃度来看,当代中国私营企业主的政治参与效能感较低,但这并不意味着其在面对国家战略中是完全被动的,其通过发明各种各样"适应性非正式制度",从而缓慢改变线性的政治逻辑。[1]概言之,私营企业主的适应性策略使其虽难以形成较为激进的变革力量,但依然推动着现代社会转型。

2.自上而下:中国共产党的组织调试

中国共产党自觉的组织调试是党夯实执政基础、拓展执政资源的重要方式,是面对社会政治挑战、化解社会政治风险的应对策略。组织调试的基础是意识形态的调适。改革开放以后,中国共产党自觉进行意识形态调试,敢于突破传统社会主义固有认识的束缚,实现执政理念、话语的与时俱进。其中,狄忠蒲认为肯定私营企业主阶层的政治地位,吸收私营企业家入党是适应私营经济迅猛发展和私营企业主阶层强势崛起的应然之举,体现了中国共产党意识形态的灵活性与策略性。[2]

在此基础上,中国共产党主要通过扩大政治参与和铺展组织体系两个方式逐步夯实党的执政根基:一是扩大政治参与。通过政治赋权"化敌为友"是中国共产党一贯的政治技术。吉勒斯认为,改革开放以后,中国共产党通过吸收私营企业主为党员,或吸收其进入人大、政协等政治机构中,实现对私营企业主阶层的政治渗透。此外,通过社团主义策略,成立工商联、个体劳动者

[1][美]蔡欣怡:《后街金融:中国的私营企业主》,何大明、湾志宏译,浙江人民出版社,2013年,第7页。
[2]Bruce Dickson, *Red Capitalists in China: the Party, Private Entrepreneurs and Prospects for Political Change,* Cambridge University Press,2003.

协会或私营企业协会等群众组织,以促进私营企业主政治参与的制度化。[①]

二是推进服务型基层党组织建设。正如亨廷顿所言:"组织一直是共产主义力量与众不同的源泉。"[②]严密的组织体系是中国共产党的力量所在、优势所在。群众在哪里,党的工作就要覆盖到哪里,党的组织就要延伸到哪里。中国共产党的组织体系是由"中央—地方—基层"三个层级构成。其中基层党组织是党实现领导地位的战斗堡垒,是党的"细胞"。狄忠蒲注意到,加强非公经济组织党建是"列宁主义"建党原则的内在要求。作为经济社会最为活跃的细胞,非公经济组织日益成为国家治理中不可缺少的组成部分。通过在非公经济组织中发展党员和建立党组织,能够有效拓展党的组织基础,推进政党社会化进程。[③]蓝梦琳则指出,非公经济组织党建是中国共产党实现对体制外力量领导的集中体现,通过组织的嵌入增强党的社会影响力。[④]古大牛更是进一步指出,非公经济组织是联结国家与社会的重要桥梁,是中国共产党能够实现长期执政的力量来源,能够广泛接触和团结民众。[⑤]

海外学者关于非公经济党建的研究具有视角丰富、方法多元、学科融合的特征,为丰富非公经济党建的理论和实践研究提供了理论镜鉴与研究启示:一方面,海外学者多从国家—社会互动的角度探察非公经济党建的运作逻辑,体现出了"社会中的政党"的研究取向。当前国内学者的相关研究主要依托自上而下的政党视角,从非公经济党建政策文本出发,聚焦党建政策的合理性证成和实践性调适,忽视了社会力量对非公经济党建工作的应对逻辑,而海外研究的"社会中心主义"取向为国内学者的相关研究提供了有益启

①Gilles Guihexu, "The The Political Participation of Entrepreneurs: Challenge or Opportunity for the Chinese Communist party?" *Social Research*, Vol. 73, No. 1, 2006.

②[美]塞缪尔·亨廷顿:《变化社会中的政治秩序》,王冠华等译,生活·读书·新知三联书店,1989年,第311页。

③Tony Saich, "Negotiating the State: The Development of Social Organizations in China", *The China Quarterly*, Vol. 161, 2000.

④Patricia M. Thornton, "The New Life of the Party: Party-Building and Social Engineering in Greater Shanghai", *The China Journal*, No. 68, 2012.

⑤ Daniel Koss, *Where the Party Rules: The Rank and File of China's Communist State*, Cambridge University Press, 2018.

发。另一方面,海外学者所仰仗的实证主义分析方法,有效弥补了国内学者宏观叙事下对非公经济党建微观机制关注不够的问题,增强了非公经济党建研究的科学性、学理性。

同时,理应看到,海外学者关于非公经济党建的研究存在诸多不足。具体而言:其一,研究立场存在偏差。当前,海外学者多拘泥于民主—威权的二元理论预设,秉持着"西方中心主义"的价值理念,始终围绕着当代中国政治体制是否及何时能够转变为西方民主政治体制的核心议题,对非公经济党建的诸多现象抽象化、简单化解读。囿于制度价值与意识形态预设,海外学者对非公经济党建的研究成果主观色彩过浓,政治偏见明显,极易以偏概全。其二,研究议题过于分散。海外学者对于非公经济党建的议题略显单一,仍多聚焦于组织调试与私营企业主政治参与层面,专门直接涉及非公经济党建的研究成果少之又少,对于非公经济党建的机制运行、实践逻辑、价值内涵等核心议题关注尤为不够。其三,研究内容过于陈旧。总体来看,海外学者对于非公经济党建的研究同基层党建实践存在脱节现象,研究成果严重滞后于当前非公经济党建实践。对于非公经济党建的基层运作的研究存在大而化之的现象,过于依赖理论演绎,缺乏对最新非公经济党建的实地调研。实际上,非公经济党建是具有复合意涵的实践活动,涉及政党、政府、企业、职工等多个行动主体,是价值取向多元、行动结构多样的复杂样态。对此,必须平衡研究视角,善用多学科理论成果进行深入研究。

第三节　资料来源与研究方法

一、资料来源

概括地说,本书主要涉及两方面的资料:一方面,理论和历史方面的资料。与以往关于非公有制经济组织党建的研究成果更多地就党建谈党建不同,本书力图从历史和理论出发,厘清中国共产党成立以来百余年间中国非公有制经济的发展、中国共产党认识非公有制经济的曲折历程及应对非公有制经济的复杂政策变革,尤其是改革开放以来,加强非公有制经济组织党的建设的理论和实践,[1]为新时代提高非公有制经济组织党的建设质量研究奠定坚实的理论基础。为此,课题组尽可能地收集百余年来中国共产党领导人关于非公有制经济和非公有制经济组织党建的相关论述,以及不同历史时期党和政府出台的相关政策文件。同时,收集百余年来特别是改革开放以来中国非公有制经济和非公有制经济组织党建发展的相关资料,为本研究提供坚实的理论和历史基础。

另一方面,实践方面的资料。本书在广泛搜集理论和历史资料的同时,重点围绕非公有制经济组织的重要组成部分——非公有制企业开展深入调查。[2]中国共产党人历来十分重视调查研究,视之为传家宝。新民主主义革命时期,毛泽东强调"没有调查,就没有发言权"。党的十八大以来,习近平也十分重视做深入的调查研究,指出调查研究是谋事之基、成事之道,没有调查就没有发言权,没有调查就没有决策权。[3]为深入地了解当前非公有制经济组织党的建设质量的基本情况,厘清其取得的成效及存在的问题,课题组通过发放问卷和深度访谈相结合的方式,对江浙沪三地部分非公有制经济组织进行了深入调查,收集整理了大量资料,为有效地分析研究非公有制经济组织党建质量问题奠定了坚实的基础。

就研究对象的选取来说,江苏、浙江、上海三地是非公有制经济非常发达

---

[1] 非公有制经济组织党建,本质上讲的就是中国共产党和非公有制经济的关系问题,因此,本书着重关注中国共产党成立以来的百余年时间里的情况,对此前中国非公有制经济的发展则简略论述。

[2] 非公有制企业是非公有制经济组织的重要组成部分,但不完全等同于非公有制经济组织,例如,个体工商户一般来说就不属于非公有制企业。从党建角度来说,非公有制企业党建是理论研究和实践关注的重点,党的二十大报告明确指出,要加强非公有制企业党建工作。个体经济(个体工商户)规模相对较小,党员数量较少,尚处于组织覆盖和工作覆盖的起步阶段。因此,个体经济不在本书的考察范围之内。

[3]《关于在全党大兴调查研究的工作方案》,《人民日报》2023年3月20日。

的地方。中国第一张个体工商户营业执照就出现在1980年的浙江温州,到2000年,浙江省个体私营经济已经占到全省国内生产总值的47.10%。2021年底,江浙沪非公有制经济增加值分别占到国民生产总值的57.30%、67.00%[1]和55.00%[2]。"江浙沪"也是非公有制经济组织党建工作探索较早的地方。1985年3月,浙江就出现了首个外商投资企业党支部,1986年8月,浙江建立了首个私营企业党支部。[3]2001年底,浙江全省18921家50名职工以上的非公有制企业中,有党员的企业共14782家,在有3名以上党员的14906家非公有制企业中,已建立党组织的共14138家。[4]到2021年,浙江省非公企业已建成党组织近5万个,覆盖企业近30万家。[5]

　　1992年,江苏全省党员298.1万名,其中有私营企业背景的党员只有6300名,仅占0.20%左右。到2002年,全省非公有制企业党组织达到19289家,党员20.8万名。[6]而到2010年,江苏全省非公有制企业党组织组建率已经达到63.70%,走在了全国前列。[7]截至2015年底,江苏省29.4万多家非公企业共有从业党员59.7万多名,单独或联合建立党组织79923个,覆盖企业27.2万家,党组织覆盖率为92.30%。其中,单独建立党组织的非公企业6.9万家。[8]

　　上海私营企业从1993年底仅有1个党支部、4个党小组,发展到1998年底包括党委、党总支、党支部和党小组在内的776个党组织。[9]到2016年2月底,

---

① 《2021年浙江省国民经济和社会发展统计公报》,《统计科学与实践》2022年第3期。

② 《2021年上海国民经济和社会发展统计公报》,《统计科学与实践》2022年第3期。

③ 庄跃成主编:《党建创新看浙江》,浙江人民出版社,2008年,第136页。

④ 王河主编:《中国非公有制企业党建工作》,上海人民出版社,2002年,第1~2页。

⑤ 《红色引擎如何助企发展?来看浙江非公企业党组织发挥实质作用的十年》,《浙江日报》2021年5月20日。

⑥ 《改革开放30年江苏非公有制企业党建工作的实践》,载中共中央组织部、全国党的建设研究会编:《改革创新铸辉煌——纪念改革开放30周年党的建设和组织工作理论研讨会论文集》,党建读物出版社,2009年,第640页。

⑦ 《江苏非公企业建党工团取得进展》,《新华日报》2010年12月25日。

⑧ 《播撒"党的种子":江苏省非公企业党组织覆盖率超九成》,《新华日报》2017年1月12日。

⑨ 童强:《上海"两新"组织党建的发展历程与实践探索》,《上海党史与党建》2021年第4期。

上海全市正常运营的实体性非公有制企业中有10.4万家已经建立党组织。[①]

从上述统计数据中我们可以看到,江浙沪非公有制经济组织党建工作取得了比较显著的成效,能够为本研究提供生动的实践基础。同时,江浙沪经济社会飞速发展,也必然给非公有制经济组织党建工作提出新的要求,非公有制经济组织党建工作面临这样那样的困难在所难免。因此,无论是其已有的先进经验,还是面临的前沿问题,都将为全国其他地方加强非公有制经济组织党的建设、提高非公有制经济组织党的建设质量提供有益的参照,选择江浙沪作为本书的研究对象,应该说是有其代表性的。

就问卷调查来说,课题组在前期文献阅读、梳理及部分实践调查的基础上,提炼出非公有制经济组织党建质量的核心内涵及可能的制约因素,并将之融入问卷之中,于2022年9月进行两轮试测、修正,最终形成调查问卷的定稿。以上海市奉贤区、闵行区,浙江省嘉善县和江苏省无锡市部分非公有制企业为重点,于2022年10月13日—11月30日向非公有制企业员工发放电子问卷2312份,收回有效问卷2152份,其中党员问卷1358份(正式党员1311份,预备党员47份)。[②]本次问卷以"非公有制经济组织党的建设质量"为主题,被调查对象的基本情况如表0-3-1至0-3-4所示。问卷主要通过党委组织部门发放至各街镇党群服务中心,并由党群服务中心发放至企业,调查对象由企业出资人/老板、党员、党组织书记、普通员工等构成。

表0-3-1　问卷调查对象的基本情况

人口学统计变量	类别	频次	百分比(%)
性别	男	1209	56.18
	女	943	43.82
受教育程度	初中及以下	241	11.20
	高中/中专	390	18.12
	大学专科	543	25.23
	大学本科	806	37.45
	硕士研究生及以上	172	7.99
是否为党员(含预备党员)	是	1358	63.10
	否	794	36.90

① 《本市集中推进"两个覆盖"工作,"两新"组织党组织覆盖率圆满完成既定目标》,《解放日报》2017年4月1日。
② 后续的统计分析中,有些是全部问卷的统计(2152份),有些是党员问卷的统计(1358份)。

续表

人口学统计变量	类别	频次	百分比(%)
受访者收入水平	10万(含)及以下	1168	54.28
	10万~20万(含)	651	30.25
	20万~30万(含)	195	9.06
	30万~40万(含)	68	3.16
	40万~50万(含)	30	1.39
	50万以上	40	1.86
企业职位	一线员工	880	40.89
	中层管理人员	797	37.04
	高层管理人员	181	8.41
	出资人/主要负责人	109	5.07
	其他	185	8.60

注:本书表格数据中,涉及百分比的均四舍五入保留小数点后两位。

表0-3-1显示,在被调查对象的性别分布上,分别为男性占56.18%(1209人),女性占43.82%(943人)。可以看到,就性别比例来说,被调查对象分布比较均衡。在被调查对象的学历分布上,初中及以下和硕士研究生及以上均相对较少,分别占11.20%(241人)和7.99%(172人),高中学历者占18.12%(390人),而大学专科和大学本科各占25.23%(543人)和37.45%(806人),二者合计超过了62.00%。可以看到,非公有制企业员工整体上具有较高的受教育水平。从政治面貌来看,63.10%(1358人)为党员或预备党员,另外36.90%(794人)不是党员。从收入水平来看,年收入10万元及以下者超过一半,达54.28%(1168人),如果加上年收入10万~20万元者的30.25%(651人),则整体上年收入20万元以下者接近85.00%(84.53%,1819人),也就是说,绝大多数非公有制企业员工年收入在20万元以下,极少数人(1.86%,40人)的年收入达到50万元以上,其中高层管理人员17人,中层管理人员6人,出资人15人,一线员工只有2人。从在企业中担任的角色来看,一线员工和中层管理人员占绝大多数,分别占40.89%(880人)和37.04%(797人),合计接近88.00%。高层管理人员和出资人/主要负责人(企业老板或股东)分别占到8.41%(181人)和5.07%(109人)。

表0-3-2显示了上述受访者中党员的党龄分布情况。在1311名党员

中，[①]20年以上党龄者占21.59%（283人），5~10年党龄者占24.33%（319人），10~15年党龄者占20.82%（273人），1~5年党龄者占15.41%（202人），15~20年党龄者占13.65%（179人），4.20%（55人）只有1年不到的党龄。可以看到，除了1年以下党龄者，党员的党龄整体上分布比较均衡。

表0-3-2　党员的党龄情况

党员的党龄	人数	比例(%)
1年及以下	55	4.20
1～5年（含）	202	15.41
5～10年（含）	319	24.33
10～15年（含）	273	20.82
15～20年（含）	179	13.65
20年以上	283	21.59

表0-3-3显示了受访者中党员身份者在党组织中担任的职务。其中，绝大多数没有职务，占到了71.35%（969人），有15.02%（204人）担任党组织书记，2.87%（39人）担任副书记，10.24%（139人）担任组织、纪检或宣传等委员。[②]

表0-3-3　在党组织中（党委/总支/支部）担任的职务

职务	数量	百分比(%)
书记	204	15.02
副书记	39	2.87
委员（组织、纪检或宣传委员等）	139	10.24
无职务	969	71.35
其他	7	0.52
合计	1358	100.00

表0-3-4显示的是问卷调查所涉及企业的基本情况。可以看到，被调查对象的绝大多数来自民营企业，占到81.04%（1744人），外商投资企业和股份合作

---

① 党龄计算不包括预备党员中，因此扣除了预备党员47名。
② 这里要注意的是，受访的1358名党员中，有将近五分之一的党员组织关系不在目前工作所在的企业党组织。这既可能是因为企业还没有党组织，也可能是这些党员没有转入组织关系。所以，这里的数据不能完全看作企业的情况，更为细致的情况将在后续的交叉分析中呈现。

制企业分别占7.20%（155人）和6.88%（148人），港澳台企业、中外合资/合作企业及转制企业相对较少，分别占0.84%（18人）和0.60%（13人）。就企业规模来看，有16.36%（352人）的被调查对象所在企业达1000人以上，22.40%（482人）的被调查对象所在企业人数达301～1000人，23.51%（506人）的被调查对象所在企业人数在101～300人之间，17.52%（377人）的被调查对象所在企业人数在50～100人之间，20.21%（435人）的被调查对象所在企业人数50人以下。可以看到，至少62.27%的被调查对象所在企业为规模以上企业。[①]

表0-3-4　问卷调查涉及的企业基本情况

企业统计变量	类别	频次	百分比（%）
企业性质	民营/私营企业	1744	81.04
	外商投资企业	155	7.20
	港澳台企业	18	0.84
	中外合资/合作企业	74	3.44
	股份合作制企业	148	6.88
	转制企业	13	0.60
企业员工人数	50人以下	435	20.21
	50～100人	377	17.52
	101～300人	506	23.51
	301～1000人	482	22.40
	1000人以上	352	16.36

就深度访谈来说，主要是在发放问卷关涉的对象范围内，由各街镇党群服务中心推荐规模以上且建有党组织的非公有制企业进行访谈。课题组对上海市奉贤区和闵行区及浙江省嘉善县所属7个街镇的39家非公有制企业进行了深入访谈，其总体情况如表0-3-5和0-3-6所示。人员构成上，所有访谈均由课题负责人带领包括博士生和硕士生在内的队伍深入企业直接进行访谈，访谈对象一般由企业主要从事党务工作的员工及部分党员员工和普通员工组成，部分企业的党组织书记参加了访谈。课题组于2022年9—12月对上述企业进行了深入访谈，涉及访谈对象66人，访谈时长60余小时，整理访谈资料

[①] 规模以上企业，一般是指用工50人、年营业收入500万元以上，或用工100人以上。

20余万字。[1]访谈实施上,课题负责人提前将访谈提纲发送给企业联系人,并提出希望参加的人员;每天开展2~3家企业的访谈,访谈过程一般控制在1.5~2小时之间,时间过短无法有效地获取相关信息,时间过长则可能带来许多重复甚至无效信息,当天整理好访谈录音及访谈对象和访谈企业信息表。

表0-3-5　深度访谈涉及的企业基本情况

企业统计变量	类别	频次	百分比(%)
企业性质	民营	31	79.49
	外资	3	7.69
	转制	1	2.56
	港澳台	2	5.13
	合资	2	5.13
党员数量	3~49人	34	87.18
	50~99人	4	10.26
	100人及以上	1	2.56
专门活动场地	有	28	71.79
	无	11	28.21
专职党务工作者	有	3	7.69
	无	36	92.31
党组织设置	党委	2	5.13
	党总支	4	10.26
	独立支部	31	79.49
	联合支部	2	5.13

表0-3-5显示,从企业性质来说,民营企业比重最大,占所有被调查企业的79.49%(31家),此后分别是外资企业占7.69%(3家)、港澳台企业及中外合资企业各占5.13%(2家),转制企业占2.56%(1家)。就各企业的党员数量来说,绝大多数企业的党员数量在50人以下,为87.18%(34家),50—99人的占10.26%(4家),100人及以上占2.56%(1家)。就支部设置来说,设有党委的占

---

[1] 关于问卷调查和深度访谈的具体组织实施及基本数据统计情况,可见本书第三章第一节相关内容。关于被调查企业及访谈对象的更多信息,可见附录。

5.13%(2家)①,党总支10.26%(4家),独立支部79.49%(31家),联合支部5.13%(2家)。就党建活动阵地来说,71.79%(28家)的企业有专门的党建活动阵地,另外28.21%(11家)的企业则要么和其他企业共享阵地,要么根本没有阵地。这里我们可以看到,非公有制企业党建阵地建设有了很大的进步。就专职党务工作者来说,只有7.69%(3家)的企业有专职党务工作者,而92.31%(36家)的企业没有专职党务工作者,这也与我们的常识相符合,即非公有制企业作为体制外单位,生产经营、生存发展是其首要诉求,而不大愿意在党建工作上花费太多的人力物力。

课题组对39家企业进行的深度访谈,共涉及7个街镇/党群服务中心等单位的访谈对象66人,其基本情况如表0-3-6所示:

表0-3-6 深度访谈对象的基本情况

人口学统计变量	类别	频次	百分比(%)
性别	男	35	53
	女	31	47
担任职务	书记	29	44
	副书记	7	11
	支委	7	11
	街镇/党群服务中心工作人员	10	15
	其他	13	20
是否为专职党务工作者	是	2	3
	否	64	97
党务工作津贴情况	企业支付	4	6
	街镇支付	24	36
	无	38	58

表0-3-6显示,从性别比例来看,男性受访者占53.00%(35人),女性受访者占47.00%(31人)。从担任企业党组织相关职务来看,党组织书记(党委书记、总支书记、支部书记)占44.00%(29人),党组织副书记(党委副书记、总支副书记、支部副书记)占11.00%(7人),支部委员(组织委员、宣传委员)占

---

① 党员人数100人及以上的企业只有1家,党委设置却有2家,原因在于有的企业流动党员比较多,没有及时调整组织设置,这是非公有制企业中常见的现象。

11.00%（7人），街镇及其所属党群服务中心的工作人员（如镇综合党委专职书记或副书记、党群服务中心书记、副书记、主任、工作人员等）占15.00%（10人），另有其他人员占20.00%（13人），包括街镇原社会党委委员、企业原支部书记及从事企业党务工作但未担任党内职务者、普通群众等。所有访谈对象中，只有3.00%（2人）为企业的专职党务工作者，所有其他企业党务工作者均为兼职。从党务工作的津贴来源看，6.00%（4人）的企业党务工作者得到了企业的党务工作津贴；36.00%（24人）的党务工作者得到了街镇的津贴，这是部分街镇给予企业党组织书记的"书记津贴"；而58.00%（38人）的企业党务工作者完全没有津贴，按他们自己的说法就是"义务劳动"。这里的问题在于，一些企业的党组织书记由出资人或老板担任，但他们通常因为时间关系并不真正地从事党务工作，而是交由其他人员（如副书记、支委或普通党员，甚至非党员）来做，而"书记津贴"是指定给党组织书记的，这就出现了"做事的不拿钱、拿钱的不做事"的情况。

二、研究方法

在研究过程中，本书主要采用了如下方法：

第一，文献研究法。梳理百余年来中国共产党关于非公有制经济/非公有制经济组织党建的政策文件、中国共产党领导人关于非公有制经济/非公有制经济组织党建的相关论述，找出其中的规律性变化，阐明中国共产党关于非公有制经济和非公有制经济组织党建发展演变的内在逻辑。

第二，问卷调查法。以非公有制经济组织党建质量为核心进行问卷设计，主要采用"封闭式"问卷格式进行调查，针对性地向江浙沪三地的部分非公有制企业发放电子问卷2312份，收回有效问卷2152份。

第三，深度访谈法。结合问卷调查结果，选取了江浙沪地区7个街镇所属的39家企业进行了深度访谈，以进一步了解非公有制经济组织党建质量的影响因素，为提出切实可行的提高非公有制经济组织党建质量的对策建议奠定了基础。

第四，德尔菲法（专家意见法）。在非公有制经济组织党建质量的制约因素查找中，采用匿名发表意见的方式，即专家之间不得互相讨论，不发生横向联系,只能与调查人员发生关系,通过多轮次调查专家对问卷所提问题的看法,经过反复征询、归纳、修改,最后汇总成专家有关非公有制经济组织党建质量主要制约因素的一致看法,作为深度访谈的重要参考。

第五,个案研究法。在问卷调查和深度访谈的基础上,按照规模大小排序,选取相应的非公有制经济组织,开展案例研究。考察不同类型非公有制经济组织的党建质量,抽象出共性制约因素,与专家意见进行对照、整合,最终确定非公有制经济组织党建质量的制约因素。

第四节　研究思路与章节安排

一、研究思路

本书着重研究如何提高新时代非公有制经济组织党的建设质量问题。但是,又不局限于新时代的理论和实践,而是将这一问题置于中国共产党成立以来百余年这个更为广阔的历史视野之中。

首先,本研究将沿着从历史到现实演进的线索展开。以马克思主义的历史唯物主义为根本指导方法,从经济基础决定上层建筑的角度出发,考察中国共产党关于非公有制经济的认识发展和政策变迁,以及由此带来的非公有制经济的历史发展和地位变迁,这是探讨非公有制经济组织党建的基本前提。没有非公有制经济的发展,就谈不上非公有制经济组织党的建设问题,更谈不上提高新时代非公有制经济组织党的建设质量问题。

其次,在上述基础上,本书将对中国非公有制经济组织党的建设历程进行细致梳理,阐明中国共产党关于非公有制经济组织党建的理论创造和实践创新。为新时代提高非公有制经济组织党的建设质量提供借鉴。

再次,在厘清中国非公有制经济的历史发展和非公有制经济组织党建的实践演进基础上,本书将结合已有研究成果和实证调查资料,从结构—过程—文化三个维度,重点阐述新时代非公有制经济组织党的建设质量的现状,并从主体力量、制度体系、运行机制和外在支持四个方面阐明非公有制经济组织党建制度的制约因素,从政党、国家、企业、社会四个层面阐明造成非公有制经济组织党建质量不高的消极影响。

最后,阐明提高新时代非公有制经济组织党的建设质量的内在逻辑,并从把准正确方向、提升主体力量、完善制度体系、优化运行机制、创新方式方法和增强外在支持六个方面,提出提高新时代非公有制经济组织党建质量的对策建议。

二、章节安排

根据上述研究思路,本书的具体章节安排如下:

绪论部分着重阐明本研究的选题背景和研究意义,对非公有制经济和党的建设质量等核心概念进行具体的界定,并对已有关于非公有制经济组织党建的研究成果进行深入分析,提出本书的研究问题,阐明研究对象的选取、研究资料的来源及研究方法等。

第一章,改革开放前中国共产党认识非公有制经济的曲折历程。主要阐明中国共产党成立至改革开放前近六十年时间里,党关于非公有制经济的认识发展和政策变迁。主要包括新民主主义革命时期,强调利用资本主义发展社会主义的思想,以及在政策上从建党之初强调"消灭私有制"到新中国成立前夕将其列入"五种经济成分之一";社会主义革命和建设时期,强调私营资本主义经济是需要改造的对象,以及在政策上从"鼓励经营扶助发展"到"文革"时期"宁要社会主义草不要资本主义苗"的过"左"做法。

第二章,改革开放以来非公经济和非公经济组织党建互动发展。主要阐明改革开放以来,中国非公有制经济的恢复发展,从明确个体私营经济是社会主义公有制经济的"补充"地位到确认非公有制经济是社会主义市场经济重要组成部分的地位,实现非公有制经济地位的根本性跃升,推动非公有制经济快速发展。与此同时,非公有制经济组织党的建设经历初步探索、缓慢前行、快速发展和创新推进四个阶段。具体内容包括:从提出个体劳动者可以入党入团到私营企业主入党的激烈争论,从明确提出新经济组织党建问题到确认新社会阶层中国特色社会主义事业建设者身份,从非公有制经济组织党建入章入法到实现非公有制经济组织党组织基本全覆盖,从引导非公有制经济人士健康成长到明确民营企业和民营企业家是我们自己人,等等。

第三章,新时代非公有制经济组织党的建设质量的现实境况。主要从结构—过程—文化三个维度对当前非公有制经济组织党建质量的现状进行分析。

第四章,非公有制经济组织党建质量的主要制约因素和消极影响。从主体力量不过硬、制度体系不完善、运行机制不协调和外在支持不得力四个方面,阐明非公有制经济组织党建质量的制约因素。从党的执政基础得不到有效巩固、共同富裕得不到有力支撑、企业发展得不到有效引领和社会治理资源得不到有效拓展四个方面,阐明非公有制经济组织党建质量不高的影响。

第五章,新时代提高非公有制经济组织党建质量的战略路径。着重从六个方面阐明这个问题:一是从以党的政治建设为统领、坚持以人民为中心的发展理念和以国家重大战略为导向三个方面来把准非公有制经济组织党建正确方向;二是从优化非公有制经济组织党建工作队伍、增强非公经济组织出资人的党建认同、提高党务工作者能力水平和强化党员的党性意识四个方面来提升非公有制经济组织党建的主体力量;三是从明确非公有制经济组织党建嵌入制度、完善非公有制经济组织党建管理体制和提升企业党建工作制度化规范化水平三个方面来完善非公有制经济组织党建制度体系;四是从构建党政部门联动机制、畅通企业内部协调机制和优化党组织的运行机制三个方面来优化非公有制经济组织党建运行机制;五是从突出情感、讲究策略和运用科技三个方面来创新非公有制经济组织党建方式方法;六是从资源支持、赋权增能和氛围营造三个方面来增强非公有制经济组织党建外在支持。

结语部分,在前述研究基础上,重点澄清社会上关于非公有制经济和非公有制经济组织党建的一些偏误观点,阐明非公有制经济组织党的建设体现着中国共产党强大的理论创造能力和中国政治体制强大的政治整合能力。

第一章

改革开放前中国共产党认识
非公有制经济的曲折历程

一百多年来,中国的非公有制经济经历了"从有到无",再"从无到有"的曲折发展历程。这个过程中,中国共产党成立及其对非公有制经济的认识和所采取的政策有十分直接和重大的影响。新民主主义革命时期,中国共产党从建党之初提出消灭私有制,历经土地革命时期三次"左"倾错误路线对私人资本主义工商业的冲击,到抗日战争时期提出保护民族工商业、利用资本主义发展社会主义等,中国非公有制经济的地位不断跃升,获得了难得的发展空间。中华人民共和国成立以后,中国共产党对私营资本主义经济的政策从"利用、限制"转变为"利用、限制和改造"并举,到1956年社会主义改造完成,尤其是"文革"时期,中国的非公有制经济也从国民经济恢复时期发展的"黄金时期"进入几近被消灭殆尽的"寒冬"。正因为非公有制经济地位摇摆不定,导致从中国共产党成立到改革开放前的近60年里,非公有制经济组织党的建设问题很少被提上日程。①

---

① 当然,并不是说完全没有人提出这个问题。例如,1952年3月23日,毛泽东在《中共中央关于在"五反"斗争中及其以后必须达到的八项目的的指示》中就提到:"在一切大的和中等的私营企业中建立党的支部,加强党的工作。"参见《建国以来重要文献选编》(第三册),中央文献出版社,1992年,第129页。地方层面上,截至1953年6月,"天津市在二十五个职工以上的私营工厂中已有百分之六十七建立了党的组织或有了党员,上海市在三十个职工以上的私营工厂中有百分之三十以上建立了党的组织或有了党员"。参见《中共中央文件选集》(第15册),人民出版社,2013年,第112页。

第一节　新民主主义革命时期中国共产党对私人资本主义的认识

中国非公有制经济的发展最早可以追溯到封建社会末期。19世纪六七十年代,中国开始出现民族资本主义工业。从甲午战后到第一次世界大战前的近20年里,中国的民族资本主义工业获得了初步发展,资本在1万元以上的商办厂矿达到463个,资本90821千元,平均资本为19万元。在此期间,中国商办厂矿单位增长7.7倍,资本额增长18.3倍。①第一次世界大战的爆发使中国民族资本主义获得了空前的发展机会,"从1912年至1919年8年之间,建成厂矿470余个,投资近9500万元,加上原有企业的扩建增资,新增资产至少有一亿三四千万元。这8年的发展超过了过去的50年"②。

受到中国人民反帝爱国运动的影响,第一次世界大战期间及战后几年,中国的民族资本主义出现了一个发展的"黄金时代"。以浙江为例,1916年后,英法的货物入口减少一半甚至三分之二,德国货物入口几乎完全停止。"杭州口的洋货入口由1913年55万两减少到1918年的19万两。宁波口洋货入口,1913年为289万两,1917年为270万两。洋货入口的减少,减轻了对民族工业产品销售的排挤与打击,给民族资本主义的发展提供了良好机会。"③再如上海,仅棉纺织业,"1915年,全市共有纱厂7家,纱锭162585枚,至1925年有纱厂12家,纱锭303392枚,纱锭数比1915年增长了80.60%……1925年全市有纱厂22家,纱锭677238枚,锭数比1920年增长了123.20%"④。到第二

---

① 凌耀伦等:《中国近代经济史》,重庆出版社,1982年,第309页。
② 李青主编:《中国共产党对资本主义和非公有制经济的认识与政策》,中共党史出版社,2004年,第53页。
③ 季文一:《论第一次世界大战前后(1912—1926年)浙江民族资本主义经济的发展》,《杭州大学学报(哲学社会科学版)》1992年第4期。
④ 潘君祥、王仰清:《上海通史(第8卷):民国经济》,上海人民出版社,1999年,第93页。

次国内革命战争时期,特别是20世纪30年代中前期,国民党统治的区域因其实行的统制经济政策,以及四大家族官僚资本和外国资本的排挤等原因,使得民族资本不断陷入衰落和破产。到抗战后期,据国民党经济部统计处1943年编写的"后方工业概况统计"所载,虽然民营工厂的数量要大大超过公营工厂,但是,"'公营'厂家资本在10万元以下者约占40.00%,而民营部分则在70.00%以上。若以平均资本而论,'公营'厂家平均每厂为200万元,而民营厂家则尚不及20万元。以工人而论,'公营'工厂每厂平均可得工人百余名,而民营工作则为50余人。以动力设备而论,亦复如是,'公营'工厂平均每厂有百匹马力,而民营厂则约为30匹马力"①。

中国共产党领导的革命根据地的私营工商业也因经济基础薄弱、连年战争等而发展缓慢。直到抗日战争后期,一些根据地的私人资本主义工商业开始得到了一定发展。例如,在陕甘宁边区,"1939年有织布厂6家,1941年增至30家,1943年又增至50家,织机150架,职工310人,织布12000匹……私营商业也得到相应的发展,如延安市1938年只有90家商业,到了1943年增至473家"②。到中华人民共和国成立前夕,各大城市的私营工商业得到了更大的恢复和发展,"如北京市工业开业户数,1949年比1948年增长60.00%。天津市私营工厂在解放两个月内开工工厂达90.00%以上。石家庄私营工业和手工业由1947年时的700多家增至1948年的1700余家;私营商业则由1500多家发展到2100多家"③。

综观这一时期的历史可以看到,作为以"消灭私有制"为目标的无产阶级政党,中国共产党从其诞生开始,就面临着如何处理与资本主义和资产阶级的关系问题。新民主主义革命前半期,中国共产党对非公有制经济(主要指私人资本主义)的认识很多时候处于剧烈摇摆之中。特别是由于革命形势瞬息万变,资产阶级内部的分化及他们与革命队伍忽近忽远,使得中国共产党

---

① 陈真、姚洛合:《中国近代工业史资料(第一辑):民族资本创办和经营的工业》,生活·读书·新知三联书店,1957年,第94页。
② 凌耀伦等:《中国近代经济史》,重庆出版社,1982年,第552~554页。
③ 凌耀伦等:《中国近代经济史》,重庆出版社,1982年,第566页。

对非公有制经济及其代表——民族资产阶级的认识常常被"左"倾思想所影响,这种情况一直到1935年12月的瓦窑堡会议上才得到改变。此后,随着中国共产党不断走向成熟,其对非公有制经济的认识也越来越符合中国国情,直至将之列入新民主主义社会的五种经济成分之一。

一、从"消灭私有制"到"引导革命向非资本主义发展方向前行"

"消灭私有制"是马克思、恩格斯在《共产党宣言》中喊出的响亮口号,此后,各国共产党也基本上将其写在自己的旗帜上,中国共产党也不例外。党的一大纲领就明确提出:"消灭资本家私有制,没收机器、土地、厂房和半成品等生产资料,归社会公有。"[1]在这样的思想指导之下,中国共产党提出要对其他一切政党采取独立的攻击的政策,这里的"一切政党"当然包括以国民党为代表的资产阶级政党在内,这样的政策并不适合中国半殖民地半封建社会的国情。不过,这种情况很快就发生了改变。1920年6—7月,列宁在《民族和殖民地问题提纲初稿》和《民族和殖民地问题委员会的报告》等文章中提出了民族和殖民地问题的理论,该理论认为,殖民地半殖民地国家的无产阶级应当和资产阶级民主派结成联盟,支持资产阶级的民族民主革命。[2]1922年1月,共产国际召集的远东各国劳动者代表大会接受了列宁的这一理论,参加此次大会的中国共产党代表回国传达了会议精神,促使党中央改变了对中国资产阶级和资本主义的认识。

这种改变在1922年6月15日《中国共产党对于时局的主张》中表现出来,其突出强调了封建军阀对中国社会发展的阻碍,认为封建军阀延长中国的内乱,使中国永远不能发展实业,中国的实业家"受外资竞争,协定关税,地方扰乱,官场诛求,四方八面的压迫,简直没有发展的希望"[3]。这里实际上已经改变了把资产阶级当作革命对象的看法。不仅如此,党中央还认为,彼时中国各政党中,国民党是比较革命的民主派。党中央提出,中国共产党虽为无产阶级政党,要为无产阶级革命奋斗,但当时的任务应当是"联络民主派共同对

---

① 《建党以来重要文献选编》(第一册),中央文献出版社,2011年,第1页。
② 《列宁专题文集(论资本主义)》,人民出版社,2009年,第257~258页。
③ 《建党以来重要文献选编》(第一册),中央文献出版社,2011年,第89页。

封建式的军阀革命,以达到军阀覆灭能够建设民主政治为止"[1],这就指明了中国革命反封建的任务。1922年7月,党的二大指出:"各种事实证明,加给中国人民(无论是资产阶级、工人或农民)最大的痛苦的是资本帝国主义和军阀官僚的封建势力,因此反对那两种势力的民主主义的革命运动是极有意义的。"[2]这里可以看到,一方面,中国共产党已经将资产阶级置于人民的行列;另一方面,指出帝国主义和封建主义都是中国人民遭受痛苦的根源。据此,党的二大制定了反帝反封建的民主革命纲领。党的二大的局限性在于,认为无产阶级在民主主义革命胜利后只能得到一些自由与权利,而不是完全解放。并且,民主主义成功后,"幼稚的资产阶级便会迅速发展,与无产阶级处于对抗地位。因此无产阶级便须对付资产阶级,实行'与贫苦农民联合的无产阶级专政'的第二步奋斗。如果无产阶级的组织力和战斗力强固,这第二步奋斗是能跟着民主主义革命胜利以后即刻成功的"[3]。这等于是说中国资产阶级民主革命胜利以后要立即实行消灭资本主义和资产阶级的社会主义革命,这表明中国共产党还没有看到资本主义生产方式在中国社会中的独特作用。

1923年,党的三大确立了国共合作、建立革命统一战线的方针。党的三大指出,中国人民受到外国和军阀的双重压迫,国家生命和人民自由危险到了极点。"鉴于中国社会各阶级(工人农民商业家)之痛苦及要求,都急需一个国民革命……引导工人农民参加国民革命,更是我们的中心工作。"[4]这里可以看到中国共产党再次把资产阶级看作和工农一样具有革命诉求的阶级,"从此,党的中心工作开始了由以反对资本家为目的的工人运动向以反帝反封建为核心的国民革命运动的重大转变"[5]。但是,转变的过程中仍然是充满矛盾的,中国共产党对资产阶级的革命性将信将疑。例如,1925年1月,党的四大制定的《对于职工运动之议决案》中就认为,资产阶级由于认识到工人阶

①《建党以来重要文献选编》(第一册),中央文献出版社,2011年,第97页。
②《建党以来重要文献选编》(第一册),中央文献出版社,2011年,第132页。
③《建党以来重要文献选编》(第一册),中央文献出版社,2011年,第133页。
④《建党以来重要文献选编》(第一册),中央文献出版社,2011年,第277页。
⑤ 王炳林主编:《中国共产党与私人资本主义》,北京师范大学出版社,1995年,第28页。

级的政治力量,而想利用职工运动,使之成为资产阶级民族运动的附属品。无产阶级领导的职工运动的一个重要策略就是工人阶级尽管可以赞助资产阶级的民族运动,但是工人与资本家之间始终处于"劳动对抗资本的形势"。因此,当职工运动与民族主义的官吏、军阀或企业家时,"我们应当指导工人对他们绝不让步地斗争,只能使他们让步以求工人的赞助,决不能使工人受他们的影响而灭杀自己阶级斗争的攻势"①。这里虽然看到了资产阶级与工人阶级利益相冲突的一面,但在民主革命时期号召工人阶级对资产阶级作"绝不让步的"斗争,显然不利于联合资产阶级开展反帝反封建的斗争。

党的四大以后,工人运动发展迅速。1925年5月,第二次全国劳动大会制定的《工人阶级与政治争斗的决议案》中强调,工人阶级的利益与军阀资本家的利益是绝对不能调和的,中国资产阶级中主要的买办阶级不但不能革命,而且是反革命的,其他的工业资本家或商业资本家同样不能有革命的行动,当他们"见到中国工人阶级革命发展之危险,反愿勾结帝国主义以阻碍革命运动之发展"②。尤其是在五卅运动中,民族资产阶级在帝国主义的威逼利诱之下退出统一战线,更使得中国共产党改变了对资产阶级的看法。瞿秋白就认为,五卅运动"在经验上证明国民革命中资产阶级的妥协性和小资产阶级的犹豫畏怯,足以破坏联合战线而使革命运动失败"③。1925年10月,中共中央执行委员会扩大会议制定的《中国现时的政局与共产党的职任议决案》中指出,中国的资产阶级已经分化,其结果是"更反动的资产阶级,不但反对无产阶级而且背叛民族革命"④。这一判断看到了中国资产阶级的内部分化,指出资产阶级背叛革命的一面是对的。但因民族资产阶级的妥协性而对其采取全盘否定的态度,则是不正确的。

随着革命形势的发展,以蒋介石为代表的国民党新右派势力迅速壮大,逐渐露出了反革命的真面目,于1926年3月和5月接连制造了"中山舰事件"

---

①《建党以来重要文献选编》(第二册),中央文献出版社,2011年,第232页。
②《建党以来重要文献选编》(第二册),中央文献出版社,2011年,第352页。
③《瞿秋白选集》,人民出版社,1985年,第235页。
④《建党以来重要文献选编》(第二册),中央文献出版社,2011年,第513页。

和"整理党务案"等反共事件,只是当时党中央认为,资产阶级虽未完全摆脱买办阶级的思想,他们对帝国主义和军阀的要求,"非经过革命实难得到,所以他们未得到这些要求以前,在客观上是有倾向革命之可能的"[①]。共产党也应该还留在国民党内,还需要和国民党合作,那种"以为共产党已经就能独自领着无产阶级,使其他被压迫民众跟着他,来完成资产阶级的民权革命;那么,这种观点是完全不对的,完全看错了中国民族解放革命的远景"[②]。正是在这样的认识指导下,中国共产党坚持与国民党合作,推动了北伐战争。

但在1926年11月底,共产国际执行委员会第七次扩大全体会议制定的《关于中国问题决议案》中提出了中国革命的非资本主义前途问题,认为"中国的革命的进程,是在资本主义衰落的时代,是消灭资本主义和建设社会主义的总斗争之一部分……中国革命在现时阶段中的革命动力是:无产阶级、农民和小资产阶级的革命的联合,并且在这一联合之中,无产阶级是统率的动力"[③]。显然,这个决议已经将民族资产阶级排除在革命力量之外了。不仅如此,在反帝反封建的革命阶段提出中国革命的非资本主义前途/社会主义的前途,也是不切实际的,这个看法直接影响了此后一段时间里中国共产党的政策并带来了严重的后果。

1927年4月,以蒋介石为代表的大地主大资产阶级终于背叛革命。中国共产党对资产阶级的认识更加悲观,对中国革命形势的认识也更加激进。党的五大接受了共产国际执委会第七次扩大全体会议关于中国问题的决议案,提出要建立工农小资产阶级的民权独裁制,并"引导革命向非资本主义之发展方面进行"[④]。紧随其后的八七会议纠正了陈独秀的右倾机会主义错误,但又对资产阶级产生了过于严重的估计,认为中国资产阶级在一定阶段是革命的,其时已经反动,强调过去那种认为在民族统一战线中必须有资产阶级的观点也只是少数人的看法,而"我们应很坚决的不仅反对帝国主义封建余孽,

---

①《建党以来重要文献选编》(第三册),中央文献出版社,2011年,第269页。
②《建党以来重要文献选编》(第三册),中央文献出版社,2011年,第276页。
③《中共中央文件选集》(第2册),中共中央党校出版社,1989年,第671~673页。
④《建党以来重要文献选编》(第四册),中央文献出版社,2011年,第175页。

并且还应坚决的反对资产阶级……我们须知道,只有资产阶级打倒后帝国主义才能打倒"①。

八七会议后不久召开的中共中央临时政治局常委会通过的《中国共产党的政治任务与策略的议决案》中也指出,所谓民族资产阶级,在民族解放运动初期已经完结了他们的革命作用,"现在呢,这一阶级的各种成分,甚至其中最急进的分子,都已完全走入了反革命的营垒,而成为反革命之最积极的动力之一"②。在这样的认识之下,加上对国民党激烈的仇恨情绪,造成"左"倾盲动主义下的政策从农村引向了城市。例如,1927年11月中共中央临时政治局扩大会议通过的《中国现状与党的任务决议案》中就提出,对豪绅工贼等反革命要采取歼灭政策,对于上层小资产阶级也不能有犹豫动摇心理,不能因为害怕扰乱他们的安宁秩序,"而不去发展革命的群众的独裁制,甚至阻止群众的剧烈的革命行动"。同时,在城市还要"没收中外大资本家的大工厂、大商店、银行、矿山、铁路等,收归国有……征发有产阶级的财产,改良贫民生活"③。这些"左"的政策对城市私营工商业的发展造成了严重的冲击。

这一时期,毛泽东是党内少数能够对中国社会各阶级进行正确分析的代表。1925年12月,针对党内存在的错误倾向,毛泽东在《中国社会各阶级的分析》一文中,将中国的资产阶级分为买办阶级、中产阶级和小资产阶级三个部分,其中的中产阶级主要就是指民族资产阶级,代表的是城乡资本主义生产关系。他们受到外资打击、军阀压迫时会赞成反帝反封建的革命,但当他们看到无产阶级革命运动的发展对他们达到大资产阶级的地位造成威胁时又害怕革命,"动摇性""两面性"是这个阶级的基本特点,"那些中间阶级,必定很快地分化,或者向左跑入革命派,或者向右跑入反革命派,没有他们'独立'的余地"④。毛泽东的正确分析成为后来中国共产党制定正确对待民族资本主义经济和民族资产阶级政策的重要理论依据。

---

① 《建党以来重要文献选编》(第四册),中央文献出版社,2011年,第388页。
② 《建党以来重要文献选编》(第四册),中央文献出版社,2011年,第469页。
③ 《建党以来重要文献选编》(第四册),中央文献出版社,2011年,第626~629页。
④ 《毛泽东选集》(第一卷),人民出版社,1991年,第4页。

二、从"最危险的敌人"到"更宽大的政策"

这一时期,中国共产党误将蒋介石当作民族资产阶级的代表,因而对民族资产阶级产生了特别的憎恨。党的六大宣告,中国的民族资产阶级已经背叛革命,只有无产阶级和农民是中国资产阶级民主革命的动力,而"民族资产阶级是阻碍革命胜利的最危险的敌人之一"①。中国革命的要求则是在政治上建立苏维埃政府,在经济上增加工资、减少工时等,最终争取群众,用武装暴动的方式推翻豪绅资产阶级的政权,并使之成为无产阶级独裁的出发点,这里已经将民族资产阶级和豪绅地主阶级并列作为革命应该打倒的对象了。1928年11月,《中共中央告全体同志书》中也指出:"中国的民族资产阶级已经完全叛变……因此中国的民权革命,只有由无产阶级领导广大的农民群众去干,对于资产阶级的任何一派,应当一律给以无情的打击。"②党的六大肯定中国革命仍是反帝反封建的资产阶级民主革命,以及看到民族资产阶级动摇和软弱的一面都是正确的,但是,却将革命的动力限于工农,忽视了资产阶级仍然有参加革命的一面,甚至将民族资产阶级和豪绅地主阶级并列作为革命的对象,则为此后更加"左"倾的错误政策埋下了种子。

党的六大以后,毛泽东仍然能够坚持对民族资本主义和民族资产阶级较为正确的看法。例如,1928年10月,毛泽东在为中共湘赣边界第二次代表大会写的决议中就提到:"全国工农平民以至资产阶级,依然在反革命统治底下,没有得到丝毫政治上经济上的解放。"③这里实际上仍将民族资产阶级列入"人民"的行列之中。正因为这样,同年11月,毛泽东在主持红四军第六次党代会时提出了"禁止盲目的焚杀""保护中小商人利益"等提案,指出:"我们反对封建剥削,只能没收地主的财产,对工商业者的利益要保护,如果是地主兼商人,就只能没收他封建剥削那部分,商业部分连一个红枣也不能动。"④到1929年3月,毛泽东起草并以红四军党部名义发布的《告商人及知识分子》书

---

① 《建党以来重要文献选编》(第五册),中央文献出版社,2011年,第378页。
② 《建党以来重要文献选编》(第五册),中央文献出版社,2011年,第709~710页。
③ 《毛泽东选集》,(第一卷)人民出版社,1991年,第47页。
④ 黄宏主编:《井冈山精神》,人民出版社,2005年,第172页。

中指出,共产党在城市的政策是取消苛捐杂税,保护商人贸易。城市反动分子、乡村收租放息为富不仁的土豪搬到城市的,其财物也都要没收,"至于普通商人及一般小资产阶级的财物,一概不没收"①。1930年10月,毛泽东出席在吉安城中山场召开的军民祝捷大会时宣布了《江西省工农兵苏维埃政府布告》,布告指出:"凡是遵守苏维埃政府一切法令的私人资本,准许其自由经营商业。"②10月17日,毛泽东和朱德率红一军团到达江西峡江,主持召开红一方面军总前委全体会议,10月19日,毛泽东在峡江以红一方面军总前委书记的名义复信湘东特委,对总前委峡江会议关于时局估量等项决议,作简要说明。其中,毛泽东指出,对于资本问题,"我们认为目前无条件地没收一切工厂商店是不对的,应该没收反革命的商店与军阀官僚资本的工厂商店,对于不是违反苏维埃劳动法的资本,应用工人监督资本的方法来限制他,克服他的阴谋"③。当然,毛泽东的这些正确看法还无法在当时的党中央占据主导地位。

1930年5月,蒋介石和阎锡山、冯玉祥等军阀之间爆发了中原大战,使得以李立三为代表的"左"倾冒险主义认为新的革命高潮即将到来,强调要以无产阶级作为领导来建立革命政权,并推动民主革命向社会主义革命转变,"这时革命政府如果不坚决执行阶级的政策,没收资产阶级的工厂企业和银行,以削除资产阶级的反革命的武器,不只是停止革命的深入,而且会障碍着力争全国革命的胜利,这就是革命的自杀政策"④。1930年6月11日,中共中央政治局会议通过了由李立三起草的《新的革命高潮与一省或几省首先胜利》的决议案,再次指出:"现时无产阶级已是唯一的革命的领导阶级,资产阶级已经是反动联盟的一部分,因此民主革命的彻底胜利,与推翻资产阶级的统治不可分离。"所以,"要没收中国资产阶级的工厂、企业、银行,以削除反革命的武器"⑤。这次会议表明,"左"倾错误已经在党中央的领导机关中占据了统

① 《毛泽东年谱(1893—1949)》(修订本)(上卷),中央文献出版社,2013年,第266页。
② 《毛泽东年谱(1893—1949)》(修订本)(上卷),中央文献出版社,2013年,第316页。
③ 《毛泽东年谱(1893—1949)》(修订本)(上卷),中央文献出版社,2013年,第318页。
④ 《建党以来重要文献选编》(第七册),中央文献出版社,2011年,第199~200页。
⑤ 《建党以来重要文献选编》(第七册),中央文献出版社,2011年,第266页。

治地位。尽管李立三"左"倾冒险主义在党中央领导机关的统治持续时间很短,到1930年9月党的六届三中全会上基本得到了纠正,但是,其影响并没有完全消除。

1931年1月,共产国际对瞿秋白等新的中共中央领导人不满,派代表来中国指示中国共产党召开六届四中全会,使以王明为代表的"左"倾冒险主义在党中央占了统治地位。①1931年11月,中华苏维埃共和国建立,民族资产阶级已经完全被排除在外了,其后的一些政策也不可避免受到王明"左"倾错误思想的影响。例如,《中华苏维埃共和国宪法大纲》中虽然不再提资产阶级是最危险的敌人,而是要"有系统的限制资本主义的发展",但规定资本家和军阀、官僚、地主等一样没有参加政权和政治上自由的权利。②同期制定颁布的《中华苏维埃共和国劳动法》(以下简称《劳动法》)中更是规定了许多过"左"的劳动政策,如过短的工时、过高的福利、工人监督生产、强制介绍失业工人等。《中华苏维埃共和国关于经济政策的决定》中规定:"消灭国民党军阀政府一切的捐税制度和一切横征暴敛,苏维埃政府另定统一的累进税则,使之转由资产阶级负担。"③上述这些规定,从政治上来说,不利于革命统一战线的扩大,就经济来说,也不利于革命根据地的经济发展。尽管随后制定的《中华苏维埃共和国临时中央政府关于工商业投资暂行条例的决议》第一条就指出:"凡遵守苏维埃一切法令实行劳动法并依照苏维埃政府所颁布之税则完纳关税的条件下得允许私人资本在中华苏维埃共和国境内自由投资经营工商业。"④但是,上述过"左"的劳动和经济政策仍然是制约革命根据地经济发展的重要因素,根据地的私营企业不仅没有发展,反而不断有一些企业倒闭关门,造成工人失业。⑤

过"左"的劳动政策不断受到干部群众的批评。1933年4月25日,陈云在

---

① 中共中央党史研究室:《中国共产党历史》(上卷),人民出版社,1991年,第291页。
② 《建党以来重要文献选编》(第八册),中央文献出版社,2011年,第649~650页。
③ 《建党以来重要文献选编》(第八册),中央文献出版社,2011年,第717~718页。
④ 《中央革命根据地史料选编》(下册),江西人民出版社,1982年,第572页。
⑤ 许毅主编:《中央革命根据地财政经济史长编》(上册),人民出版社,1982年,第635页。

《苏区工人的经济斗争》一文中尖锐地指出,那种在城市机械执行《劳动法》的行为,如不问企业实际情况,机械实行八小时和青工六小时的工作制,或是不问企业经济能力,强迫介绍失业工人,或是在年关时候到处举行妨碍苏区经济流通的总同盟罢工等,都是危险的"左"倾错误倾向。①四五月间,张闻天连续发表《五一节与〈劳动法〉执行的检阅》《论苏维埃经济发展的前途》《苏维埃政权下的阶级斗争》三篇文章,对《劳动法》执行中的一些问题提出了严厉批评,强调机械执行《劳动法》的结果,必然是工商业的凋零。因此,"必须同那些不顾任何情形企图完全机械的执行《劳动法》的'左'的倾向作斗争"②,《劳动法》的有些条文也必须立即修改。不仅如此,张闻天还在中国共产党历史上第一次明确提出了"利用私人资本主义"的思想,指出"要发展苏维埃的经济,在目前不尽量利用私人资本是不可能的。私人资本主义的部分的发展,对于我们并不是可怕的"③。"苏维埃政权在目前并不反对资本主义的发展,并且还容许资本主义的发展,使用许多办法来吸引与鼓励资本家的投资。"④在张闻天看来,在无产阶级领导下,资本主义经济的发展,不但不会走向资本主义的道路,而且会"在经济上保证无产阶级的领导,造成非资本主义发展的前提和优势"⑤。

重新修订《劳动法》势在必行。1933年3月28日,人民委员会第38次会议上决定修改《劳动法》,于10月15日重新公布了新的《中华苏维埃共和国劳动法》,对工作中的"左"倾错误加以纠正。1933年10月10日,《中华苏维埃共和国中央政府关于土地斗争中一些问题的决定》中指出:"地主兼商人的,其商业及与商业相连的店铺住房财产等不没收。"⑥1934年1月,在第二次全国工农兵代表大会上,毛泽东提出了保护私人经济使之与国营经济合作社经济同时并进的政策,"我们的经济政策的原则,是进行一切可能的和必须的经济方面的建设,集中经济力量供给战争,……巩固工农在经济方面的联合,保证无产

---

① 《陈云文选(1926—1949)》,人民出版社,1984年,第29页。
② 《张闻天选集》,人民出版社,1985年,第29页。
③ 《张闻天选集》,人民出版社,1985年,第25页。
④ 《建党以来重要文献选编》(第十册),中央文献出版社,2011年,第173页。
⑤ 《建党以来重要文献选编》(第十册),中央文献出版社,2011年,第170页。
⑥ 《建党以来重要文献选编》(第十册),中央文献出版社,2011年,第564页。

阶级对于农民的领导,争取国营经济对私人经济的领导,造成将来发展到社会主义的前提"①。对于私人经济,"只要不出于政府法律范围之外,不但不加阻止,而且加以提倡和奖励。因为目前私人经济的发展,是国家的利益和人民的利益所需要的"②。这里实际上阐明的同样是利用资本主义发展社会主义的思想。

1935年1月召开的遵义会议,确立了毛泽东在党和红军中的领导地位,结束了王明"左"倾教条主义在党内的统治。此时,日本继续疯狂侵略中国,策动华北"五省自治运动"、提出华北五省经济完全独立,国民党政府则节节败退,中国的民族危机日益加重。8月,党中央发表《为抗日救国告全体同胞书》(即"八一宣言"),呼吁团结一切力量一致抗日。12月,党中央在陕北瓦窑堡召开政治局扩大会议。这次会议纠正了王明时期对民族资产阶级的"关门主义"政策。会议通过的《中共中央关于目前政治形势与党的任务的决议》对私人经济作了更加明确具体的规定,指出"苏维埃共和国用比较过去宽大的政策对待民族工商业资本家。在双方有利的条件下,欢迎他们到苏维埃人民共和国领土内投资,开设工厂与商店,保护他们生命财产之安全,尽可能的减低租税条件,以发展中国的经济"③。会后,毛泽东在党的活动分子会议上作《论反对日本帝国主义的策略》的报告,指出在中国面临殖民地化威胁的情况下,民族资产阶级的态度是有可能发生改变的,在民主革命时期劳资间的斗争是有限度的,因此,"人民共和国的劳动法保护工人的利益,却并不反对民族资本家发财,并不反对民族工商业的发展"④。瓦窑堡会议以后,中国共产党基本上跳出了对民族资产阶级认识上的"左"倾教条主义怪圈。中国共产党关于私营工商业的政策也不断走上正轨,边区的经济也很快得到恢复和发展。到全面抗战前夕,据1937年1—6月延水和延川两县的统计,共有粉房4处,染房15处,各县还有油房十余处,其他铁木手工业也大量创立。⑤

①《毛泽东选集》(第一卷),人民出版社,1991年,第130页。
②《毛泽东选集》(第一卷),人民出版社,1991年,第133页。
③《建党以来重要文献选编》(第十二册),中央文献出版社,2011年,第542页。
④《毛泽东选集》(第一卷),人民出版社,1991年,第159页。
⑤《新中华报》1937年7月9日。

三、从"保护奖励私人资本主义"到"五种经济成分之一"

全面抗战爆发以后,中日民族矛盾上升为中国社会主要矛盾。这就要求全体中国人民不分阶级、不分民族、不分地域地结成最为广泛的抗日民族统一战线。1936年3月20日,张闻天在晋西地区召开的中共中央政治局会议上指出,共产国际"七大"决议中关于建立广泛的统一战线的提法是特别重要的,我们应该使之民族化,使之适合中国的具体环境。1937年5月3日,毛泽东在苏区党代表会议上所作的报告中指出,中国共产党过去建立的工农民主共和国是坚决执行资产阶级民族革命任务的,而今天所要建立的新的民主共和国的特点在于资产阶级被包含在内,因为资产阶级在当时的情况下,"又有重新参加抗日的可能,所以无产阶级政党不应该拒绝他们,而应该招致他们,恢复和他们共同斗争的联盟"①。

由于资产阶级以往的背叛行为,许多人对毛泽东的看法有不同意见,为此,5月8日,毛泽东在苏区党代表会议上所作的结论《为争取千百万群众进入抗日民族统一战线而斗争》中再次指出:"因为资产阶级参加革命的暂时性而不要资产阶级……这是托洛茨基主义的说法,我们是不能同意的。今天的联合资产阶级抗日派,正是走向社会主义的必经的桥梁。"②中国半殖民地半封建社会的特点,决定了中国无产阶级力量的弱小,同时也决定了其在领导资产阶级民主革命过程中必须联合尽可能多的力量,否则就不可能赢得资产阶级民主革命的胜利。1939年10月,毛泽东在《〈共产党人〉发刊词》中指出:"中国革命和中国共产党的发展道路,是在这样同中国资产阶级的复杂关联中走过的。这是一个历史的特点,殖民地半殖民地革命过程中的特点,而为任何资本主义国家的革命史中所没有的。"③

实践证明,中国共产党前进还是后退、成功还是失败、扩大还是缩小,都和与资产阶级的关系密切相关。对阶级关系认识的改变推动着对不同阶级所代表的生产关系认识的调整。1939年11月的边区党代表大会上,毛泽东指

---

① 《建党以来重要文献选编》(第十四册),中央文献出版社,2011年,第185页。
② 《建党以来重要文献选编》(第十四册),中央文献出版社,2011年,第207页。
③ 《毛泽东选集》(第二卷),人民出版社,1991年,第604页。

出,中国共产党对资本主义的政策是"大胆地让资本主义去发展而不是压制资本主义……社会主义是必然的道路,但现在还不成,所以可以让资本主义发展,不过要调节它的发展"[①]。12月,在《中国革命和中国共产党》中,毛泽东再次指出,由于革命肃清了资本主义发展的障碍,可以想象的是资本主义经济在中国社会将有一个相当程度的发展,"这是经济落后的中国在民主革命胜利之后不可避免的结果"[②]。从这里可以看到,中国共产党已经从中国半殖民地半封建社会的历史特点出发来正确认识中国资本主义一定程度发展的必然性了。

如果说上述还更多是一种理论上的看法的话,那么,随着抗战相持阶段的到来,日本帝国主义调整了侵华战略方针,对蒋介石国民党实行政治诱降为主、军事打击为辅的方针,而把主要力量用来打击中国共产党领导的抗日革命根据地,如何组织一切力量发展生产来支持继续抗战成为最为重要的问题,这就使中国共产党对资本主义在中国一定程度的发展的必然性,从理论上的认识进一步转向了现实中的诉求。1940年12月25日,毛泽东在为党中央起草的党内指示《论政策》中指出:"应该吸引愿来的外地资本家到我抗日根据地开办实业。应该奖励民营企业,而把政府经营的国营企业只当作整个企业的一部分。"[③]1941年4月,毛泽东在为《农村调查》所写的"跋"语中指出:"严肃地坚决地保持共产党员的共产主义的纯洁性,和保护社会经济中的有益的资本主义成分,并使其有一个适当的发展,是我们在抗日和建设民主共和国时期不可缺一的任务。"[④]1941年5月的《陕甘宁边区施政纲领》中也明确提出,要奖励私人企业,保护私有财产并欢迎外地投资。1942年2月,党中央制定的《关于如何执行土地政策决定的指示》中指出:"在经济上,目前我党的政策,以奖励资本主义生产为主。"[⑤]

从上述这些我们可以看到,与土地革命时期的一些阶段相比,中国共产

---

① 顾龙生:《毛泽东经济年谱》,中共中央党校出版社,1993年,第141页。

② 《毛泽东选集》(第二卷),人民出版社,1991年,第650页。

③ 《毛泽东选集》(第二卷),人民出版社,1991年,第768页。

④ 《毛泽东选集》(第三卷),人民出版社,1991年,第793页。

⑤ 《建党以来重要文献选编》(第十九册),中央文献出版社,2011年,第50页。

党对私人资本主义的政策从"保护工商业"进一步向"奖励私人资本主义"发展。当然,这种奖励是有前提的,那就是后来人们所熟知的要于国计民生有益,这也就要求中国的资本主义必然不同于欧美国家的旧式资本主义。1942年10月,张闻天在《发展新式资本主义》一文中指出,中国共产党所提倡的是"新式资本主义",它与欧美旧式资本主义不同之处就在于,"我们有革命政权和革命政策,调节社会各阶级关系。凡可操纵国民生计的工商业,均握在国家手中。中国社会将来才是社会主义和共产主义,今天则要实行新民主主义,就是新式资本主义……发展新式资本主义,是我们现时的任务,也是我们当前的具体工作。若把理想当现实,乱来一阵,会弄糟糕的"①。1943年8月,毛泽东在中央党校第二部开学典礼上也指出:"我们要建立的新民主主义社会,它的基本性质仍是资本主义的。"②抗日战争后期,外界不确定中国共产党在战后的政策到底如何。1944年7月,毛泽东在与英国记者斯坦因谈话时声明:"我们坚信,不管是中国的还是外国的私人资本,在战后的中国都应给予充分发展的机会,因为中国需要发展工业。"③同样,1944年5月,刘少奇在陕甘宁边区工厂职工代表会议上讲话时也指出:"我们应该帮助私人多办一些工厂,因为生产出来的东西多了,对于我们的经济是有好处的。"④

在这些正确认识指导下,根据地推行了一系列保护和奖励私人资本主义的政策,大大促进了根据地私营工商业的发展,例如,"1939年,陕甘宁边区织布业中,公营工厂只有一家,织机23架;纺织合作社2家,织机8架;而私营工厂有6家,织机52架……到1943年,仅私营纺织厂即有50家,雇佣工人310人,织机150架,产布12000大匹"⑤。

1945年抗战胜利前夕,中国共产党时隔17年再次召开全国代表大会,毛泽东在党的七大上对中国共产党的战后政策做了极为精彩的阐述。毛泽东

①《张闻天文集》(第三卷),中共党史出版社,1994年,第186页。
②《毛泽东文集》(第三卷),人民出版社,1996年,第56页。
③《毛泽东文集》(第三卷),人民出版社,1996年,第186页。
④《刘少奇选集》(上卷),人民出版社,1981年,第305页。
⑤ 李占才主编:《中国新民主主义经济史》,安徽教育出版社,1990年,第222页。

在党的七大政治报告《论联合政府》中指出,中国共产党人的最高纲领是要将中国推进到社会主义社会和共产主义社会去,但是,只有经过民主主义,才能达到社会主义,这是马克思主义的天经地义。从经济上来说,中国共产党不但不怕资本主义,反而提倡它的发展,因为"拿资本主义的某种发展去代替外国帝国主义和本国封建主义的压迫,不但是一个进步,而且是一个不可避免的过程。它不但有利于资产阶级,同时也有利于无产阶级,或者说更有利于无产阶级。现在的中国是多了一个外国的帝国主义和一个本国的封建主义,而不是多了一个本国的资本主义,相反地,我们的资本主义是太少了"[1]。毛泽东指出,新民主主义国家制度之下,在国家自己的经济、劳动人民的个体经济和合作社经济以外,一定要让私人资本主义经济"在不能操纵国民生计的范围内获得发展的便利,才能有益于社会的向前发展"[2]。这里实际上已经提出了除国家资本主义之外的新民主主义社会的四种经济成分。

在党的七大的这些正确认识指导下,中国共产党连续制定颁布了一系列支持和鼓励私人资本主义发展的政策措施。1945年10月,《中央转发晋冀鲁豫中央局关于新解放区城市政策和群众工作的指示》中明确提出了保护民族工商业的政策,要求我军"进入城镇以后,必须坚决的执行城市政策,保护城市工商业"[3]。1946年2月5日,党中央给时任华中分局书记邓子恢发出的《关于对解放区私人企业的政策方针问题的指示》中,规定了九条鼓励支持私营经济发展的具体措施,提出:"我们是奖励私人企业,提倡私人资本主义之发展的。"[4]3月28日,党中央发出《关于解放区经济建设的几项通知》,要求尽力恢复原来的民间纺织业,并"鼓励合作,提倡私人投资"。11月7日,张闻天在为中共合江省委起草的决议《发展工商业的若干政策问题》中指出:"为繁荣工商业、改善人民生活、支持长期战争,必须承认,大量的吸收私人资本,发展私人资本主义,是非常重要的任务",而"一切侵犯工商业者正当权益的行动,

①《毛泽东选集》(第三卷),人民出版社,1991年,第1060页。
②《毛泽东选集》(第三卷),人民出版社,1991年,第1061页。
③《中共中央文件选集》(第15册),中共中央党校出版社,1991年,第314页。
④《建党以来重要文献选编》(第二十三册),中央文献出版社,2011年,第112页。

必须严格禁止。"①此后，1947年下半年召开的全国土地会议制定了彻底平分土地的土改方针，并通过《中国土地法大纲》，提出保护工商业者的财产及其合法的营业不受侵犯，但是具体如何保护并不明确，导致在具体执行过程中出现不同程度侵犯中农和工商业者利益的"左"倾"过火"现象。②

为了纠正实践中存在的问题，1947年12月，党中央在陕北米脂县杨家沟举行扩大会议，毛泽东在《目前形势和我们的任务》报告中指出，新民主主义革命并不是一般地消灭资本主义，而是要消灭封建主义和帝国主义，资本主义"即使革命在全国胜利以后，在一个长时期内，还是必须允许它们存在；并且按照国民经济的分工，还需要它们中一切有益于国民经济的部分有一个发展；它们在整个国民经济中，还是不可缺少的一部分"③。根据十二月会议的精神，各地迅速采取措施纠正土改中的"左"倾错误。同时，1947年冬至1948年春，党中央也连续发出多个党内指示和文件，提出继续实行保护和鼓励工商业的政策。

1948年1月，毛泽东为党中央起草《关于目前党的政策中的几个重要问题》的决定草案，提出"各解放区过去保护并奖励一切于国民经济有益的私人工商业发展的政策是正确的，今后仍应继续"④。2月，毛泽东在为党中央起草的党内指示《关于工商业政策》中指出，要"将发展生产、繁荣经济、公私兼顾、劳资两利的正确方针同片面的、狭隘的、实际上破坏工商业的、损害人民革命事业的所谓拥护工人福利的救济方针严格地加以区别"⑤。5月，毛泽东在为党中央起草的《中共中央关于认真克服对待资产阶级的"左"倾错误的指示》中强调，那些"强调限制资本主义，而不强调一切有益于国计民生的私人资本主义生产在目前及今后一个长时期内的进步性、建设笥与必需性，不强调利用私人资本主义的积极性来发展生产，只强调和资本家斗争，而不强调联合

①《张闻天文集》（第三卷），人民出版社，1985年，第3328～3329页。
②罗平汉：《一九四七年下半年解放区土改运动中的"左"倾错误及其纠正》，《中共党史研究》2005年第2期。
③《毛泽东选集》（第四卷），人民出版社，1991年，第1254～1255页。
④《毛泽东选集》（第四卷），人民出版社，1991年，第1269页。
⑤《毛泽东选集》（第四卷），人民出版社，1991年，第1285页。

愿意和我们合作的资本家……这是一种实际上立即消灭资产阶级的倾向,实际工作中的'左'倾冒险主义的错误路线,和党的方针政策是在根本上相违反的。"①这些政策的出台确保了土地改革的顺利完成。

1948年9月15日,张闻天在为党中央东北局起草的文件《关于东北经济构成及经济建设基本方针的提纲》中,第一次明确将私人资本主义经济作为新民主主义社会五种经济成分之一,②在审阅该提纲后,毛泽东于10月26日致信刘少奇,提出"就我们的整个经济政策说来,是限制私人资本的,只是有益于国计民生的私人资本,才不在限制之列。而'有益于国计民生',这就是一条极大的限制"③。1949年3月,毛泽东在党的七届二中全会上明确提出:"在革命胜利以后一个相当长的时期内,还需要尽可能地利用城乡私人资本主义的积极性,以利于国民经济的向前发展。"④但同时指出,"如果认为我们现在不要限制资本主义,认为可以抛弃'节制资本'的口号,这是完全错误的,这就是右倾机会主义的观点。但是反过来,如果认为应当对私人资本限制得太大太死,或者认为简直可以很快地消灭私人资本,这也是完全错误的,这就是'左'倾机会主义或冒险主义的观点"⑤。

这样,中国共产党关于利用和限制私人资本主义的政策到此时基本已经形成。6月,在《论人民民主专政》中,毛泽东进一步强调:"中国必须利用一切于国计民生有利而不是有害的城乡资本主义因素,团结民族资产阶级,共同奋斗。我们现在的方针是节制资本主义,而不是消灭资本主义。"⑥1949年9月29日,中国人民政治协商会议第一次全体会议通过的起临时宪法作用的《中国人民政治协商会议共同纲领》中,再次提出新民主主义经济的五种成分,就是国营经济、合作社经济、农民和手工业者的个体经济、私人资本主义经济和国家资本主义经济,其第三十条明确指出:"凡有利于国计民生的私营经济事

①《建党以来重要文献选编》(第二十六册),中央文献出版社,2011年,第428页。
②《建党以来重要文献选编》(第二十五册),中央文献出版社,2011年,第479页。
③《毛泽东文集》(第五卷),人民出版社,1996年,第177页。
④《毛泽东选集》(第四卷),人民出版社,1991年,第1431页。
⑤《毛泽东选集》(第四卷),人民出版社,1991年,第1432页。
⑥《毛泽东选集》(第四卷),人民出版社,1991年,第1479页。

业,人民政府应鼓励其经营的积极性,并扶助其发展。"①至此,私人资本主义经济在中国社会的地位得到了根本性的跃升,中国共产党对非公有制经济的认识也实现了质的飞跃。

第二节　社会主义革命和建设时期中国共产党对私人资本主义经济的认识

综观从中国共产党成立至中华人民共和国成立前近三十年的历史可以发现,中国共产党对非公有制经济的认识逐步走上正轨,推动中国非公有制经济的地位不断跃升。与此几乎相反,1949年中华人民共和国成立至改革开放前近三十年间,中国共产党对非公有制经济的认识可以算得上是"高开低走",从中华人民共和国成立初期的鼓励经营、扶助发展到不再将资产阶级视为中间阶级,至后来的让资本主义绝种并完成社会主义改造,最后走到"文革"时期"宁要社会主义草、不要资本主义苗"的极端。到1976年底,我国的私营经济基本绝迹,个体经济也微乎其微,几乎到了灭绝的边缘。全国城镇个体工商业者只剩下19万人,仅为1966年"文革"开始时的12.20%,锐减了87.80%。②这样,从1921年中国共产党成立到1978年党的十一届三中全会启动改革开放之间近六十年中,中国共产党对非公有制经济的认识轨迹,正好形成了以1949年中华人民共和国成立为中点(也是"顶点")的抛物线。

一、从"鼓励经营扶助发展"到"资产阶级不再是中间阶级"

中华人民共和国成立以后,中国共产党根据七届二中全会和《中国人民政治协商会议共同纲领》中的相关规定,对私营资本主义经济仍然延续了利用和限制的方针政策,尤其对有利于国计民生的私营资本主义经济采取鼓励经营、扶助发展的政策。原因在于,中华人民共和国成立之初,刚刚从半殖民

①《建党以来重要文献选编》(第二十六册),中央文献出版社,2011年,第764页。
② 张厚义:《中国私营企业发展报告(1978—1998)》,社会科学文献出版社,1999年,第92页。

地半封建社会走出来的中国,社会经济基础薄弱,再加上战争的创伤、帝国主义国家的封锁,使得中国经济更加困难。通过没收官僚资本而来的国营经济不可能完全满足广大人民群众的生活、就业等各方面的需求,这就迫切要求利用私营资本主义经济的长处。1949年12月,周恩来在对参加全国农业会议、钢铁会议、航务会议人员的讲话中谈及公私关系时指出,为恢复和发展国家经济,新民主主义的中国需要私人资本的合作。周恩来指出,虽然我们是以公为主,但是,也不是不管私人企业,因为"现在整个工业中有一半是属于私人经营的,它对国家的经济发展是有很大帮助的……我们允许私人资本主义企业存在,但是要引导它不走旧资本主义的道路,而走新民主主义的道路。我们要经过一个相当长的时期,使我们的国家健全地、有步骤地、不急躁地走向社会主义"①。这里实际上仍然延续的是利用资本主义发展社会主义的政策思想。

但是,党中央的这些方针政策在落实过程中并不是一帆风顺的。1949—1950年春平抑物价斗争取得胜利以后,一些人开始头脑不冷静,轻视私营经济存在的必要性和重要性,在贯彻对私营工商业扶持和保护的方针政策时,思想摇摆,有的人甚至"要求提早消灭私人资本主义,实行社会主义"②。在一些地方,私营经济的发展也遇到了比较严重的困难。例如,1950年2月,由于美蒋飞机侵入上海市区并狂轰滥炸,直接导致全市12000家工厂、商店停业或歇业,16万工人失业,有些资本家悲观失望、经营消极,甚至抽逃资金弃厂出走。③

1950年3—4月召开的第一次全国统战工作会议上,再次出现关于如何对待民族资产阶级和私人资本主义经济的争论,表现出严重的"左"的思想倾向。中央统战部部长李维汉在会上作《人民民主统一战线的新形势与新任务》的报告,指出中国共产党要在政治上团结民族资产阶级,"经济上必须联合民族资产阶级,因为中国的经济十分落后,要把中国从落后的农业国家改变成为现代化的工业国家,必须尽量利用私人资本主义的积极性。认为可以

---

① 《建国以来重要文献选编》(第一册),中央文献出版社,2011年,第70页。
② 李维汉:《回忆与研究》(下),中共党史出版社,2013年,第522页。
③ 《上海通史(第12卷):当代经济》,上海人民出版社,1999年,第73~74页。

不要团结民族资产阶级或提前消灭私人资本主义的想法,显然是错误的"[①]。毛泽东在这次会议的发言记录稿上写了多条批语,对这些错误思想倾向作了批评。例如,针对一些人提出"今天斗争对象,主要是资产阶级"的看法,毛泽东指出,今天的斗争对象主要是帝国主义、封建主义及其走狗国民党反动派残余,而不是民族资产阶级。针对一些人提出要限制和排挤私营工商业的看法,毛泽东指出,限制和排挤的是不利于国计民生的工商业,即投机商业,而对正当的有利于国计民生的工商业,当它们困难时应该给以扶助使之发展。针对资本家不要与"民"争利的提法,一些发言说我们就是要"与民争利",大资本家要停工,就让他停工等,毛泽东批评了这些错误的提法。[②]

1950年3月底到4月初的中共中央政治局扩大会议上,党中央作出调整工商业的决策。针对一些人提出的要挤垮工商业的错误看法,毛泽东强调,我们"和资产阶级合作是肯定了的,不然《共同纲领》就成了一纸空文,政治上不利,经济上也吃亏⋯⋯目前发展私营工商业,与其说对资本家有利,不如说对工人有利,对人民有利"[③]。5月,毛泽东在中共中央政治局会议上指出,对私营工商业要有所不同、一视同仁,因为"私营工商业是会长期存在的,我们不可能很快实行社会主义。到哪一天才需要全面进攻,取消资本家的那一部分呢? 照苏联的例子,时间是很长的"[④]。1950年6月的党的七届三中全会上,毛泽东在《为争取国家财政经济状况的基本好转而斗争》的书面报告中指出,工商业的调整是争取国家财政经济状况好转的重要条件之一,强调"有些人认为可以提早消灭资本主义实行社会主义,这种思想是错误的,是不适合我们国家的情况的"[⑤]。在《不要四面出击》的讲话中,毛泽东指出,对民族资产阶级,要通过合理调整工商业、调整税收的办法改善同他们的关系,不要搞得太紧张了,"民族资产阶级将来是要消灭的,但是现在要把他们团结在我们身

---

① 《建国以来重要文献选编》(第一册),中央文献出版社,2011年,第125页。
② 《毛泽东文集》(第六卷),人民出版社,1999年,第49~51页。
③ 逄先知、金冲及编:《毛泽东传(1949—1976)》(上),中央文献出版社,2003年,第71页。
④ 《毛泽东文集》(第六卷),人民出版社,1999年,第61页。
⑤ 《毛泽东文集》(第六卷),人民出版社,1999年,第71页。

边,不要把他们推开。我们一方面要同他们作斗争,另一方面要团结他们……现在我们需要采取这个策略"①。这里我们可以看到,中国共产党力图纠正党内那种急于消灭资本主义和民族资产阶级的"左"倾情绪。毛泽东的这些观点,代表了中华人民共和国成立初期,中国共产党人对半殖民地半封建社会的中国何时实现社会主义的正确看法。

根据党中央和毛泽东的这些正确看法,1950年12月,政务院第65次会议通过了《私营企业暂行条例》,提出"根据中国人民政治协商会议共同纲领的经济政策的规定,在国营经济领导之下,鼓励并扶助有利于国计民生的私营企业"②。随后,1951年3月30日,政务院又颁布了《私营企业暂行条例施行办法》以规范扶持私营企业的发展。与此同时,中国共产党还根据"共同纲领"中关于"劳资两利"的方针,采取多项措施既保障工人阶级的利益,也保护私营企业家的合法利益,发挥他们发展经济、服务民生的积极性,私营资本主义经济得到了相当程度的发展。据统计,1949—1952年,民族资本主义工业户数由12.32万户增长到14.96万户,职工人数由164.38万人增长到205.66万人,总产值由68.26亿元增长到105.26亿元。③尤其是1951年全国大部分地区土地改革的完成和抗美援朝军事订货的增加,使得资本主义工商业得到了很大的发展,"私营企业利润剧增,达到了解放后的高峰。资产阶级欢呼是'黄金时代''难忘的一九五一年'"④。

正在这时,一些资本家暴露了其唯利是图的本性,偷税漏税、腐蚀国家干部、偷工减料、盗窃国家经济情报等,党中央决定在党政机关工作人员中开展"三反"斗争,在工商业者中开展"五反"斗争。1952年1月,周恩来在中国人民政治协商会议第一届全国委员会第34次常务委员会上作了《"三反"运动与民族资产阶级》的讲话,指出中国的民族资产阶级有其进步的一面,同时,也有

---

① 《建国以来毛泽东文稿》(第一册),中央文献出版社,1987年,第399页。
② 《建国以来重要文献选编》(第一册),中央文献出版社,2011年,第448页。
③ 《中华人民共和国经济档案资料选编·工商体制卷(1949—1952)》,中国社会科学出版社,1993年,第729~732页。
④ 李维汉:《回忆与研究》(下),中共党史出版社,2013年,第562页。

黑暗腐朽的一面。因此,私人资本主义虽然是中国五种经济成分之一,但是,"资产阶级和资本主义在人民中国并不是可以不受限制而自由发展的"①。这里虽然仍然是辩证地看待私人资本主义经济,但是,周恩来在随后的讲话稿中,用五个"不能"来表明了中国共产党对私人资本主义经济的态度和政策。到1952年6月,毛泽东对民族资产阶级的认识有了重大转变,在为中共中央《关于民主党派工作的决定(草稿)》写的批语中,毛泽东指出:"在打倒地主阶级和官僚资产阶级以后,中国内部的主要矛盾即是工人阶级和民族资产阶级的矛盾,故不应再将民族资产阶级称为中间阶级。"②虽然此后中国共产党对民族资产阶级的基本政策没有改变,仍然是既团结又斗争、斗争为了团结。但是,这个提法与两年前党的七届三中全会时已经完全不同,这种变化也预示着中国共产党私营资本主义经济政策的改变已在途中。

　　1952年开始的"五反"运动主要打击的是私营经济中的不法分子,只占工商户的0.15%。针对"五反"运动中一些人的错误理解,毛泽东指出:"这不是对资产阶级的政策的改变,目前还是搞新民主主义,不是社会主义;是削弱资产阶级,不是要消灭资产阶级;是要打它几个月,打痛了再拉,不是一直打下去,都打垮。"③"五反"运动后,作为一个阶级来说,资产阶级已经被工人群众和工人阶级所领导的国家的威力所压倒了。从而为以后对资本主义工商业的改造创造了良好的内部条件。实际上,1952年底前对私营金融业进行公私合营,就已经割断了私营工商业同资金市场、原料市场和销售市场的联系,从根本上动摇了私营工商业的生存基础,私营工商业除了接受改造,别无他途。

二、从"让资本主义绝种"到"社会主义改造基本完成"

　　毛泽东关于民族资产阶级不再是中间阶级的论断的影响,三个月后就显现了出来。1952年9月24日,在听取周恩来关于"一五"计划轮廓问题同苏联商谈情况的汇报后,毛泽东说:"我们现在就要开始用十年到十五年的时间基

① 《周恩来选集》(下卷),人民出版社,1984年,第82页。
② 《毛泽东文集》(第六卷),人民出版社,1999年,第231页。
③ 逄先知、金冲及编:《毛泽东传(1949—1976)》(上),中央文献出版社,2003年,第224页。

本上完成到社会主义的过渡，而不是十年或者以后才开始过渡。"①这是毛泽东首次提出向社会主义过渡的问题，向社会主义过渡实际上意味着要消灭私人资本主义，解决的是无产阶级和资产阶级的矛盾问题。1953年2月，毛泽东在同李雪峰、李先念等人谈话时，认为此前刘少奇等人提出的"巩固新民主主义秩序"和邓子恢提出的"四大自由"的主张都是不对的。因为新民主主义是向社会主义过渡的阶段，"在这个过渡阶段，要对私人工商业、手工业、农业进行社会主义改造"②。这就提出了对私营资本主义工商业的社会主义改造问题。

1953年6月15日，毛泽东在审阅李维汉《关于利用、限制和改组资本主义工商业的若干问题（未定稿）》的报告时，将"改组"改为"改造"，并在封面上写了一个讲话提纲，认为确立新民主主义的社会秩序及保护私有财产等都是错误的观点，明确提出"党的任务是在十年至十五年或者更多一些时间内，基本上完成国家工业化和社会主义的改造"③，社会主义改造包括农业、手工业和资本主义工商业在内。同日晚上，毛泽东在中南海西楼会议室主持召开中共中央政治局会议，听取并讨论李维汉《关于利用、限制和改造资本主义工商业的若干问题》的报告，首次对党在过渡时期的总路线作了比较完整的表述，即从中华人民共和国成立，到社会主义改造基本完成，这是一个过渡时期。党在过渡时期的总路线和总任务是要在十年到十五年或更多一些时间内，基本上完成国家工业化和对农业、手工业、资本主义工商业的社会主义改造。李维汉曾提到："从1949年3月七届二中全会提出的利用、限制资本主义的方针，到1953年6月政治局会议确定为利用、限制和改造。这是全党在指导思想上的一个飞跃。"④

也就在这次会议上，毛泽东再次批评了"确立新民主主义的社会秩序"，"由新民主主义走向社会主义"及"确保私有财产"等观点，明确地把资本主义和资产阶级作为斗争的对象来对待了。毛泽东还提出，在这个时期，国内的

---

① 《毛泽东年谱（1949—1976）》（第一卷），中央文献出版社，2013年，第603页。
② 《毛泽东年谱（1949—1976）》（第二卷），中央文献出版社，2013年，第31~32页。
③ 《建国以来毛泽东文稿》（第四册），中央文献出版社，1990年，第251页。
④ 李维汉：《回忆与研究》（下），中共党史出版社，2013年，第575页。

主要矛盾是无产阶级与资产阶级的阶级斗争,必须把资产阶级看成一个敌对的阶级。此后,毛泽东多次指出:"总路线也可以说就是解决所有制的问题","总路线就是逐步改变生产关系"①。他认为,只有解决了所有制问题,建立起社会主义的生产关系,才能提高生产力,实现工业化。1953年12月,由中宣部起草并经毛泽东多次修改的《关于党在过渡时期总路线的学习和宣传提纲》明确指出:"党在过渡时期的总路线的实质,就是要使生产资料的社会主义所有制成为我国国家和社会的唯一的经济基础"②,因为资本主义所有制和资本主义生产社会性间的矛盾、资本主义企业内工人和资本家间的矛盾都是不可克服的,因此,就必须在一个相当长的时期内对资本主义工商业进行社会主义改造,"以便最后消灭生产资料的资本主义私人所有制。"③这个"相当长的时期",按照毛泽东当时的估计大致为十八年,即国民经济恢复的三年加上三个五年计划。

　　1954年2月,党的七届四中全会通过决议正式批准了党在过渡时期的总路线,9月,第一届全国人大将之载入宪法,这表明中国共产党对资产阶级和资本主义的政策发生重大改变,由保护资本主义工商业转到改造资本主义工商业,逐步消灭资本主义私有制的轨道上来。尤其是1955年7月,毛泽东在党中央召集的省委、市委、区委书记会议上作的《关于农业合作化问题》报告中,批评有些人在农业合作化运动高潮中还像"小脚女人"一样东摇西摆地走路,催促农业合作化运动迅速展开。农业合作化运动的快速发展,切断了私营工商业在生产原料、产品销售等方面和农村的联系,使私营资本主义工商业也不得不走上社会主义改造的道路。1955年10月,毛泽东在党的七届六中全会上所作的结论《关于农业合作化和资本主义工商业改造的关系问题》中指出,我们"就是要使帝国主义绝种,封建主义绝种,资本主义绝种,小生产也绝种……使资产阶级、资本主义在六亿人口的中国绝种,这是一件很好的事,很有意义的好事。我们的目的就是要使资本主义绝种,要使它在地球上绝

①《毛泽东文集》(第六卷),人民出版社,1999年,第301、305页。
②《建国以来重要文献选编》(第四册),中央文献出版社,1993年,第702页。
③《建国以来重要文献选编》(第四册),中央文献出版社,1993年,第724页。

种,变成历史的东西"①。

可以看到,随着党在过渡时期总路线的提出,以及农业和手工业领域社会主义改造的逐步推进,中国共产党对私人资本主义的认识和政策发生了根本性的改变,资本主义工商业的社会主义改造也快速发展起来。以北京市为例,1951年工业和商业户数达到52485户,从业人员13.8万人。但是,到1956年,北京市的工业私营经济户从1955年的4560户降为6户,手工业户从1955年的26410户降为1978户。②从全国范围来看,到1956年底,1955年原有的8.88万户私营工业企业,99.00%完成了所有制的改造,除少数转入地方国营工业外,其余都按行业合并组成了合营企业,此时公私合营工业户数为3.3万户,职工为243万人,总产值为191亿多元;1955年底原有240多万户私营商业,82.20%实现了改造。③原来毛泽东设想的18年时间消灭资本主义私人所有制,结果只用3年就完成了,社会主义制度在中华大地上建立了起来。

中国资本主义工商业的社会主义改造,成功实践了马克思主义经典作家关于对资产阶级实行"和平赎买"的构想,是马克思列宁主义和中国实际相结合的成功典范。但是,在这样短的时间里完成这样重大的社会变革,工作过粗、要求过急、改变过快等缺点都是难以避免的,给人民群众的生活也带来了许多不便。1956年1月,陈云在第六次最高国务会议上就曾指出,公私合营过程中连大店、小店、夫妻老婆店,统统都合营了,"全部改变以后,他们的经营积极性就会大为降低,对消费者造成很大的不便"④。因此,1956年9月,刘少奇在党的八大的政治报告中就指出,要改进市场管理办法,取消过严过死的限制,在统一的社会主义市场范围内,"允许国家领导下的自由市场的存在和一定程度的发展,作为国家市场的补充"⑤。周恩来在《关于发展国民经济的第二个五年计划的建议的报告》中也指出,要防止统一过多过死而造成产品

---

① 《建国以来重要文献选编》(第七册),中央文献出版社,1993年,第310页。
② 赵彦云等:《北京市私营经济发展和现状实证研究》,《经济研究参考》1997年第26期。
③ 《中国资本主义工商业的社会主义改造(中央卷)》(下),中共党史出版社,1993年,第1340~1358页。
④ 《陈云文选(1949—1956)》,人民出版社,1984年,第294页。
⑤ 《建国以来重要文献选编》(第九册),中央文献出版社,2011年,第65页。

质量下降和品种减少的现象,要"在国家统一市场的领导下,将有计划地组织一部分自由市场……采取这些措施,不仅不会破坏国家的统一市场,相反地,将会对国家的统一市场起有益的补充作用"①。陈云在党的八大上所作的《关于资本主义工商业改造高潮以后的新问题》讲话中提出了"三个主体、三个补充"的设想,即在工商业经营方面,国家经营和集体经营是工商业的主体,但是附有一定数量的个体经营,这种个体经营是国家经营和集体经营的补充;在生产计划方面,计划生产是工农业生产的主体,按照市场变化而在国家计划许可范围内的自由生产是计划生产的补充;在社会主义的统一市场里,国家市场是它的主体,但是附有一定范围内国家领导的自由市场作为国家市场的补充。②这样的多种经营方式并存、计划与市场相结合的方式,打破了传统社会主义的观念,成为改革开放以后经济体制改革的重要思想资源。

1956年底,针对当时上海国营、公私合营企业不能满足社会需要而存在"地下工厂""地下商店""夫妻店"现象,12月7日,毛泽东在与民建和工商联负责人谈话中提出了使地下工厂合法化、开私营工厂"同地上的作对""可以消灭了资本主义,又搞资本主义"等重要思想,毛泽东称之为"新经济政策"。③12月29日,刘少奇在第一届全国人大常务委员会第五十二次会议上讲话时指出:"我们国家有百分之九十几的社会主义,有百分之几的资本主义,我看也不怕,它是社会主义经济的一个补充嘛……有一点资本主义,既可以作为社会主义经济的补充,也可以在某些方面同社会主义经济作比较。"④这些认识,延续了七届二中全会时的正确看法,即在经济十分落后的中国,资本主义必然会有一个继续发展的过程,而且也需要继续发挥资本主义的积极性以补充社会主义经济的不足。可惜的是,随着政治形势的变化,这些正确的认识不久就发生了改变,中国共产党对私人资本主义的政策也不断地收紧。

---

① 《建国以来重要文献选编》(第九册),中央文献出版社,2011年,第173页
② 《陈云文选(1956—1985)》,人民出版社,1986年,第13页。
③ 《毛泽东文集》(第七卷),人民出版社,1999年,第170页。
④ 《刘少奇论新中国经济建设》,中央文献出版社,1993年,第326~327页。

三、从"继续进行社会主义改造"到"宁要社会主义草不要资本主义苗"

党的八大关于政治报告的决议中指出,随着社会主义改造的完成,无产阶级和资产阶级之间的矛盾已经基本解决,几千年来的阶级剥削制度已经结束,我国社会的主要矛盾,"已经是人民对于建立先进的工业国的要求同落后的农业国的现实之间的矛盾,已经是人民对于经济文化迅速发展的需要同当前经济文化不能满足人民需要的状况之间的矛盾"[1]。在这样的认识之下,中国共产党对私人资本主义仍然能够提出一些比较正确的政策要求。

1957年2月27日,国务院在转发国家工商行政管理局《关于工商行政部门一九五七年主要工作安排的报告》中,要求各地在开放部分农副产品的自由市场以后,对市场的管理做到"管而不死",对新开业的或社会主义改造高潮后遗留下来的个体户和资本主义户,进行登记管理,对新申请开业的个体户和资本主义户,应会同有关业务部门进行审查,只要供产销问题不大而又为社会所需要的,可以允许登记,并贯彻利用、限制和改造的政策,不宜急于对它们进行公私合营或者合作化。[2]4月6日,周恩来在国务院第44次全体会议上指出,我国的社会主义经济中,主流坚持社会主义,小的给些自由以帮助社会主义发展,"大概工、农、商、学、兵,除了兵以外,每一行都可以来一点自由,搞一点私营的……在社会主义建设中,搞一点私营的,活一点有好处"[3]。4月27日,刘少奇在上海市委召开的党员干部大会上谈如何处理人民内部矛盾时,认为自由市场问题也是人民内部问题,刘少奇强调:"一方面自由市场可以补充当前我们社会主义经济的不足,另一方面它可以帮助我们在经济上搞多样性和灵活性……让这个自由市场包括一点私商,给资本主义一点活动余地。"[4]到1957年8月,李维汉还提到:"中国的自由市场是在国家管理之下、社会主义的有组织的市场的一种补充。在特殊条件下,也可以允许某些完全

①《建国以来重要文献选编》(第九册)中央文献出版社,2011年,第293页。
② 黄孟复主编:《中国民营经济史·大事记》,社会科学文献出版社,2009年,第64页。
③《建国以来重要文献选编》(第十册)中央文献出版社,2011年,第146页。
④《刘少奇论合作社经济》,中国财政经济出版社,1998年,第190页。

遵守政府法令的零星的小型的资本主义的企业存在。"①在这些认识下,党和政府放宽了对一些领域的控制,到1957年底,"城镇个体工商业达到了104万人,此外,还有大部分无证商贩"②。这些都体现了中国共产党团结和调动一切力量进行社会主义建设,发展社会主义社会生产力,改善人民群众生活的努力。

但是,变化已经开始。1957年2月27日,毛泽东在最高国务会议上作《关于正确处理人民内部矛盾的问题》讲话时,再次提到工人阶级和民族资产阶级的矛盾,虽然仍然将之当作人民内部矛盾来看待,但这在一定程度上已经不同于党的八大关于无产阶级和资产阶级矛盾已经解决的结论。不仅如此,毛泽东还强调,这两个阶级间的矛盾,如果处理不当,"那末工人阶级同民族资产阶级之间的矛盾就会变成敌我之间的矛盾"③。随着整风特别是"反右"运动的开展,以及国际形势的变化,中国共产党对民族资产阶级及其与无产阶级之间矛盾的看法也逐渐改变。1957年5月,毛泽东在《事情正在起变化》一文中指出:"资产阶级和曾经为旧社会服务过的知识分子的许多人总是要顽强地表现他们自己,总是留恋他们的旧世界,对于新世界总有些格格不入。"④7月,毛泽东在《一九五七年夏季的形势》一文中提出:"在我国社会主义革命时期,反共反人民反社会主义的资产阶级右派和人民的矛盾是敌我矛盾,是对抗性的不可调和的你死我活的矛盾。"⑤政治形势的这些变化影响着中国共产党对资本主义的认识及在经济领域的政策。

1958年4月2日,党中央发出《关于继续加强对残存的私营工业、个体手工业和对小商小贩进行社会主义改造的指示》,"在政治上彻底把资本主义搞臭","对于资本主义性质的工业,原则上不允许继续存在"⑥。5月的党的八大

① 黄孟复主编:《中国民营经济史·大事记》,社会科学文献出版社,2009年,第67页。
② 张厚义等:《中国私营企业发展报告(1978—1998)》,社会科学文献出版社,1999年,第90页。
③《建国以来重要文献选编》(第十册),中央文献出版社,2011年,第58页。
④《建国以来重要文献选编》(第十册),中央文献出版社,2011年,第237页。
⑤《建国以来重要文献选编》(第十册),中央文献出版社,2011年,第429页。
⑥《建国以来重要文献选编》(第十一册),中央文献出版社,2011年,第202～203页。

二次会议正式改变了党的八大关于国内主要社会矛盾的正确结论,强调"在整个过渡时期,也就是说,在社会主义社会建成以前,无产阶级同资产阶级的斗争,社会主义道路同资本主义道路的斗争,始终是我国内部的主要矛盾。这个矛盾,在某些范围内表现为激烈的、你死我活的敌我矛盾"①。这样,中国共产党对私人资本主义的政策更加严厉。

据统计,1959年7月底,全国合作商店、合作小组中的小商小贩(不包括并入国营商业的)还有206万人,比1957年减少大约150万人;到1960年底,留在合作商店、合作小组的小商小贩仅剩90万人。②1959年10月,党中央在批转农业部党组《关于庐山会议以来农村形势的报告》中指出,农村"利用'小私有'、'小自由',大搞私人副业,破坏集体经济"。这"实际是猖狂的反对社会主义道路的逆流",我们必须"彻底加以揭发和批判"③。1960年4月,党中央批转中央监委的两个报告中提到,1960年3月15日,全国城市监察工作会议上反映了一些值得注意的问题,包括许多城市出现了地下工厂、地下运输队等,如广州发现地下工厂和地下商业集团1095个,参加者6600多人;上海发现地下旅馆150多处,新包工头1410个;沈阳有"黑装卸队"91个,1200多人,等等。他们发展资本主义,严重破坏国家经济建设事业。为此,党中央发出对"坏人坏事要彻底检查认真处理"的指示。④

此后,由于1958年开始的"大跃进"带来的严重经济衰退和人民生活困难,党中央于1961年1月的八届九中全会上正式确定国民调整、巩固、充实、提高的方针,6月19日,党中央颁布《关于城乡手工业若干政策问题的规定(试行)》草案,指出社会主义经济领导下的个体手工业是"社会主义经济的必要补充和助手"。同日出台的《关于改进商业工作的若干规定(试行草案)》中指出,要开放农村集市贸易,活跃城乡物资交流,对"一切在地区之间互相封锁、

---

① 《建国以来重要文献选编》(第十一册),中央文献出版社,2011年,第250页。
② 万典武:《当代中国商业简史》,中国商业出版社,1998年,第130页。
③ 《农业集体化重要文件汇编(1958—1981)》,中共中央党校出版社,1991年,第16页。
④ 马齐彬等:《中国共产党执政四十年(1949—1989)》,中共党史资料出版社,1989年,第183页。

管理过严过死的做法,都必须坚决纠正"①。1962年5月,党中央、国务院发出的《关于当前民间运输业调整工作中若干政策问题的指示》中指出,在当前甚至今后相当长的时期内,民间运输业都是短途运输的重要力量,"对它们必须采取保护、整顿、恢复并适当发展的方针,以充分发挥它们应有的积极作用"②。这些政策措施的出台有利于继续发挥个体私营经济的作用。

但是,好景不长,1962年9月的八届十中全会公报中强调:"在无产阶级革命和无产阶级专政的整个历史时期,在由资本主义过渡到共产主义的整个历史时期(这个时期需要几十年,甚至更多的时间)存在着无产阶级和资产阶级之间的阶级斗争,存在着社会主义和资本主义这两条道路的斗争⋯⋯社会上还存在着资产阶级的影响和旧社会的习惯势力,存在着一部分小生产者的自发的资本主义倾向。"③全会通过的《中共中央关于商业工作问题的决定》中也指出:"在社会主义改造和社会主义建设的整个历史时期内,总是存在着资本主义和社会主义两条道路的斗争⋯⋯我们在商业方面同私商的投机倒把作斗争,同自发的资本主义势力作斗争,将还是长期的。"④这样,就为继续打击和消灭资本主义势力提供了理论基础。1963年10月20日,中央工商行政管理局党组向中央递交的《关于当前市场方面资本主义势力活动情况和加强旺季市场管理的报告》中提到,不少地方出现了私设的粮油加工厂、作坊,不少地区的商贩增加,根据一百二十个城市的统计,"九月底共有商贩二十一万人,比七月底增加了百分之十左右。辽宁省七月份约有无证商贩六千人(这些商贩本来是不合法的,应当清理整顿),九月份又增加到六千六百余人⋯⋯安徽淮南市古沟市场,原来只有三十户无证商贩,现在发展到三百多户"。中央在批转这份报告时要求,"严格进行市场管理,坚决打击投机倒把,向资本主义势力进行斗争"⑤。

---

①《中共中央文件选集》(1949年10月—1966年5月,第37册),人民出版社,2013年,第119页。
②《建国以来重要文献选编》(第十五册),中央文献出版社,2011年,第329页。
③《建国以来重要文献选编》(第十五册),中央文献出版社,2011年,第553页。
④《建国以来重要文献选编》(第十五册),中央文献出版社,2011年,第492页。
⑤《建国以来重要文献选编》(第十七册),中央文献出版社,2011年,第297、293页。

到"文革"时期,党和政府偶尔还会出台一些允许个体经济存在和发展的政策。如1966年9月,党中央批转国务院财贸办公室和国家经济委员会《关于财政贸易和手工业方面若干政策问题的报告》中还指出:"独立劳动者,包括个体手工业者,个体服务业和修理业人员,个体三轮车工人,以及家庭服务人员(例如保姆等),应当允许继续存在。"①1971年2月全国计划会议批评了"农业学大寨"运动中出现的一些错误倾向,提出在抓紧粮食生产的前提下,"应积极发展多种经营,要划清多种经营和政治家庭副业同投机倒把、弃农经商的界限,不可不加分析地把多种经营当做资本主义倾向批判"②。但是,总体来说,这一时期里,中国共产党对个体私营经济的政策越来越走向了极端。特别是在"四人帮"的鼓动下,"宁要社会主义的草,不要资本主义的苗""宁要社会主义的低产,不要资本主义的高产""宁要社会主义的晚点,不要资本主义的正点"等极端提法甚嚣尘上。"四人帮"硬把"草""低产""晚点"、封闭自守和"社会主义"等同起来,把"苗""高产""正点"、对外开放说成同"资本主义"是一回事,造成对社会主义的极大歪曲。③"据统计,我国城镇个体工商业者人数到1972年下降至66万人,是1965年171万人的38.60%。其中个体工业下降了53.80%,个体建筑业下降了40.00%,个体运输业下降了50.00%,个体商业、饮食业、服务业下降了58.30%,其他个体经营者下降了71.00%。"④1971年3月15日,商业部向国务院报送的《关于商业工作情况汇报提纲》中谈到商业人员的变化情况,1950年全国共有商业人员822万人,其中社会主义商业40万人、小商小贩674万人、资本主义商业107万人。到1957年三大改造基本完成时,共有商业人员818万人,其中社会主义商业470万人、合作店组280万人、个体商贩67万人。到1966年,全国商业人员共805万人,其中从事社会主义商业545万人,合作商店190万人,个体商贩57万人。到1970年,全国商业人员下降为775万人,其中社会主义商业人员增加到613万人,合作商店124

---

① 黄孟复主编:《中国民营经济史·大事记》,社会科学文献出版社,2009年,第113页。
② 黄孟复主编:《中国民营经济史·大事记》,社会科学文献出版社,2009年,第124页。
③ 郑谦主编:《中华人民共和国史(1966—1976)》,人民出版社,2010年,第508页。
④ 黄孟复主编:《中国民营经济史·大事记》,社会科学文献出版社,2009年,第127页。

万人,个体商贩锐减到25万人。[1]这些数字体现的不仅是中国共产党认识和探索社会主义过程中所遭遇的曲折,更代表的是人民生活的艰难。改革开放以后,中国的非公有制经济就是在这样的基础上重新起步的。

---

[1] 黄孟复主编:《中国民营经济史·大事记》,社会科学文献出版社,2009年,第124页。

第二章

改革开放以来非公经济和
非公经济组织党建互动发展

    党的十一届三中全会将党和国家工作重心转移到社会主义现代化建设上来。中国共产党抛弃了以往那种"以阶级斗争为纲"的"左"的错误指导方针,更加强调团结和动员一切力量来进行社会主义现代化建设。中国共产党对非公有制经济的认识和政策,也从改革开放初期"允许"个体经济的存在,到后来的"鼓励"个体、私营、外资等非公有制经济的发展,及至肯定个体、私营、外资等非公有制经济都是社会主义市场经济的重要组成部分和重要发展力量,强调要毫不动摇鼓励、支持和引导非公有制经济健康发展,从而摒弃了改革开放前尤其是"文革"时期将社会主义与纯粹公有制画上等号的错误看法及由此而推行的"左"倾政策。这种"政策上的宽容"和"认识上的更新"的互动共进,其本质是中国共产党在"什么是社会主义,怎样建设社会主义"这一根本性问题上的创新发展,它既是改革开放四十多年来中国共产党之所以能够成功的关键,也是中国共产党对科学社会主义的重大理论贡献。

    在这些正确的认识和政策指引下,改革开放以后,我国的非公有制经济获得了巨大的发展,仅2012—2021年,"我国民营企业数量从1085.7万户增长到4457.5万户,10年间翻了两番,民营企业在企业总量中的占比由79.40%提高到92.10%"①。非公有制经济在发展生产、促进就业、改善民生、技术创新等方面发挥着越来越重要的作用,成为推动经济社会发展的重要力量。非公有制经济的地位跃升和发展壮大,推动非公有制经济组织党的建设不断被提上日程,成为党的建设新的伟大工程的重要组成部分,在理论和实践上不断向前发展。

第一节　非公有制经济组织党建的初步探索
（1978—1992年）

改革开放以后,非公有制经济组织党的建设问题是随着非公有制经济的出现和发展壮大而逐渐突显出来的。到1991年,与1981年相比,全国城乡个体工商户由182.9万户迅速发展到1416.8万户,增长了6.7倍;从业人员由227万人增长到2258万人,增长了9倍,占社会劳动者总数的比重由0.50%提高到3.90%。②到1991年底,全国私营企业登记注册10.78万户,从业人员183.9万人,户均雇工17人;注册资金123.2亿元,占全国工商企业注册资金总额的0.60%,户均11.4万元。③与非公有制经济是在不断地争论中前进一样,非公有制经济组织党的建设的推进更不是一帆风顺的。改革开放初期一段时间里,人们囿于传统思想观念的束缚,对非公有制经济的发展,对非公有制经济组织党的建设,特别是私营企业主能不能入党等问题,产生了激烈的争论,非公有制经济组织党的建设就是在争论中不断探索前行的。

一、个体经济恢复与个体劳动者可以入党入团

改革开放以后,我国非公有制经济的发展是从允许个体经济的存在开始的。"文革"时期,不仅私营经济被消灭殆尽,即便是个体经济也被当作"资本主义尾巴"而不断被割除。据统计,1956年初,全国私营工业企业8.8万余户,

---

① 《从2012年1085.7万户增长到2021年4457.5万户》,《人民日报》2022年3月23日。
② 郭钟禾:《我国个体、私营企业简析》,《经济研究参考》1993年第Z1期。
③ 黄健:《私营经济发展趋势及对策》,《经济研究参考》1994年第Z2期。

职工 131 万人。1956 年全国的个体户也只有 2 万人,1965 年为 2347 人,1978 年全国只剩下 259 人。[①]而我国城镇个体工商业者 1966 年为 156 万人,1967 年为 141 万人,1968 年为 126 万人,1969 年为 111 万人,1970 年为 96 万人,5 年递减了 38.50%。[②]所有制结构既"公"又"纯"的结果,不仅导致人们的劳动积极性大为降低,经济发展缓慢,同时对人们的生活、就业产生巨大的影响,不仅影响着人们对社会主义制度优越性的认识,更影响着人们对中国共产党的认同。尤其是改革开放初期,大量的知识青年从农村返回城市,解决他们的就业成为党和政府的重要工作,而城镇的国有企业和集体企业不可能安置成千上万的人员,因此,解决就业问题成为改革开放初期允许个体经济存在和发展最直接的动力。党的十一届三中全会公报明确指出:"社员自留地、家庭副业和集市贸易是社会主义经济的必要补充部分,任何人不得乱加干涉。"[③]这一规定实际是允许个体经济的存在。

从 1979 年开始,党和政府以开辟劳动就业渠道和搞活经济为主要目的,采取了支持城镇集体经济和个体经济发展的方针,允许多种经济形式同时并存。9 月 28 日,党十一届四中全会通过的《中共中央关于加快农业发展若干问题的决定》再次明确指出,首先要分清究竟什么是社会主义,什么是资本主义,"社队的多种经营是社会主义经济,社员自留地、自留畜、家庭副业和农村集市贸易是社会主义经济的附属和补充,决不允许把它们当作资本主义经济来批判和取缔"[④]。9 月 29 日,叶剑英在庆祝中华人民共和国成立三十周年大会上的讲话中同样提出:"目前在有限范围内继续存在的城乡劳动者的个体经济,是社会主义公有制经济的附属和补充。"[⑤]与经济上的政策变革同步,中国共产党对个体经济从业人员的认识和政策也逐渐改变。11 月,党中央批转

---

① 张志勇:《中国往事 30 年》,经济日报出版社,2009 年,第 133 ~ 134 页。
② 张厚义:《中国私营企业发展报告(1978—1998)》,社会科学文献出版社,1999 年,第 92 页。
③《十一届三中全会以来党的历次全国代表大会中央全会重要文件选编》(上),中央文献出版社,1997 年,第 24 页。
④《十一届三中全会以来党的历次全国代表大会中央全会重要文件选编》(上),中央文献出版社,1997 年,第 36 页。
⑤《十一届三中全会以来重要文献选编》,中共中央党校出版社,1981 年,第 284 页。

中央统战部等六部门《关于把原工商业者中的劳动者区别出来的问题的请示报告》，到1981年底，原来的86万名工商业者中，有70万人恢复了劳动者身份。[①]这样，就从所有制结构的角度和从业人员社会身份的角度进一步为个体经济和个体经济从业者确立了存在的合法性。

1980年8月，中央全国劳动就业工作会议作出的《进一步做好城镇劳动就业工作》的决议中指出，必须实行劳动部门介绍就业、自愿组织起来就业和自谋职业相结合的方针，这实际上使个体经营成为人们就业的一个渠道。该决议强调，个体经济是"从事法律许可范围内的，不剥削他人的个体劳动。这种个体经济是社会主义公有制不可缺少的补充，在今后一个相当长的历史时期内都将发挥积极作用"[②]。1981年6月，党的十一届六中全会通过的《关于建国以来党的若干历史问题的决议》中提出："国营经济和集体经济是我国基本的经济形式，一定范围内的劳动者个体经济是公有制经济的必要补充。"[③]这就用党的决议的形式确认了个体经济存在的合法性和必要性。此后，1981年7月国务院发布的《关于城镇非农业个体经济若干政策性规定》中再次强调了个体经济"不剥削他人劳动"的特点、是国营经济和集体经济"必要补充"的地位，以及个体经济从业者是"自食其力的独立劳动者"身份。10月，《中共中央、国务院关于广开门路、搞活经济，解决城镇就业问题的若干决定》中再次强调了一定范围内的劳动个体经济是社会主义公有制经济的必要补充，同时指出，"在社会主义公有制经济占优势地位的根本前提下，实行多种经济形式和多种经营方式长期并存，是我党的一项战略决策，决不是一种权宜之计"[④]。在这些新的思想指引下，个体经济有了新的发展，同时还出现了全民、集体和个体联营的经济形式。在广东、福建等省份，还出现了中外合资、中外合作和外资独营等经济形式。到1981年底，"全国登记注册的个体工商户为1828586户，从业人员达2274947人，注册资金为45840.5万元，1981年实现营业额为

①《中华全国工商业联合会简史（1953—2013）》，中华工商联合出版社，2013年，第113页。
② 傅桃生：《非公有制经济组织党建工作理论研究》，人民出版社，2003年，第79页。
③《十一届三中全会以来重要文献选编》，中共中央党校出版社，1981年，第188页。
④《三中全会以来重要文献选编》（下），人民出版社，1982年，第983~984页。

211399.2万元"①。可以看到,个体经济在解决就业这样的民生问题上发挥了重要作用,个体经济的地位也逐渐从"附属、补充"的地位向"必要的补充"地位提升,个体劳动者也不再是什么阶级异己分子,而成了我国社会主义的劳动者,"对于他们的社会和政治地位,应与国营、集体企业职工一视同仁。其中的先进分子,符合党员、团员条件的,同样可以按照党章、团章规定,吸收入党入团。在从事集体经济和个体经济的人员中,要根据需要,逐步建立党、团组织"②。可以看到,个体经济实现了经济地位和政治地位的双重提升。

二、从首个个体户党员到首个外资企业党支部

个体经济的发展壮大及其作用的发挥,推动人们认识的不断深化。党的十二大报告指出:"在农村和城市,都要鼓励劳动者个体经济在国家规定的范围内和工商行政管理下适当发展,作为公有制经济的必要的、有益的补充。只有多种经济形式的合理配置和发展,才能繁荣城乡经济,方便人民生活。"③与以往相比,党的十二大报告的发展在于,一是允许个体经济发展的范围更加明确。以往的提法是"有限范围"或"一定范围",党的十二大报告则提出城乡均可发展。二是与以往相关规定中所说的"允许存在"相比,党的十二大报告提出要"鼓励"个体经济适当发展,态度显然要更加积极。三是对个体经济的认识更加正面。以往主要认为个体经济处于"附属""补充"地位,党的十二大报告开始强调其是"有益且必要的"补充,益处就在于它有助于繁荣经济和方便人民生活。因此,1982年第五届全国人大五次全会通过的《中华人民共和国宪法》指出:"在法律规定范围内的城乡劳动者个体经济,是社会主义公有制经济的补充。国家保护个体经济的合法的权利和利益。"④这是首次从根本大法的高度为个体经济的发展提供了保障。1984年10月,党的十二届三中全会通过的《关于经济体制改革的决定》首次提出,中国社会主义经济是以公有制为基础的有计划的商品经济,并明确提出要发展多种经济形式,强调我

---

① 黄孟复主编:《中国民营经济史·大事记》,社会科学文献出版社,2009年,第160页。
②《三中全会以来重要文献选编》(下),人民出版社,1982年,第987页。
③《十二大以来重要文献选编》(上),人民出版社,1986年,第20~21页。
④《十二大以来重要文献选编》(上),人民出版社,1986年,第222页。

国的个体经济与社会主义公有制相联系,不同于与资本主义私有制相联系的个体经济,其在发展社会生产、方便人民生活和扩大劳动就业等方面具有不可替代的作用,因此是社会主义经济必要的和有益的补充,该决定尤其强调,"在以劳务为主和适宜分散经营的经济活动中,个体经济应该大力发展"①。

这样,个体经济所面临的政策环境就从改革开放初期的"允许"存在到有限范围"大力发展"的转变。与此同时,个体经济从业者在政治上的合法性也得到确认。1983年3月5日,中共中央、国务院在《关于发展城乡零售商业、服务业的指示》中提出,"要在国营、集体和个体零售商业、服务业中,发展党、团员,逐步建立和健全基层商业、服务业中的党、团组织,发挥它们的监督作用"②。同年3月15日,哈尔滨市个体户白士明在递交入党申请书3年后,终于加入中国共产党,成为首个入党的个体户。3月下旬,白士明又成为首个当选全国人大代表的个体户。③

个体经济的持续发展自然带来生产经营规模的扩大,其生产经营方式从劳动者个体和家庭经营向雇佣一定数量劳动力转变是必然趋势。但是,传统社会主义理论中关于雇佣关系就是资本主义剥削的观念深深印刻在人们的脑海中,作为以马克思主义为理论指南的中国共产党,能够允许个体经济的存在甚至在有限范围内大力发展已是突破,但允许雇佣关系再次出现看起来却存在难以逾越的理论障碍。面对党内外的争论,邓小平提出对雇工大户采取"看一看、等一等"的方针。根据邓小平的指示精神,1982年12月中共中央政治局讨论通过的《当前农村经济政策的若干问题》中指出,对超过规定雇请较多帮工的,"不宜提倡,不要公开宣传,也不要急于取缔,而应因势利导,使之向不同形式的合作经济发展"④。1984年的中央"一号文件"《中共中央关于一九八四年农村工作的通知》中也强调,农村一些雇佣超过规定人数的企业,由于采取一些有别于私人企业的制度,因此而具有了合作经济的因素,"可以

①《十二大以来重要文献选编》(中),人民出版社,1986年,第580页。
②《十二大以来重要文献选编》(上),人民出版社,1986年,第289页。
③ 黄孟复主编:《中国民营经济史·大事记》,社会科学文献出版社,2009年,第167页。
④《十一届三中全会以来重要文献简编》,人民出版社,1983年,第278页。

不按资本主义的雇工经营看待"①。从上述例子可以看到,中国共产党力图用"合作经济"(为发展方向、有某种因素)来为私营经济的发展提供保护。10月22日,邓小平在中央顾问委员会第三次全体会议上的讲话中指出,对雇工问题要放两年再看,变动会造成人心不安,没有益处。党和政府的这些政策和领导人的这些看法实际上是默许了个体经济的发展壮大和因此而带来的私营经济的出现。1985年4月13日,国家工商行政管理局局长任仲林向大连市工商局发布命令,授权他们向姜维颁发改革开放后全国首个私营企业执照,②这实际上也就认可了私营经济的合法地位。

与此相应,1984年2月,中组部连续印发《关于加强中外合资经营企业党的工作的几点意见》《关于进一步加强外商投资企业党的工作的意见》《关于加强股份制企业党的工作的几点意见》等加强非公有制经济组织党建的文件。在地方上,1985年,浙江全省已开业的26家外资企业中,建立了14个党组织。③"1985年3月,浙江省首个外商投资企业党支部——宁波花港高速客轮有限公司党支部在宁波经济技术开发区成立;1986年8月,浙江省首个私营企业党支部——象山华光针织厂党支部在象山县爵溪镇成立。"④

1987年1月,中共中央政治局通过的"一号文件"《把农村改革引向深入》中明确提出,在社会主义初级阶段商品经济发展过程中,个体经济和少量私人企业的存在在一个较长时期内是不可避免的,并强调对超过雇工人数限度的私人企业"采取允许存在,加强管理,兴利抑弊,逐步引导的方针"⑤。这是改革开放以后中国共产党首次正式肯定私营经济的地位。同年10月的党的十三大报告明确使用了"私营经济"的概念,第一次明确指出在所有制结构上允许私营经济的存在和发展,强调全民所有制以外的其他经济成分,不是发展得太多而是还很不够,私营经济虽然是存在雇佣劳动关系的经济成分,但

①《十二大以来重要文献选编》(上),人民出版社1986年第427页。
②《姜维:中国私营第一人》,《中华工商时报》2008年5月8日。
③ 王河主编:《中国非公有制企业党建工作》,上海人民出版社,2002年,第291页。
④ 庄跃成:《党建创新看浙江》,浙江人民出版社,2008年,第136页。
⑤《十二大以来重要文献选编》(下),人民出版社,1988年,第1237页。

是私营经济一定程度的发展,有利于促进生产、活跃市场、扩大就业,能够更好地满足人民多方面的生活需求,是公有制经济必要的和有益的补充,因此"对于城乡合作经济、个体经济和私营经济,都要继续鼓励它们发展"①。1988年4月,七届全国人大一次会议通过的《中华人民共和国宪法》第十一条增加规定:"国家允许私营经济在法律规定的范围内存在和发展。私营经济是社会主义公有制经济的补充。国家保护私营经济的合法的权利和利益,对私营经济实行引导、监督和管理。"②这样,和个体经济的发展历程基本相似,私营经济在经历了"允许存在"(更准确地说应该是"默许存在")一段时间后,逐渐被承认是社会主义公有制经济的必要和有益的补充,关于私营经济的相关政策也从党和国家领导人的个别讲话或一般的政策性规定上升到国家根本大法,从而为私营经济的发展提供了根本的制度保障。党和政府对个体、私营等非公有制经济的认识和政策也从"允许存在"向"鼓励发展"转变。此后,1988年6月,国务院颁布《私营企业暂行条例》《私营企业所得税暂行条例》和《国务院关于征收私营企业投资者个人收入调节税的规定》等法规,以进一步规范和保障私营经济的发展。1988年下半年开始,各地工商行政管理局开始对私营企业登记注册,核发营业执照,国家正式有了私营企业的统计,至1988年底,除山西、黑龙江和西藏外,全国各地工商行政管理机关已登记注册私营企业40634户,从业人员723782人,注册资金328575.47万元。③私营经济的发展和私营企业主阶层的壮大,带来了私营企业主到底能不能入党的激烈争论。

三、私营经济的发展与私营企业主入党的争论

如果说1988年上半年私营经济的发展环境还相当友好的话,那么从下半年开始,随着国内外政治和经济环境的变化,人们对私营经济的认识则出现了一百八十度的转变,人们不再谈论私营经济的积极作用,而更多地指责私营经济的不规范经营行为。社会上强调私营经济就是资产阶级自由化的社会基础、发展私营经济就是搞私有化等论调甚嚣尘上,原本鼓励私营经济发

①《十三大以来重要文献选编》(上),人民出版社,1991年,第31页。
②《十三大以来重要文献选编》(上),人民出版社,1991年,第216页。
③ 黄孟复:《中国民营经济史·大事记》,社会科学文献出版社,2009年,第190页。

展的政策也不断收紧。到1989年底,全国登记私营企业9.06万户,而到1990年6月底,下降到8.8万户。[1]1989年9月,江泽民在庆祝中华人民共和国成立四十周年大会上的讲话中重申,中国共产党对私营经济的方针一是鼓励其在允许的范围内积极发展,同时要用经济、行政和法律等多种手段对之进行管理和引导,以发挥其积极作用并限制其消极作用。[2]党的十三届五中全会通过的《中共中央关于进一步治理整顿和深化改革的决定》中再次明确了"个体经济、私营经济是对社会主义经济的有益的、必要的补充"[3],1991年7月,在庆祝中国共产党成立七十周年大会上,江泽民指出,为适应生产力现实水平和进一步发展的要求,需要"个体经济、私营经济以及中外合资、合作企业和外商独资企业的适当发展,作为社会主义公有制经济的必要的有益的补充"[4]。在这些认识和政策指导下,非公有制经济的发展环境逐渐稳定下来。

第二节　非公有制经济组织党建的缓慢前行（1992—2002年）

进入20世纪90年代,中国共产党对个体私营等非公有制经济的认识不断深化,党的十五大确认非公有制经济是社会主义市场经济的重要组成部分,实现了非公有制经济地位的根本性跃升。到2001年底,全国私营企业数量首次突破200万户(202.85万户),从业人员达2713.86万人,注册资金1.82万亿元;个体工商户2433万户,从业人员4760.27万人,注册资金3435.79亿元。[5]与非公有制经济快速发展不同的是,这一时期虽然明确提出了新经济

---

[1] 张厚义等:《中国私营企业发展报告(1978—1998)》,社会科学文献出版社,1999年,第42页。
[2] 《十三大以来重要文献选编》(中),人民出版社,1991年,第622页。
[3] 《十三大以来重要文献选编》(中),人民出版社,1991年,第695页。
[4] 《十三大以来重要文献选编》(下),人民出版社,1993年,第1638~1639页。
[5] 赵玉金:《民营经济发展回顾与启示:从"五老火锅宴"谈起》,《中华工商时报》2021年7月22日。

组织党的建设问题,但是,由于社会层面上对非公有制经济的发展、非公有制经济人士能不能入党的问题认识不统一,这一时期的非公有制经济组织党建发展仍然比较缓慢。

一、明确提出新经济组织党的建设问题

党的十四大报告提出构建社会主义市场经济体制的目标,强调社会主义市场经济体制是和社会主义基本制度结合在一起的,我国在所有制结构上,要"以公有制包括全民所有制和集体所有制经济为主体,个体经济、私营经济、外资经济为补充,多种经济成分长期共同发展,不同经济成分还可以自愿实行多种形式的联合经营"[①]。这是党的报告中首次从所有制结构上为个体和私营等非公有制经济成分确立正当的地位。党的十四届三中全会通过《中共中央关于建立社会主义市场经济体制若干问题的决定》进一步提出:"在积极促进国有经济和集体经济发展的同时,鼓励个体、私营、外资经济发展,并依法加强管理。"[②]该决定还指出,在全国范围内,公有制在国民经济中的主体地位在不同地位和不同产业中可以有所区别,国家对各类企业一视同仁并为其创造平等参与市场竞争的条件。1995年9月,江泽民在党的十四届五中全会闭幕时所作的讲话中指出,要"允许和鼓励个体、私营、外资等非公有制经济的发展,并正确引导、加强监督、依法管理,使它们成为社会主义经济的必要补充"[③]。1996年八届全国人大四次会议通过的《国民经济和社会发展"九五"计划和2010年远景目标纲要》中也提出,要"继续发展个体、私营等非公有制经济,加强引导和管理,发挥其有益的补充作用"[④]。

整个"八五"时期,中国的个体私营经济快速发展,在经济中所占比重不断增加,到1995年底,全国登记注册的个体工商户2528万户,从业人员4614万人,私营企业65.5万户,从业人员956万人。[⑤]在上海,到1992年底,全市个

①《十四大以来重要文献选编》(上),人民出版社,1996年,第19页。
②《十四大以来重要文献选编》(上),人民出版社,1996年,第526页。
③《江泽民文选》(第一卷),人民出版社,2006年,第469页。
④《十四大以来重要文献选编》(中),人民出版社,1997年,第1767页。
⑤ 黄健:《个体私营经济,一支不可忽视的力量》,《经济研究参考》1997年第94期。

体工商户发展到 12.66 万户，从业人员 18.32 万人，注册资金 4.32 亿元。自从 1988 年第一家私营企业注册开业，到 1992 年底，全市私营企业达到 4213 户，投资者 5537 人，雇工 58612 人，注册资金 2.97 亿元。到 1994 年底，达到 17214 户，投资者 30822 人，雇工 180044 人，注册资金 73.72 亿元。①

非公有制经济的发展必然带来非公有制经济组织党的建设问题。1992 年 9 月 3 日，中共中央政治局会议通过的《中共中央关于加强党的建设，提高党在改革和建设中的战斗力的意见》明确提出："随着改革的深化和开放的扩大，出现了许多新的经济组织形式。对这些经济组织中党的建设问题，要积极探索，大胆试验……没有建立党组织的，要积极创造条件。乡镇企业、私营企业等经济组织，也要从各自的实际出发，抓紧建立、健全党组织，创造适应这些企业特点的工作方法和活动方式，逐步形成党的工作规范。"②随后的党的十四大上，首次在党的报告中对基层党建和企业党组织的论述突破了公有制企业的范围，报告指出："在其他各种经济组织中，也要从实际出发，抓紧建立健全党的组织和工作制度。"③此后，中组部连续出台《关于进一步加强外商投资企业党的工作的意见》《关于加强股份制企业中党的工作的几点意见》等文件，呼应十四大报告中的要求。1994 年 9 月 28 日，党的十四届四中全会通过的《中共中央关于加强党的建设几个重大问题的决定》中指出："在其他各种所有制的企业中，都要加强党的工作。没有党组织的，要积极创造条件建立党的组织，采取适应各自特点的工作方法和活动方式，开展党的活动。"④10 月，胡锦涛出席全国农村基层组织建设工作会议并讲话，他强调："今后所有新建立的企业或其他经济组织，包括外资企业，凡有一定数量党员的都要同时建立党的组织。这要作为一条政策确定下来。"⑤11 月，党中央发布的《关于加强农村基层组织建设的通知》中强调："各种所有制的经济组织，凡是有党

① 寿明辉：《上海私营经济发展趋势和今后对策》，《上海农村经济》1995 年第 10 期。
②《十三大以来重要文献选编》（下），人民出版社，1993 年，第 2197 页。
③《十四大以来重要文献选编》（上），人民出版社，1996 年，第 43 页。
④《十四大以来重要文献选编》（中），人民出版社，1997 年，第 968 页。
⑤《十四大以来重要文献选编》（中），人民出版社，1997 年，第 1016 页。

员三人以上的,都应建立党组织;不足三人的,可与其他单位联合建立党组织。"①1999年9月,党中央下发的《关于加强和改进思想政治工作的若干意见》中指出:"要注意针对各类经济组织和社会组织日益增多、大批劳动力在产业间转移和地区间流动的新情况,建立健全党的基层组织,加强对党员的教育和管理。"②

尽管非公有制经济组织党的建设不断受到重视,中央也连续出台多份文件,但是,发展速度仍然很慢。从全国范围来看,到1999年底,全国私营企业中已建立党组织的仅占私营企业总数的1.50%。③2000年5月,江泽民在江苏、浙江和上海党建工作座谈会上的讲话中指出:"据不完全统计,目前全国百分之八十三点三的私营企业中没有党员,已建立党组织的仅占企业总数的百分之一点四,相当一部分企业有党员但没有党组织。各级党委特别是主要领导同志的思想认识要跟上客观形势的发展,抓紧在非公有制经济组织中开展党的工作,加强党的建设。"④随后,中组部印发《关于在个体和私营等非公有制经济组织中加强党的建设工作的意见(试行)》,阐述了加强非公有制经济组织党建工作的重要性和紧迫性,规定了指导思想和原则,明确了非公有制经济组织中党组织的地位作用和职责任务等内容,这是首份关于非公有制经济组织党建的专门通知。从地方来看,到1993年底,上海的私营企业仅有1个党支部4个党小组,到1998年底,上海私营企业党委、党总支、党支部和党小组达到776个。1998年9月,浙江省第一家私营企业党委——浙江传化集团党委在杭州萧山成立。1999年8月28日,时任国家副主席胡锦涛在《私企浙江传化集团建立党组织的启示》上作重要批示,"要注意总结此类经验,研究共性问题。这不仅对浙江有现实意义,对全国也有积极作用"⑤。2000年1月,浙江省委制定《关于加强非公有制企业党建工作的若干意见》,提出"经过

<hr>

① 《十四大以来重要文献选编》(中),人民出版社,1997年,第1050页。
② 《十五大以来重要文献选编》(中),人民出版社,2001年,第1049页。
③ 《中国共产党党内法规选编(1996—2000)》,法律出版社,2001年,第189页。
④ 《江泽民文选》(第三卷),人民出版社,2006年,第20~21页。
⑤ 庄跃成:《非公有制企业党建研究年度报告》,党建读物出版社,2011年,第60页。

三年努力,争取50名以上职工的企业有党员,100名以上职工的企业80.00%建立党组织"①的目标。

二、确认新社会阶层社会主义建设者身份

个体、私营和外资等非公有制经济的持续发展壮大,推动党和政府的认识随之不断深化。1997年1月,江泽民在党的十五大文件起草组会议上讲话时指出,应该将坚持公有制为主体和多种所有制经济共同发展确立为我国社会主义初级阶段的一项基本经济制度。到党的十五大上,党对非公有制经济的认识实现了重大突破。党的十五大报告指出:"非公有制经济是我国社会主义市场经济的重要组成部分。对个体、私营等非公有制经济要继续鼓励、引导,使之健康发展。"②从而实现了非公有制经济在我国所有制结构中地位的根本性跃升,为非公有制经济的发展注入了新的强大动力。1998年10月,党的十五届三中全会审议通过的《中共中央关于农业和农村工作若干重大问题的决定》指出:"在积极发展公有制经济的同时,采取灵活有效的政策措施,鼓励和引导农村个体、私营等非公有制经济有更大的发展。"③这里可以看到,中国共产党对各种类型的非公有制经济都持鼓励发展的态度。同时开展的清理"挂靠"集体企业工作,使得大量原本"挂靠"在集体企业的私营企业被甄别出来,到1998年末,我国个体、私营企业的户数分别达3120.2万户和120.1万户,从业人员分别达6114.4万人和1709.08万人,注册资金分别为3120.31亿元和7198.06亿元。④

1999年3月,九届全国人大二次会议通过的宪法修正案将《宪法》第十一条关于个体、私营经济是社会主义经济的补充的提法修改为"是社会主义市场经济的重要组成部分",并强调"国家保护个体经济、私营经济的合法的权利和利益。国家对个体经济、私营经济实行引导、监督和管理"⑤。这就以根

---

① 《中共浙江省委关于加强非公有制企业党建工作的若干意见》,《今日浙江》2000年第3~4期。
② 《十五大以来重要文献选编》(上),人民出版社,2000年,第22页。
③ 《中共中央关于农业和农村工作若干重大问题的决定》,《求是》1998年第21期。
④ 李欣欣:《1998年我国个体私营经济十大特点》,《经济研究参考》1999年第96期。
⑤ 《十五大以来重要文献选编》(上),人民出版社,2000年,第809页。

本大法的形式,把党的十五大关于社会主义基本经济制度和非公有制经济的地位及作用的论述确定了下来,从而为进一步调整、完善所有制结构指明了方向。9月,党的十五届四中全会通过的《中共中央关于国有企业改革和发展若干重大问题的决定》中强调:"在坚持国有、集体等公有制经济为主体的前提下,鼓励和引导个体、私营等非公有制经济的发展。"①可以看到,非公有制经济的发展环境进一步向好。

从对非公有制经济从业人员的态度来看,2000年5月,江泽民在上海主持召开的党建工作座谈会上指出,要抓紧开展非公有制经济组织党建工作,凡是已经具备条件的非公有制经济组织,都应该建立党组织,要理直气壮在非公有制企业中开展党建工作。同时,江泽民强调:"现在的私营企业主,是在我们党的改革政策和带头致富号召下发展起来的,许多人本来就是劳动者。党组织要按照政策积极做好团结、教育、引导他们的工作。"②9月出台的《关于在个体和私营等非公有制经济组织中加强党的建设工作的意见(试行)》中,提出要对私营企业主关心、帮助、鼓励和教育引导。在12月的全国统战工作会议上,江泽民再次强调了非公有制经济是社会主义市场经济重要组成部分的看法,并指出非公有制经济人士是在党的富民政策指引下,通过诚实劳动和合法经营而先富起来的个体劳动者和私营企业主,他们既为政策所允许也是光荣的,应该受到尊重,"对个体、私营等非公有制经济要继续鼓励、引导,使之健康发展,充分发挥积极作用"③。这就从经济形式和政治身份两个方面解除了非公有制经济发展的制约因素。

2001年3月,在全国政协九届四次会议中国民主建国会、中华全国工商业联合会委员联组会上,江泽民指出,我国还处于社会主义初级阶段,个体和私营等非公有制经济的发展,有利于充分调动和利用社会资源和增强国民经济的活力,"实践说明,我们在加强公有制经济的主体地位和发挥国有经济的主导作用的同时,实行鼓励积极发展非公有制经济的政策是完全正确的,必须

①《中共中央关于国有企业改革和发展若干重大问题的决定》,《求是》1999年第20期。
②《江泽民文选》(第三卷),人民出版社,2006年,第21页
③《江泽民文选》(第三卷),人民出版社,2006年,第152页。

继续贯彻执行"①。7月,江泽民在庆祝中国共产党成立80周年大会上的讲话中指出,我国社会上"新的社会阶层中的广大人员,通过诚实劳动和工作,通过合法经营,为发展社会主义社会的生产力和其他事业作出了贡献。他们与工人、农民、知识分子、干部和解放军指战员团结在一起,他们也是有中国特色社会主义事业的建设者"②。因此,吸收党员的标准也进行调整,即不再以阶级出身而主要看能否自觉地为实现党的纲领而奋斗成为吸收党员的新标准。工农和知识分子仍然是党的队伍基本组成部分和骨干力量,同时,"也应该把承认党的纲领和章程、自觉为党的路线和纲领而奋斗、经过长期考验、符合党员条件的社会其他方面的优秀分子吸收到党内来"③。这一重大论断破除了社会上关于非公有制经济人士特别是私营企业主是剥削者和社会主义制度"异己力量"的认识,为私营企业主入党打开了大门,非公有制经济组织党建快速发展的时期即将到来。

第三节 非公有制经济组织党建的快速推进 (2002—2012年)

进入21世纪以后,中国加入世界贸易组织,给我国非公有制经济的发展提供了难得的机遇,尤其是民营企业有了更多的"走出去"的机会。据中国第六次私营企业抽样调查的数据显示,2003年,被调查企业中21.40%的企业的产品销售范围涉及国外,8.10%的企业的国外销售额占本企业总销售额的一半以上,2.00%的企业已经向海外投资。④这样,非公有制经济不仅在发展生产和改善民生等方面为公有制经济提供了有力的支撑,也逐渐成为提高中国

①《江泽民文选》(第三卷),人民出版社,2006年,第206页。
②《十五大以来重要文献选编》(下),人民出版社,2003年,第1916～1917页。
③《十五大以来重要文献选编》(下),人民出版社,2003年,第1917页。
④ 中华全国工商业联合会编:《中国私营企业大型调查(1993—2006)》,中华工商联合出版社,2007年,第167页。

经济国际竞争力的不可或缺的力量。"到2002年底,全国非公有制经济组织总数已超过2640万家,其中外商投资企业20.8万家,私营企业3.5万家。"[1]而到2012年7月,我国民营经济继续保持"三分天下有其二"的比重,并成为支撑投资增长的重要"稳定器"。[2]到当年9月,全国私营企业1059.8万户,注册资金29.8万亿元,从业人员8907.9万人;个体工商户总数3984.7万户,注册资金1.88万亿元,从业人员8454.7万人。[3]2012年底,登记注册的私营企业达到1085.7万户,个体工商户4059.3万户,私营企业注册资金31.1万亿元,个体工商户注册资金近2万亿元。[4]同时,非公有制经济组织党的建设快速发展起来。"根据工商系统2012年非公企业党建数据统计,截至2012年6月,全国非公经济组织中党员总数、党组织数,与2011年同期相比,分别增长了19.17%和50.14%。"[5]

一、非公有制经济组织党的建设入章入法

党的十六大上,中国共产党首次在处理公有制经济和非公经济关系问题上提出了"两个毫不动摇"和"一个统一"的思想,并系统阐述了我国基本经济制度的完整内涵。党的十六大报告强调,要坚持和完善公有制为主体、多种所有制经济共同发展的基本经济制度,一要毫不动摇地巩固和发展公有制经济,二要毫不动摇地鼓励、支持和引导非公有制经济的发展,要将"坚持公有制为主体,促进非公有制经济发展,统一于社会主义现代化建设的进程中,不能把这两者对立起来"[6]。随后,党的十六届三中全会通过的《中共中央关于完善社会主义市场经济体制若干问题的决定》中首次提出"大力发展"非公有

① 李景田:《在全国非公有制企业党建工作经验交流会上的讲话》,《组织人事报》2003年9月3日。
②《做活变强,苗壮成长:非公经济步入发展壮大新时代》,《文汇报》2012年8月15日。
③ 赵玉金:《民营经济发展回顾与启示:从"五老火锅宴"谈起》,《中华工商时报》2021年7月22日。
④ 林泽炎等:《2012~2013年中国民营经济分析报告》,2013年,第14~35页
⑤《工商总局党组2012开展非公经济组织党建工作综述》,http://www.gov.cn/gzdt/2013-03/01/content_2342720.htm。
⑥《十六大以来重要文献选编》(上),中央文献出版社,2005年,第19页。

制经济的要求,强调"个体、私营等非公有制经济是促进我国生产力发展的重要力量"①,要通过清理和修订限制非公有制经济发展的法律法规和政策,消除体制性障碍等措施来"大力发展"非公有制经济。这样,中国共产党对非公有制经济的认识就从"重要组成部分"跃升到"生产力发展的重要力量",随后,针对非公有制经济的政策也更加积极。

据统计,到2003年6月,全国私营企业户数、注册资金、实现产值分别为270.36万户、29492.22亿元、15338亿元,从1992年开始,这三项统计数据年均增长分别为33.10%、60.30%、53.96%。②2004年十届全国人大二次会议通过的宪法修正案草案中,不仅延续了国家要保护个体和私营等非公有制经济合法权益的规定,而且将原来关于对非公有制经济实行"引导、监督和管理"的表述修改为"国家鼓励、支持和引导非公有制经济的发展"③,这就为非公有制经济的发展提供了更强有力的保障。宪法同时强调,公民的合法的私有财产不受侵犯,从而为私营经济的合法权益提供了有力的法律保障。

根据党的十六届三中全会的《决定》中,关于"大力发展"非公有制经济和新修订的宪法中,关于"鼓励、支持和引导"非公有制经济的要求,2005年2月,国务院出台《关于鼓励支持和引导个体私营等非公有制经济发展的若干意见》(被习惯称为"36条"),再次强调非公有制经济"重要组成部分"和"重要发展力量"的定位,并从放宽市场准入、加大财税金融支持、完善社会服务、维护职工合法权益、引导企业提高自身素质、改进政府监管等方面为促进非公有制经济的发展作出具体的规定,④这是中华人民共和国成立后首部以中央政府名义发布的以促进非公有制经济发展为主题的政策性文件。4月,《国务院关于2005年深化经济体制改革的意见》中提出,要进一步改善非公有制经济发展的体制环境,并明确由发展改革委牵头研究制定和完善放宽非公有制经济市场准入等方面的配套措施,以及完善对非公有制经济的社会服务体系,

---

① 《十六大以来重要文献选编》(上),中央文献出版社,2005年,第466页。
② 张厚义:《中国私营企业发展报告》,社会科学文献出版社,2004年,第2页。
③ 《宪法和宪法修正案辅导读本》,中国法制出版社,2004年,第46页。
④ 《十六大以来重要文献选编》(中),中央文献出版社,2006年,第684~694页。

由法制办牵头清理和修订相关法律法规等。[①]随后,国家工商行政管理总局出台配套的《关于发挥工商行政管理职能作用,促进个体私营等非公有制经济发展的通知》中从7个方面提出了21条具体措施来促进非公有制经济的发展。2005年10月,党的十六届五中全会通过的《中共中央关于制定国民经济和社会发展第十一个五年规划的建议》中提出,要"大力发展个体、私营等非公有制经济,鼓励和支持非公有制经济参与国有企业改革,进入金融服务、公用事业、基础设施等领域"[②]。2005年12月底,国务院法制办公室和国家发展改革委联合下发《关于开展清理限制非公有制经济发展规定工作的通知》,2006年3月,十届全国人大四次会议批准的《中华人民共和国国民经济和社会发展第十一个五年规划纲要》中再次提出,要消除制约非公有制经济发展的体制性障碍和政策性因素。[③]

到2006年底,中央有关部门和地方政府审核规章文件130多万件,共清理出5000多件与"36条"不一致的规章和文件。对其中主要内容与"36条"不一致的,按法定权限和程序明令废止;个别条款与其不一致的,按权限和程序予以修改。[④]据统计,国务院"36条"出台以后的一年中,"全国私营企业数量净增100万户"[⑤]。到2006年6月底,全国个体工商户达25057006户,私营企业达4648297户。个体工商户和私营企业的从业人员(含私企投资者)已达112743409人,占当年27331万城镇就业人口的41.25%;注册资金达747213130.73万元。[⑥]2007年底,在私营企业和个体工商户就业的人数已达

---

① 《国务院关于2005年深化经济体制改革的意见》,《中华人民共和国国务院公报》2005年第15号。

② 《十六大以来重要文献选编》(中),中央文献出版社,2006年,第1075页。

③ 《中华人民共和国国民经济和社会发展第十一个五年规划纲要》,《全国人民代表大会常务委员会公报》2006年第3号。

④ 陈永杰:《2006年中国民营经济发展分析》,《中国工业经济》2007年第11期。

⑤ 任一龙:《"36条"出台后私营企业数量净增100万户》,《人民政协报》2007年2月16日。

⑥ 中华全国工商业联合会编:《中国私营企业大型调查(1993—2006)》,中华工商联合出版社,2007年,第212页。

1.3亿人,占全国就业人数的15.50%。[1]

在不断推动非公有制经济发展的同时,中国共产党着力推动非公有制经济组织党的建设制度化、规范化发展。党的十六大首次将非公有制企业党的建设写入党章,实现了非公有制经济组织党的建设历史性跨越。2005年,《中华人民共和国公司法》第一次把公司制企业支持党建工作的要求明确写入法律条文,为开展非公企业党建工作提供了法律依据,从法律意义上有效地消除了一些对非公企业党建工作的疑虑,使非公党建走上了法治化的轨道。其第十九条明确规定,"在公司中,根据中国共产党章程的规定,设立中国共产党的组织,开展党的活动。公司应当为党组织的活动提供必要条件"[2]。非公有制经济组织党的建设写入党章和法律,为非公有制经济组织党的建设快速发展提供了重要制度保障。

二、非公经济组织党组织基本实现全覆盖

这一时期,实现组织覆盖和工作覆盖是非公有制经济组织党的建设的重要工作。党的十六届四中全会通过的《中共中央关于加强党的执政能力建设的决定》强调,要"加大在新经济组织、新社会组织中建立党组织的工作力度,探索党组织和党员发挥作用的方法和途径"[3]。此后,党的十六届六中全会通过的《中共中央关于构建社会主义和谐社会若干重大问题的决定》中强调,"推进新经济组织、新社会组织党建工作,扩大党的工作覆盖面,发挥基层党组织凝聚人心、推动发展、促进和谐的作用"[4]。据新华社发布的消息,到2007年初,全国范围内"向非公有制企业选派了逾33万名党建工作指导员"[5]。党的十七届四中全会通过的《中共中央关于加强和改进新形势下党的建设若干重大问题的决定》中强调,要"抓紧在非公有制经济组织建立党组织,加大在

---

① 李东明:《切实加强非公有制经济组织、新社会组织党建工作》,《光明日报》2009年12月3日。
②《中华人民共和国公司法》,《人民日报》2005年11月2日。
③《十六大以来重要文献选编》(中),中央文献出版社,2006年,第293页。
④《十六大以来重要文献选编》(下),中央文献出版社,2008年,第670页。
⑤ 黄孟复主编:《中国民营经济史·大事记》,社会科学文献出版社,2009年,第291页。

中介机构、协会、学会以及各类新社会组织中建立党组织力度"①。

2011年12月18日,习近平在全国组织部长会议上的讲话中指出:"非公有制经济组织、新社会组织中的党建工作,要在继续解决好扩大党组织和党的工作覆盖面、配强党组织负责人、创新活动载体和改善保障条件等问题的同时,着力探索党组织发挥作用的渠道和方式。"②2012年5月,中共中央办公厅印发了《关于加强和改进非公有制企业党的建设工作的意见(试行)》,从明确企业党组织的功能定位、建立健全领导体制和工作机制、努力推进党的组织和工作覆盖、加强以党组织书记为重点的党务工作者队伍建设等方面,对非公有制经济组织党的建设作了系统规定。3月21日,习近平在会见全国非公有制企业党的建设工作会议代表时要求,要以更大力度扎实做好非公有制企业党的建设工作。这些都推动着非公有制经济组织党的建设工作快速向前发展。

2002年底,"非公有制经济组织中共有党员212.6万名,仅占从业人员的2.00%左右"③。2002—2006年,全国非公有制企业党组织数量从9.9万个增长至17.8万个,增长79.80%。全国有3名以上正式党员的非公有制企业建立党组织的比例达到94.20%。至2006年底,非公有制企业党员人数达到286.3万名,个体工商户中党员81万人。④"到2008年底,非公有制单位在岗职工中有党员358.2万名,其中工人163.5万名,管理人员及专业技术人员194.7万名。238.5万户非公有制企业中,38万户企业建立了党组织,占具备建立党组织条件企业总数的99.40%。"⑤到2011年底,"在全国非公有制企业中共有党员384万名,已建立党组织36.8万个,覆盖企业98.3万家。其中规模以上企业21.2

①《十七大以来重要文献选编》(中),中央文献出版社,2011年,第154页。
②《十七大以来重要文献选编》(下),中央文献出版社,2013年,第689页。
③李景田:《在全国非公有制企业党建工作经验交流会上的讲话》,《组织人事报》2003年9月3日。
④《基层组织建设开创新局面》,《人民日报》2007年7月13日。
⑤全国党建研究会非公有制经济组织党建研究专业委员会:《非公有制企业党建工作的发展历程和基本经验》,《光辉的历程,宝贵的经验》,2009年,第104~113页。

万家,党组织覆盖率96.70%"①。这样,有条件的非公有制经济组织基本实现党组织全覆盖。

三、非公有制经济组织人士地位不断提高

非公有制经济在国民经济中的比重和分量的增加,进一步推动中国共产党对非公有制经济人士的认识的改变。在2006年7月全国统战工作会议上,胡锦涛强调,我国改革开放后出现的新社会阶层,主要由非公有制经济人士和自由择业的知识分子组成,他们"作为中国特色社会主义事业的建设者,在推动经济社会发展、全面建设小康社会中发挥着重要作用"②。这体现了中国共产党对非公有制经济的认识在不断地深化。2007年10月党的十七大上,中国共产党首次在处理公有制经济和非公经济关系问题上提出了"两个平等"的思想。党的十七大报告中,胡锦涛再次强调了要坚持基本经济制度和"两个毫不动摇",同时强调,要"坚持平等保护物权,形成各种所有制经济平等竞争、相互促进新格局"③。为此,报告进一步阐释要深化和推进国有企业、集体企业改革,并以现代企业制度为基础,发展混合所有制经济。可以看到,经过改革开放三十年的探索和发展,中国的私营经济和私营企业主已经实现了经济上地位重要、政治上地位明确、法律上地位平等的地位演变,这些推动着中国非公有制经济进入新的历史发展阶段。

正因为如此,党的十七大上,有18位私营企业主成为党的全国代表大会代表。此后,国务院出台《关于进一步促进中小企业发展的若干意见》、国家工商行政管理总局出台《关于进一步促进个体私营经济发展的若干意见》等文件,提出要鼓励私营企业做大、做强、做活,"除国家明令禁止的外,凡允许国有和外资企业进入的投资领域,一律对个体私营企业开放"④。2010年5月,国务院出台的《关于鼓励和引导民间投资健康发展的若干意见》中再次指出,

---

① 陈向群:《在新的历史起点上努力开创非公有制企业党建工作新局面》,《求是》2012年第15期。
②《十六大以来重要文献选编》(下),中央文献出版社,2008年,第558页。
③《十七大以来重要文献选编》(上),中央文献出版社,2009年,第20页。
④《关于进一步促进个体私营经济发展的若干意见》,《工商行政管理》2009年第21期。

要毫不动摇地鼓励、支持和引导非公有制经济发展,进一步鼓励和引导民间投资,"规范设置投资准入门槛,创造公平竞争、平等准入的市场环境"①。10月,党的十七届五中全会通过的《中共中央关于国民经济和社会发展第十二个五年规划的建议》中指出,要营造各种所有制经济依法平等使用生产要素、公平参与市场竞争和同等受到法律保护的体制环境,"支持和引导非公有制经济发展,鼓励非公有制企业参与国有企业改革"②等,所有这些文件中都明确提出了平等对待非公有制经济的要求。在2012年党的十八大上,胡锦涛强调,要"毫不动摇鼓励、支持、引导非公有制经济发展,保证各种所有制经济依法平等使用生产要素、公平参与市场竞争、同等受到法律保护"③。这样,中国共产党对非公有制经济/人士的政策从"允许经济发展"到"认可政治身份",再到"同等法律保护"的不断递进,体现着对社会主义建设规律认识的新水平。

第四节　非公有制经济组织党建的创新发展
（2012年后）

党的十八大以来,以习近平同志为核心的党中央坚持公有制为主体、多种所有制经济共同发展的中国特色社会主义基本经济制度,将"两个毫不动摇"写进新时代中国特色社会主义基本方略,成为党和国家的大政方针。习近平就鼓励、支持和引导非公有制经济发展和非公有制经济人士健康成长,以及加强非公有制经济组织党的建设问题上提出了一系列新观点和新论断,对社会上出现的诸如"私营经济离场论""新公私合营论""控制民营企业论"等错误论调提出批评,党和国家也先后出台多部鼓励和支持非公有制经济发展的政策法规。在良好的政策环境支持下,我国非公有制经济和非公有制经济组织党的建设都迎来了全新发展机遇,步入了高质量发展的快车道。

---

① 《十七大以来重要文献选编》(中),中央文献出版社,2011年,第659页。
② 《十七大以来重要文献选编》(中),中央文献出版社,2011年,第994页。
③ 《十八大以来重要文献选编》(上),中央文献出版社,2014年,第16页。

一、优化非公有制经济组织组织覆盖

改革开放以来特别是党的十八大以来,中国经济社会发展取得了举世瞩目的成就,创造了世所公认的中国奇迹。尽管社会上针对非公有制经济的争论不绝于耳,[①]中国共产党对非公有制经济的认识和态度始终没有改变,不仅如此,非公有制经济在我国所有制结构中的地位还得到了进一步的提高和加强,鼓励和支持非公有制经济发展的政策体系不断完善。

2013年11月,党的十八届三中全会通过的《中共中央关于全面深化改革若干重大问题的决定》可以说是新时代以来指导我国经济社会发展的纲领性文献,其针对非公有制经济提出了一系列新观点新论断,作出了一系列新规定。在功能定位上,该决定作出"两个都是"的重要判断,强调公有制经济和非公有制经济都是社会主义市场经济的重要组成部分,都是我国经济社会发展的重要基础。在这样的认识下,党的十八届三中全会强调在政策上对非公有制经济要坚持"三个平等",即要坚持权利平等、机会平等和规则平等,实行统一的市场准入制度,废除对非公有制经济各种形式的不合理规定,消除各种隐性壁垒,鼓励非公有制资本参与国有企业改革,发展非公有制资本控股的混合所有制企业等。为保证"三个平等"的实现,党的十八届三中全会提出了将市场在资源配置中的"基础性作用"地位提升到"决定性作用"的地位上来,实现了对社会主义市场经济认识的质的飞跃。这样,社会主义市场经济的两个重要组成部分在相同的规则之下同等参与市场竞争的环境逐步形成。

但是,党内外仍然有一些人看不惯非公有制经济人士,习惯戴着有色眼镜看待非公有制经济人士,简单把他们看作社会财富的攫取者或贫富分化的制造者等,为此,2015年5月的中央统战工作会议上,习近平指出,这些错误认识的根源都是没有正确认识我国基本经济制度。习近平强调:"社会主义基本制度和市场经济有机结合、公有制经济和非公有制经济共同发展,是我们党推动解放和发展生产力的伟大创举。"[②]这一论断实际上指明了非公有制经

---

① 施成杰:《民营经济发展40年:五次争论及其启示》,《重庆理工大学学报(社会科学版)》2019年第5期。

②《十八大以来重要文献选编》(中),中央文献出版社,2016年,第558页。

济是在党的政策鼓励下发展起来,没有脱离中国共产党领导,从而为非公有制经济的发展加强了政治上的合法性,也为非公有制经济的发展提供了最强有力的支撑。同期公布的《中国共产党统一战线工作条例(试行)》用一章四条的内容专门论述了非公有制经济人士的统战工作,强调要"推动形成有利于非公有制经济发展的政策环境、法治环境、市场环境、社会环境"①。随后,2015年10月党的十八届五中全会通过的《中共中央关于制定国民经济和社会发展第十三个五年规划的建议》中提出,要通过清理和规范涉企行政事业性收费,减轻企业负担等多项举措来优化企业的发展环境。2015年11月,十八届中央政治局第二十八次集体学习时,习近平再次强调要坚持和完善社会主义基本经济制度,坚持"两个毫不动摇",要"推动各种所有制取长补短、相互促进、共同发展"②。这些论述和相关规定都体现了党的十八届三中全会关于"两个都是"重要论断的精神和"三个平等"的要求。根据党的十八届三中全会要求,2015年9月,国务院出台《关于国有企业发展混合所有制经济的意见》,提出通过出资入股、收购股权、认购可转债、股权转换等多种方式鼓励非公有制资本参与国有企业混合所有制改革。③此举大大拓展了非公有制经济的发展空间。

平等对待非公有制经济的核心是要平等保护产权。在这个问题上,党的十八届三中全会提出了"两个不可侵犯"的要求,即公有制经济财产权不可侵犯,非公有制经济财产权同样不可侵犯。④这成为党的十八大以来激发非公有制经济活力和创造力的重要前提,推动非公有制经济不断向前发展。党的十八届四中全会通过的《中共中央关于全面推进依法治国若干重大问题的决定》对"两个不可侵犯"作出进一步的规定,提出要"健全以公平为核心原则的产权保护制度,加强对各种所有制经济组织和自然人财产权的保护,清理有

---

①《十八大以来重要文献选编》(中),中央文献出版社,2016年,第549页。
②《立足我国国情和我国发展实践,发展当代中国马克思主义政治经济学》,《人民日报》2015年11月25日。
③《国务院关于国有企业发展混合所有制经济的意见》,《中华人民共和国国务院公报》2015年第29号。
④《十八大以来重要文献选编》(上),中央文献出版社,2014年,第515~517页。

违公平的法律法规条款"①,这里的"各种所有制经济"当然包括非公有制经济,产权的有效保护成为激励非公有制经济发展的强大内在动力。党的十八届五中全会通过的"十三五"规划建议中再次强调了产权保护问题,提出要推进产权保护法治化,依法保护各种所有制经济权益。2016年5月,在中央财经领导小组第十三次会议上,习近平指出,要加强对包括非公有制经济在内的各种所有制经济产权的保护,增强人民群众的财产安全感。②为更好地实施产权保护,促进各种所有制经济健康发展,2016年11月,中共中央、国务院专门出台《关于完善产权保护制度依法保护产权的意见》,首先就提出要坚持"两个不可侵犯"的平等保护原则,指出产权制度是社会主义市场经济的基石,保护产权是坚持社会主义基本经济制度的必然要求,并提出要完善平等保护产权的法律制度、妥善处理历史形成的产权案件、严格规范涉案财物处置的法律程序、审慎把握处理产权和经济纠纷的司法政策等,③这个意见的出台为民营经济可持续发展创造了良好的法治环境。党的二十大报告再次强调,要"优化民营企业发展环境,依法保护民营企业产权和企业家权益,促进民营经济发展壮大"④。这样,从2003年党的十六届三中全会提出"要依法保护各类产权""保障所有市场主体的平等法律地位和发展权利"开始,到2004年国家将"公民的合法的私有财产不受侵犯"写入宪法,再至2007年《中华人民共和国物权法》出台,以及党的十八大以来出台的多份文件,中国的产权保护制度逐步形成并完善,成为保障非公有制经济健康有序发展的强大制度支撑。

在非公有制经济发展环境不断优化的同时,非公有制经济组织党的建设也在创新发展。尤其是党的十八大以来,习近平多次强调要严密党的组织体系,强调"党的力量来自组织,党的全面领导、党的全部工作要靠党的坚强组织体系去实现"⑤。推进非公有制经济组织的党组织覆盖当然是严密党的组

---

①《十八大以来重要文献选编》(中),中央文献出版社,2016年,第162页。
②《习近平谈治国理政》(第二卷),外文出版社,2017年,第369页。
③《十八大以来重要文献选编》(下),中央文献出版社,2018年,第467~473页。
④《党的二十大文件汇编》,党建读物出版社,2022年,第22页。
⑤《十九大以来重要文献选编》(上),中央文献出版社,2019年,第560页。

织体系的题中应有之义。在2013年全国组织工作会议上,习近平就指出:"一些非公有制经济组织和社会组织党建工作还比较薄弱……越是情况复杂、基础薄弱的地方,越要健全党的组织、做好党的工作,确保全覆盖,固本强基,防止'木桶效应'。"①2014年5月,中共中央办公厅印发《关于加强基层服务型党组织建设的意见》,对非公有制经济组织党组织的服务功能和组织体系建设作出明确指出,要求"非公有制企业党组织要围绕促进生产经营、维护各方合法权益搞好服务,在职工群众中发挥政治核心作用,在企业发展中发挥政治引领作用……非公有制企业和社会组织等领域,采取单独组建、区域联建、行业统建等方式建立党组织,加快推进党的组织和工作覆盖……加大非公有制企业党建工作指导员选派力度,引导他们专心致志做好本职工作、履行服务职责。"②中组部将2016年确定为"两新"组织党的组织和工作覆盖年,下发《关于集中推进非公有制企业和社会组织党的组织和工作覆盖的通知》。2017年10月,党的十九大报告明确提出,要"注重从产业工人、青年农民、高知识群体中和在非公有制经济组织、社会组织中发展党员③。截至2017年底,依托各级个私协会建立的非公企业党组织达48624个,其中党委1230个、党总支2824个、党支部44570个,管理党员149.72万人。全国私营企业自身还建立党组织21.04万个。④到2021年,全国2540多个省级以上园区中,"实现园区非公有制企业50人以上有党员、100人以上有党组织,民营企业500强实现党组织全覆盖"⑤。

2022年10月,党的二十大报告指出,"加强混合所有制企业、非公有制企业党建工作……加强新经济组织、新社会组织、新就业群体党的建设"⑥。

①《十八大以来重要文献选编》(上),中央文献出版社,2014年,第351~352页。
②《基层党建工作常用文件选编》,党建读物出版社,2021年,第544~545页。
③《十九大以来重要文献选编》(上),中央文献出版社,2019年,第46页。
④ 杨年强:《"纪念改革开放40周年全国个私协会非公有制企业党建工作座谈会"在湘召开》,《光彩》2018年第7期。
⑤《高质量党建助推非公企业高质量发展——党的十八大以来非公企业党建工作综述》,《河北日报》2021年6月10日。
⑥《党的二十大文件汇编》,党建读物出版社,2022年,第51页。

2023年3月,中共中央、国务院印发《党和国家机构改革方案》,组建中央社会工作部,赋予其"指导混合所有制企业、非公有制企业和新经济组织、新社会组织、新就业群体党建工作"[①]的职责,并要求将省、市和县各级党委组织部门原来的"两新"工委职责划归同级社会工作部门,这将进一步助推非公有制经济组织党的建设更高质量发展。

二、引导非公有制经济人士健康成长

在鼓励、支持和引导非公有制经济健康发展的同时,中国共产党还十分重视引导非公有制经济人士的健康成长。习近平指出,非公有制经济人士的健康发展是非公有制经济健康发展的前提,2012年12月,习近平走访全国工商联时提出了"两个健康"的工作主题,"两个健康"也成为党的十八大以来中国共产党鼓励、支持和引导非公有制经济发展的基本准则。党的十八大以来,中国共产党注重从两个方面来促进非公有制经济人士的健康成长,一是提出构建"亲""清"政商关系。2013年3月,习近平参加十二届全国人大一次会议江苏代表团审议时就提出,现在的社会,诱惑太多,围绕权力的陷阱太多。面对纷繁的物质利益,要做到君子之交淡如水,"官""商"交往要有道,相敬如宾,而不要勾肩搭背、不分彼此,要划出公私分明的界限。这里对正确处理政商关系提出了明确的要求。到2016年两会期间,在参加全国政协民建、工商联界委员联组会时,习近平对"亲""清"政商关系作了更加详细的阐述。[②]此后,"亲""清"新型政商关系成为非公有制经济人士处理与党政官员关系的基本准则,也为非公有制经济人士的健康成长提供了指南。二是教育引导非公有制经济人士积极履行社会责任。2013年3月,习近平在十二届全国人大第一次会议上的讲话时指出:"一切非公有制经济人士和其他新的社会阶层人士,要发扬劳动创造精神和创业精神,回馈社会,造福人民,做合格的中国特色社会主义事业的建设者。"[③]2015年5月,在中央统战工作会议上,习近平指出,对非公有制经济和非公有制经济人士,应该要坚持团结、服务、

---

① 《党和国家机构改革方案》,《人民日报》2023年3月17日。
② 《习近平谈治国理政》(第二卷),外文出版社,2017年,第264~265页。
③ 《十八大以来重要文献选编》(上),中央文献出版社,2014年,第236页。

引导和教育的方针,既要鼓励支持,也要教育引导,关注他们的思想和困难,有针对性地进行帮助和引导,要"引导非公有制经济人士特别是年轻一代致富思源、富而思进,做到爱国、敬业、创新、守法、诚信、贡献"①。实践中,非公有制经济人士也正是这样做的,例如,2015年10月,中华全国工商联、国务院扶贫办和中国光彩事业促进会联合发起"万企帮万村"行动,到2020年12月底,进入"万企帮万村"精准扶贫行动台账管理的民营企业有12.7万家,精准帮扶13.91万个村,产业投入1105.9亿元,公益投入168.64亿元,安置就业90.04万人,技能培训130.55万人,共带动和惠及1803.85万建档立卡贫困人口。②

这样,中国共产党对非公有制经济的认识和政策,就从过去更多地关注企业发展而较少地关注非公有制经济人士的思想教育,向更加关注对非公有制经济人士的思想引导和教育拓展,从而大大发展了马克思主义关于人是生产力中最活跃最革命因素的理论。在这些认识和政策引导下,中国的非公有制经济获得了较大发展,至2015年底,全国共有私营企业1908.23万户,注册资本(金)90.55万亿元,从业人员16394.86万人,其中投资者3560.59万人,雇工人数1.28亿人。③

宏观政治和政策环境的优化为非公有制经济的发展提供了可能,私营企业数量的不断增长就是最好的证明。但是,非公有制经济活力和创造力的真正发挥,还需要有更多更好的配套政策,恰恰在这个问题上,非公有制经济的发展面临着不小的难题。例如,尽管党和政府多次强调要放开市场准入,公平对待公有制经济和非公有制经济,但是,民营企业总是会碰到各种各样的难题。许多民营企业家感到企业的发展遇到了"三座大山",即"市场的冰山、融资的高山、转型的火山"。尤其是2016年以后,民间投资在全社会投资中所

---

① 《巩固发展最广泛的爱国统一战线,为实现中国梦提供广泛力量支持》,《人民日报》2015年5月21日。
② 《"万企帮万村",书写脱贫伟业的民企华章》,《中国产经》2021年第8期。
③ 陈光金、吕鹏主编:《中国私营企业调查综合报告(1993—2016):从高速增长到高质量发展》,社会科学文献出版社,2019年,第645~647页。

占比重出现了近10年罕见的下滑,2016年1—4月,民间固定资产投资增速与全国固定资产投资相比低5.3个百分点,占全国固定资产投资的比重下降至62.10%,比2015年同期降低3.2个百分点,比2015年全年降低2.1个百分点。[1]以至国务院不得不对民间投资政策落实情况开展专项督查以促进民间投资。民间投资增速下滑当然有经济周期性波动因素的影响,但是更重要的还是制度性因素的影响。[2]例如,民营企业在获得关键要素时面临不公平待遇,民间投资的发展空间被公营企业压缩,或地方官员不作为、不敢作为等,都成为制约民间投资的重要原因。

　　针对非公有制经济发展中面临的困难,2016年3月全国两会期间,在参加全国政协十二届四次会议民建、工商联界委员联组会时,习近平再次强调要坚持我国基本经济制度,推动各种所有制经济健康发展,明确提出"三个没有变"来进一步表明中国共产党对非公有制经济的态度,即"非公有制经济在我国经济社会发展中的地位和作用没有变,我们毫不动摇鼓励、支持、引导非公有制经济发展的方针政策没有变,我们致力于为非公有制经济发展营造良好环境和提供更多机会的方针政策没有变"[3]。在非公有制经济的地位上,习近平对其作出"五个重要"的新定位,即"是稳定经济的重要基础,是国家税收的重要来源,是技术创新的重要主体,是金融发展的重要依托,是经济持续健康发展的重要力量"。因此,"任何想把公有制经济否定掉或者想把非公有制经济否定掉的观点,都是不符合最广大人民根本利益的,都是不符合我国改革发展要求的,因此也都是错误的"[4]。和党的十八届三中全会提出的"两个都是"相比,"五个重要"的重要论断,进一步明确了非公有制经济在我国经济社会发展中的具体作用,体现了中国共产党对非公有制经济认识的不断深化。习近平指出,党的十八大以来,我国的非公有制经济发展面临着前所未有的

---

[1]《别让民营企业的心悬着——关于当前民间投资增速下滑现象和原因的调查报道》,《人民日报》2016年6月13日。

[2] 刘立峰:《民间投资增速下滑现象透视》,《宏观经济管理》2016年第8期。

[3]《习近平谈治国理政》(第二卷),外文出版社,2017年第259页。

[4]《习近平谈治国理政》(第二卷),外文出版社,2017年,第260页。

良好政策环境的社会氛围,但是,配套政策措施还不实,政策落地还很不够,尤其是"市场准入限制仍然较多;政策执行中'玻璃门'、'弹簧门'、'旋转门'现象大量存在"①。他要求从中小企业融资难、市场准入、公共服务体系建设等方面更好地促进非公有制经济的发展。2016年4月,在网络安全和信息化工作座谈会上,习近平指出,中国国家大、人口多,需要各方面齐心协力把经济社会发展搞上去,公有制和非公有制经济应该是相辅相成、相得益彰的,而不是相互排斥、相互抵消的,"非公有制企业搞大了、搞好了,搞到世界上去了,为国家和人民作出更大贡献了,是国家的光荣"②,党和政府毫无疑义会对之进行支持。

为进一步支持非公有制经济发展,鼓励民间投资,2016年7月,国务院办公厅印发《关于进一步做好民间投资有关工作的通知》,指出要从深化简政放权、营造一视同仁的公平竞争市场环境、缓解融资难融资贵问题、切实降低企业成本负担等方面,来促进民间投资的健康发展。③7月的中共中央政治局会议上,习近平强调,要坚持引导市场预期,提高政策质量和透明度,用稳定的宏观经济政策稳住市场预期,用重大改革举措落地增强发展信心,特别要坚持基本经济制度,鼓励民间投资,改善企业微观环境,创造各类企业平等竞争、健康发展的市场环境。④当年12月的中央经济工作会议上,习近平强调,要加强产权保护制度建设,抓紧编纂民法典,加强对各种所有制组织和自然人财产权的保护。坚持有错必纠,甄别纠正一批侵害企业产权的错案冤案。⑤这些重要论述,其实都是向全社会传递中国共产党始终坚持中国特色社会主义基本经济制度没有变,始终坚持社会主义市场经济改革方向没有变,为企业家安心谋发展提供坚定信心。

2017年3月,李克强在《政府工作报告》中再次对非公有制企业的市场准

---

① 《习近平谈治国理政》(第二卷),外文出版社,2017年,第261页。
② 《在网络安全和信息化工作座谈会上的讲话》,《人民日报》2016年4月26日。
③ 《国务院办公厅关于进一步做好民间投资有关工作的通知》,《中华人民共和国国务院公报》2016年第20号。
④ 《中共中央政治局召开会议》,《人民日报》2016年7月27日。
⑤ 《中央经济工作会议在北京举行》,《人民日报》2016年12月17日。

入问题提出要求,承诺凡是法律法规未明确禁入的行业和领域,都要允许各类市场主体平等进入;凡是向外资开放的行业和领域,都要向民间资本开放;凡是影响市场公平竞争的不合理行为,都要坚决制止。①4月,《国务院批转国家发展改革委关于2017年深化经济体制改革重点工作意见的通知》同样要求"创新投融资体制……进一步放宽非公有制经济市场准入"②。10月,党的十九大再次强调要"全面实施市场准入负面清单制度,清理废除妨碍统一市场和公平竞争的各种规定和做法,支持民营经济发展,激发各类市场主体活力"③。并将"两个毫不动摇"写入新时代坚持和发展中国特色社会主义的基本方略,作为党和国家一项大政方针进一步确定下来,从而极大增强了非公有制经济人士安心谋发展的信心。党的十九大继续明确要坚持市场在资源配置中的决定性作用,强调构建"亲""清"新型政商关系以促进非公有制经济和非公有制经济人士健康成长。2018年民营企业座谈会上,习近平重申了"三个没有变",并作出了民营经济"功不可没"的重要论断,强调"民营经济已经成为推动我国发展不可或缺的力量,成为创业就业的主要领域、技术创新的重要主体、国家税收的重要来源……我国经济发展能够创造中国奇迹,民营经济功不可没!"④这就更进一步地提升了非公有制经济在我国经济社会发展中的重要地位。

2022年党的二十大上,习近平再次强调:"全面构建亲清政商关系,促进非公有制经济健康发展和非公有制经济人士健康成长。"⑤2023年4月,习近平主持召开二十届中央全面深化改革委员会第一次会议,审议通过《关于促进民营经济发展壮大的意见》。2025年2月的民营企业座谈会上,习近平强调,要"促进各种所有制经济优势互补、共同发展,促进非公有制经济健康发展和

---

① 《十八大以来重要文献选编》(下),中央文献出版社,2018年,第634～635页。
② 《国务院批转国家发展改革委关于2017年深化经济体制改革重点工作意见的通知》,《中华人民共和国国务院公报》2017年第12号。
③ 《十九大以来重要文献选编》(上),中央文献出版社,2019年,第24页。
④ 《十九大以来重要文献选编》(上),中央文献出版社,2019年,第673页。
⑤ 《党的二十大文件汇编》,党建读物出版社,2022年,第30页。

非公有制经济人士健康成长"[1]，并强调扎扎实实落实促进民营经济发展的政策措施，是当前促进民营经济发展的工作重点。

在中央领导人的这些重要论述和相关政策的鼓励之下，中国的非公有制经济不断发展壮大，到2017年9月，我国"实有私营企业2607.29万户，注册资本165.38万亿元，分别占企业总量的89.70%和60.30%"[2]。2017年底，全国私营企业数量达2726.3万户，比2012年增长了1640.6万户，增幅达151.10%。[3]而到2023年4月初，我国登记在册民营企业突破5000万户，"截至5月底达到5092.76万户，较2012年底（1085.7万户）增长了3.7倍，民营企业在企业中的占比由79.40%提升至92.40%。在我国经济发展中的地位和作用进一步提升"[4]。

三、明确非公经济人士是我们自己人

2018年3月，十三届全国人大一次会议上，李克强在《政府工作报告》中就已经强调要落实支持非公经济发展的相关政策措施，坚持"两个毫不动摇"和"三个平等"政策，"全面落实支持非公有制经济发展的政策措施，认真解决民营企业反映的突出问题，坚决破除各种隐性壁垒"[5]。到2018年9月下旬至10月下旬近一个月时间内，习近平在辽宁、广东等地考察时，连续三次就非公有制经济问题发表重要谈话，明确表示中国共产党鼓励和支持非公有制经济发展的政策没有变。9月27日，在辽宁忠旺集团考察讲话时，习近平指出："改革开放以来，党中央始终关心支持爱护民营企业。我们毫不动摇地发展公有制经济，毫不动摇地鼓励、支持、引导、保护民营经济发展。现在的很多改革举措都是围绕怎么进一步发展民营经济，对这一点民营企业要进一步增强信

①《民营经济发展前景广阔大有可为 民营企业和民营企业家大显身手正当其时》，《人民日报》2025年2月18日。
②《党的十八大以来全国企业发展分析（2012年9月—2017年9月）》，《中国工商报》2017年10月26日。
③ 宋志平：《中国企业改革发展2018蓝皮书》，中国商务出版社，2019年，第60页。
④《我国登记在册民企已突破5000万户，民企在企业中占比达92.40%——民营经济如何走好高质量发展之路》，https://www.gov.cn/zhengce/202308/content_6896374.htm。
⑤《十九大以来重要文献选编》（上），中央文献出版社，2019年，第321页。

心。"①10月20日,在给"万企帮万村"行动中受表彰的民营企业家回信时,习近平指出,改革开放40年,民营企业在稳定增长、促进创新、增加就业和改善民生等方面发挥了重要作用,成为推动经济社会发展的重要力量,民营经济的历史贡献不可磨灭,其地位作用不容置疑,任何否定、弱化民营经济的言论和做法都是错误的,"支持民营企业发展,是党中央的一贯方针,这一点丝毫不会动摇"②。10月24日,在广州明珞汽车装备有限公司考察时,习近平再次指出,民营企业对我国经济发展贡献很大,前途不可限量。党中央一直重视和支持非公有制经济发展,这一点没有改变、也不会改变。③可以看到,无论社会上的争论如何,中国共产党关于非公有制经济的认识和政策始终没有改变。

2018年11月1日,在民营企业座谈会上,习近平系统阐述了中国共产党关于非公有制经济的认识和政策,对一段时间以来社会上出现的有关非公有制经济的错误言论进行了有力回击。习近平回顾了改革开放以来我国非公有制经济的发展历程,充分肯定我国民营经济的重要地位和作用,强调要正确认识民营经济发展中遇到的困难和问题,提出从减轻税费负担、破解融资难融资贵难题、营造公平竞争环境、完善政策执行方式等方面来大力支持民营企业发展壮大。习近平特别指出:"民营经济是我国经济制度的内在要素,民营企业和民营企业家是我们自己人。"④"内在要素"的重大判断是继党的十五大关于非公有制经济是"社会主义市场经济的重要组成部分"、党的十六届三中全会关于非公有制经济是"推动我国经济社会发展的重要力量"及党的十八届三中全会关于"两个都是"重要论断的最新发展,这一判断破除了一些人认为中国共产党发展非公有制经济只是权宜之计而绝非长久之策的错误看法。同时,"我们自己人"的重大判断破除了一些人将非公有制经济人士当成消极异己力量的错误做法。这就从经济成分和政治身份两个层面为非公

---

①《党中央毫不动摇地支持民营经济发展》,http://www.gov.cn/xinwen/2018-09/28/content_5326140.htm。

②《习近平给"万企帮万村"行动中受表彰的民营企业家的回信》,《中国产经》2018年第11期。

③《支持非公经济发展,没有变、不会变》,http://www.gov.cn/xinwen/2018-10/26/content_5334830.htm。

④《十九大以来重要文献选编》(上),中央文献出版社,2019年,第674页。

有制经济的持续健康发展提供了有力支持,社会上关于非公有制经济的错误论调也逐渐得到了平息。到2018年10月底,全国实有个体工商户7137.2万户,私营企业3067.4万户,相比于1978年全国个体经营者和私营企业在允许登记后的1989年,分别增长了500多倍和338倍。①

2019年2月,在十九届中央政治局第十三次集体学习时,习近平再次提到支持民营企业发展问题,要尊重市场规律并坚持精准支持,"选择那些符合国家产业发展方向、主业相对集中于实体经济、技术先进、产品有市场、暂时遇到困难的民营企业重点支持"②。2019年3月,在参加十三届全国人大二次会议福建代表团审议时,习近平指出,要坚持"两个毫不动摇","落实鼓励引导支持民营经济发展的各项政策措施,为各类所有制企业营造公平、透明、法治的发展环境,营造有利于企业家健康成长的良好氛围,帮助民营企业实现创新发展"③。2019年9月,习近平主持召开中央全面深化改革委员会第十次会议,强调要支持民营企业发展,"营造市场化、法治化、制度化的长期稳定发展环境……推动民营企业改革创新、转型升级、健康发展"④。随后,10月党的十九届四中全会通过的《中共中央关于坚持和完善中国特色社会主义制度、推进国家治理体系和治理能力现代化若干重大问题的决定》中进一步将公有制为主体、多种所有制经济共同发展,与按劳分配为主体、多种分配方式并存,以及社会主义市场经济体制作为我国社会主义基本经济制度的重要组成,并强调其是党和人民的伟大创造,⑤这是中国共产党首次对我国基本经济制度的内涵进行科学的概括。为进一步落实党和政府的相关政策及习近平多次讲话精神,2019年12月,中共中央、国务院印发的《关于营造更好发展环境支持民营企业改革发展的意见》中,提出从优化公平竞争的市场环境、完善精准

---

① 《改革开放40年全国个体工商户增长500多倍》,《人民日报》2018年12月9日。

② 《深化金融供给侧结构性改革增强金融服务实体经济能力》,《人民日报》2019年2月24日。

③ 《习近平栗战书汪洋王沪宁赵乐际分别参加全国人大会议一些代表团审议》,《人民日报》2019年3月11日。

④ 《加强改革系统集成协同高效,推动各方面制度更加成熟更加定型》,《中国金融家》2019年第9期。

⑤ 《十九大以来重要文献选编》(中),中央文献出版社,2021年,第281页。

有效的政策环境、健全平等保护的法治环境、鼓励引导民营企业改革创新、促进民营企业规范健康发展、构建亲清政商关系六个方面,为民营企业发展营造更好的外部环境。①可以看到,民营经济的发展环境不断向好。

2020年9月,中共中央办公厅印发的《关于加强新时代民营经济统战工作的意见》中,就民营经济和民营经济人士的地位和作用作出"两个始终是"的新概括,即"民营经济作为我国经济制度的内在要素,始终是坚持和发展中国特色社会主义的重要经济基础;民营经济人士作为我们自己人,始终是我们党长期执政必须团结和依靠的重要力量"②。这就从政策上明确了中国共产党发展民营经济的长期性及中国共产党和民营经济人士团结合作的长期性。10月,党的十九届五中全会通过的《中共中央关于制定国民经济和社会发展第十四个五年规划和二〇三五年远景目标的建议》再次提出优化民营经济发展环境、促进非公有制经济和非公有制经济人士健康成长、依法保护民营企业产权和企业家权益等鼓励公有制经济发展的政策。③2022年10月,党的二十大重申了十九届五中全会对非公有制经济的政策。④2022年12月的中央经济工作会议上,习近平再次强调,对社会上那种怀疑中国共产党是否坚持"两个毫不动摇"的不正确言论要亮明态度、毫不含糊,"要从制度和法律上把对国企民企平等对待的要求落下来,从政策和舆论上鼓励支持民营经济和民营企业发展壮大。依法保护民营企业产权和企业家权益"⑤。2023年两会期间,习近平强调,要正确引导民营经济健康发展、高质量发展。⑥2024年10月,在省部级主要领导干部学习贯彻党的二十届三中全会精神专题研讨班上,习近

①《中共中央、国务院关于营造更好发展环境支持民营企业改革发展的意见》,《中华人民共和国国务院公报》2020年第1号。
②《中办印发〈意见〉加强新时代民营经济统战工作》,《人民日报》2020年9月16日。
③《中共中央关于制定国民经济和社会发展第十四个五年规划和二〇三五年远景目标的建议》,《人民日报》2020年11月4日。
④《党的二十大文件汇编》,党建读物出版社,2022年,第22页。
⑤《中央经济工作会议在北京举行》,《人民日报》2022年12月17日。
⑥《习近平在看望参加政协会议的民建工商联界委员时强调:正确引导民营经济健康发展高质量发展》,《人民日报》2023年3月7日。

平指出,要坚持和落实"两个毫不动摇","为各种所有制经济发展提供公平公正的法治环境;坚决破除影响和制约高质量发展的体制机制弊端"。[①]从这些论述中我们可以看到,尽管社会上存在各种各样的争论和这样那样的看法,但是,中国共产党鼓励、支持和引导非公有制经济健康发展的政策从来没有改变,非公有制经济的发展环境越来越好,这是党的十八大以来我国非公有制经济高质量发展的重要前提所在,也是非公有制经济组织党的建设持续创新推进的重要保证。

---

① 《我国登记在册民企已突破 5000 万户,民企在企业中占比达 92.40%——民营经济如何走好高质量发展之路》,https://www.gov.cn/zhengce/202308/content_6896374.htm。

第三章

新时代非公有制经济组织党的
建设质量的现实境况

如上所述,改革开放以来,我国非公有制经济组织党的建设实现了从无到有的突破,非公有制经济组织党的建设质量也不断提高。尤其是党的十八大以来,以习近平同志为核心的党中央高度重视非公有制经济组织党的建设工作,从扩大组织覆盖、强化政治功能和助力企业发展、参与社会治理等方面,大大提高了非公有制经济组织党的建设质量。但是,不可否认,我国非公有制经济组织党的建设还面临着许多的难题,非公有制经济组织党的建设质量还不能说尽如人意,这必然制约我国非公有制经济的健康发展。因此,必须切实了解非公有制经济组织党建质量的真实情况,把准非公有制经济组织党建存在的问题及其原因,只有这样,才能提出切实可行的提高非公有制经济组织党建质量的对策建议,为促进非公有制经济高质量发展保驾护航。

本章将结合调查问卷和深度访谈两方面的资料,从结构、过程、文化三个维度来展现非公有制经济组织党的建设质量的现实境况。①在此基础上,着

---

① 一是对总体情况的分析,二是从性别、年龄、受教育水平等典型的人口学特征层面,进行交叉分组分析。在交叉分析中,排除了一些没有实际意义的项目。

重从主体力量、制度体系、运行机制和外部支持四个方面来厘清非公有制经济组织党建质量的制约因素,并从政党、国家、企业和社会四个层面讲清楚非公有制经济组织党建质量不高的消极影响。

第一节　结构维度分析

结构功能主义强调,一定社会结构或组织形式下的社会要素总是为实现某种社会功能而存在的,"如果一个系统是持续存在的或是得到了适当的维护的话,那么它就能完成一些必要的功能"[①],这里的功能能够使系统保存下去,而相关的结构则包括诸如政党等具体的组织结构。之所以首先从结构的角度出发考察非公有制经济组织党的建设质量问题,就在于高质量的组织结构是非公有制经济组织党建质量的逻辑起点所在。对一个尚未建立党组织或是党组织结构不健全的非公有制经济组织来说,也就不存在所谓提高党建质量问题。

一、结构层面的总体情况

本节着重从非公有制经济组织中是否有党员和党组织、出资人或老板中是否有党员及是否有人担任党代表等职务、企业是否有专职党务工作者等方面,来考察非公有制经济组织党建质量在结构层面的表现。

表3-1-1显示了受访者对所在企业是否有党员的回答情况。其中,87.31%(1879人)的受访者回答有党员,只有3.11%(67人)和9.57%(206人)分别回答"没有"和"不清楚"。这表明,大多数的企业中有党员的存在,并且大多数的员工也知道企业中有党员,这是考察非公有制经济组织党的建设质量的根本前提。

---

① [美]杰克·普拉诺:《政治学分析辞典》,胡杰译,中国社会科学出版社,1986年,第172页。

表3-1-1 您所在企业中是否有党员？

选项	数量	百分比(%)
有	1879	87.31
没有	67	3.11
不清楚	206	9.57
合计	2152	100.00

党员的存在为进一步考察企业中是否有党组织提供了可能。按照党章规定,3名以上党员方可成立党的基层组织。因此,有了党员不一定就有党组织,也可能因党员数量不够而没有成立党组织,这在实践中是常见的事。表3-1-2显示了受访者在这个问题上的回答。其中,74.26%(1598人)的受访者回答所在企业中有党组织,而回答"没有"和"不清楚"的分别占到12.13%(261人)和13.62%(293人),合计占到了25.75%。可以看到,中国共产党在非公有制经济组织中的组织覆盖工作取得了重要进展。当然,也要看到,很多企业虽然有党员,但是还没有建立党组织。同时,有不少受访者不清楚企业中有没有党组织,这很可能是因为党员作为有形的个体更容易接触到,而人们接触党组织这个相对无形的主体的机会更少。职工群众对企业党组织的知晓度一定程度上反映了党的建设质量的高低,职工群众如果都不知道有党组织的存在,党组织恐怕也很难说在他们当中发挥"政治核心作用"了。

表3-1-2 您所在企业中是否有党组织？

选项	数量	百分比(%)
有	1598	74.26
没有	261	12.13
不清楚	293	13.62
合计	2152	100.00

与体制内单位有比较固定的依托载体不同,非公有制经济组织党组织的组建情况比较复杂,表3-1-3显示了受访者关于所在企业最高级别党组织的回答情况。其中,回答所在企业最高级别党组织为独立党支部、党总支、党委三者分别占到53.98%(733人)、12.44%(169人)和10.90%(148人),这表明大多数的受访者(77.32%)所在企业有独立党组织。按照规定,对那些暂不具备

单独组建党组织条件的企业,"要以开发区(园区)、乡镇(街道)、村(社区)、专业市场、商业街区、商务楼宇等为单位,组建区域性党组织,或依托行业协会(商会)、个体私营企业协会和龙头企业、专业经济合作组织组建行业性党组织"[1]。我们的调查显示,有8.91%(121人)的受访者提到其企业建立了联合党组织,0.88%(12人)的受访者回答其所属临时党支部,这种一般是重要工程项目上组建的党组织。同时,还有11.71%(159人)的受访者表示"不清楚"所在党组织的级别或类型。党员不知道自己所在党组织是什么类型或什么级别,由此可见,非公有制经济组织党组织确实存在一定程度的软弱涣散性,这也正是党建质量不高的重要表现。

表3-1-3　您所在企业的最高级别党组织是?

选项	数量	百分比(%)
独立党支部	733	53.98
党总支	169	12.44
党委	148	10.90
临时党支部	12	0.88
联合党支部	121	8.91
不清楚	159	11.71
其他	16	1.18
合计	1358	100.00

我们知道,非公有制经济组织党建工作受到党组织负责人(尤其主要负责人如书记)在企业中的行政职务的重要影响。具有较高行政职务的管理人员担任党组织书记,相对来说具有更高的影响力和号召力,也能更好地调动资源来开展党建工作。反之,则比较困难。正如有的访谈对象所提到的那样,"专职书记反而没有地位,参与不到企业的经济发展当中"[2]。如果"支部书记有行政职务,开展工作起来就更加方便"[3]。表3-1-4显示了企业最高级别党组织书记的行政任职情况。其中,有56.33%(765人)回答所在企业最高

---

① 《关于加强和改进非公有制企业党的建设工作的意见(试行)》,《人民日报》2012年5月25日。
② 20221021LB。
③ 20221118WZW。

级别党组织的书记由高层管理人员担任,26.58%(361人)回答为中层管理人员,这表明大多数受访者所在企业的党组织书记具有一定的行政职务,这也可以认为是目前非公有制经济组织党建工作能够取得进展的重要因素。只有3.53%(48人)和2.43%(33人)分别回答其所在企业党组织书记由普通员工和党建联络员/指导员担任,而有9.35%(127人)回答不知道由谁担任,这与上述对党组织的了解情况基本相近。

表3-1-4　您所在企业最高级别党组织的书记是?

选项	数量	百分比(%)
普通员工	48	3.53
中层管理人员	361	26.58
高层管理人员	765	56.33
党建联络员/指导员	33	2.43
不清楚	127	9.35
其他	24	1.77
合计	1358	100.00

企业党组织的隶属是个看起来似乎无关紧要的问题,但是,实际上,隶属情况的不同对企业党组织的运行和党建质量有十分重要的影响。原因在于,不同上级党组织对下级党组织的要求有所不同,所能提供的支持和资源也不一样。表3-1-5显示,有54.42%(739人)的受访者所在企业的党组织隶属于企业所在街镇,25.48%(346人)的受访者提到所在企业的党组织隶属于企业所属的园区、楼宇或商圈等,其后,分别是9.06%(123人)的受访者所在企业党组织隶属于行业部门、3.09%(42人)的受访者所在企业党组织隶属于所在村居党组织。另有7.95%(108人)的受访者不清楚所在企业党组织的隶属情况。实践中,一般来说,街镇党委会将所辖区域内规模较大/较为知名企业的党组织划归自己直接领导和管理,以便加强与这些企业的直接联系,而将那些企业本身规模较小、党员人数也较少的企业党组织划归经济园区、商圈市场或所在村居等去管理。从企业角度来说,那些规模较大、发展成熟、党员较多且党建意愿较强的企业,他们更愿意受到更高级别的上级党组织领导,可以更好地接触政治权力、了解政策;而那些处于上升阶段、规模较小、党员较少的

企业则无所谓,他们更希望上级党组织少提要求、少搞活动,以专心生产经营,这样的企业里,党建质量也不会高到哪里去。

表3-1-5　您所在企业的党组织隶属于?

选项	数量	百分比(%)
企业所在街镇	739	54.42
企业所属行业部门	123	9.06
企业所在村居	42	3.09
企业所属园区、楼宇、商圈等领域的党组织	346	25.48
不清楚	108	7.95
合计	1358	100.00

非公有制经济组织的党建工作受到出资人或老板态度的重要影响。一般来说,企业老板或主要出资人是党员的,他们会相对比较支持党建工作。[1]表3-1-6显示了受访者对企业主要领导中是否有党员的回答情况,其中,67.70%(1457人)的受访者知道企业主要领导是党员,而回答"没有"和"不清楚"的占到32.30%(695人)。这说明,中国共产党对非公有制经济人士的吸纳取得了重要成效,这是提高非公有制经济组织党建质量的重要支持性条件。

表3-1-6　所在企业主要领导(出资人或主要负责人)中是否有党员?

选项	数量	百分比(%)
是	1457	67.70
否	292	13.57
不清楚	403	18.73
合计	2152	100.00

影响企业出资人或老板对党建工作态度的,除了党员这个政治身份外,是否担任相关政治职务也有重要的影响。因为非公有制经济人士的政治职务,主要是中国共产党对他们的"政治安排"[2],是畅通其政治参与渠道的重要举措,具有激发非公有制经济人士政治认同和政治支持的重要作用,这里就包括对党建工作的支持。表3-1-7显示了受访者关于企业主要领导是否担任

---

[1] 这里只是说通常情况,并不代表是党员的出资人或老板一定会支持企业党建工作。实践中,党员出资人不是很支持企业党建工作的情况也不鲜见。

[2] 陶庆:《嬗变、缺位和弥补:政治安排中私营企业主利益表达——皖南宣城市的实证分析》,《社会科学研究》2004年第6期。

政治职务的回答,其中,32.02%(689人)的受访者提到所在企业主要领导中有人担任党代表、人大代表或政协委员等,回答"没有"的占到35.73%(769人),而回答"不清楚"的也达到了32.25%(694人)。这里我们看到,有近三分之一的企业主要领导担任了政治职务,可见,中国共产党运用党代会、人民代表大会及各级政治协商会议,大量吸纳非公有制经济人士,将新兴经济社会群体团结在党的周围。可以说,这是从传统社会主义体制转向社会主义市场经济体制过程中,中国共产党成功地保持政权稳定的重要原因所在。

表3-1-7　企业主要领导是否有人担任党代表、人大代表、政协委员等职务?

选项	数量	百分比(%)
是	689	32.02
否	769	35.73
不清楚	694	32.25
合计	2152	100.00

　　作为市场导向型的组织,非公有制经济组织的核心目标是盈利,"企业第一位的考虑是利润和生存"①。因此,企业会尽最大努力节约成本。党建工作并不会对企业产生直接而明显的效益,有的企业也不大愿意在这方面投入太多的人力物力。表3-1-8显示了企业是否有专职党务工作人员的情况。其中,42.34%(575人)的受访者表示所在企业有专职党务工作人员,而有43.37%(589人)的受访者回答"没有",另有14.29%(194人)的受访者回答"不清楚"。总体上可以看到,大多数的企业没有专职党务工作者,这与我们的日常生活经验基本一致。但是,要注意的是,前文已述,与通常的看法不同,实践中,是否有专职党务工作者和党的建设质量之间似乎并无直接的正相关关系。

表3-1-8　企业是否有专职党务工作人员(指专门从事企业党务工作的人员)?

选项	数量	百分比(%)
有	575	42.34
没有	589	43.37
不清楚	194	14.29
合计	1358	100.00

① 20221123YDL。

作为一对典型的辩证关系,党员的数量和质量是每一个政党必须认真考虑的问题。无产阶级政党向来十分重视党员的质量问题,强调徒有虚名的党员就是白给也不要。意思是说,党员不在于数量多而在于质量精。但是,数量太少显然也不利于政党功能的发挥,也就谈不上党的建设质量。因此,改革开放以来,中国共产党就十分重视在非公有制经济组织中发展党员。表3-1-9显示了受访者所在党组织的党员人数。其中,有73.78%(1002人)回答所在党组织的人数在3~49人之间,即党组织为支部。回答所在党组织人数在50~99人之间的有12.81%(174人),即党组织为总支。7.00%(95人)的受访者所在企业党组织的党员在100人以上,即党组织为党委。当然,有2.80%(38人)回答不知道所在党组织的党员人数有多少,这在一定程度上也说明了党的建设质量存的问题。

表3-1-9　您所在党组织的党员人数是多少?

选项	数量	百分比(%)
3人以下	49	3.61
3~49人	1002	73.78
50~99人	174	12.81
100人及以上	95	7.00
不清楚	38	2.80
合计	1358	100.00

表3-1-10显示的是受访者所在党组织的党员年龄段分布情况。其中,44.33%(602人)回答所在党组织的党员在31~40岁之间,35.05%(476人)回答所在党组织的党员年龄在41~50岁之间,8.84%(120人)提到在51岁及以上,而回答在18~30岁之间的只有4.42%(60人),另有7.36%(100人)回答不清楚所在党组织党员的年龄分布情况。这里我们可以看到,受访者所在党组织的党员年龄总体上处于中间阶段,特别年轻者和年龄较大者都不算多,这可能与受访对象的工作单位主要是非公有制企业有关。当然,这里要注意的是,党的建设质量与党员的年龄之间并不存在线性关系。也就是说,既不是党员队伍年龄越大越好,也不是越小越好。

表3-1-10　您所在党组织中哪个年龄段的党员居多？

选项	数量	百分比（%）
18～30岁	60	4.42
31～40岁	602	44.33
41～50岁	476	35.05
51岁及以上	120	8.84
不清楚	100	7.36
合计	1358	100.00

二、结构层面的交叉分析

不同类别的群体对事物的看法会有所不同。就非公有制经济组织党建来说，在结构层面上，不同类别的群体对相关问题的认识、评价和情感或态度也会有所不同，从而为我们认识和判断非公有制经济组织党建质量提供相应的参考。

1.不同性别群体

表3-1-11显示了不同性别群体提供的其所在企业中是否有党员的情况。可以看到，无论男性还是女性，绝大多数人都表示所在企业中有党员的存在，同时，女性对党员的知晓率相对高一些。当然，要注意的是，男性和女性当中，各有近10.00%的人不清楚所在企业是否有党员。这在一定程度上表明，还需要进一步增强党员在企业员工中发挥的先锋模范作用。

表3-1-11　您所在企业是否有党员？

受访者性别	有	无	不清楚	合计
男	1040（86.02%）	42（3.47%）	127（10.50%）	1209（100.00%）
女	839（88.97%）	25（2.65%）	79（8.38%）	943（100.00%）
合计	1879（87.31%）	67（3.11%）	206（9.57%）	2152（100.00%）

表3-1-12显示了不同性别群体提供的所在企业是否有党组织的情况。与对党员的了解不同，非公有制经济组织中，无论男性还是女性，对党组织的了解要相对少些，尽管也都超过了70.00%。相对来说，女性对党组织的了解占其所在群体的比例略高于男性。与此同时，二者都有超过10.00%的人不清楚所在企业是否有党组织的存在。这说明，党组织还需要进一步提升自己的

"知名度"以更好地发挥在企业职工中的政治核心作用。

表3-1-12　您所在企业是否有党组织？

受访者性别	有	无	不清楚	合计
男	890(73.61%)	142(11.75%)	177(14.64%)	1209(100.00%)
女	708(75.08%)	119(12.62%)	116(12.30%)	943(100.00%)
合计	1598(74.26%)	261(12.13%)	293(13.62%)	2152(100.00%)

　　灵活设置党的基层组织是中国共产党严密自身组织体系的重要举措。就非公有制经济组织党建来说，其党组织设置既有党委、总支和支部这些典型的基层组织，也有临时支部或联合支部这些创新型组织形式。表3-1-13显示的是不同性别群体提供的其所在企业最高级别党组织的情况。其中，男性和女性各有超过一半的人表示其所在企业最高级别党组织是独立支部，另有党委、总支或联合支部均在10.00%左右，而表示所在企业成立临时支部的情况比较少。当然，男性和女性均有超过10.00%的人回答不清楚所在企业的最高级别党组织到底是什么。这在一定程度上说明一些企业党组织的群众工作水平还有待提高。

表3-1-13　您所在企业的最高级别党组织是？

受访者性别	独立党支部	党总支	党委	临时党支部	联合党支部	不清楚	其他	总计
男	436(54.50%)	104(13.00%)	88(11.00%)	8(1.00%)	65(8.13%)	88(11.00%)	11(1.38%)	800(100.00%)
女	297(53.23%)	65(11.65%)	60(10.75%)	4(0.72%)	56(10.04%)	71(12.72%)	5(0.90%)	558(100.00%)
合计	733(53.98%)	169(12.44%)	148(10.90%)	12(0.88%)	121(8.91%)	159(11.71%)	16(1.18%)	1358(100.00%)

　　表3-1-14显示的是不同性别群体提供的其所在企业最高级别党组织书记的行政任职情况，同时也使我们了解非公有制经济组织党组织书记的配置情况。可以看到，无论男性还是女性，表示其所在企业最高级别党组织书记是企业高层管理人员者比例最多，然后是企业中层管理人员，而表示其企业最高级别党组织书记是普通员工或党建指导员的非常少。这表明，与一般人们认为的"无行政权力依托"不同，实践中的非公有制经济组织党建工作恰恰

是依托于行政权力的,只不过是企业的行政权力。当然,男女各有近10.00%的人不清楚所在企业最高级别党组织书记的身份。

表3-1-14　您所在企业最高级别党组织的书记是?

受访者性别	普通员工	中层管理人员	高层管理人员	党建联络员/党建指导员	不清楚	其他	总计
男	24 (3.00%)	210 (26.25%)	457 (57.13%)	19 (2.38%)	74 (9.25%)	16 (2.00%)	800 (100.00%)
女	24 (4.30%)	151 (27.06%)	308 (55.20%)	14 (2.51%)	53 (9.50%)	8 (1.43%)	558 (100.00%)
合计	48 (3.53%)	361 (26.58%)	765 (56.33%)	33 (2.43%)	127 (9.35%)	24 (1.77%)	1358 (100.00%)

表3-1-15显示的是不同性别群体提供的所在企业党组织隶属的情况。可以看到,男性和女性受访者中,表示其所在企业党组织隶属于街镇的均超过了50.00%,隶属于园区、楼宇或商圈的均超过25.00%,二者合计超过了四分之三。男性和女性不清楚所在企业党组织隶属情况的基本相近,这表明绝大多数人对党组织的隶属情况比较了解。不过,要注意的是,这里的受访者均为党员,也就是说,男女党员当中,各有接近10.00%的人不清楚自己所在党组织的隶属情况,这说明党员对党组织的了解、认识还有待增强。

表3-1-15　您所在企业的党组织隶属于?

受访者性别	企业所在街/镇	企业所属行业部门	企业所在村/居	企业所属园区、楼宇、商圈等领域的党组织	不清楚	合计
男	421 (52.63%)	82 (10.25%)	30 (3.75%)	203 (25.37%)	64 (8.00%)	800 (100.00%)
女	318 (56.99%)	41 (7.35%)	12 (2.15%)	143 (25.63%)	44 (7.89%)	558 (100.00%)
合计	739 (54.42%)	123 (9.06%)	42 (3.09%)	346 (25.48%)	108 (7.95%)	1358 (100.00%)

表3-1-16显示的是不同性别群体提供的所在企业主要领导中是否有党员的情况。男性和女性中,大多数人都表示其所在企业主要领导中有党员,各自只有不到15.00%的人表示没有党员。与前述企业中是否有党员或党组织的情况不同,在这个问题上,男性和女性表示"不清楚"的比例均大为提高,

二者占所在群体都接近20.00%。也就是说,男女两个群体中,各有近五分之一的人表示不知道所在企业领导中是否有党员。不仅如此,两个群体对企业领导中是否有党员的知晓程度基本相近,这表明,无论男女,都对企业领导抱有某种程度的关注。

表3-1-16　您所在企业主要领导中是否有党员?

受访者性别	是	否	不清楚	合计
男	810(67.00%)	159(13.15%)	240(19.85%)	1209(100.00%)
女	647(68.61%)	133(14.10%)	163(17.29%)	943(100.00%)
合计	1457(67.70%)	292(13.57%)	403(18.73%)	2152(100.00%)

2.不同政治面貌群体

不同的政治面貌影响着人们对问题的看法和对相关事物的知晓程度。[1]表3-1-17显示的是不同政治面貌群体提供的所在企业中是否有党员的情况。对自身是党员的人来说,这个问题不言而喻。但是,对非党员来说,这个问题具有十分重要的意义,它展示了党员在企业中的显示度问题。从下表可以看到,超过七成的非党员表示企业中有党员,这说明大多数的非公有制经济组织中有党员的存在。但是,有近四分之一的非党员不知道企业有没有党员,这说明不少非公有制经济组织中党员的存在感还比较低,发挥先锋模范作用还不够。

表3-1-17　您所在企业是否有党员?

受访者政治面貌	有	无	不清楚	合计
党员	1318(97.05%)	31(2.28%)	9(0.66%)	1358(100%)
非党员	561(70.65%)	36(4.53%)	197(24.81%)	794(100%)
合计	1879(87.31%)	67(3.11%)	206(9.57%)	2152(100.00%)

表3-1-18显示的是不同政治面貌群体提供的所在企业是否有党组织的情况。超过八成的党员表示其所在企业有党组织,超过一半的非党员表示其所在企业中有党组织,表示没有党组织的只占11.71%(93人)。问题在于,非

①这里只区分了党员和非党员,更加细致的区分对研究非公有制经济组织党建质量意义不大。

新时代提高非公有制经济组织党的建设质量研究

党员中,有近35.00%的人表示"不清楚"所在企业中是否有党组织,超过了不清楚是否有党员情况10个百分点。这表明,非党员对党组织的认知和了解程度更低。同时也表明,非公有制经济组织党组织的有形覆盖虽然取得了一些成就,但是有效覆盖还有待增强。

表3-1-18　您所在企业是否有党组织?

受访者政治面貌	有	无	不清楚	合计
党员	1172(86.30%)	168(12.37%)	18(1.33%)	1358(100.00%)
非党员	426(53.65%)	93(11.71%)	275(34.63%)	794(100.00%)
合计	1598(74.26%)	261(12.13%)	293(13.62%)	2152(100.00%)

表3-1-19显示的是不同政治面貌群体提供的所在企业主要领导中是否有党员的情况。其中,自身是党员者中,有接近80.00%的人表示其所在企业主要领导中有党员,而非党员则只有51.01%的人表示其所在企业主要领导中有党员。要注意的是,非党员对此表示"不清楚"的占38.16%,而党员对此表示"不清楚"的只有7.36%。这说明,党员比非党员要对所在企业的党建情况更加了解。同时,对非党员来说,其所在企业主要领导中可能有更多的党员,只是其不了解、不清楚而已。

表3-1-19　您所在企业主要领导中是否有党员?

受访者政治面貌	是	否	不清楚	合计
党员	1052(77.47%)	206(15.17%)	100(7.36%)	1358(100.00%)
非党员	405(51.01%)	86(10.83%)	303(38.16%)	794(100.00%)
合计	1457(67.70%)	292(13.57%)	403(18.73%)	2152(100.00%)

表3-1-20显示的是不同政治面貌群体提供的所在企业主要领导中是否有人担任政治职务的情况。其中,党员中有37.48%的人表示其所在企业主要领导中有人担任党代表等政治职务,而非党员中,这个比例只有22.67%。党员中有42.34%的人表示所在企业主要领导中没有人担任相关政治职务,非党员中这个比例只有24.43%。与前一问题相似,党员对情况的知晓程度要远远超过非党员。党员表示"不清楚"情况的有20.18%(274人),而非党员则有超过

一半的人表示"不清楚"。当然,党员和非党员各有37.48%(509人)和22.67%(180人)表示所在企业主要领导中有人担任相关政治职务,这正是中国共产党对非公有制经济人士进行政治吸纳的结果,也是中国政治体制能力的体现。

表3-1-20　您所在企业的主要领导(出资人或主要负责人)中间,
是否有人担任党代表、人大代表、政协委员等职务?

受访者政治面貌	是	否	不清楚	合计
党员	509(37.48%)	575(42.34%)	274(20.18%)	1358(100.00%)
非党员	180(22.67%)	194(24.43%)	420(52.90%)	794(100.00%)
合计	689(32.02%)	769(35.73%)	694(32.25%)	2152(100.00%)

3. 不同教育程度群体

表3-1-21显示了不同受教育程度群体提供的所在企业是否有党员的情况。其中,大学专科及以上学历者,均有超过90.00%的人表示其所在企业有党员,相对来说,初、高中学历者分别只有56.85%(137人)和77.18%(301人)表示其所在企业有党员,这既可能是其企业中确实党员数量偏少,但是,也可能是因为他们对情况不了解。下表中的数据直接地反映了这种情况,即学历越低,表示"不清楚"所在企业中是否有党员的比例越高,而学历越高,表示"不清楚"情况的人越少,这可能与高学历者中党员比例越来越高有关。

表3-1-21　您所在企业是否有党员?

受访者受教育程度	有	无	不清楚	合计
初中及以下	137(56.85%)	9(3.73%)	95(39.42%)	241(100.00%)
高中/中专	301(77.18%)	17(4.36%)	72(18.46%)	390(100.00%)
大学专科	496(91.34%)	17(3.13%)	30(5.52%)	543(100.00%)
大学本科	775(96.15%)	23(2.85%)	8(0.99%)	806(100.00%)
硕士研究生及以上	170(98.84%)	1(0.58%)	1(0.58%)	172(100.00%)
合计	1879(87.31%)	67(3.11%)	206(9.57%)	2152(100.00%)

表3-1-22显示的是不同受教育程度群体提供的所在企业是否有党组织的情况。可以看到,除初中及以下学历者外,各学历层次受访者,均有超过65.00%的人表示所在企业有党组织,说明党的组织覆盖取得了重要的成就。

当然,各学历层次中也有不少人表示所在企业没有党组织,硕士研究生及以上学历者所占比例甚至达23.26%(40人),这说明非公有制经济组织中,党的组织覆盖在取得成就之余,还有提高的空间。同时,与上述对是否有党员的了解相似,学历较低的初中及以下者对此表示"不清楚"的比例最高,达46.89%(113人),也就是说,近一半的初中及以下学历者不知道所在企业是否有党组织,而随着学历层次的提高,表示"不清楚"所在企业是否有党组织者的比例不断减少,这表明,学历与对企业党建情况的了解一定程度上呈正相关关系。

表3-1-22 您所在企业是否有党组织?

受访者受教育程度	有	无	不清楚	合计
初中及以下	111 (46.06%)	17 (7.05%)	113 (46.89%)	241 (100.00%)
高中/中专	254 (65.13%)	40 (10.26%)	96 (24.62%)	390 (100.00%)
大学专科	423 (77.90%)	66 (12.15%)	54 (9.94%)	543 (100.00%)
大学本科	682 (84.62%)	98 (12.16%)	26 (3.23%)	806 (100.00%)
硕士研究生及以上	128 (74.42%)	40 (23.26%)	4 (2.33%)	172 (100.00%)
合计	1598 (74.26%)	261 (12.13%)	293 (13.62%)	2152 (100.00%)

表3-1-23显示的是不同学历层次群体提供的所在企业最高级别党组织的情况。从中可以看到,各学历层次受访者所在企业中,大多数企业的最高级别党组织是独立党支部,最高者达70.49%(高中或中专学历者)。表示其所在企业最高级别党组织为临时支部的数量较少。要注意的是,各学历层次受访者中,有些群体有相当大的比例表示"不清楚"情况。例如,硕士研究生及以上学历者中,有超过20.00%的人表示"不清楚"所在企业最高级别党组织是什么,初中及以下者也有14.52%的人表示"不清楚"情况,大学专科者有12.57%的人表示"不清楚",等等。

表3-1-23　您所在企业的最高级别党组织是?

受访者受教育程度	独立党支部	党总支	党委	临时党支部	联合党支部	不清楚	其他	总计
初中及以下	32 (51.61%)	11 (17.74%)	7 (11.29%)	0 (0.00%)	3 (4.84%)	9 (14.52%)	0 (0.00%)	62 (100.00%)
高中/中专	129 (70.49%)	17 (9.29%)	10 (5.46%)	1 (0.55%)	13 (7.10%)	12 (6.56%)	1 (0.55%)	183 (100.00%)
大学专科	197 (57.60%)	33 (9.65%)	35 (10.23%)	2 (0.58%)	28 (8.19%)	43 (12.57%)	4 (1.17%)	342 (100.00%)
大学本科	303 (49.75%)	86 (14.12%)	85 (13.96%)	6 (0.99%)	62 (10.18%)	60 (9.85%)	7 (1.15%)	609 (100.00%)
硕士研究生及以上	72 (44.44%)	22 (13.58%)	11 (6.79%)	3 (1.85%)	15 (9.26%)	35 (21.60%)	4 (2.47%)	162 (100.00%)
合计	733 (53.98%)	169 (12.44%)	148 (10.90%)	12 (0.88%)	121 (8.91%)	159 (11.71%)	16 (1.18%)	1358 (100.00%)

表3-1-24显示了不同受教育程度群体提供的企业最高级别党组织书记在企业中的行政任职的情况。各学历层次中,绝大多数的人都表示其所在企业最高级别党组织书记是企业高层管理人员,最高比例达58.48%(大学专科者)。表示其所在企业最高级别党组织书记是中层管理人员的最高占到31.15%(高中或中专者),而表示其所在企业最高级别党组织书记为普通员工者,在各学历层次中都相对较少。当然,各学历层次中,都有一定比例的人表示"不清楚"情况。尤其是硕士研究生及以上者,不清楚情况者所占比例最高,达17.28%。这表明,学历层次和对企业最高级别党组织书记行政任职情况的了解关系不大。

表3-1-24　您所在企业最高级别党组织的书记身份?

受访者教育程度	普通员工	中层管理人员	高层管理人员	党建联络员/党建指导员	不清楚	其他	总计
初中及以下	4 (6.45%)	19 (30.65%)	30 (48.39%)	2 (3.23%)	6 (9.68%)	1 (1.61%)	62 (100.00%)
高中/中专	3 (1.64%)	57 (31.15%)	105 (57.38%)	3 (1.64%)	12 (6.56%)	3 (1.64%)	183 (100.00%)
大学专科	8 (2.34%)	91 (26.61%)	200 (58.48%)	7 (2.05%)	31 (9.06%)	5 (1.46%)	342 (100.00%)
大学本科	25 (4.11%)	162 (26.60%)	342 (56.16%)	19 (3.12%)	50 (8.21%)	11 (1.81%)	609 (100.00%)

受访者教育程度	普通员工	中层管理人员	高层管理人员	党建联络员/党建指导员	不清楚	其他	总计
硕士研究生及以上	8 (4.94%)	32 (19.75%)	88 (54.32%)	2 (1.23%)	28 (17.28%)	4 (2.47%)	162 (100.00%)
合计	48 (3.53%)	36 (26.58%)	765 (56.33%)	33 (2.43%)	127 (9.35%)	24 (1.77%)	1358 (100.00%)

表3-1-25显示了不同受教育程度者提供的所在企业党组织隶属关系的情况。可以看到,各学历层次中,大多数的人都表示其所在企业党组织隶属于街镇,最高者将近60.00%(大学专科者),另有相当比例的人表示其所在企业党组织隶属于行业部门或园区、楼宇或商圈等的党组织。这表明了非公有制经济组织党组织隶属关系的复杂情况,也是影响非公有制经济组织党建质量的重要因素所在。

表3-1-25　您所在企业的党组织隶属于?

教育程度	企业所在街镇	企业所属行业部门	企业所在村居	企业所属园区、楼宇、商圈等领域的党组织	不清楚	合计
初中及以下	33 (53.23%)	11 (17.74%)	5 (8.06%)	7 (11.29%)	6 (9.68%)	62 (100.00%)
高中/中专	99 (54.10%)	32 (17.49%)	11 (6.01%)	30 (16.39%)	11 (6.01%)	183 (100.00%)
大学专科	205 (59.94%)	25 (7.31%)	9 (2.63%)	79 (23.10%)	24 (7.02%)	342 (100.00%)
大学本科	347 (56.98%)	48 (7.88%)	12 (1.97%)	160 (26.27%)	42 (6.90%)	609 (100.00%)
硕士研究生及以上	55 (33.95%)	7 (4.32%)	5 (3.09%)	70 (43.21%)	25 (15.43%)	162 (100.00%)
合计	739 (54.42%)	123 (9.06%)	42 (3.09%)	346 (25.48%)	108 (7.95%)	1358 (100.00%)

表3-1-26显示的是不同受教育程度群体提供的所在企业主要领导中是否有党员的情况。可以看到,各学历层次中,除初中及以下学历者外,均有超过60.00%的人表示其所在企业主要领导中有党员,最高者超过了80.00%,这是提高非公有制经济组织党建质量的重要支持性力量。当然,各学历层次

中,也有不少人表示所在企业主要领导中没有党员,比例最高者达16.39%。这表明,对非公有制经济组织人士的政治吸纳还需要进一步深化。

表3-1-26　您所在企业主要领导中是否有党员?

受访者受教育程度	是	否	不清楚	合计
初中及以下	104(43.15%)	16(6.64%)	121(50.21%)	241(100.00%)
高中/中专	235(60.26%)	49(12.56%)	106(27.18%)	390(100.00%)
大学专科	379(69.80%)	89(16.39%)	75(13.81%)	543(100.00%)
大学本科	600(74.44%)	124(15.38%)	82(10.17%)	806(100.00%)
硕士研究生及以上	139(80.81%)	14(8.14%)	19(11.05%)	172(100.00%)
合计	1457(67.70%)	292(13.57%)	403(18.73%)	2152(100.00%)

表3-1-27显示的是不同受教育程度者提供的所在企业的主要领导中是否有人担任政治职务的情况。各学历层次中,均有超过20.00%的人表示所在企业主要领导中有人担任党代表等政治职务,最高者达38.21%。而表示没有的则同样不在少数,硕士研究生及以上学历者中,48.84%的人表示其所在企业主要领导均没有担任任何政治职务。而初中及以下学历者中,不清楚情况者比例最大,达60.58%,这表明,一般情况下,学历层次较低者难以掌握更多的信息。

表3-1-27　您所在企业的主要领导(出资人或主要负责人)中间,
是否有人担任党代表、人大代表、政协委员等职务?

受访者受教育程度	是	否	不清楚	合计
初中及以下	49(20.33%)	46(19.09%)	146(60.58%)	241(100.00%)
高中/中专	111(28.46%)	131(33.59%)	148(37.95%)	390(100.00%)
大学专科	173(31.86%)	204(37.57%)	166(30.57%)	543(100.00%)
大学本科	308(38.21%)	304(37.72%)	194(24.07%)	806(100.00%)
硕士研究生及以上	48(27.91%)	84(48.84%)	40(23.26%)	172(100.00%)
合计	689(32.02%)	769(35.73%)	694(32.25%)	2152(100.00%)

4. 不同收入水平群体

表3-1-28显示的是不同收入水平群体提供的所在企业中是否有党员的情况。各收入水平群体中,绝大多数人表示其所在企业中有党员,最高者达95.90%。与前述的发现相似,大多数非公有制经济组织中都有党员,只有较

少比例的人明确表示所在企业中没有党员。同时,可以看到,各类收入水平群体中,年收入在10万及以下者中,不清楚情况的比例最高,达15.92%。而其他收入水平者中表示"不清楚"的情况相对少些,但是,收入水平与对党员知晓情况似乎并无直接关系。

表3-1-28　您所在企业是否有党员?

受访者收入水平	有	无	不清楚	合计
10万(含)及以下	949(81.25%)	33(2.83%)	186(15.92%)	1168(100.00%)
10万~20万(含)	617(94.78%)	19(2.92%)	15(2.30%)	651(100.00%)
20万~30万(含)	187(95.90%)	6(3.08%)	2(1.03%)	195(100.00%)
30万~40万(含)	63(92.65%)	4(5.88%)	1(1.47%)	68(100.00%)
40万~50万(含)	28(93.33%)	0(0.00%)	2(6.67%)	30(100.00%)
50万以上	35(87.50%)	5(12.50%)	0(0.00%)	40(100.00%)
合计	1879(87.31%)	67(3.11%)	206(9.57%)	2152(100.00%)

表3-1-29显示的是不同收入群体提供的所在企业是否有党组织的情况。各收入水平群体中,表示其所在企业有党组织的占比都较高,最高达83.10%,最低也有67.72%,这表明非公有制经济组织的党组织覆盖取得较好的成绩。当然,也要看到,收入水平越高的群体中,表示其所在企业没有党组织的比例就越高,最高达27.50%。而收入水平相对较低者中,更多人不清楚情况。如收入10万元及以下者中,有22.43%的人表示"不清楚"所在企业是否有党组织。

表3-1-29　您所在企业是否有党组织?

受访者收入水平	有	无	不清楚	合计
10万(含)及以下	791(67.72%)	115(9.85%)	262(22.43%)	1168(100.00%)
10万~20万(含)	541(83.10%)	87(13.36%)	23(3.53%)	651(100.00%)
20万~30万(含)	161(82.56%)	29(14.87%)	5(2.56%)	195(100.00%)
30万~40万(含)	54(79.41%)	13(19.12%)	1(1.47%)	68(100.00%)
40万~50万(含)	22(73.33%)	6(20.00%)	2(6.67%)	30(100.00%)
50万以上	29(72.50%)	11(27.50%)	0(0.00%)	40(100.00%)
合计	1598(74.26%)	261(12.13%)	293(13.62%)	2152(100.00%)

表3-1-30显示的是不同收入水平群体提供的所在企业最高级别党组织的情况。大多数收入水平群体中,都有接近或超过一半的人表示所在企业党组织是独立党支部,其次是表示其所在企业最高级别党组织是总支的比例较高。相对来说,回答所在企业最高级别党组织是临时支部的在各收入水平群体中都相对较少。同时,各收入水平群体中,大多数都有相当比例的人表示"不清楚"所在企业最高级别党组织情况。尤其是年收入40万~50万元者中,有近20.00%的人表示"不清楚"情况。其他收入水平群体中,不清楚情况者所占比例一般也在10.00%左右。

表3-1-30　您所在企业的最高级别党组织是?

受访者收入水平	独立党支部	党总支	党委	临时党支部	联合党支部	不清楚	其他	总计
10万(含)及以下	319 (56.16%)	68 (11.97%)	54 (9.51%)	2 (0.35%)	47 (8.27%)	73 (12.85%)	5 (0.88%)	568 (100.00%)
10万~20万(含)	278 (55.71%)	50 (10.02%)	57 (11.42%)	6 (1.20%)	49 (9.82%)	52 (10.42%)	7 (1.40%)	499 (100.00%)
20万~30万(含)	84 (48.55%)	30 (17.34%)	23 (13.29%)	3 (1.73%)	10 (5.78%)	22 (12.72%)	1 (0.58%)	173 (100.00%)
30万~40万(含)	29 (48.33%)	10 (16.67%)	10 (16.67%)	1 (1.67%)	5 (8.33%)	3 (5.00%)	2 (3.33%)	60 (100.00%)
40万~50万(含)	7 (26.92%)	7 (26.92%)	2 (7.69%)	0 (0.00%)	5 (19.23%)	5 (19.23%)	0 (0.00%)	26 (100.00%)
50万以上	16 (50.00%)	4 (12.50%)	2 (6.25%)	0 (0.00%)	5 (15.63%)	4 (12.50%)	1 (3.13%)	32 (100.00%)
合计	733 (53.98%)	169 (12.44%)	148 (10.90%)	12 (0.88%)	121 (8.91%)	159 (11.71%)	16 (1.18%)	1358 (100%)

表3-1-31显示的是不同收入水平群体提供的其所在企业最高级别党组织书记身份的情况。各类收入水平群体中,均有超过50.00%的人表示其所在企业最高级别党组织书记是企业高层管理人员,最高者达70.00%。其次一般是企业中层管理人员,最高者达29.06%。而表示是普通员工担任企业最高级别党组织书记的,在各类收入水平群体中所占比例都较低,最低者为零。也就是说,有的企业中,根本没有普通员工担任最高级别党组织书记。当然,各类收入水平群体中,不清楚情况的也不在少数。

135

表3-1-31　您所在企业最高级别党组织的书记身份是?

受访者收入水平	普通员工	中层管理人员	高层管理人员	党建联络员/党建指导员	不清楚	其他	总计
10万(含)及以下	19 (3.35%)	154 (27.11%)	310 (54.58%)	20 (3.52%)	57 (10.04%)	8 (1.41%)	568 (100.00%)
10万~20万(含)	15 (3.01%)	145 (29.06%)	275 (55.11%)	4 (0.80%)	47 (9.42%)	13 (2.61%)	499 (100.00%)
20万~30万(含)	9 (5.20%)	40 (23.12%)	102 (58.96%)	4 (2.31%)	16 (9.25%)	2 (1.16%)	173 (100.00%)
30万~40万(含)	0 (0.00%)	13 (21.67%)	42 (70.00%)	3 (5.00%)	2 (3.33%)	0 (0.00%)	60 (100.00%)
40万~50万(含)	0 (0.00%)	4 (15.38%)	17 (65.38%)	2 (7.69%)	3 (11.54%)	0 (0.00%)	26 (100.00%)
50万以上	5 (15.63%)	5 (15.63%)	19 (59.38%)	0 (0.00%)	2 (6.25%)	1 (3.13%)	32 (100.00%)
合计	48 (3.53%)	361 (26.58%)	765 (56.33%)	33 (2.43%)	127 (9.35%)	24 (1.77%)	1358 (100.00%)

表3-1-32显示的是不同收入水平群体提供的其所在企业党组织的隶属情况。首先大多数收入水平群体中,有超过50.00%的人表示其所在企业党组织隶属于企业所在街镇,最高者达60.00%。其次一般是隶属于园区、楼宇或商圈等领域的党组织,最高者达34.62%。再次是隶属于企业所属的行业部门,最后是企业所在村居党组织。当然,在各类收入水平群体中,均有一定数量的人表示"不清楚"所在企业党组织的隶属情况,最高者达15.28%。

表3-1-32　您所在企业的党组织隶属于?

受访者收入水平	企业所在街镇	企业所属行业部门	企业所在村居	企业所属园区、楼宇、商圈等领域的党组织	不清楚	合计
10万(含)及以下	305 (53.70%)	71 (12.50%)	18 (3.17%)	114 (20.07%)	60 (10.56%)	568 (100.00%)
10万~20万(含)	281 (56.31%)	34 (6.81%)	15 (3.01%)	143 (28.66%)	26 (5.21%)	499 (100.00%)
20万~30万(含)	91 (52.60%)	12 (6.94%)	5 (2.89%)	53 (30.64%)	12 (6.94%)	173 (100.00%)
30万~40万(含)	36 (60.00%)	2 (3.33%)	2 (3.33%)	16 (26.67%)	4 (6.67%)	60 (100.00%)
40万~50万(含)	8 (30.77%)	3 (11.54%)	2 (7.69%)	9 (34.62%)	4 (15.38%)	26 (100.00%)

受访者收入水平	企业所在街镇	企业所属行业部门	企业所在村居	企业所属园区、楼宇、商圈等领域的党组织	不清楚	合计
50万以上	18 (56.25%)	1 (3.13%)	0 (0.00%)	11 (34.38%)	2 (6.25%)	32 (100.00%)
合计	739 (54.42%)	123 (9.06%)	42 (3.09%)	346 (25.48%)	108 (7.95%)	1358 (100.00%)

　　表3-1-33显示的是不同收入水平群体提供的所在企业主要领导中是否有党员的情况。各类收入水平群体中,均有超过60.00%的人表示其所在企业主要领导中有党员。当然,也有不少人表示其所在企业主要领导中没有党员,最高者占到所在收入水平群体的27.50%。再者,各类收入水平群体中,均有相当比例的人表示"不清楚"情况。例如,收入10万元及以下者中,有26.28%的人表示"不清楚"情况。

表3-1-33　您所在企业主要领导中是否有党员?

受访者收入水平	是	否	不清楚	合计
10万(含)及以下	733(62.76%)	128(10.96%)	307(26.28%)	1168(100.00%)
10万~20万(含)	478(73.43%)	102(15.67%)	71(10.90%)	651(100.00%)
20万~30万(含)	142(72.82%)	34(17.44%)	19(9.74%)	195(100.00%)
30万~40万(含)	50(73.53%)	15(22.06%)	3(4.41%)	68(100.00%)
40万~50万(含)	25(83.33%)	2(6.67%)	3(10.00%)	30(100.00%)
50万以上	29(72.50%)	11(27.50%)	0(0.00%)	40(100.00%)
合计	1457(67.70%)	292(13.57%)	403(18.73%)	2152(100.00%)

5.不同工作角色群体

　　表3-1-34显示的是不同工作角色群体提供的其所在企业是否有党员的情况。各类群体中,均有超过70.00%的人表示其所在企业有党员,最高者达95.36%,这说明各种工作角色群体中的大多数人都对所在企业党员有所知晓。当然,各类角色群体中,也都有一定比例的人表示所在企业中没有党员。这当中,出资人或主要负责人所占比例最大,超过了20.00%。同时,各类群体中,都有一些人表示"不清楚"所在企业是否有党员。尤其是一线员工中,高

达17.84%的人表示"不清楚"其所在企业是否有党员,这可能是他们对党员身份不够关注,或是接触党员员工机会较少。

表3-1-34　您所在企业是否有党员?

受访者工作角色	有	无	不清楚	合计
一线员工	709(80.57%)	14(1.59%)	157(17.84%)	880(100.00%)
中层管理人员	760(95.36%)	23(2.89%)	14(1.76%)	797(100.00%)
高层管理人员	170(93.92%)	6(3.31%)	5(2.76%)	181(100.00%)
出资人/主要负责人	85(77.98%)	22(20.18%)	2(1.83%)	109(100.00%)
其他	155(83.78%)	2(1.08%)	28(15.14%)	185(100.00%)
合计	1879(87.31%)	67(3.11%)	206(9.57%)	2152(100.00%)

表3-1-35显示的是不同角色群体提供的所在企业是否有党组织的情况。各类群体中,都有相当比例的人表示其所在企业有党组织,最高者达84.69%。而表示所在企业没有党组织的,最高者达47.71%。中、高层管理人员中,表示其所在企业没有党组织的也分别占到了12.42%和17.68%。同时,一线员工中,不了解情况的比例最高,达26.14%。这在一定程度上表明,一线员工对党组织的了解不够,或者说党组织在一线员工中的知晓度还相对较低,而他们是党组织要团结凝聚的重要群体。

表3-1-35　您所在企业是否有党组织?

受访者工作角色	有	无	不清楚	合计
一线员工	582(66.14%)	68(7.73%)	230(26.14%)	880(100.00%)
中层管理人员	675(84.69%)	99(12.42%)	23(2.89%)	797(100.00%)
高层管理人员	145(80.11%)	32(17.68%)	4(2.21%)	181(100.00%)
出资人/主要负责人	55(50.46%)	52(47.71%)	2(1.83%)	109(100.00%)
其他	141(76.22%)	10(5.41%)	34(18.38%)	185(100.00%)
合计	1598(74.26%)	261(12.13%)	293(13.62%)	2152(100.00%)

表3-1-36显示的是不同角色群体提供的其所在企业最高级别党组织的情况。各类角色群体中,均有超过四成的人表示其所在企业成立了独立党支部,最高者达62.75%。当然,各类群体所在企业最高级别党组织设置是党委、

党总支或联合支部的均有相当比例。特别是出资人或主要负责人中,有23.17%的人表示其所在企业最高级别党组织是联合党支部,这也表明非公有制经济组织中成立联合支部是较为常见的现象。所有群体中,与前述各个问题相似,一线员工对情况最不了解,有19.11%的一线员工表示"不清楚"所在企业最高级别党组织是什么。

表3-1-36　您所在企业的最高级别党组织是?

受访者工作角色	独立党支部	党总支	党委	临时党支部	联合党支部	不清楚	其他	总计
一线员工	180 (44.67%)	66 (16.38%)	37 (9.18%)	2 (0.50%)	39 (9.68%)	77 (19.11%)	2 (0.50%)	403 (100.00%)
中层管理人员	363 (58.83%)	73 (11.83%)	73 (11.83%)	4 (0.65%)	40 (6.48%)	55 (8.91%)	9 (1.46%)	617 (100.00%)
高层管理人员	96 (62.75%)	10 (6.54%)	17 (11.11%)	4 (2.61%)	18 (11.76%)	4 (2.61%)	4 (2.61%)	153 (100.00%)
出资人/主要负责人	45 (54.88%)	5 (6.10%)	2 (2.44%)	1 (1.22%)	19 (23.17%)	9 (10.98%)	1 (1.22%)	82 (100.00%)
其他	49 (47.57%)	15 (14.56%)	19 (18.45%)	1 (0.97%)	5 (4.85%)	14 (13.59%)	0 (0.00%)	103 (100.00%)
合计	733 (53.98%)	169 (12.44%)	148 (10.90%)	12 (0.88%)	121 (8.91%)	159 (11.71%)	16 (1.18%)	1358 (100.00%)

表3-1-37显示了不同角色群体提供的所在企业最高级别党组织书记的行政任职情况。首先,所有群体中,表示其所在企业党组织书记是企业高层管理人员所占比例均最多,最高者达79.08%。其次是中层管理人员,最高者有32.09%的人表示其所在企业最高级别党组织书记是中层管理人员。表示其所在企业由普通员工或党建联络员等担任最高级别党组织书记的人均相对较少,最高者为8.54%。所有群体中,各类一定比例的人表示"不清楚"情况,尤其是一线员工,有15.38%的人表示不知道所在企业最高级别党组织书记在企业中的行政任职情况。值得注意的是,出资人或主要负责人中,也有10.98%的人表示"不清楚"情况。这说明他们对党建工作不是很了解,也表明了他们对党建工作的态度。

表3-1-37 您所在企业最高级别党组织的书记是?

受访者工作角色	普通员工	中层管理人员	高层管理人员	党建联络员/党建指导员	不清楚	其他	总计
一线员工	25 (6.20%)	107 (26.55%)	190 (47.15%)	13 (3.23%)	62 (15.38%)	6 (1.49%)	403 (100.00%)
中层管理人员	13 (2.11%)	198 (32.09%)	348 (56.40%)	8 (1.30%)	39 (6.32%)	11 (1.78%)	617 (100.00%)
高层管理人员	1 (0.65%)	19 (12.42%)	121 (79.08%)	2 (1.31%)	5 (3.27%)	5 (3.27%)	153 (100.00%)
出资人/主要负责人	4 (4.88%)	8 (9.76%)	53 (64.63%)	7 (8.54%)	9 (10.98%)	1 (1.22%)	82 (100.00%)
其他	5 (4.85%)	29 (28.16%)	53 (51.46%)	3 (2.91%)	12 (11.65%)	1 (0.97%)	103 (100.00%)
合计	48 (3.53%)	361 (26.58%)	765 (56.33%)	33 (2.43%)	127 (9.35%)	24 (1.77%)	1358 (100.00%)

表3-1-38显示了不同角色群体提供的所在企业党组织的隶属情况。首先,各类群体中,均有超过45.00%的人表示其所在企业党组织隶属于街镇,最高者达60.45%,其次是较大比例的人表示其所在企业党组织隶属于园区、楼宇及商圈等领域的党组织,再次是所属行业部门,最后是村居。在各类群体中,都有一些人不清楚所在企业党组织的隶属情况。其中,一线员工不清楚情况的最多,占13.15%,这反映了一线员工对企业党建工作的认识相对不足。

表3-1-38 您所在企业的党组织隶属于?

受访者工作角色	企业所在街镇	企业所属行业部门	企业所在村居	企业所属园区、楼宇、商圈等领域的党组织	不清楚	合计
一线员工	184 (45.66%)	46 (11.41%)	8 (1.99%)	112 (27.79%)	53 (13.15%)	403 (100.00%)
中层管理人员	373 (60.45%)	50 (8.10%)	14 (2.27%)	146 (23.66%)	34 (5.51%)	617 (100.00%)
高层管理人员	85 (55.56%)	14 (9.15%)	9 (5.88%)	40 (26.14%)	5 (3.27%)	153 (100.00%)
出资人/主要负责人	41 (50.00%)	6 (7.32%)	7 (8.54%)	25 (30.49%)	3 (3.66%)	82 (100.00%)
其他	56 (54.37%)	7 (6.80%)	4 (3.88%)	23 (22.33%)	13 (12.62%)	103 (100.00%)
合计	739 (54.42%)	123 (9.06%)	42 (3.09%)	346 (25.48%)	108 (7.95%)	1358 (100.00%)

表3-1-39显示的是不同角色群体提供的所在企业主要领导中是否有党员的情况。各类群体中的大多数人都表示所在企业主要领导中有党员,最高者达80.11%,最低也有59.77%。而表示所在企业主要领导中没有党员的,最高占20.18%。从了解情况的程度来看,与前述相同,一线员工最不了解情况,有31.93%的人不知道企业主要领导中是否有党员,而其他担任中高层管理人员等群体,则明显对情况了解得更多。

表3-1-39　您所在企业主要领导中是否有党员?

受访者工作角色	是	否	不清楚	合计
一线员工	526(59.77%)	73(8.30%)	281(31.93%)	880(100.00%)
中层管理人员	592(74.28%)	140(17.57%)	65(8.16%)	797(100.00%)
高层管理人员	145(80.11%)	30(16.57%)	6(3.31%)	181(100.00%)
出资人/主要负责人	82(75.23%)	22(20.18%)	5(4.59%)	109(100.00%)
其他	112(60.54%)	27(14.59%)	46(24.86%)	185(100.00%)
合计	1457(67.70%)	292(13.57%)	403(18.73%)	2152(100.00%)

表3-1-40显示的是不同角色群体提供的所在企业主要领导中是否有人担任党代表等政治职务的情况。在这个问题上,与前述不同,各类群体中,均有较大比例的人表示没有,即所在企业主要领导中没有人担任党代表等政治职务,最高者达71.56%,最低也有22.39%。而表示所在企业主要领导中有人担任党代表等政治职务的,最高者达39.23%,最少者占22.02%。这说明,党和政府对各类群体所在企业的政治吸纳取得了一定的成效,但是,还有待进一步提高。同时,一线员工中,有超过50.00%的人表示"不清楚"情况,而中层管理人员不清楚情况的也占近20.00%,只有高层管理人员和出资人或主要负责人对情况更加熟悉,这也和常识一致,即一般来说,也只有出资人或主要负责人、高层管理人员才会被吸纳担任政治职务,一线员工和中层管理人员没有这样的机会,当然也不太了解情况。

表3-1-40 您所在企业的主要领导(出资人或主要负责人)中间,
是否有人担任党代表、人大代表、政协委员等职务?

受访者工作角色	是	否	不清楚	合计
一线员工	240(27.27%)	197(22.39%)	443(50.34%)	880(100.00%)
中层管理人员	309(38.77%)	335(42.03%)	153(19.20%)	797(100.00%)
高层管理人员	71(39.23%)	97(53.59%)	13(7.18%)	181(100.00%)
出资人/主要负责人	24(22.02%)	78(71.56%)	7(6.42%)	109(100.00%)
其他	45(24.32%)	62(33.51%)	78(42.16%)	185(100.00%)
合计	689(32.02%)	769(35.73%)	694(32.25%)	2152(100.00%)

6.不同性质企业群体

表3-1-41显示的是不同性质企业群体提供的所在企业中是否有党员的情况。各类性质企业群体中,均有较大比例的人表示所在企业中有党员,最高占96.13%,最低也有66.67%,说明大多数性质的企业中有党员的存在。港澳台企业人员中,表示没有党员的比例最高,占11.11%,同时,表示"不清楚"情况最多的也是港澳台企业,占22.22%。当然,民营/私营企业和股份合作制企业人员中,表示"不清楚"情况的也都超过了10.00%。这说明在各类性质企业中,党员的"能见度"还需要进一步提高。

表3-1-41 您所在企业是否有党员?

企业性质	有	无	不清楚	合计
民营/私营企业	1511(86.64%)	56(3.21%)	177(10.15%)	1744(100.00%)
外商投资企业	149(96.13%)	3(1.94%)	3(1.94%)	155(100.00%)
港澳台企业	12(66.67%)	2(11.11%)	4(22.22%)	18(100.00%)
中外合资/合作企业	66(89.19%)	1(1.35%)	7(9.46%)	74(100.00%)
股份合作制企业	129(87.16%)	4(2.70%)	15(10.14%)	148(100.00%)
转制企业	12(92.31%)	1(7.69%)	0(0.00%)	13(100.00%)
合计	1879(87.31%)	67(3.11%)	206(9.57%)	2152(100.00%)

表3-1-42显示的是不同性质企业群体提供的所在企业中是否有党组织的情况。各类性质企业群体中,均有超过50.00%的人表示所在企业有党组织,最高占84.62%。而表示所在企业没有党组织的,最高也达到了38.89%(港澳台企业),同时,外资企业和民营/私营企业的人员表示所在企业没有党

组织的也分别占16.13%和12.16%,这说明在各类企业中党组织覆盖工作还有待加强。同时,股份合作制企业、民营/私营企业及港澳台企业、中外合资/合作企业人员中,均有超过10.00%的人表示"不清楚"所在企业是否有党组织,这一定程度上意味着这些企业的党组织的影响力还不够。

表3-1-42 您所在企业是否有党组织?

企业性质	有	无	不清楚	合计
民营/私营企业	1278(73.28%)	212(12.16%)	254(14.56%)	1744(100.00%)
外商投资企业	126(81.29%)	25(16.13%)	4(2.58%)	155(100.00%)
港澳台企业	9(50.00%)	7(38.89%)	2(11.11%)	18(100.00%)
中外合资/合作企业	57(77.03%)	9(12.16%)	8(10.81%)	74(100.00%)
股份合作制企业	117(79.05%)	7(4.73%)	24(16.22%)	148(100.00%)
转制企业	11(84.62%)	1(7.69%)	1(7.69%)	13(100.00%)
合计	1598(74.26%)	261(12.13%)	293(13.62%)	2152(100.00%)

表3-1-43显示的是不同性质企业群体提供的所在企业最高级别党组织的情况。各类性质企业群体中,均有超过40.00%的人表示其所在企业成立了独立党支部,最高达62.50%。表示其所在企业最高级别党组织是党总支的比例也较高,最高达33.33%。相对来说,最高级别党组织是党委的较少,转制企业中有25.00%的人表示其所在企业最高级别党组织是党委,这可能与其国有或集体企业背景有关。再者,临时支部数量最少。各类性质企业群体中,外资企业、民营/私营企业及港澳台企业人员均有超过10.00%的人不清楚情况,而转制企业里则没有人不清楚情况。这充分体现了几种类型企业的特点。

表3-1-43 您所在企业的最高级别党组织是?

企业性质	独立党支部	党总支	党委	临时党支部	联合党支部	不清楚	其他	总计
民营/私营企业	575(54.35%)	112(10.59%)	113(10.68%)	10(0.95%)	104(9.83%)	130(12.29%)	14(1.32%)	1058(100.00%)
外商投资企业	79(61.72%)	7(5.47%)	12(9.38%)	2(1.56%)	10(7.81%)	17(13.28%)	1(0.78%)	128(100.00%)
港澳台企业	4(44.44%)	3(33.33%)	0(0.00%)	0(0.00%)	0(0.00%)	1(11.11%)	1(11.11%)	9(100.00%)
中外合资/合作企业	26(43.33%)	20(33.33%)	7(11.67%)	0(0.00%)	5(8.33%)	2(3.33%)	0(0.00%)	60(100.00%)

企业性质	独立党支部	党总支	党委	临时党支部	联合党支部	不清楚	其他	总计
股份合作制企业	44 (46.32%)	27 (28.42%)	14 (14.74%)	0 (0.00%)	1 (1.05%)	9 (9.47%)	0 (0.00%)	95 (100.00%)
转制企业	5 (62.50%)	0 (0.00%)	2 (25.00%)	0 (0.00%)	1 (12.50%)	0 (0.00%)	0 (0.00%)	8 (100.00%)
合计	733 (53.98%)	169 (12.44%)	148 (10.90%)	12 (0.88%)	121 (8.91%)	159 (11.71%)	16 (1.18%)	1358 (100%)

表3-1-44显示的是不同性质企业群体提供的所在企业最高级别党组织书记的行政任职情况。首先,各类性质企业群体的人员中,表示其所在企业最高级别党组织书记为企业高层管理人员的比例都相对较高,最高达70.53%。其次一般是中层管理人员。但是,与前述有所不同,在外资企业中,有50.00%的人表示其所在企业最高级别党组织书记由中层管理人员担任,而只有34.38%的人表示其由高层管理人员担任,这与其他性质的企业有明显的不同,也说明了外资企业党建工作的特殊性。各类性质企业群体中,除转制企业外,均有一定比例的人表示"不清楚"所在企业最高级别党组织书记的行政任职情况,有的甚至超过了10.00%。

表3-1-44 您所在企业最高级别党组织的书记是?

企业性质	普通员工	中层管理人员	高层管理人员	党建联络员/党建指导员	不清楚	其他	总计
民营/私营企业	33 (3.12%)	256 (24.20%)	619 (58.51%)	29 (2.74%)	103 (9.74%)	18 (1.70%)	1058 (100.00%)
外商投资企业	5 (3.91%)	64 (50.00%)	44 (34.38%)	0 (0.00%)	11 (8.59%)	4 (3.13%)	128 (100.00%)
港澳台企业	0 (0.00%)	1 (11.11%)	5 (55.56%)	1 (11.11%)	1 (11.11%)	1 (11.11%)	9 (100.00%)
中外合资/合作企业	9 (15.00%)	21 (35.00%)	25 (41.67%)	1 (1.67%)	4 (6.67%)	0 (0.00%)	60 (100.00%)
股份合作制企业	1 (1.05%)	16 (16.84%)	67 (70.53%)	2 (2.11%)	8 (8.42%)	1 (1.05%)	95 (100.00%)
转制企业	0 (0.00%)	3 (37.50%)	5 (62.50%)	0 (0.00%)	0 (0.00%)	0 (0.00%)	8 (100.00%)
合计	48 (3.53%)	361 (26.58%)	765 (56.33%)	33 (2.43%)	127 (9.35%)	24 (1.77%)	1358 (100.00%)

表3-1-45显示的是不同性质企业群体提供的所在企业党组织的隶属情况。各类性质企业群体中,均有超过40.00%的人表示其所在企业党组织隶属于街镇,最高达62.50%。表示其所在企业党组织隶属于园区、楼宇及商圈等党组织的在各类性质企业群体中所占比例相对次之,最高也达43.33%。而表示其所在企业党组织隶属于行业部门的最高占12.63%。各类性质企业群体中,港澳台企业人员不清楚所在企业隶属情况的比例最高,达11.11%。民营/私营企业、外资企业、中外合资/合作企业及股份制企业等,也都有超过了7.00%的人表示"不清楚"情况。

表3-1-45　您所在企业的党组织隶属于?

企业性质	企业所在街镇	企业所属行业部门	企业所在村居	企业所属园区、楼宇、商圈等领域的党组织	不清楚	合计
民营/私营企业	591 (55.86%)	96 (9.07%)	35 (3.31%)	251 (23.72%)	85 (8.03%)	1058 (100.00%)
外商投资企业	67 (52.34%)	11 (8.59%)	1 (0.78%)	40 (31.25%)	9 (7.03%)	128 (100.00%)
港澳台企业	5 (55.56%)	00.00 (%)	0 (0.00%)	3 (33.33%)	1 (11.11%)	9 (100.00%)
中外合资/合作企业	25 (41.67%)	3 (5.00%)	1 (1.67%)	26 (43.33%)	5 (8.33%)	60 (100.00%)
股份合作制企业	46 (48.42%)	12 (12.63%)	4 (4.21%)	25 (26.32%)	8 (8.42%)	95 (100.00%)
转制企业	5 (62.50%)	1 (12.50%)	1 (12.50%)	1 (12.50%)	0 (0.00%)	8 (100.00%)
合计	739 (54.42%)	123 (9.06%)	42 (3.09%)	346 (25.48%)	108 (7.95%)	1358 (100.00%)

表3-1-46显示的是不同性质企业群体提供的所在企业主要领导中是否有党员的情况。各类性质企业群体中,均有超过40.00%的人表示所在企业主要领导中有党员,最高比例达92.31%。而表示所在企业主要领导中没有党员的比例,最高占38.89%。外资企业、中外合资/合作企业人员中,表示主要领导没有党员的比例也较高,均超过了30.00%。而就对情况的了解来说,除转制企业外,各类性质企业群体中,均有超过10.00%的人表示"不清楚"情况,民营/私营企业和股份合作制企业人员中不清楚情况的甚至达20.00%左右。

表3-1-46 您所在企业主要领导中是否有党员？

企业性质	是	否	不清楚	合计
民营/私营企业	1204(69.04%)	203(11.64%)	337(19.32%)	1744(100.00%)
外商投资企业	81(52.26%)	51(32.90%)	23(14.84%)	155(100.00%)
港澳台企业	8(44.44%)	7(38.89%)	3(16.67%)	18(100.00%)
中外合资/合作企业	45(60.81%)	19(25.68%)	10(13.51%)	74(100.00%)
股份合作制企业	107(72.30%)	11(7.43%)	30(20.27%)	148(100.00%)
转制企业	12(92.31%)	1(7.69%)	0(0.00%)	13(100.00%)
合计	1457(67.70%)	292(13.57%)	403(18.73%)	2152(100.00%)

表3-1-47显示的是不同性质企业群体提供的所在企业主要领导中是否有人担任党代表等政治职务的情况。各类性质企业群体中，均有相当比例的人表示所在企业主要领导中有人担任党代表等政治职务，最高占53.85%，最低也有24.32%。而表示所在企业主要领导中没有人担任政治职务的，最高达50.00%，最低也有21.62%。可以看到，这与上述企业中是否有党组织的情况有所不同。就对情况的了解来看，除转制企业外，其他各类性质企业群体中均有相当比例的人表示"不清楚"情况，最高达40.54%。这说明各类性质企业中的员工对主要领导担任政治职务情况的了解比较缺乏。

表3-1-47 您所在企业的主要领导(出资人或主要负责人)中间，
是否有人担任党代表、人大代表、政协委员等职务？

企业性质	是	否	不清楚	合计
民营/私营企业	551(31.59%)	624(35.78%)	569(32.63%)	1744(100.00%)
外商投资企业	52(33.55%)	71(45.81%)	32(20.65%)	155(100.00%)
港澳台企业	5(27.78%)	9(50.00%)	4(22.22%)	18(100.00%)
中外合资/合作企业	18(24.32%)	28(37.84%)	28(37.84%)	74(100.00%)
股份合作制企业	56(37.84%)	32(21.62%)	60(40.54%)	148(100.00%)
转制企业	7(53.85%)	5(38.46%)	1(7.69%)	13(100.00%)
合计	689(32.02%)	769(35.73%)	694(32.25%)	2152(100.00%)

第二节　过程维度分析

一定的社会结构要发挥其功能,关键就是要有顺畅的运转过程。结构相对来说是静态的,而过程则更加动态,也面临着更加复杂的因素的影响。非公有制经济组织党的建设质量,不仅体现在科学合理的结构设计上,更要体现在有序顺畅的运转过程中。结构设计再合理,运转过程不畅,也不能说党的建设质量有多高。就非公有制经济组织党建来说,这里的过程涉及两个方面:一是内部过程,即党组织自身内部运转过程,包括党员发展和教育管理、党费收缴、组织生活、党内民主等;二是外部过程,即党员和党组织在企业的生产经营及基层社会治理中发挥的作用,包括党员先锋模范作用的发挥、党组织维护职工合法权益、参与企业生产经营决策和区域化党建等。

一、过程层面的总体情况

从过程角度来看,党的建设质量首先要看党组织自身的内部运转过程怎么样,其首要内容又是党员的发展、教育和管理问题。对非公有制经济组织党建来说,流动党员问题在党建过程中表现得尤为突出。作为改革开放后出现的新现象,中国共产党早前已经注意到流动党员问题。2006年中央就印发《关于加强和改进流动党员管理工作的意见》,强调"加强和改进流动党员管理,是新形势下保持共产党员先进性、提高党的执政能力的一项重要任务"[1]。但是,实践中,非公有制企业中的党员因各种各样的原因没有转接或不愿意转接组织关系而成为流动党员、"隐形党员""口袋党员"的情况不在少数。

表3-2-1显示的是受访者党组织关系所在。其中,79.09%(1074人)的受访者党组织关系在目前工作单位,9.06%(123人)的受访者党组织关系在工作所在地的楼宇或园区联合党组织,放在工作所在地流动党组织的占1.62%(22

---

[1]《关于加强和改进流动党员管理工作的意见》,《人民日报》2006年6月29日。

人),另有放在户籍所在地村居党组织的占4.93%(67人),放在以前工作单位或读书时学校党组织的分别占0.29%(4人)和0.66%(9人),另有4.34%(59人)的受访者党组织关系在自己手中保管。也就是说,五分之一左右的受访者党组织关系不在目前工作所在企业的党组织,甚至有10.00%左右受访者党组织关系不在工作所在地。党员长期不按规定转接组织关系,既影响其自身参加组织生活、接受党组织的教育管理,也影响其先锋模范作用的发挥。尤其是长期脱离于党组织的监督之外,更是会淡化党员的党员意识、党性意识,党的建设质量自然无法提高。

表3-2-1　当前您的党组织关系在?

选项	数量	百分比(%)
目前工作所在企业的党组织	1074	79.09
工作所在地的流动党组织	22	1.62
工作所在地的楼宇或园区的联合党组织	123	9.06
户籍所在村/居党组织	67	4.93
在自己手中保管	59	4.34
以往工作单位的党组织	4	0.29
读书时的学校党组织	9	0.66
合计	1358	100.00

现实生活中,党员不按规定转接组织关系的原因有很多。表3-2-2显示了部分受访者没有将党组织关系转入目前工作所在企业的原因。其中,最主要的原因是目前所在企业没有独立的党组织,占到58.45%(166人),嫌麻烦、不想转和不知道怎么转的分别占到18.66%(53人)和4.93%(14人),另有企业党组织不愿意接收和觉得转到企业来党费太贵的各占1.06%(3人)。也就是说,除了一些客观条件限制外,将五分之一左右的党员因主观原因没有将组织关系转入目前所在企业。上述未及时转接组织关系者,虽不能说全都达到转接组织关系的要求,但是,至少有相当一部分属于按要求应转而未转的情况。按照《中国共产党党员教育管理工作条例》规定,"党员工作单位、经常居住地发生变动的,或者外出学习、工作、生活6个月以上并且地点相对固定的,

应当转接组织关系"①。显然,党员的组织关系应转并且可转却不转而成为流动党员或"隐形党员"等,当然是党建质量不高的直接表现。

表3-2-2　没有将党组织关系转入目前工作的企业中来的原因是?

选项	数量	百分比(%)
目前企业没有独立党组织	166	58.45
不想转,太麻烦了	53	18.66
不知道怎么转	14	4.93
企业党组织不愿意接收	3	1.06
转到企业来党费太贵	3	1.06
其他	45	15.85
合计	284	100.00

交纳党费是党员的基本义务,主动、按时、足额交纳党费是党员的基本要求。表3-2-3显示了受访者党费的交纳情况。其中,54.86%(745人)的受访者回答是线上转账交纳,这既是技术的发展给党建工作带来的便利,同时也可能与非公有制经济组织党员的分散性、流动性有关。按时当面交纳的占37.48%(509人),参加组织活动时交纳占5.08%(69人),另外,被提醒时才交纳的占2.14%(29人),甚至有极少数不交纳党费,占0.44%(6人)。从这里可以看到,尽管方式方法不同、场合不一,但是,绝大多数党员能够按时交纳党费,说明非公有制经济组织中绝大多数党员有基本的党员意识。

表3-2-3　您交纳党费的方式是?

选项	数量	百分比(%)
按时当面交纳	509	37.48
参加组织活动时交纳	69	5.08
线上转账交纳	745	54.86
被提醒交纳	29	2.14
不交纳	6	0.44
合计	1358	100.00

党内民主是党的生命,基层党建过程中实行党务公开是践行党内民主的基本要求。党员享有对一些党内事务的知情权、参与权和监督权,这是党的

---

① 《中国共产党党员教育管理工作条例》,《人民日报》2019年5月22日。

建设质量的重要标志所在,也是提高党的建设质量的要求。按照《中国共产党党务公开条例(试行)》的规定,党的基层组织应当公开包括换届选举、党组织设立、党费收缴等七个方面的党务工作内容,[①]可以说,对党费的收缴、管理和使用情况的知情权是党员的基本民主权利。表3-2-4显示了受访者对党费的收缴和管理等情况的了解程度。其中,表示非常了解和比较了解的各占到40.57%(551人)和34.98%(475人),也就是说,大多数党员对这方面的事务比较了解。但是,表示不太了解和不了解的各占19.44%(264人)和5.01%(68人),两者合计,即近四分之一的党员对所在党组织党费的收缴、管理和使用情况不了解。这既有可能是部分党员自己不关心、不关注等原因造成,也有可能是党组织公开得不及时,或是渠道不畅通等原因导致。无论何种原因,这都是部分非公有制经济组织党的建设质量不高的表现。

表3-2-4　您对所在党组织党费收缴、管理、使用情况是?

选项	数量	百分比(%)
非常了解	551	40.57
比较了解	475	34.98
不太了解	264	19.44
不了解	68	5.01
合计	1358	100.00

当然,与上述党费的收缴和使用等情况有所不同,我们的调查问卷显示,非公有制经济组织党组织在进行重要决策时,其民主程度要更高。表3-2-5显示的是受访者所在党组织进行重要决策是否经过前期讨论研究的情况。其中,回答所在党组织在作出重要决策前全部经过党支部等讨论的占60.46%(821人),回答大部分经过讨论的占24.23%(329人),而回答少部分经过讨论和从来没有经过讨论的各占到2.87%(39人)和0.66%(9人),另有11.78%(160人)表示"不清楚"情况。也就是说,绝大多数受访者表示,其所在党组织在进行重要决策前是经过党支部等讨论研究的。

①《基层党建工作常用文件选编》,党建读物出版社,2021年,第271～272页。

表3-2-5　所在企业的党组织作出重要决策前，
是否经过党支部/党总支/党委讨论研究？

选项	数量	百分比(%)
全部	821	60.46
大部分是	329	24.23
少部分是	39	2.87
从来没有	9	0.66
不清楚	160	11.78
合计	1358	100.00

　　按照规定开展党的组织生活，是党建工作的基本要求，也是党的建设质量的基本表现。表3-2-6显示了受访者所在党支部开展组织生活的情况。其中，42.64%(579人)的受访者表示其所在党支部1月开展1次组织生活，这大致上相当于每月的主题党日活动；回答1季度1次和半年1次的分别占37.33%(507人)和10.24%(139人)，而回答1年开展1次组织生活的占4.20%(57人)，另外，还有0.52%(7人)的受访者回答从未有过党组织生活，5.08%(69人)回答不清楚有没有。《中国共产党党员教育管理工作条例》规定，"没有正当理由，连续6个月不参加党的组织生活，或者不交纳党费，或者不做党所分配的工作，按照自行脱党予以除名"[1]。照此计算，有接近10.00%的受访对象所在党组织实际上没有按照规定开展党的组织生活，其党的建设质量也可见一斑。

表3-2-6　您所在党支部开展组织生活的频率是？

选项	数量	百分比(%)
1月1次	579	42.64
1季度1次	507	37.33
半年1次	139	10.24
1年1次	57	4.20
从未有过	7	0.52
不清楚	69	5.08
合计	1358	100.00

　　如果说按照规定开展组织生活还只是党的建设质量的外面表现的话，那

---

[1]《中国共产党党员教育管理工作条例》，《人民日报》2019年5月22日。

么,组织生活的内容则在一定程度上决定着党的建设质量,高质量的组织生活是高质量党建的重要标志。因此,《中国共产党组织工作条例》明确规定,要"确保党的组织生活经常、认真、严肃,不断增强政治性、时代性、原则性、战斗性"[①]。表3-2-7显示了受访者所在党支部开展组织生活的内容。可以看到,绝大多数的受访者所在党支部都进行过政治理论学习,占到89.18%(1211人),86.38%(1173人)的受访者提到组织生活中传达党中央和上级党组织的文件,65.76%(893人)的人回答党组织生活中开展了党员内部交流学习,60.75%(825人)回答开展批评和自我批评,59.87%(813人)回答观看红色电影或参观红色基地,42.56%(578人)回答上党课。另有39.32%(534人)、36.75%(499人)和18.41%(250人)分别回答发展党员或处理违纪党员、讨论时事热点及慰问老党员。可以看到,非公有制经济组织党组织开展的组织生活与体制内单位党组织几乎相近,这表明了非公有制经济组织党建工作的规范化、标准化水平在提高,但是,不能不说,其创新性、灵活性显得不足,创新性不足本身就是党的建设质量不高的重要表现。

表3-2-7　您所在党支部开展组织生活的内容有?

选项	有		无	
	数量	百分比(%)	数量	百分比(%)
政治理论学习	1211	89.18	147	10.82
传达党中央和上级党组织文件	1173	86.38	185	13.62
开展批评和自我批评	825	60.75	533	39.25
发展党员或处理违纪党员	534	39.32	824	60.68
时政热点讨论	499	36.75	859	63.25
观看红色电影/参观红色基地	813	59.87	545	40.13
党员内部交流学习	893	65.76	465	34.24
慰问老党员	250	18.41	1108	81.59
上党课	578	42.56	780	57.44

组织生活的开展方式对组织生活的质量同样有不可忽视的影响。表3-2-8显示了受访者所在党组织开展组织生活的方式。其中,大多数还是以线

[①]《中国共产党组织工作条例》,《人民日报》2021年6月3日。

下为主,占到73.64%(1000人),24.74%(336人)回答以线上活动为主,回答其他方式者只有1.62%(22人)。线下活动的好处在于,大家可以面对面地进行交流,其缺点则在于,非公有制经济组织党员难以集中。线上活动虽然方便易行,但是,人与人之间却少了直接的交流沟通。尤其是随着网络技术的发展,一些党支部把"批评和自我批评"搬到线上进行,党员将个人的自我批评和对其他人的批评形成文字发到"微信群",增加了人们的心理顾虑,大大虚化了批评和自我批评的效果。没有严肃认真的批评和自我批评,当然就不可能有高质量党的建设。

表3-2-8　您所在党支部开展组织生活的方式有?

选项	数量	百分比(%)
线下活动为主	1000	73.64
线上活动为主	336	24.74
其他	22	1.62
合计	1358	100.00

党员参加组织生活的积极性是党的建设质量的直接表现。表3-2-9显示的是受访者所在党支部党员参加活动的情况。受访者表示所在支部党员能够积极或比较积极参加支部活动的分别占到55.01%(747人)和43.00%(584人),也就是说,绝大多数人认为其所在支部的党员在参加支部活动这一块做得比较好,只有很少数的人认为情况不理想,累计占到1.99%(27人)。这里的矛盾之处在于,前述所提到的不少党组织的组织活动开展得并不正常,并且内容也比较单调,而这里,受访者却表示大多数党员会积极参加,似乎有违常理。可能的原因,一方面,正是因为有些党组织活动开展得少,党员不仅不觉得麻烦,反而觉得新鲜,所以参加的积极性较高;另一方面,随着网络技术的发展,越来越多的党建活动在线上开展,参加起来相对比较方便。

表3-2-9　您所在党支部的党员参加支部活动情况是?

选项	数量	百分比(%)
非常好,都能积极参加	747	55.01
比较好,大多数人会积极参加	584	43.00

续表

选项	数量	百分比(%)
不太好,少数人会积极参加	20	1.47
不好,很少人会参加	7	0.52
合计	1358	100.00

相对企业的生产经营工作,企业出资人或老板一般不太愿意在党建工作上有额外的支出。正如前文所述,同大部分企业不会招聘专职党务工作者一样,企业也不会给党务工作者额外的报酬,企业的党务工作者一般都有自己的"主业""主责",而不是靠党务工作来获取报酬。有的受访者就提到,在非公有制经济企业中,"党建感觉可有可无一样,就算有的,如果在经营活动中或业务活动中没有职务,责任就承担不了"①。表3-2-10显示的是受访者所在企业是否给予党务工作者物质补贴。可以看到,只有14.06%(191人)的受访者回答给予物质补贴,44.85%(609人)明确表示没有物质补贴,另有41.09%(558人)表示"不清楚"。也就是说,只有很少的企业愿意在党建工作上做出额外的支出,这和我们在访谈中发现的情况基本一致。缺乏物质补贴虽然不能说对党建工作质量有绝对的负面影响,但是,起码不能说有什么正面作用。

表3-2-10 您所在企业是否给予从事党务工作的同志物质补贴?

选项	数量	百分比(%)
是	191	14.06
否	609	44.85
不清楚	558	41.09
合计	1358	100.00

党章规定,"党的基层组织是党在社会基层组织中的战斗堡垒,是党的全部工作和战斗力的基础"②。这就意味着基层党组织不仅要管好自己、确保自身运转顺畅,而且要切实增强政治功能和组织功能,发挥好向外辐射作用。对非公有制经济组织党组织的外部功能来说,主要就是引导和监督企业合法

---

① 20221114YXC。
②《党的二十大文件汇编》,党建读物出版社,2022年,第120页。

经营,在企业发展中发挥政治引领作用;维护职工合法权益,在职工中发挥政治核心作用。表3-2-11显示了员工在工作生活中碰到困难时,党组织或党员能否主动及时提供帮助的情况。可以看到,83.78%(1803人)的受访者表示党组织或党员会及时主动帮助有困难的员工,回答"不会"和"不清楚"的分别占2.60%(56人)和13.62%(293人)。这表明,非公有制经济组织党组织在外部功能发挥方面比较顺畅,是党的建设质量较高的体现。

表3-2-11 当本企业员工在工作、生活中碰到困难,
党组织或党员是否会主动及时提供帮助?

选项	数量	百分比(%)
会	1803	83.78
不会	56	2.60
不清楚	293	13.62
合计	2152	100.00

非公有制经济组织党组织的外部功能不仅在于维护职工的合法权益,也不仅局限于企业内部,还在于向社会回归,与众多其他的社会组织合作共事,"政党组织特别是基层组织需要'放下身段',以一种平等的心态来主动地与这些组织加强联系与沟通,为其提供组织发展与组织活动所必需的资源,平等地参与它们的活动或者联合组织活动,以增强党的组织对它们的影响力"[1]。区域化党建为非公有制经济组织党组织回归社会、融入社会提供了重要平台。表3-2-12显示的是受访者所在企业党组织参加区域化党建的情况。其中,32.11%(436人)的受访者回答所在党组织1季度参加1次区域化党建活动,23.34%(317人)的受访者回答1月1次,回答半年1次和1年1次的分别占11.93%(162人)和6.04%(82人),另有26.58%(361人)的受访者表示"不清楚"。可以看到,与在企业内部发挥的作用不同,非公有制经济组织党组织在社会层面上发挥的作用还相对偏少。社会功能发挥不够是非公有制经济组织党的建设质量还不高的重要表现。

---

[1] 焦连志、桑玉成:《"回归社会":非公经济组织党建的理念变革与创新》,《理论探讨》2015年第5期。

表3-2-12　您所在企业的党组织参加区域化党建联建的频率

选项	数量	百分比(%)
1月1次	317	23.34
1季度1次	436	32.11
半年1次	162	11.93
1年1次	82	6.04
不清楚	361	26.58
合计	1358	100.00

　　如果说仅从参与区域化党建的频次来看非公有制经济组织党建工作质量还不够深入的话,那么,参与区域化党建的具体内容则可以更好地显示非公有制经济组织党的建设质量情况。表3-2-13显示的是受访者所在企业党组织参与区域化党建的具体实践情况。其中,28.72%(390人)回答所在党组织会认领居民的微心愿,61.12%(830人)的人回答所在党组织会与区域单位联合开展各类活动,回答向社会捐款捐物和为社区居民服务的人各占45.66%(620人)和38.44%(522人)。当然,除了这些选择外,也有不少人表示"不清楚"情况。从上述数据中可以看到,非公有制经济组织党组织直接为群众提供服务和帮助的情况相对较少,而与区域单位开展联建活动较多。这些联建活动,更多时候是为了配合上级党委和政府开展的一些形式化的工作,而实质性内容并不多,尤其是区域化党建过程中,"一些行政级别更高的机关企事业单位以及个别规模以上非公企业不愿'自降身段'去参与社区建设,街道党工委、社区党组织在与驻区单位沟通时也往往不自信,以至于党建联建、资源共享只能在有限的范围内实现"[①],这当然就是非公有制经济组织党的建设质量不高的表现。

---

① 赵淑梅:《区域化党建:困境与进路》,《中州学刊》2016年第6期。

表3-2-13　您所在企业的党组织在区域化党建联建中的主要做法有?

选项	有		无	
	数量	百分比(%)	数量	百分比(%)
认领居民微心愿	390	28.72	968	71.28
与区域单位联合开展各类活动	830	61.12	528	38.88
向社会捐款捐物	620	45.66	738	54.34
进社区为居民服务	522	38.44	836	61.56
不清楚	296	21.80	1062	78.20

二、过程层面的交叉分析

1.不同性别群体

表3-2-14显示了受访党员目前的组织关系所在地情况。其中,79.00% (632人)的男性党员的组织关系位于其当前工作所在企业的党组织,7.50% (60人)的组织关系位于其当前工作所在地的联合党组织,1.88%(15人)的组织关系位于工作所在地的流动党组织中,仍有5.88%(47人)、0.50%(4人)、0.63%(5人)的组织关系在户籍所在村居党组织、以往工作单位党组织和读书时学校党组织中未进行转接,以及4.63%(37人)的组织关系在自己手中。而受访的女性党员中,基本与男性群体的组织关系所在地表现出结构上的一致,即大多数组织关系随工作转接到企业党组织,但仍有受访者党组织关系未按要求转入,影响党员的日常教育管理的质量。

表3-2-14　当前您的组织关系所在?

受访者性别	工作所在企业党组织	工作所在地流动党组织	工作所在地的联合党组织	户籍所在村居党组织	自己手中	以往工作单位党组织	读书时学校党组织	总计
男	632 (79.00%)	15 (1.88%)	60 (7.50%)	47 (5.88%)	37 (4.63%)	4 (0.50%)	5 (0.63%)	800 (100.00%)
女	442 (79.21%)	7 (1.25%)	63 (11.29%)	20 (3.58%)	22 (3.94%)	0 (0.00%)	4 (0.72%)	558 (100.00%)
合计	1074 (79.09%)	22 (1.62%)	123 (9.06%)	67 (4.93%)	59 (4.34%)	4 (0.29%)	9 (0.66%)	1358 (100.00%)

党员没有按照要求及时转接组织关系的原因各种各样,表3-2-15显示,

男性党员有 54.76%(92 人)提出之所以没有转接组织关系,是因为其所在企业
没有独立党组织,22.62%(38 人)认为转接关系麻烦而不想转,6.55%(11 人)不
知道怎么转,0.60%(1 人)认为转到企业来党费太高,1.79%(3 人)因企业组
织不愿意接受而无法转入。而女性党员中 63.79%(74 人)因企业没有独立党
组织而没有转入,主观上由于转接麻烦不想转、不知道怎么转以及转入企业
党费太高分别占 12.93%(15 人)、2.59%(3 人)和 1.72%(2 人)。相对来说,男
性党员未进行组织关系的转入受主观影响较大于女性党员。值得关注的
是,男性群体对于党组织关系转接过程的复杂程度尤为关注,占比显著高于
女性群体。总体来看,两个性别群体均显著存在流动党员或"隐形党员"的现
实情况。

表 3-2-15　您没有将党组织关系转入目前工作的企业中来的原因是?

受访者性别	企业没有独立党组织	不想转,太麻烦了	不知道怎么转	企业党组织不愿意接收	转到企业来党费太高	其他	总计
男	92 (54.76%)	38 (22.62%)	11 (6.55%)	3 (1.79%)	1 (0.60%)	23 (13.69%)	168 (100.00%)
女	74 (63.79%)	15 (12.93%)	3 (2.59%)	0 (0.00%)	2 (1.72%)	22 (18.97%)	116 (100.00%)
合计	166 (58.45%)	53 (18.66%)	14 (4.93%)	3 (1.06%)	3 (1.06%)	45 (15.85%)	284 (100.00%)

党费交纳的方式上,52.63%(421 人)的男性党员通过线上转账的方式交
纳党费,39.25%(314 人)按时当面交纳党费以及 6.00%(48 人)在参加组织活
动时交纳,仍有 1.75%(14 人)和 0.38%(3 人)需要被提醒交纳或不交纳党费。
女性党员群体中同样主要是线上转账的方式交纳党费,占比达到 58.06%(324
人),有 34.95%(195 人)和 3.76%(21 人)按时当面交纳或参加组织活动时交
纳,2.69%(15 人)和 0.54%(3 人)需要被提醒交纳或不交纳党费。总的来说,
不同性别群体间保持相对的一致性,绝大多数党员通过线上转账方式或线下
交纳党费,履行党员交纳党费的基本义务,在一定程度上从党员意识层面为
非公有制经济组织的党建质量提供了保障。

表3-2-16 您交纳党费的方式是?

受访者性别	按时当面交纳	参加组织活动时交纳	线上转账交纳	被提醒交纳	不交纳	总计
男	314 (39.25%)	48 (6.00%)	421 (52.63%)	14 (1.75%)	3 (0.38%)	800 (100.00%)
女	195 (34.95%)	21 (3.76%)	324 (58.06%)	15 (2.69%)	3 (0.54%)	558 (100.00%)
合计	509 (37.48%)	69 (5.08%)	745 (54.86%)	29 (2.14%)	6 (0.44%)	1358 (100.00%)

如表3-2-17显示,不同性别的党员群体对于党费收缴、管理、使用的了解情况保持相对一致。男性党员非常了解或比较了解党费收缴、管理、使用情况的分别占比41.50%(332人)、34.00%(272人),而不太了解或不了解的分别为19.13%(153人)、5.38%(43人);而女性党员非常了解或比较了解党费收缴、管理、使用情况的分别占比39.25%(219人)、36.38%(203人),不太了解或不了解的分别为19.89%(111人)、4.48%(25人)。党费收缴、管理、使用情况需要进一步向党员群体进行公示公开或提升党员群体主动了解与关心关注党费的收支情况,更好发挥党员群体知情权、参与权和监督权,进而提升非公有制经济组织党建质量。

表3-2-17 您对党费收缴、管理、使用的了解情况是?

受访者性别	非常了解	比较了解	不太了解	不了解	总计
男	332(41.50%)	272(34.00%)	153(19.13%)	43(5.38%)	800(100.00%)
女	219(39.25%)	203(36.38%)	111(19.89%)	25(4.48%)	558(100.00%)
合计	551(40.57%)	475(34.98%)	264(19.44%)	68(5.01%)	1358(100.00%)

员工在工作生活中碰到困难时,党组织能否主动及时提供帮助的情况是党组织外部功能发挥与向外辐射作用的重要体现。表3-2-18展示了不同性别群体对非公有制经济组织党组织主动提供帮助的认知情况,男性中81.89%

(990人)表示党组织会主动及时帮助员工,3.23%(39人)表示党组织不会主动及时帮助员工,而14.89%(180人)回答不清楚。相对来说,女性更多认为党组织会主动及时帮助员工,占比达86.21%(813人),而11.98%(113人)回答"不清楚"。作为非公有制经济组织党建质量的重要表现,组织功能与外部作用有待进一步发挥。

表3-2-18　当员工在工作生活中碰到困难时,
党组织是否会主动及时提供帮助?

受访者性别	会	不会	不清楚	总计
男	990(81.89%)	39(3.23%)	180(14.89%)	1209(100.00%)
女	813(86.21%)	17(1.80%)	113(11.98%)	943(100.00%)
合计	1803(83.78%)	56(2.60%)	293(13.62%)	2152(100.00%)

2.不同政治面貌群体

不同政治面貌员工对党组织或党员能否主动及时帮助困难员工的认知具有较大差异。91.46%(1242人)的党员认为党组织或党员能主动及时为困难员工提供帮助,1.77%(24人)、6.77%(92人)的党员回答党组织或党员不能主动及时为困难员工提供帮助或不清楚。而对于非党员员工,70.65%(561人)认为党组织或党员能主动及时为困难员工提供帮助,4.03%(32人)认为党组织或党员不能主动及时为困难员工提供帮助。更值得注意的是,25.31%(201人)的非党员回答不清楚党员或党组织主动及时提供的帮助。非党员群体对党员或党组织的感知低于党员群体,党员或党组织积极主动作用发挥的范围与效度仍有所局限,对非党员群体的联系与延伸仍然有待加强,进而直接影响非公有制经济组织党建质量。

表3-2-19　当员工在工作生活中碰到困难时,
党组织是否会主动及时提供帮助?

受访者政治面貌	会	不会	不清楚	总计
党员	1242(91.46%)	24(1.77%)	92(6.77%)	1358(100.00%)
非党员	561(70.65%)	32(4.03%)	201(25.31%)	794(100.00%)
合计	1803(83.78%)	56(2.60%)	293(13.62%)	2152(100.00%)

3.不同教育程度群体

从不同教育程度群体角度来看,党员不按规定转接组织关系的情况在各学历水平的群体中都存在。各类学历水平群体均有10.00%左右受访者党组织关系不在工作所在地,其中,教育程度为高中或中专的党员的党组织关系在户籍所在村居党组织就占10.38%(19人),党组织关系的疏离直接影响党的建设质量提高。而不同教育程度群体对党组织关系所在地与组织认知具有一定的差异化。大学本科、大学专科、高中/中专和初中及以下教育程度的党员将党组织关系转接到当前工作所在企业党组织的分别有81.44%(496人)、81.87%(280人)、80.87%(148人)、82.26%(51人),均在八成以上,而硕士研究生及以上仅占61.11%(99人)。硕士研究生及以上党员中有20.99%(34人)的党组织关系在工作所在地的联合党组织,而大学本科、大学专科、高中/中专和初中及以下的分别占9.52%(58人)、7.60%(26人)、2.73%(5人)及0。可以看到的是,联合党组织的形式不断覆盖更多高学历高教育水平党员,从而一定程度上补充与实现在组织与功能上的覆盖。

表3-2-20 当前您的党组织关系在?

受访者受教育程度	工作所在企业党组织	工作所在地流动党组织	工作所在地的联合党组织	户籍所在村居党组织	自己手中	以往工作单位党组织	读书时学校党组织	总计
初中及以下	51 (82.26%)	3 (4.84%)	0 (0.00%)	4 (6.45%)	3 (4.84%)	0 (0.00%)	1 (1.61%)	62 (100.00%)
高中/中专	148 (80.87%)	2 (1.09%)	5 (2.73%)	19 (10.38%)	6 (3.28%)	0 (0.00%)	3 (1.64%)	183 (100.00%)
大学专科	280 (81.87%)	5 (1.46%)	26 (7.60%)	18 (5.26%)	11 (3.22%)	1 (0.29%)	1 (0.29%)	342 (100.00%)
大学本科	496 (81.44%)	7 (1.15%)	58 (9.52%)	20 (3.28%)	26 (4.27%)	0 (0.00%)	2 (0.33%)	609 (100.00%)
硕士研究生及以上	99 (61.11%)	5 (3.09%)	34 (20.99%)	6 (3.70%)	13 (8.02%)	3 (1.85%)	2 (1.23%)	162 (100.00%)
合计	1074 (79.09%)	22 (1.62%)	123 (9.06%)	67 (4.93%)	59 (4.34%)	4 (0.29%)	9 (0.66%)	1358 (100.00%)

如表3-2-21,进一步了解不同受教育程度的党员未将党组织关系转入目前工作的企业中来的原因,值得关注的是,因转接麻烦而未进行组织关系转接的高中或中专党员占比高达45.71%(16人)。整体来看,除半数企业未成立

党组织以外,关系转接中的手续、过程等困境成为制约各种教育程度群体转移党组织关系的重要因素。

表3-2-21　没有将党组织关系转入目前工作的企业中来的原因是?

受访者受教育程度	企业没有独立党组织	不想转太麻烦	不知道怎么转	企业党组织不愿意接收	转到企业来党费太贵	其他	总计
初中及以下	5 (45.45%)	2 (18.18%)	1 (9.09%)	0 (0.00%)	0 (0.00%)	3 (27.27%)	11 (100.00%)
高中/中专	12 (34.29%)	16 (45.71%)	12.86 (%)	0 (0.00%)	0 (0.00%)	6 (17.14%)	35 (100.00%)
大学专科	35 (56.45%)	13 (20.97%)	4 (6.45%)	0 (0.00%)	2 (3.23%)	8 (12.90%)	62 (100.00%)
大学本科	77 (68.14%)	14 (12.39%)	5 (4.42%)	2 (1.77%)	1 (0.88%)	14 (12.39%)	113 (100.00%)
硕士研究生及以上	37 (58.73%)	8 (12.70%)	3 (4.76%)	1 (1.59%)	0 (0.00%)	14 (22.22%)	63 (100.00%)
合计	166 (58.45%)	53 (18.66%)	14 (4.93%)	3 (1.06%)	3 (1.06%)	45 (15.85%)	284 (100.00%)

表3-2-22展示了不同教育程度的党员交纳党费方式的差异,教育程度在初中以下的党员56.45%(35人)按时当面交纳党费,30.65%(19人)通过线上转账交纳党费,8.06%(5人)在参加组织活动时交纳党费,而1.61%(1人)需要被提醒交纳党费,以及有3.23%(2人)不交纳党费,其他教育程度的党员也基本能够通过线上转账、当面交纳等途径实现党费的按时交纳,非公有制经济组织中党员群体具备较好的党员意识。值得关注的是,高学历水平的党员更偏向于使用线上转账方式交纳党费,大学本科硕士交纳党费占比59.77%(364人),研究生及以上线上转账交纳党费占比73.46%(119人),这可能与其党组织的党费运作方式或党员个人习惯有关,线上党费收缴渠道的扩充或成为提升非公有制经济组织党建质量的一个聚焦主题。

表3-2-22　您交纳党费的方式是?

受访者受教育程度	按时当面交纳	参加组织活动时交纳	线上转账交纳	被提醒交纳	不交纳	总计
初中及以下	35 (56.45%)	5 (8.06%)	19 (30.65%)	1 (1.61%)	2 (3.23%)	62 (100.00%)

受访者 受教育程度	按时当面 交纳	参加组织活 动时交纳	线上转账 交纳	被提醒交纳	不交纳	总计
高中/中专	90 (49.18%)	13 (7.10%)	79 (43.17%)	0 (0.00%)	1 (0.55%)	183 (100.00%)
大学专科	150 (43.86%)	20 (5.85%)	164 (47.95%)	7 (2.05%)	1 (0.29%)	342 (100.00%)
大学本科	205 (33.66%)	26 (4.27%)	364 (59.77%)	13 (2.13%)	1 (0.16%)	609 (100.00%)
硕士研究生及 以上	29 (17.90%)	5 (3.09%)	119 (73.46%)	8 (4.94%)	1 (0.62%)	162 (100.00%)
合计	509 (37.48%)	69 (5.08%)	745 (54.86%)	29 (2.14%)	6 (0.44%)	1358 (100.00%)

表3-2-23展示了不同教育程度的党员对党费收缴、管理、使用的了解情况的差异,教育程度在初中以下的党员33.87%(21人)对党费收缴、管理、使用的情况非常了解,32.26%(20人)比较了解,25.81%(16人)不太了解,而8.06%(5人)认为不了解党费收缴、管理、使用的情况。硕士研究生及以上党员群体25.93%(42人)对党费收缴、管理、使用的情况非常了解,37.65%(61人)比较了解,25.93%(42人)不太了解,而10.49%(17人)认为不了解党费收缴、管理、使用的情况。其他教育程度党员了解情况如表所示,相对来说,各类群体均存在对于党费的收缴、管理与使用情况了解不足、不到位的问题,成为党建质量不高的直接表现。

表3-2-23　您对党费收缴、管理、使用的了解情况是?

受访者受教育程度	非常了解	比较了解	不太了解	不了解	总计
初中及以下	21 (33.87%)	20 (32.26%)	16 (25.81%)	5 (8.06%)	62 (100.00%)
高中/中专	80 (43.72%)	57 (31.15%)	37 (20.22%)	9 (4.92%)	183 (100.00%)
大学专科	152 (44.44%)	120 (35.09%)	58 (16.96%)	12 (3.51%)	342 (100.00%)
大学本科	256 (42.04%)	217 (35.63%)	111 (18.23%)	25 (4.11%)	609 (100.00%)
硕士研究生及以上	42 (25.93%)	61 (37.65%)	42 (25.93%)	17 (10.49%)	162 (100.00%)
合计	551 (40.57%)	475 (34.98%)	264 (19.44%)	68 (5.01%)	1358 (100.00%)

不同教育程度的党员对重要决策是否经过党组织讨论决定的认知也存在一定差异,如表3-2-24所示,教育程度在初中以下的党员中有51.61%(32人)和33.87%(21人)表示党组织在进行重要决策前全部或大部分经过党组织讨论,3.23%(2人)和1.61%(1人)认为少部分经过或从来没有经过,9.68%(6人)回答"不清楚"。教育程度在初中到大学本科的党员群体中表示重要决策全部或大部分经过党组织讨论的均在85.00%左右,更值得关注的是,硕士研究生及以上党员群体仅47.53%(77人)和23.46%(38人)表示重要决策全部或大部分经过党组织讨论决定,以及存在20.99%(34人)表示"不清楚"。

表3-2-24   您所在企业的党组织作出重要决策前,
是否经过党支部/党总支/党委讨论研究?

受访者 受教育程度	全部	大部分是	少部分是	从来没有	不清楚	总计
初中及以下	32 (51.61%)	21 (33.87%)	2 (3.23%)	1 (1.61%)	6 (9.68%)	62 (100.00%)
高中/中专	106 (57.92%)	44 (24.04%)	4 (2.19%)	1 (0.55%)	28 (15.30%)	183 (100.00%)
大学专科	218 (63.74%)	76 (22.22%)	10 (2.92%)	1 (0.29%)	37 (10.82%)	342 (100.00%)
大学本科	388 (63.71%)	150 (24.63%)	14 (2.30%)	2 (0.33%)	55 (9.03%)	609 (100.00%)
硕士研究生及 以上	77 (47.53%)	38 (23.46%)	9 (5.56%)	4 (2.47%)	34 (20.99%)	162 (100.00%)
合计	821 (60.46%)	329 (24.23%)	39 (2.87%)	9 (0.66%)	160 (11.70%)	1358 (100.00%)

不同教育程度的党员所在党组织组织生活开展频率情况如表3-2-25所示,教育水平在初中以下的党员分别存在38.71%(24人)、40.32%(25人)、6.45%(4人)、4.84%(3人)、1.61%(1人)及8.06%(5人)表示所在党组织开展组织生活频率为1月1次、1季度1次、半年1次、1年1次、从未有过甚至不清楚,其他受教育程度群体对于该问题回答如表3-2-25,不同受教育程度群体所在党组织的组织生活开展情况基本能达到1季度1次或多次,但仍存在组织生活频率不达标的现实情况,进而直接影响党建质量。

表3-2-25　您所在党支部开展组织生活的频率是?

受访者受教育程度	1月1次	1季度1次	半年1次	1年1次	从未有过	不清楚	总计
初中及以下	24 (38.71%)	25 (40.32%)	4 (6.45%)	3 (4.84%)	1 (1.61%)	5 (8.06%)	62 (100.00%)
高中/中专	75 (40.98%)	69 (37.70%)	24 (13.11%)	5 (2.73%)	1 (0.55%)	9 (4.92%)	183 (100.00%)
大学专科	139 (40.64%)	134 (39.18%)	33 (9.65%)	21 (6.14%)	0 (0.00%)	15 (4.39%)	342 (100.00%)
大学本科	270 (44.33%)	221 (36.29%)	64 (10.51%)	25 (4.11%)	5 (0.82%)	24 (3.94%)	609 (100.00%)
硕士研究生及以上	71 (43.83%)	58 (35.80%)	14 (8.64%)	3 (1.85%)	0 (0.00%)	16 (9.88%)	162 (100.00%)
合计	579 (42.64%)	507 (37.33%)	139 (10.24%)	57 (4.20%)	7 (0.52%)	69 (5.08%)	1358 (100.00%)

如表3-2-26所示,不同教育程度的党员所在党支部开展组织生活内容基本保持一致,以受教育程度为初中及以下的党员所在党支部为例,37.10%(23人)选择上党课,27.42%(17人)选择党员内部交流学习,其他党员分散性选择了其他的组织生活内容。这在一定程度上侧面说明,各类受教育程度的党员需要更加丰富的组织生活内容,进而提升党建工作质量。

表3-2-26　您所在党支部开展组织生活的内容有?

受访者受教育程度	初中及以下	高中/中专	大学专科	大学本科	硕士研究生及以上	合计
政治理论学习	1 (1.61%)	6 (3.28%)	5 (1.46%)	10 (1.64%)	3 (1.85%)	25 (1.84%)
传达党中央和上级党组织文件	1 (1.61%)	13 (7.10%)	9 (2.63%)	22 (3.61%)	10 (6.17%)	55 (4.05%)
开展批评和自我批评	6 (9.68%)	9 (4.92%)	12 (3.51%)	32 (5.25%)	6 (3.70%)	65 (4.79%)
发展党员或处理违纪党员	3 (4.84%)	7 (3.83%)	10 (2.92%)	25 (4.11%)	3 (1.85%)	48 (3.53%)
时政热点讨论	1 (1.61%)	4 (2.19%)	6 (1.75%)	16 (2.63%)	3 (1.85%)	30 (2.21%)
观看红色电影/参观红色基地	6 (9.68%)	15 (8.20%)	23 (6.73%)	47 (7.72%)	20 (12.35%)	111 (8.17%)
党员内部交流学习	17 (27.42%)	42 (22.95%)	100 (29.24%)	174 (28.57%)	60 (37.04%)	393 (28.94%)
慰问老党员	2 (3.23%)	5 (2.73%)	13 (3.80%)	16 (2.63%)	5 (3.09%)	41 (3.02%)

受访者受教育程度	初中及以下	高中/中专	大学专科	大学本科	硕士研究生及以上	合计
上党课	23 (37.10%)	81 (44.26%)	161 (47.08%)	261 (42.86%)	49 (30.25%)	575 (42.34%)
其他	2 (3.23%)	1 (0.55%)	3 (0.88%)	6 (0.99%)	3 (1.85%)	15 (1.10%)
总计	62 (100.00%)	183 (100.00%)	342 (100.00%)	609 (100.00%)	162 (100.00%)	1358 (100.00%)

表3-2-27显示了不同受教育程度的党员对所在支部党员参加支部活动情况的认识,61.29%(38人)和35.48%(22人)认为参加活动情况非常好或比较好,以及3.23%(2人)认为不好,其他受教育程度党员看法基本保持一致。值得注意的是,硕士研究生及以上群体认为所在支部党员参加支部活动情况非常好和比较好的分别占比39.51%(64人)和56.70%(92人),高学历群体对于党员参与和组织质量存在更高的评价标准与要求。

表3-2-27　您所在党支部的党员参加支部活动情况是?

受访者受教育程度	非常好	比较好	不太好	不好	总计
初中及以下	38(61.29%)	22(35.48%)	0(0.00%)	2(3.23%)	62(100.00%)
高中/中专	115(62.84%)	67(36.61%)	0(0.00%)	1(0.55%)	183(100.00%)
大学专科	203(59.36%)	132(38.60%)	6(1.75%)	1(0.29%)	342(100.00%)
大学本科	327(53.69%)	271(44.50%)	9(1.48%)	2(0.33%)	609(100.00%)
硕士研究生及以上	64(39.51%)	92(56.79%)	5(3.09%)	1(0.62%)	162(100.00%)
合计	747(55.01%)	584(43.00%)	20(1.47%)	7(0.52%)	1358(100.00%)

不同教育程度的党员对于是否给予从事党务工作的同志物质补贴情况的回答如表3-2-28所示,以初中及以下教育程度党员群体为例,17.74%(11人)的受访者回答给予物质补贴,33.87%(21人)明确表示没有物质补贴,另有48.39%(30人)表示"不清楚",其他受教育程度群体回答如下表所示。总的来说,在各类受教育程度群体中,均很少企业为从事党务工作的同志提供专门的物质补贴。

表3-2-28　您所在企业是否给予从事党务工作的同志物质补贴？

受访者受教育程度	是	否	不清楚	总计
初中及以下	11(17.74%)	21(33.87%)	30(48.39%)	62(100.00%)
高中/中专	25(13.66%)	88(48.09%)	70(38.25%)	183(100.00%)
大学专科	44(12.87%)	165(48.25%)	133(38.89%)	342(100.00%)
大学本科	98(16.09%)	265(43.51%)	246(40.39%)	609(100.00%)
硕士研究生及以上	13(8.02%)	70(43.21%)	79(48.77%)	162(100.00%)
合计	191(14.06%)	609(44.85%)	558(41.09%)	1358(100.00%)

　　党组织或党员主动及时提供帮助是党建质量的一个重要表现。如表3-2-29所示，除教育程度在初中及以下员工外，其他受教育程度员工80.00%以上认为党组织或党员会主动及时提供帮助。68.05%(164人)的初中及以下受教育程度员工认为党组织或党员会主动及时提供帮助，还有28.22%(68人)的相当部分选择了"不清楚"，这在一定程度上表明党组织的基层堡垒作用在该群体内部覆盖不强，进而可能影响党建质量水平。

表3-2-29　当本企业员工在工作、生活中碰到困难，
党组织或党员是否会主动及时提供帮助？

受访者受教育程度	会	不会	不清楚	总计
初中及以下	164(68.05%)	9(3.73%)	68(28.22%)	241(100.00%)
高中/中专	314(80.51%)	17(4.36%)	59(15.13%)	390(100.00%)
大学专科	472(86.92%)	8(1.47%)	63(11.60%)	543(100.00%)
大学本科	707(87.72%)	15(1.86%)	84(10.42%)	806(100.00%)
硕士研究生及以上	146(84.88%)	7(4.07%)	19(11.05%)	172(100.00%)
合计	1803(83.78%)	56(2.60%)	293(13.62%)	2152(100.00%)

　　区域化党建联建是党组织进行组织建设的一种活动方式，一方面能够带动组织内党员参与组织建设，另一方面能够向组织外部发挥辐射作用。如表3-2-30所示，展示了不同教育程度群体所在党组织进行区域化党建联建的频率，在不同受教育程度员工中，近50.00%党组织能够实现1季度1次以上的区域化党建联建活动，但仍存在约30.00%党员群体不清楚区域化党建联建的频率，这在相当程度上可以认为相当部分党员群体并不能认识与理解区域化党建联建活动，党建质量依然有待提升。

表3-2-30您所在企业的党组织参加区域化党建联建的频率是?

受访者受教育程度	1月1次	1季度1次	半年1次	1年1次	不清楚	总计
初中及以下	18 (29.03%)	17 (27.42%)	5 (8.06%)	3 (4.84%)	19 (30.65%)	62 (100.00%)
高中/中专	40 (21.86%)	61 (33.33%)	27 (14.75%)	13 (7.10%)	42 (22.95%)	183 (100.00%)
大学专科	66 (19.30%)	128 (37.43%)	37 (10.82%)	22 (6.43%)	89 (26.02%)	342 (100.00%)
大学本科	163 (26.77%)	181 (29.72%)	71 (11.66%)	41 (6.73%)	153 (25.12%)	609 (100.00%)
硕士研究生及以上	30 (18.52%)	49 (30.25%)	22 (13.58%)	3 (1.85%)	58 (35.80%)	162 (100.00%)
合计	317 (23.34%)	436 (32.11%)	162 (11.93%)	82 (6.04%)	361 (26.58%)	1358 (100.00%)

4.不同收入水平群体

对于不同收入水平群体党员的党组织关系所在地,收入水平10万(含)及以下的党员77.82%(442人)的组织关系在工作所在企业党组织,1.92%(11人)在工作所在地流动党组织,7.22%(41人)在工作所在地的联合党组织,另外分别有7.04%(40人)在户籍所在地的村居党组织、4.40%(25人)在自己手中、0.70%(4人)在以往工作单位党组织、0.88%(5人)在读书时的学校党组织中。其他收入水平群体如表3-2-31所示。整体来说,各类收入水平群体大多数组织关系能够转接到工作所在企业党组织,但仍存在组织关系未按要求转接的情况,这类"流动党员"往往成为制约党建质量提升的现实难题。

表3-2-31 当前您的党组织关系在?

受访者 收入水平	工作所在 企业党组织	工作所在地 流动党组织	工作所在地的 联合党组织	户籍所在地 村居党组织	自己手中	以往工作 单位党组织	读书时学校 党组织	总计
10万(含) 及以下	442 (77.82%)	11 (1.94%)	41 (7.22%)	40 (7.04%)	25 (4.40%)	4 (0.70%)	5 (0.88%)	568 (100.00%)
10万~ 20万(含)	414 (82.97%)	6 (1.20%)	46 (9.22%)	14 (2.81%)	18 (3.61%)	0 (0.00%)	1 (0.20%)	499 (100.00%)
20万~ 30万(含)	128 (73.99%)	2 (1.16%)	22 (12.72%)	8 (4.62%)	11 (6.36%)	0 (0.00%)	2 (1.16%)	173 (100.00%)
30万~ 40万(含)	51 (85.00%)	1 (1.67%)	7 (11.67%)	0 (0.00%)	0 (0.00%)	0 (0.00%)	1 (1.67%)	60 (100.00%)
40万~ 50万(含)	17 (65.38%)	1 (3.85%)	2 (7.69%)	3 (11.54%)	3 (11.54%)	0 (0.00%)	0 (0.00%)	26 (100.00%)

受访者收入水平	工作所在企业党组织	工作所在地流动党组织	工作所在地的联合党组织	户籍所在村居党组织	自己手中	以往工作单位党组织	读书时学校党组织	总计
50万以上	22 (68.75%)	1 (3.13%)	5 (15.63%)	2 (6.25%)	2 (6.25%)	0 (0.00%)	0 (0.00%)	32 (100.00%)
合计	1074 (79.09%)	22 (1.62%)	123 (9.06%)	67 (4.93%)	59 (4.34%)	4 (0.29%)	9 (0.66%)	1358 (100.00%)

表3-2-32展示了不同收入群体没有按照要求及时转接组织关系的各种原因,10万(含)及以下收入党员51.59%(65人)因企业没有党组织的客观原因未进行转接,以及有23.02%(29人)因为怕麻烦而不想转。相对来说,没有独立党组织的客观原因成为更高收入的群体进行组织关系转接的制约。这在一定程度上可以说明,组织覆盖不够的问题影响党建质量的一个客观现实原因。

表3-2-32　没有将党组织关系转入目前工作的企业中来的原因是?

受访者收入水平	企业没有独立党组织	不想转太麻烦	不知道怎么转	企业党组织不愿意接收	转到企业来党费太贵	其他	总计
10万(含)及以下	65 (51.59%)	29 (23.02%)	8 (6.35%)	1 (0.79%)	2 (1.59%)	21 (16.67%)	126 (100.00%)
10万~20万(含)	54 (63.53%)	16 (18.82%)	4 (4.71%)	1 (1.18%)	1 (1.18%)	9 (10.59%)	85 (100.00%)
20万~30万(含)	27 (60.00%)	6 (13.33%)	1 (2.22%)	1 (2.22%)	0 (0.00%)	10 (22.22%)	45 (100.00%)
30万~40万(含)	7 (77.78%)	1 (11.11%)	0 (0.00%)	0 (0.00%)	0 (0.00%)	1 (11.11%)	9 (100.00%)
40万~50万(含)	6 (66.67%)	1 (11.11%)	1 (11.11%)	0 (0.00%)	0 (0.00%)	1 (11.11%)	9 (100.00%)
50万以上	7 (70.00%)	0 (0.00%)	0 (0.00%)	0 (0.00%)	0 (0.00%)	3 (30.00%)	10 (100.00%)
合计	166 (58.45%)	53 (18.66%)	14 (4.93%)	3 (1.06%)	3 (1.06%)	45 (15.85%)	284 (100.00%)

自觉、按时、全额交纳党费是每个党员应尽的义务,党费交纳的数量与党员的实际收入相挂钩。从交纳党费方式上来说,10万(含)及以下的党员42.25%(240人)按时当面交纳,50.00%(284人)通过线上转账交纳,也存在5.28%(30人)在参加组织活动时进行交纳,以及存在被提醒交纳或不交纳的情况,其他收入群体交纳方式如表3-2-33所示。线上交纳越来越成为更多群体的交纳方式,但参加活动时一并交纳乃至被提醒进行交纳在高收入的群体中占比相对较高,未能及时收集组织党费在一定程度上限制了党建质量的提升。

表3-2-33　您交纳党费的方式是?

受访者收入水平	按时当面交纳	参加组织活动时交纳	线上转账交纳	被提醒交纳	不交纳	总计
10万(含)及以下	240 (42.25%)	30 (5.28%)	284 (50.00%)	11 (1.94%)	3 (0.53%)	568 (100.00%)
10万~20万(含)	190 (38.08%)	24 (4.81%)	272 (54.51%)	12 (2.40%)	1 (0.20%)	499 (100.00%)
20万~30万(含)	40 (23.12%)	7 (4.05%)	123 (71.10%)	3 (1.73%)	0 (0.00%)	173 (100.00%)
30万~40万(含)	22 (36.67%)	3 (5.00%)	34 (56.67%)	0 (0.00%)	1 (1.67%)	60 (100.00%)
40万~50万(含)	7 (26.92%)	2 (7.69%)	15 (57.69%)	1 (3.85%)	1 (3.85%)	26 (100.00%)
50万以上	10 (31.25%)	3 (9.38%)	17 (53.13%)	2 (6.25%)	0 (0.00%)	32 (100.00%)
合计	509 (37.48%)	69 (5.08%)	745 (54.86%)	29 (2.14%)	6 (0.44%)	1358 (100.00%)

党费工作的透明度也是影响党建质量的一个重要维度。如表3-2-34所示,在各类收入水平党员群体中,60.00%以上均非常或比较了解党费收缴、管理与使用情况,但也存在相当部分对党费收缴、管理与使用情况不够了解。这既可能是党组织工作公开透明不到位,也可能是党员群体的关注情况与党员意识不强的表现。

表3-2-34　您对所在党组织党费收缴、管理、使用情况是?

受访者收入水平	非常了解	比较了解	不太了解	不了解	总计
10万(含)及以下	218(38.38%)	190(33.45%)	129(22.71%)	31(5.46%)	568(100.00%)
10万~20万(含)	216(43.29%)	182(36.47%)	83(16.63%)	18(3.61%)	499(100.00%)
20万~30万(含)	66(38.15%)	67(38.73%)	29(16.76%)	11(6.36%)	173(100.00%)
30万~40万(含)	32(53.33%)	15(25.00%)	10(16.67%)	3(5.00%)	60(100.00%)
40万~50万(含)	7(26.92%)	9(34.62%)	8(30.77%)	2(7.69%)	26(100.00%)
50万以上	12(37.50%)	12(37.50%)	5(15.63%)	3(9.38%)	32(100.00%)
合计	551(40.57%)	475(34.98%)	264(19.44%)	68(5.01%)	1358(100.00%)

表3-2-35显示了不同收入水平党员对重要决策是否经过组织讨论的回

答情况,60.56%(344人)和23.24%(132人)的收入水平10万(含)及以下的党员认为重要决策全部或大部分经组织讨论,只有2.46%(14人)和0.70%(4人)认为少部分或从未经组织讨论,其他收入群体情况如表3-2-25所示。不同收入水平的党员群体均有大多数认为重要决策经过组织谈论,党建工作与企业重要决策日益相关。

表3-2-35 您所在企业的党组织作出重要决策前,
是否经过党支部/党总支/党委讨论研究?

受访者收入水平	全部	大部分是	少部分是	从来没有	不清楚	总计
10万(含)及以下	344 (60.56%)	132 (23.24%)	14 (2.46%)	4 (0.70%)	74 (13.03%)	568 (100.00%)
10万~20万(含)	314 (62.93%)	123 (24.65%)	10 (2.00%)	1 (0.20%)	51 (10.22%)	499 (100.00%)
20万~30万(含)	99 (57.23%)	42 (24.28%)	10 (5.78%)	3 (1.73%)	19 (10.98%)	173 (100.00%)
30万~40万(含)	37 (61.67%)	15 (25.00%)	3 (5.00%)	0 (0.00%)	5 (8.33%)	60 (100.00%)
40万~50万(含)	9 (34.62%)	7 (26.92%)	2 (7.69%)	1 (3.85%)	7 (26.92%)	26 (100.00%)
50万以上	18 (56.25%)	10 (31.25%)	0 (0.00%)	0 (0.00%)	4 (12.50%)	32 (100.00%)
合计	821 (60.46%)	329 (24.23%)	39 (2.87%)	9 (0.66%)	160 (11.78%)	1358 (100.00%)

党支部开展的组织生活的具体内容是党组织工作的重要呈现,进而成为影响党建质量的直接因素。在不同收入水平的党员群体中,主要以上党课和党员内部交流学习两方面展开,以收入水平10万(含)及以下的党员为例,党支部开展的上述两类活动分别占比44.72%(254人)、26.06%(148人)。正式党课与非正式的学习交流活动相互补充,实现组织生活内容的丰富,但是更具实践性与创新性的组织生活方式亟待进一步挖掘,从而保证党建工作的质量提升。

表3-2-36 您所在党支部开展组织生活的内容有？

受访者收入水平	10万(含)及以下	10万~20万(含)	20万~30万(含)	30万~40万(含)	40万~50万(含)	50万以上	合计
政治理论学习	14 (2.46%)	8 (1.60%)	2 (1.16%)	0 (0.00%)	0 (0.00%)	1 (3.13%)	25 (1.84%)
传达党中央和上级党组织文件	27 (4.75%)	11 (2.20%)	11 (6.36%)	3 (5.00%)	1 (3.85%)	2 (6.25%)	55 (4.05%)
开展批评和自我批评	28 (4.93%)	22 (4.41%)	11 (6.36%)	4 (6.67%)	0 (0.00%)	0 (0.00%)	65 (4.79%)
开展批评和自我批评	28 (4.93%)	22 (4.41%)	11 (6.36%)	4 (6.67%)	0 (0.00%)	0 (0.00%)	65 (4.79%)
发展党员或处理违纪党员	25 (4.40%)	14 (2.81%)	6 (3.47%)	3 (5.00%)	0 (0.00%)	0 (0.00%)	48 (3.53%)
时政热点讨论	8 (1.41%)	18 (3.61%)	3 (1.73%)	1 (1.67%)	0 (0.00%)	0 (0.00%)	30 (2.21%)
观看红色电影/参观红色基地	40 (7.04%)	44 (8.82%)	17 (9.83%)	6 (10.00%)	4 (15.38%)	0 (0.00%)	111 (8.17%)
党员内部交流学习	148 (26.06%)	141 (28.26%)	59 (34.10%)	23 (38.33%)	8 (30.77%)	14 (43.75%)	393 (28.94%)
慰问老党员	18 (3.17%)	17 (3.41%)	3 (1.73%)	0 (0.00%)	2 (7.69%)	1 (3.13%)	41 (3.02%)
上党课	254 (44.72%)	219 (43.89%)	57 (32.95%)	20 (33.33%)	11 (42.31%)	14 (43.75%)	575 (42.34%)
其他	6 (1.06%)	5 (1.00%)	4 (2.31%)	0 (0.00%)	0 (0.00%)	0 (0.00%)	15 (1.10%)
总计	568 (100.00%)	499 (100.00%)	173 (100.00%)	60 (100.00%)	26 (100.00%)	32 (100.00%)	1358 (100.00%)

党员参加支部组织的各种活动是衡量支部建设水平与党员意识的方式。不同收入水平群体均对党员参加支部活动情况保持较高评价（接近或高于90.00%），仅有少部分党员并不认可当前党员参加支部活动情况。如表3-2-37所示，可以看到，更高收入水平的党员对党员参加支部活动情况评价相对谨慎，给予"非常好"的评价低于"比较好"。对于不同收入群体，特别是高收入群体，党建质量需要从活动策划与党员培育两方面进一步提升。

表3-2-37 您所在党支部的党员参加支部活动情况是？

受访者收入水平	非常好	比较好	不太好	不好	总计
10万(含)及以下	340(59.86%)	219(38.56%)	5(0.88%)	4(0.70%)	568(100.00%)
10万~20万(含)	282(56.51%)	209(41.88%)	6(1.20%)	2(0.40%)	499(100.00%)
20万~30万(含)	73(42.20%)	95(54.91%)	5(2.89%)	0(0.00%)	173(100.00%)

续表

受访者收入水平	非常好	比较好	不太好	不好	总计
30万~40万(含)	30(50.00%)	28(46.67%)	1(1.67%)	1(1.67%)	60(100.00%)
40万~50万(含)	10(38.46%)	15(57.69%)	1(3.85%)	0(0.00%)	26(100.00%)
50万以上	12(37.50%)	18(56.25%)	2(6.25%)	0(0.00%)	32(100.00%)
合计	747(55.01%)	584(43.00%)	20(1.47%)	7(0.52%)	1358(100.00%)

受访者所在企业是否给予党务工作者物质补贴的情况,是企业重视党建工作及其质量的重要证明。以收入水平在10万(含)及以下的党员为例,13.03%(74人)认为企业对从事党务工作的同志给予物质补贴,43.13%(245人)否认以及43.84%(249人)表示"不清楚",其他情况如表3-2-38。值得关注的是,收入水平在50万以上的党员有71.88%(23人)认为企业没有对从事党务工作的同志给予物质补贴。可以证明相当部分的企业与党员对于党建质量依然不够重视。

表3-2-38　您所在企业是否给予从事党务工作的同志物质补贴?

受访者收入水平	是	否	不清楚	总计
10万(含)及以下	74(13.03%)	245(43.13%)	249(43.84%)	568(100.00%)
10万~20万(含)	70(14.03%)	227(45.49%)	202(40.48%)	499(100.00%)
20万~30万(含)	27(15.61%)	76(43.93%)	70(40.46%)	173(100.00%)
30万~40万(含)	15(25.00%)	27(45.00%)	18(30.00%)	60(100.00%)
40万~50万(含)	3(11.54%)	11(42.31%)	12(46.15%)	26(100.00%)
50万以上	2(6.25%)	23(71.88%)	7(21.88%)	32(100.00%)
合计	191(14.06%)	609(44.85%)	558(41.09%)	1358(100.00%)

如表3-2-39所示,不同收入水平的党员群体对于组织是否主动及时提供帮助存在不同认知。不同收入水平群体均有绝大多数人认为组织会主动及时提供帮助。收入水平在10万(含)及以下的党员有78.34%(915人)认为组织会主动及时提供帮助的同时,存在18.49%(216人)表示"不清楚"。组织基本能够实现向党员群体提供帮助与发挥辐射作用,但党建质量仍然需要进一步提升。

表3-2-39 当本企业员工在工作、生活中碰到困难，
党组织或党员是否会主动及时提供帮助？

受访者收入水平	会	不会	不清楚	总计
10万(含)及以下	915(78.34%)	37(3.17%)	216(18.49%)	1168(100.00%)
10万~20万(含)	590(90.63%)	8(1.23%)	53(8.14%)	651(100.00%)
20万~30万(含)	174(89.23%)	7(3.59%)	14(7.18%)	195(100.00%)
30万~40万(含)	63(92.65%)	1(1.47%)	4(5.88%)	68(100.00%)
40万~50万(含)	25(83.33%)	1(3.33%)	4(13.33%)	30(100.00%)
50万以上	36(90.00%)	2(5.00%)	2(5.00%)	40(100.00%)
合计	1803(83.78%)	56(2.60%)	293(13.62%)	2152(100.00%)

　　区域化党建联建的频率是企业党建质量的重要指标。表3-2-40展示的是不同收入水平的党员群体对于所在党组织区域化党建联建的频率的回答。以收入水平在10万(含)及以下的党员为例，分别有24.65%(140人)和29.05%(165人)党员所在党组织区域化党建联建的频率为1月1次或1季度1次，相对少数的半年或1年1次，以及27.99%(159人)表示"不清楚"，收入水平40万~50万(含)党员群体中有42.31%(11人)同样表示"不清楚"。非公经济组织进行区域化党建联建的工作要保持合理频率，发挥好辐射带动作用，其区域化党建联建的活动内容与要义同样需要向党员普及，从组织工作与党员意识两方面提升党建质量。

表3-2-40 您所在企业的党组织参加区域化党建联建的频率是？

受访者收入水平	1月1次	1季度1次	半年1次	1年1次	不清楚	总计
10万(含)及以下	140 (24.65%)	165 (29.05%)	70 (12.32%)	34 (5.99%)	159 (27.99%)	568 (100.00%)
10万~20万(含)	107 (21.44%)	184 (36.87%)	54 (10.82%)	31 (6.21%)	123 (24.65%)	499 (100.00%)
20万~30万(含)	40 (23.12%)	49 (28.32%)	24 (13.87%)	12 (6.94%)	48 (27.75%)	173 (100.00%)
30万~40万(含)	20 (33.33%)	13 (21.67%)	10 (16.67%)	4 (6.67%)	13 (21.67%)	60 (100.00%)

受访者收入水平	1月1次	1季度1次	半年1次	1年1次	不清楚	总计
40万~50万(含)	5 (19.23%)	9 (34.62%)	1 (3.85%)	0 (0.00%)	11 (42.31%)	26 (100.00%)
50万以上	5 (15.63%)	16 (50.00%)	3 (9.38%)	1 (3.13%)	7 (21.88%)	32 (100.00%)
合计	317 (23.34%)	436 (32.11%)	162 (11.93%)	82 (6.04%)	361 (26.58%)	1358 (100.00%)

5. 不同工作角色群体

不同工作角色群体的组织关系所在也是理解非公企业组织党建质量的重要切口。总体来看,近八成党员当前组织关系在工作所在企业的党组织,在既往组织或自己手中等未按要求转接的情况也显著存在。企业出资人或主要负责人中18.29%(15人)组织关系在工作所在地的联合党组织,而其他群体占比相对较低,这在一定程度上可以说明一线员工与管理人员对于联合党组织的工作组织形式认知仍比较薄弱。

表3-2-41　当前您的党组织关系在?

受访者 工作角色	工作所在 企业党组织	工作所在 地流动党组织	工作所在地 的联合党组织	户籍所在 村居党组织	自己手中	以往工作 单位党组织	读书时 学校党组织	总计
一线员工	305 (75.68%)	8 (1.99%)	45 (11.17%)	22 (5.46%)	17 (4.22%)	4 (0.99%)	2 (0.50%)	403 (100.00%)
中层 管理人员	512 (82.98%)	8 (1.30%)	47 (7.62%)	22 (3.57%)	24 (3.89%)	0 (0.00%)	4 (0.65%)	617 (100.00%)
高层 管理人员	124 (81.05%)	1 (0.65%)	13 (8.50%)	3 (1.96%)	11 (7.19%)	0 (0.00%)	1 (0.65%)	153 (100.00%)
出资人/ 主要负责人	51 (62.20%)	4 (4.88%)	15 (18.29%)	9 (10.98%)	2 (2.44%)	0 (0.00%)	1 (1.22%)	82 (100.00%)
其他	82 (79.61%)	1 (0.97%)	3 (2.91%)	11 (10.68%)	5 (4.85%)	0 (0.00%)	1 (0.97%)	103 (100.00%)
合计	1074 (79.09%)	22 (1.62%)	123 (9.06%)	67 (4.93%)	59 (4.34%)	4 (0.29%)	9 (0.66%)	1358 (100.00%)

表3-2-42显示的是没有将党组织关系转入目前工作的企业中来的原因,一线员工、中层管理人员、高层管理人员和出资人及主要负责人选择企业没

有独立党组织的分别为55.10%（54人）、57.14%（60人）、75.86%（22人）、83.87%（26人），可以看到高层级管理人员主要受客观原因所限而没有进行组织关系转接，组织覆盖仍然是掣肘党建质量的一个重要原因。

表3-2-42　　您没有将党组织关系转入目前工作的企业中来的原因是？

受访者工作角色	企业没有独立党组织	不想转太麻烦	不知道怎么转	企业党组织不愿意接收	转到企业来党费太贵	其他	总计
一线员工	54 (55.10%)	20 (20.41%)	7 (7.14%)	1 (1.02%)	1 (1.02%)	15 (15.31%)	98 (100.00%)
中层管理人员	60 (57.14%)	24 (22.86%)	2 (1.90%)	2 (1.90%)	1 (0.95%)	16 (15.24%)	105 (100.00%)
高层管理人员	22 (75.86%)	1 (3.45%)	2 (6.90%)	0 (0.00%)	0 (0.00%)	4 (13.79%)	29 (100.00%)
出资人/主要负责人	26 (83.87%)	2 (6.45%)	1 (3.23%)	0 (0.00%)	0 (0.00%)	2 (6.45%)	31 (100.00%)
其他	4 (19.05%)	6 (28.57%)	2 (9.52%)	0 (0.00%)	1 (4.76%)	8 (38.10%)	21 (100.00%)
合计	166 (58.45%)	53 (18.66%)	14 (4.93%)	3 (1.06%)	3 (1.06%)	45 (15.85%)	284 (100.00%)

交纳党费的方式是党组织进行工作活动与发挥基层堡垒作用不可或缺的重要环节，可以说党员交纳党费的情况是非公有制经济组织党建质量的重要体现。与一线员工33.50%（135人）按时当面交纳和58.81%（237人）通过线上转账交纳党费相比，出资人或主要负责人通过这两种方式交纳党费的比例分别为43.90%（36人）和46.34%（38人），以出资人或主要负责人和高层管理人员为代表，更多依靠按时当面进行党费的交纳。

表3-2-43　　您交纳党费的方式是？

受访者工作角色	按时当面交纳	参加组织活动时交纳	线上转账交纳	被提醒交纳	不交纳	总计
一线员工	135 (33.50%)	17 (4.22%)	237 (58.81%)	11 (2.73%)	3 (0.74%)	403 (100.00%)
中层管理人员	237 (38.41%)	30 (4.86%)	336 (54.46%)	11 (1.78%)	3 (0.49%)	617 (100.00%)
高层管理人员	68 (44.44%)	11 (7.19%)	71 (46.41%)	3 (1.96%)	0 (0.00%)	153 (100.00%)
出资人/主要负责人	36 (43.90%)	5 (6.10%)	38 (46.34%)	3 (3.66%)	0 (0.00%)	82 (100.00%)

受访者工作角色	按时当面交纳	参加组织活动时交纳	线上转账交纳	被提醒交纳	不交纳	总计
其他	33 (32.04%)	6 (5.83%)	63 (61.17%)	1 (0.97%)	0 (0.00%)	103 (100.00%)
合计	509 (37.48%)	69 (5.08%)	745 (54.86%)	29 (2.14%)	6 (0.44%)	1358 (100.00%)

表3-2-44展示了不同工作角色群体对党费收缴、管理和使用的了解情况。一线员工有31.51%（127人）和35.98%（145人）表示非常了解和比较了解，25.31%（102人）和7.20%（9人）表示不太了解和不了解，相对来说，对于管理层及出资人或主要负责人，接近80.00%或80.00%以上表示非常了解或比较了解，党费使用及组织信息对于一线员工党员的公开与传达还有待进一步下沉，进而保障非公有制经济组织整体的党建质量。

表3-2-44　您对所在党组织党费收缴、管理、使用情况是？

受访者工作角色	非常了解	比较了解	不太了解	不了解	总计
一线员工	127 (31.51%)	145 (35.98%)	102 (25.31%)	29 (7.20%)	403 (100.00%)
中层管理人员	276 (44.73%)	215 (34.85%)	104 (16.86%)	22 (3.57%)	617 (100.00%)
高层管理人员	76 (49.67%)	52 (33.99%)	22 (14.38%)	3 (1.96%)	153 (100.00%)
出资人/主要负责人	45 (54.88%)	22 (26.83%)	10 (12.20%)	5 (6.10%)	82 (100.00%)
其他	27 (26.21%)	41 (39.81%)	26 (25.24%)	9 (8.74%)	103 (100.00%)
合计	551 (40.57%)	475 (34.98%)	264 (19.44%)	68 (5.01%)	1358 (100.00%)

不同工作角色的党员群体对于重要决策是否经组织讨论的认知大致相似。以一线员工为例，57.32%（231人）和22.58%（91人）表示全部或大部分经组织讨论，2.23%（9人）和0.99%（4人）认为少部分或从来没有经过组织讨论，另外还有16.87%（68人）表示"不清楚"，其他工作角色群体比例关系如表3-2-45所示，大致与管理层保持一致。多数重要决策经过组织讨论，组织能够实现过程性民主进而为非公经济组织党建整体质量提供保障。

表3-2-45　您所在企业的党组织作出重要决策前，
是否经过党支部/党总支/党委讨论研究？

受访者工作角色	全部	大部分是	少部分是	从来没有	不清楚	总计
一线员工	231 (57.32%)	91 (22.58%)	9 (2.23%)	4 (0.99%)	68 (16.87%)	403 (100.00%)
中层管理人员	388 (62.88%)	150 (24.31%)	21 (3.40%)	4 (0.65%)	54 (8.75%)	617 (100.00%)
高层管理人员	101 (66.01%)	37 (24.18%)	4 (2.61%)	1 (0.65%)	10 (6.54%)	153 (100.00%)
出资人/主要负责人	47 (57.32%)	21 (25.61%)	3 (3.66%)	0 (0.00%)	11 (13.41%)	82 (100.00%)
其他	54 (52.43%)	30 (29.13%)	2 (1.94%)	0 (0.00%)	17 (16.50%)	103 (100.00%)
合计	821 (60.46%)	329 (24.23%)	39 (2.87%)	9 (0.66%)	160 (11.78%)	1358 (100.00%)

表3-2-46显示的是不同工作角色的党员群体对组织生活频率的认知情况。44.67%（180人）和34.00%（137人）的一线员工参与组织生活频率为1月1次或1季度1次，9.93%（40人）和3.23%（13人）是半年1次或1年1次，其他工作角色群体如表所示。无论工作角色，大多党员都能够保持半年1次以上的组织生活频率，但未按规定要求的情况仍然在各层群体及党组织中存在。

表3-2-46　您所在党支部开展组织生活的频率是？

受访者工作角色	1月1次	1季度1次	半年1次	1年1次	从未有过	不清楚	总计
一线员工	180 (44.67%)	137 (34.00%)	40 (9.93%)	13 (3.23%)	2 (0.50%)	31 (7.69%)	403 (100.00%)
中层管理人员	257 (41.65%)	244 (39.55%)	64 (10.37%)	25 (4.05%)	20.32 (%)	25 (4.05%)	617 (100.00%)
高层管理人员	66 (43.14%)	64 (41.83%)	12 (7.84%)	6 (3.92%)	1 (0.65%)	4 (2.61%)	153 (100.00%)
出资人/主要负责人	38 (46.34%)	28 (34.15%)	7 (8.54%)	4 (4.88%)	2 (2.44%)	3 (3.66%)	82 (100.00%)
其他	38 (36.89%)	34 (33.01%)	16 (15.53%)	9 (8.74%)	0 (0.00%)	6 (5.83%)	103 (100.00%)
合计	579 (42.64%)	507 (37.33%)	139 (10.24%)	57 (4.20%)	7 (0.52%)	69 (5.08%)	1358 (100.00%)

党支部开展组织生活的具体内容同样是党建质量的一个重要展现。如

表3-2-47所示,分别有42.43%(171人)、28.04%(113人)的一线员工主要以上党课、党员内部交流学习的方式开展组织生活,也有8.19%(33人)以观看红色电影或参观红色基地的形式开展组织生活。组织生活依然主要依靠传统方式展开,创新性不足的情况在不同工作角色的群体中存在,进而成为非公经济组织党建质量不佳的直接表现。

表3-2-47　您所在党支部开展组织生活的内容有?

受访者工作角色	一线员工	中层管理人员	高层管理人员	出资人/主要负责人	其他	合计
政治理论学习	10 (2.48%)	7 (1.13%)	0 (0.00%)	2 (2.44%)	6 (5.83%)	25 (1.84%)
传达党中央和上级党组织文件	19 (4.71%)	26 (4.21%)	5 (3.27%)	2 (2.44%)	3 (2.91%)	55 (4.05%)
开展批评和自我批评	18 (4.47%)	33 (5.35%)	7 (4.58%)	1 (1.22%)	6 (5.83%)	65 (4.79%)
发展党员或处理违纪党员	19 (4.71%)	19 (3.08%)	2 (1.31%)	2 (2.44%)	6 (5.83%)	48 (3.53%)
时政热点讨论	9 (2.23%)	13 (2.11%)	2 (1.31%)	3 (3.66%)	3 (2.91%)	30 (2.21%)
观看红色电影/参观红色基地	33 (8.19%)	55 (8.91%)	11 (7.19%)	7 (8.54%)	5 (4.85%)	111 (8.17%)
党员内部交流学习	113 (28.04%)	178 (28.85%)	54 (35.29%)	18 (21.95%)	30 (29.13%)	393 (28.94%)
慰问老党员	7 (1.74%)	25 (4.05%)	5 (3.27%)	3 (3.66%)	1 (0.97%)	41 (3.02%)
上党课	171 (42.43%)	257 (41.65%)	63 (41.18%)	42 (51.22%)	42 (40.78%)	575 (42.34%)
其他	4 (0.99%)	4 (0.65%)	4 (2.61%)	2 (2.44%)	1 (0.97%)	15 (1.10%)
总计	403 (100.00%)	617 (100.00%)	153 (100.00%)	82 (100.00%)	103 (100.00%)	1358 (100.00%)

党员参加组织生活的积极性是衡量组织党建质量的重要的过程性因素。如表3-2-48所示,58.31%(235人)和39.21%(158人)的一线员工认为党组织党员参加支部活动情况非常好和比较好,仅有1.74%(7人)和0.74%(3人)认为不太好或不好。而各类工作角色群体的党员,认为党员参加支部活动情况非常好和比较好的占比均超过90.00%,整体对党员参加组织生活积极性的评

价较高,但支部活动的具体开展和党员的参与的主动性情况是否影响党建质量仍值得进一步探索。

表3-2-48　您所在党支部的党员参加支部活动情况是?

受访者工作角色	非常好	比较好	不太好	不好	总计
一线员工	235(58.31%)	158(39.21%)	7(1.74%)	3(0.74%)	403(100.00%)
中层管理人员	334(54.13%)	274(44.41%)	8(1.30%)	1(0.16%)	617(100.00%)
高层管理人员	87(56.86%)	61(39.87%)	3(1.96%)	2(1.31%)	153(100.00%)
出资人/主要负责人	50(60.98%)	32(39.02%)	0(0.00%)	0(0.00%)	82(100.00%)
其他	41(39.81%)	59(57.28%)	2(1.94%)	1(0.97%)	103(100.00%)
合计	747(55.01%)	584(43.00%)	20(1.47%)	7(0.52%)	1358(100.00%)

经济性盈利是非公经济企业的重要经营目标,是否对党务工作的同志给予物质补贴是企业重视党建工作与提升党建质量的实质性表现。表3-2-49显示了不同工作角色群体对该问题的认知情况,11.41%(46人)的一线员工党员认为企业给予党务工作的同志一定的物质补贴,56.82%(229人)表示并不清楚,其原因可能是企业或员工对于个人经济收入的隐私性保护。而对于高层管理人员来说,69.28%(106人)表示没有给予物质补贴,51.22%(42人)出资人或主要负责人同样表示没有给予物质补贴,该回答相对更具有参考价值。党务工作多由其他职能员工兼任,且并不会给予物质补贴,这就直接造成组织党建工作动力不足与整体质量不佳。

表3-2-49　您所在企业是否给予从事党务工作的同志物质补贴?

受访者工作角色	是	否	不清楚	总计
一线员工	46(11.41%)	128(31.76%)	229(56.82%)	403(100.00%)
中层管理人员	96(15.56%)	298(48.30%)	223(36.14%)	617(100.00%)
高层管理人员	19(12.42%)	106(69.28%)	28(18.30%)	153(100.00%)
出资人/主要负责人	22(26.83%)	42(51.22%)	18(21.95%)	82(100.00%)
其他	8(7.77%)	35(33.98%)	60(58.25%)	103(100.00%)
合计	191(14.06%)	609(44.85%)	558(41.09%)	1358(100.00%)

表3-2-50显示了不同工作角色员工对组织或党员是否会及时主动提供

帮助的认知情况。75.45%（664人）一线员工认为组织会主动及时提供帮助，仍有21.36%（188人）表示"不清楚"，而相对来说，中层以上管理人员认为组织会主动及时提供帮助的均高达90.00%以上，这在一定程度上表明组织的辐射带动作用对一线员工的覆盖上存在明显不足，进而影响整体党建质量。

表3-2-50　当本企业员工在工作、生活中碰到困难，
党组织或党员是否会主动及时提供帮助？

受访者工作角色	会	不会	不清楚	总计
一线员工	664(75.45%)	28(3.18%)	188(21.36%)	880(100.00%)
中层管理人员	721(90.46%)	20(2.51%)	56(7.03%)	797(100.00%)
高层管理人员	171(94.48%)	5(2.76%)	5(2.76%)	181(100.00%)
出资人/主要负责人	99(90.83%)	1(0.92%)	9(8.26%)	109(100.00%)
其他	148(80.00%)	2(1.08%)	35(18.92%)	185(100.00%)
合计	1803(83.78%)	56(2.60%)	293(13.62%)	2152(100.00%)

区域化党建联建是党组织持续向外发挥影响的重要活动形式。不同工作角色群体所在党组织开展区域化党建联建的频率如表3-2-51所示，分别有26.05%（105人）、23.57%（95人）的一线员工党员约1月或1季度参加一次区域化党建联建，仍有34.49%（139人）回答"不清楚"，其他工作角色党员对该问题的回答如表3-2-51。党组织开展区域化党建联建在注重频率和数量的同时，更应该注重活动质量，影响一线员工在内的更加广泛的党员群体，并注重塑造区域化党建联建的品牌、提升基层党员的思想认知，进而更好提升非公有制经济组织党建质量。

表3-2-51　您所在企业的党组织参加区域化党建联建的频率是？

受访者工作角色	1月1次	1季度1次	半年1次	1年1次	不清楚	总计
一线员工	105 (26.05%)	95 (23.57%)	44 (10.92%)	20 (4.96%)	139 (34.49%)	403 (100.00%)
中层管理人员	135 (21.88%)	224 (36.30%)	77 (12.48%)	44 (7.13%)	137 (22.20%)	617 (100.00%)
高层管理人员	36 (23.53%)	61 (39.87%)	21 (13.73%)	10 (6.54%)	25 (16.34%)	153 (100.00%)
出资人/主要负责人	21 (25.61%)	36 (43.90%)	7 (8.54%)	3 (3.66%)	15 (18.29%)	82 (100.00%)

续表

受访者工作角色	1月1次	1季度1次	半年1次	1年1次	不清楚	总计
其他	20 (19.42%)	20 (19.42%)	13 (12.62%)	5 (4.85%)	45 (43.69%)	103 (100.00%)
合计	317 (23.34%)	436 (32.11%)	162 (11.93%)	82 (6.04%)	361 (26.58%)	1358 (100.00%)

6.不同性质企业群体

非公有制经济组织间同样存在不同的性质差异,企业所固有的性质特点或将成为理解与洞悉党建质量的重要视角。不同性质企业党员的组织关系所在地如表3-2-52所示,78.54%(831人)的民营或私营企业员工党员的组织关系在工作所在企业的党组织,1.51%(16人)和8.88%(94人)在工作所在地的流动党组织或联合党组织,仍有5.86%(62人)、4.25%(45人)、0.28%(3人)及0.66%(7人)的组织关系在户籍所在村居党组织、自己手中、以往工作单位或读书时学校党组织,外商投资企业党员组织关系同样相对复杂,日常对于党员的组织管理上更加困难。

表3-2-52 当前您的党组织关系在?

企业性质	工作所在企业党组织	工作所在地流动党组织	工作所在地联合党组织	户籍所在村居党组织	自己手中	以往工作单位党组织	读书时学校党组织	总计
民营/私营企业	831 (78.54%)	16 (1.51%)	94 (8.88%)	62 (5.86%)	45 (4.25%)	3 (0.28%)	7 (0.66%)	1058 (100.00%)
外商投资企业	96 (75.00%)	3 (2.34%)	18 (14.06%)	3 (2.34%)	7 (5.47%)	0 (0.00%)	1 (0.78%)	128 (100.00%)
港澳台企业	6 (66.67%)	0 (0.00%)	2 (22.22%)	0 (0.00%)	0 (0.00%)	0 (0.00%)	1 (11.11%)	9 (100.00%)
中外合资/合作企业	52 (86.67%)	1 (1.67%)	4 (6.67%)	0 (0.00%)	3 (5.00%)	0 (0.00%)	0 (0.00%)	60 (100.00%)
股份合作制企业	83 (87.37%)	1 (1.05%)	5 (5.26%)	1 (1.05%)	4 (4.21%)	1 (1.05%)	0 (0.00%)	95 (100.00%)
转制企业	6 (75.00%)	1 (12.50%)	0 (0.00%)	1 (12.50%)	0 (0.00%)	0 (0.00%)	0 (0.00%)	8 (100.00%)
合计	1074 (79.09%)	22 (1.62%)	123 (9.06%)	67 (4.93%)	59 (4.34%)	4 (0.29%)	9 (0.66%)	1358 (100.00%)

如表3-2-53所示,对没有将党组织关系转入目前工作的企业中来的原因

进行深一步研究可以发现,企业独立党组织覆盖的客观原因基本占据主流。中外合资或合作企业中75.00%(6人)、港澳台企业中66.67%(2人)的党员表示企业没有独立党组织,而对民营或私营企业、外商投资企业、股份合作制企业来说,其内部员工的多样性在一定程度上会对组织工作的开展和党建质量造成影响。

表3-2-53　您没有将党组织关系转入目前工作的企业中来的原因是?

企业性质	企业没有独立党组织	不想转太麻烦	不知道怎么转	企业党组织不愿意接收	党费太贵	其他	总计
民营/私营企业	132(58.15%)	46(20.26%)	12(5.29%)	3(1.32%)	2(0.88%)	32(14.10%)	227(100.00%)
外商投资企业	21(65.63%)	4(12.50%)	0(0.00%)	0(0.00%)	1(3.13%)	6(18.75%)	32(100.00%)
港澳台企业	2(66.67%)	0(0.00%)	0(0.00%)	0(0.00%)	0(0.00%)	1(33.33%)	3(100.00%)
中外合资/合作企业	6(75.00%)	1(12.50%)	0(0.00%)	0(0.00%)	0(0.00%)	1(12.50%)	8(100.00%)
股份合作制企业	5(41.67%)	1(8.33%)	2(16.67%)	0(0.00%)	0(0.00%)	4(33.33%)	12(100.00%)
转制企业	0(0.00%)	1(50.00%)	0(0.00%)	0(0.00%)	0(0.00%)	1(50.00%)	2(100.00%)
合计	166(58.45%)	53(18.66%)	14(4.93%)	3(1.06%)	3(1.06%)	45(15.85%)	284(100.00%)

如表3-2-54所示,不同性质企业的党员在交纳党费的方式上存在一定差异。民营或私营企业中38.37%(406人)党员能够当面交纳,53.50%(566人)通过线上转账方式交纳,5.48%(58人)在参加组织活动时交纳,2.17%(23人)仍需被提醒交纳,以及0.47%(5人)不交纳党费,其他类型企业党员党费交纳情况如表3-2-54所示。线上转账交纳的形式在民营或私营、外商投资、中外合办、股份合作制企业中均高于当面交纳,展现了党建过程中一定程度的形式创新。

表3-2-54　您交纳党费的方式是?

企业性质	按时当面交纳	参加组织活动时交纳	线上转账交纳	被提醒交纳	不交纳	总计
民营/私营企业	406(38.37%)	58(5.48%)	566(53.50%)	23(2.17%)	5(0.47%)	1058(100.00%)
外商投资企业	46(35.94%)	6(4.69%)	74(57.81%)	1(0.78%)	1(0.78%)	128(100.00%)

企业性质	按时当面交纳	参加组织活动时交纳	线上转账交纳	被提醒交纳	不交纳	总计
港澳台企业	5 (55.56%)	1 (11.11%)	3 (33.33%)	0 (0.00%)	0 (0.00%)	9 (100.00%)
中外合资/合作企业	21 (35.00%)	1 (1.67%)	35 (58.33%)	3 (5.00%)	0 (0.00%)	60 (100.00%)
股份合作制企业	26 (27.37%)	3 (3.16%)	64 (67.37%)	2 (2.11%)	0 (0.00%)	95 (100.00%)
转制企业	5 (62.50%)	0 (0.00%)	3 (37.50%)	0 (0.00%)	0 (0.00%)	8 (100.00%)
合计	509 (37.48%)	69 (5.08%)	745 (54.86%)	29 (2.14%)	6 (0.44%)	1358 (100.00%)

党费收缴、管理、使用作为企业党建内部过程的重要环节,不同性质企业党员对其了解情况也不尽相同。如表3-2-55所示,民营或私营企业中非常了解或比较了解党费相关情况的分别占41.78%(442人)和34.40%(364人),不太了解或不了解的占19.19%(203人)和4.63%(49人),其他性质企业党员的调查情况如表3-2-55所示。党员对于党费收缴、管理与使用情况的了解不足直接影响各类非公有制经济组织党建质量。

表3-2-55 您对所在党组织党费收缴、管理、使用情况是?

企业性质	非常了解	比较了解	不太了解	不了解	总计
民营/私营企业	442 (41.78%)	364 (34.40%)	203 (19.19%)	49 (4.63%)	1058 (100.00%)
外商投资企业	51 (39.84%)	51 (39.84%)	19 (14.84%)	7 (5.47%)	128 (100.00%)
港澳台企业	4 (44.44%)	2 (22.22%)	2 (22.22%)	1 (11.11%)	9 (100.00%)
中外合资/合作企业	21 (35.00%)	22 (36.67%)	12 (20.00%)	5 (8.33%)	60 (100.00%)
股份合作制企业	30 (31.58%)	31 (32.63%)	28 (29.47%)	6 (6.32%)	95 (100.00%)
转制企业	3 (37.50%)	5 (62.50%)	0 (0.00%)	0 (0.00%)	8 (100.00%)
合计	551 (40.57%)	475 (34.98%)	264 (19.44%)	68 (5.01%)	1358 (100.00%)

企业重要决策是否经过组织讨论是组织民主程度与党建质量的重要体

现。表3-2-56显示的是受访者对所在党组织作出重要决策是否经过前期讨论的回答。其中,62.00%(656人)和23.53%(249人)的民营或私营企业党员认为重要决策全部或大部分经过组织讨论,而2.65%(28人)和0.66%(7人)回答重要决策少部分是或从来没有经过组织讨论,还有11.15%(118人)表示"不清楚"。

表3-2-56 您所在企业的党组织作出重要决策前,
是否经过党支部/党总支/党委讨论研究?

企业性质	全部	大部分是	少部分是	从来没有	不清楚	总计
民营/私营企业	656 (62.00%)	249 (23.53%)	28 (2.65%)	7 (0.66%)	118 (11.15%)	1058 (100.00%)
外商投资企业	77 (60.16%)	33 (25.78%)	3 (2.34%)	1 (0.78%)	14 (10.94%)	128 (100.00%)
港澳台企业	4 (44.44%)	0 (0.00%)	1 (11.11%)	0 (0.00%)	4 (44.44%)	9 (100.00%)
中外合资/合作企业	27 (45.00%)	20 (33.33%)	3 (5.00%)	1 (1.67%)	9 (15.00%)	60 (100.00%)
股份合作制企业	53 (55.79%)	25 (26.32%)	2 (2.11%)	0 (0.00%)	15 (15.79%)	95 (100.00%)
转制企业	4 (50.00%)	2 (25.00%)	2 (25.00%)	0 (0.00%)	0 (0.00%)	8 (100.00%)
合计	821 (60.46%)	329 (24.23%)	39 (2.87%)	9 (0.66%)	160 (11.78%)	1358 (100.00%)

表3-2-57显示不同性质企业党组织党员参与组织生活频率的情况,分别有43.57%(461人)、38.09%(403人)、9.45%(100人)民营或私营企业党员以1个月1次、1季度1次、半年1次的频率参与组织生活,3.88%(41人)的党员1年1次参与组织生活,以及0.47%(5人)和4.54%(48人)表示"从未有过"和"不清楚",其他性质企业党员参与情况如表3-2-57所示,党员参加组织生活的频率会对非公经济组织党建质量造成影响。

表3-2-57 您所在党支部开展组织生活的频率是?

企业性质	1月1次	1季度1次	半年1次	1年1次	从未有过	不清楚	总计
民营/私营企业	461 (43.57%)	403 (38.09%)	100 (9.45%)	41 (3.88%)	5 (0.47%)	48 (4.54%)	1058 (100.00%)
外商投资企业	52 (40.63%)	49 (38.28%)	11 (8.59%)	9 (7.03%)	1 (0.78%)	6 (4.69%)	128 (100.00%)

企业性质	1月1次	1季度1次	半年1次	1年1次	从未有过	不清楚	总计
港澳台企业	3 (33.33%)	4 (44.44%)	1 (11.11%)	1 (11.11%)	0 (0.00%)	0 (0.00%)	9 (100.00%)
中外合资/合作企业	19 (31.67%)	21 (35.00%)	13 (21.67%)	2 (3.33%)	1 (1.67%)	4 (6.67%)	60 (100.00%)
股份合作制企业	40 (42.11%)	26 (27.37%)	14 (14.74%)	4 (4.21%)	0 (0.00%)	11 (11.58%)	95 (100.00%)
转制企业	4 (50.00%)	4 (50.00%)	0 (0.00%)	0 (0.00%)	0 (0.00%)	0 (0.00%)	8 (100.00%)
合计	579 (42.64%)	507 (37.33%)	139 (10.24%)	57 (4.20%)	7 (0.52%)	69 (5.08%)	1358 (100.00%)

表3-2-58显示了不同性质企业党支部开展组织生活的内容情况,民营或私营企业党员中41.78%(442人)、29.49%(312人)以上党课、党员内部交流学习作为开展组织生活的主要内容,7.94%(84人)观看红色电影或参观红色基地,2.08%(22人)政治理论学习,4.06%(43人)传达党中央和上级党组织文件,4.91%(52人)开展批评与自我批评,3.40%(36人)发展党员或处理违纪党员,2.17%(23人)参与时政热点讨论及3.21%(34人)慰问老党员等形式参与组织生活。其他性质企业党支部同样在不断拓展组织生活的内容形式,从而提升非公经济组织党建质量。

表3-2-58 您所在党支部开展组织生活的内容有?

企业性质	民营/私营企业	外商投资企业	港澳台企业	中外合资/合作企业	股份合作制企业	转制企业	合计
政治理论学习	22 (2.08%)	0 (0.00%)	0 (0.00%)	0 (0.00%)	3 (3.16%)	0 (0.00%)	25 (1.84%)
传达党中央和上级党组织文件	43 (4.06%)	5 (3.91%)	0 (0.00%)	4 (6.67%)	3 (3.16%)	0 (0.00%)	55 (4.05%)
开展批评和自我批评	52 (4.91%)	3 (2.34%)	1 (11.11%)	3 (5.00%)	5 (5.26%)	1 (12.50%)	65 (4.79%)
发展党员或处理违纪党员	36 (3.40%)	3 (2.34%)	0 (0.00%)	6 (10.00%)	3 (3.16%)	0 (0.00%)	48 (3.53%)
时政热点讨论	23 (2.17%)	4 (3.13%)	0 (0.00%)	1 (1.67%)	2 (2.11%)	0 (0.00%)	30 (2.21%)
观看红色电影/参观红色基地	84 (7.94%)	12 (9.38%)	1 (11.11%)	7 (11.67%)	7 (7.37%)	0 (0.00%)	111 (8.17%)
党员内部交流学习	312 (29.49%)	38 (29.69%)	2 (22.22%)	15 (25.00%)	23 (24.21%)	3 (37.50%)	393 (28.94%)

企业性质	民营/私营企业	外商投资企业	港澳台企业	中外合资/合作企业	股份合作制企业	转制企业	合计
慰问老党员	34 (3.21%)	2 (1.56%)	0 (0.00%)	2 (3.33%)	3 (3.16%)	0 (0.00%)	41 (3.02%)
上党课	442 (41.78%)	59 (46.09%)	5 (55.56%)	21 (35.00%)	44 (46.32%)	4 (50.00%)	575 (42.34%)
其他	10 (0.95%)	2 (1.56%)	0 (0.00%)	1 (1.67%)	2 (2.11%)	0 (0.00%)	15 (1.10%)
总计	1058 (100.00%)	128 (100.00%)	9 (100.00%)	60 (100.00%)	95 (100.00%)	8 (100.00%)	1358 (100.00%)

组织生活的开展方式对组织生活质量乃至党建质量具有重要影响。表3-2-59显示了受访者所在党组织开展组织生活的方式。民营和私营企业党组织75.99%（804人）的组织生活以线下活动为主，22.68%（240人）以线上活动为主，而在中外合资、合作企业或股份合作制企业中，线上组织生活活动的比例在30.00%以上，更多性质的企业不断拓展组织生活方式的开展渠道。进一步来说，以网络技术为渠道的线上组织生活的实际效果仍值得进一步探讨。

表3-2-59　您所在党支部开展组织生活的方式有？

企业性质	线下活动为主	线上活动为主	其他	总计
民营/私营企业	804(75.99%)	240(22.68%)	14(1.32%)	1058(100.00%)
外商投资企业	87(67.97%)	38(29.69%)	3(2.34%)	128(100.00%)
港澳台企业	8(88.89%)	1(11.11%)	0(0.00%)	9(100.00%)
中外合资/合作企业	38(63.33%)	20(33.33%)	2(3.33%)	60(100.00%)
股份合作制企业	57(60.00%)	35(36.84%)	3(3.16%)	95(100.00%)
转制企业	6(75.00%)	2(25.00%)	0(0.00%)	8(100.00%)
合计	1000(73.64%)	336(24.74%)	22(1.62%)	1358(100.00%)

表3-2-60显示了不同性质企业党员对其党员同事的支部活动参与情况的评价，56.52%（598人）和41.78%（442人）认为参与情况非常好或比较好，而仅有小部分群体认为党员参与支部活动情况不好或不太好，其他性质企业情况如表3-2-60所示，可以发现这一情况在不同性质企业中普遍存在。

表3-2-60　您所在党支部的党员参加支部活动情况是？

企业性质	非常好	比较好	不太好	不好	总计
民营/私营企业	598(56.52%)	442(41.78%)	14(1.32%)	4(0.38%)	1058(100.00%)

企业性质	非常好	比较好	不太好	不好	总计
外商投资企业	67(52.34%)	59(46.09%)	1(0.78%)	1(0.78%)	128(100.00%)
港澳台企业	4(44.44%)	5(55.56%)	0(0.00%)	0(0.00%)	9(100.00%)
中外合资/合作企业	22(36.67%)	34(56.67%)	3(5.00%)	1(1.67%)	60(100.00%)
股份合作制企业	51(53.68%)	41(43.16%)	2(2.11%)	1(1.05%)	95(100.00%)
转制企业	5(62.50%)	3(37.50%)	0(0.00%)	0(0.00%)	8(100.00%)
合计	747(55.01%)	584(43.00%)	20(1.47%)	7(0.52%)	1358(100.00%)

是否给予党务工作者物质补贴同样是影响组织活动开展与企业党建质量的重要因素。如表3-2-61所示,民营或私营企业员工中,有15.60%(165人)认为所在企业给予党务工作者物质补贴,有40.17%(425人)表示"不清楚",对于其他性质企业来说,不给予党务工作者物质补贴或不清楚的占比较高。一方面,物质补贴会影响党务工作者的能力与积极性,进而对党建质量造成影响;另一方面,党员不清楚是否将给予党务工作者物质补贴也是不够关注组织建设工作与党建质量不高的一种体现。

表3-2-61　您所在企业是否给予从事党务工作的同志物质补贴?

企业性质	是	否	不清楚	合计
民营/私营企业	165(15.60%)	468(44.23%)	425(40.17%)	1058(100.00%)
外商投资企业	7(5.47%)	79(61.72%)	42(32.81%)	128(100.00%)
港澳台企业	1(11.11%)	4(44.44%)	4(44.44%)	9(100.00%)
中外合资/合作企业	3(5.00%)	25(41.67%)	32(53.33%)	60(100.00%)
股份合作制企业	15(15.79%)	27(28.42%)	53(55.79%)	95(100.00%)
转制企业	0(0.00%)	6(75.00%)	2(25.00%)	8(100.00%)
合计	191(14.06%)	609(44.85%)	558(41.09%)	1358(100.00%)

组织及时主动对党员提供帮助是发挥基层堡垒作用的重要表现。如表3-2-62所示,民营或私营企业中83.20%(1451人)员工认为组织会主动及时向需要帮助的党员提供帮助,14.11%(246人)表示"不清楚",港澳台企业和转制企业中分别有77.78%(14人)、92.31%(12人)员工认为组织会主动及时提供帮助。进一步发挥组织作用并向更多类型企业覆盖是党建质量提升的重要工作内容。

表3-2-62　当本企业员工在工作、生活中碰到困难，
党组织或党员是否会主动及时提供帮助？

企业性质	会	不会	不清楚	总计
民营/私营企业	1451(83.20%)	47(2.69%)	246(14.11%)	1744(100.00%)
外商投资企业	138(89.03%)	5(3.23%)	12(7.74%)	155(100.00%)
港澳台企业	14(77.78%)	0(0.00%)	4(22.22%)	18(100.00%)
中外合资/合作企业	60(81.08%)	1(1.35%)	13(17.57%)	74(100.00%)
股份合作制企业	128(86.49%)	2(1.35%)	18(12.16%)	148(100.00%)
转制企业	12(92.31%)	1(7.69%)	0(0.00%)	13(100.00%)
合计	1803(83.78%)	56(2.60%)	293(13.62%)	2152(100.00%)

表3-2-63显示了不同性质企业参与区域化党建联建的频率。在民营或私营企业中，25.33%（268人）、33.65%（356人）、10.68%（113人）、5.77%（61人）参加区域化党建联建频率为1月1次、1季度1次、半年1次及1年1次，尚有24.57%（260人）表示并不清楚。值得注意的是，在中外合资或合作企业及港澳台企业中，不清楚区域化党建联建活动的占比分别为45.00%（27人）和55.56%（5人），在一定程度上可以认为其党组织发挥区域化党建联建的作用不高或党组织进行区域化党建联建时对活动内容阐释不到位，二者都是党建质量有待提升的具体表现。

表3-2-63　您所在企业的党组织参加区域化党建联建的频率是？

企业性质	1月1次	1季度1次	半年1次	1年1次	不清楚	总计
民营/私营企业	268(25.33%)	356(33.65%)	113(10.68%)	61(5.77%)	260(24.57%)	1058(100.00%)
外商投资企业	18(14.06%)	35(27.34%)	25(19.53%)	14(10.94%)	36(28.13%)	128.(100.00%)
港澳台企业	2(22.22%)	1(11.11%)	1(11.11%)	0(0.00%)	5(55.56%)	9(100.00%)
中外合资/合作企业	5(8.33%)	17(28.33%)	8(13.33%)	3(5.00%)	27(45.00%)	60(100.00%)
股份合作制企业	22(23.16%)	23(24.21%)	14(14.74%)	3(3.16%)	33(34.74%)	95(100.00%)
转制企业	2(25.00%)	4(50.00%)	1(12.50%)	1(12.50%)	0(0.00%)	8(100.00%)
合计	317(23.34%)	436(32.11%)	162(11.93%)	82(6.04%)	361(26.58%)	1358(100.00%)

在关注不同性质企业参与区域化党建联建的频率的基础上,进一步对区域化党建联建活动中的具体做法进行了解,进而从更微观的视角理解组织外部作用与党建质量。如表3-2-64所示,以民营或私营企业为例,38.56%(408人)认为区域化党建联建中的主要做法是进社区为居民服务,19.75%(209人)选择向社会捐款捐物,16.64%(176人)选择与区域单位联合开展各类活动,以及2.65%(28人)选择了认领居民微心愿,另外21.46%(227人)表示并不清楚。在港澳台、中外合资企业中,党建联建做法类型相对较少。整体来看,非公有制经济组织党组织更多是与区域单位开展联建活动,而缺少更加有意义的活动与创新,进而导致活动流于形式,从而影响党建质量。

表3-2-64 您所在企业的党组织在区域化党建联建中的主要做法有?

企业性质	认领居民微心愿	与区域单位联合开展各类活动	向社会捐款捐物	进社区为居民服务	不清楚	其他	总计
民营/私营企业	28 (2.65%)	176 (16.64%)	209 (19.75%)	408 (38.56%)	227 (21.46%)	10 (0.95%)	1058 (100.00%)
外商投资企业	2 (1.56%)	23 (17.97%)	26 (20.31%)	51 (39.84%)	26 (20.31%)	0 (0.00%)	128 (100.00%)
港澳台企业	0 (0.00%)	1 (11.11%)	0 (0.00%)	4 (44.44%)	3 (33.33%)	1 (11.11%)	9 (100.00%)
中外合资/合作企业	0 (0.00%)	15 (25.00%)	12 (20.00%)	15 (25.00%)	18 (30.00%)	0 (0.00%)	60 (100.00%)
股份合作制企业	2 (2.11%)	16 (16.84%)	22 (23.16%)	33 (34.74%)	22 (23.16%)	0 (0.00%)	95 (100.00%)
转制企业	1 (12.50%)	2 (25.00%)	2 (25.00%)	3 (37.50%)	0 (0.00%)	0 (0.00%)	8 (100.00%)
合计	33 (2.43%)	233 (17.16%)	271 (19.96%)	514 (37.85%)	296 (21.80%)	11 (0.81%)	1358 (100.00%)

不同性质企业党组织活动经费来源如表3-2-65所示,22.02%(233人)的民营或私营企业党员表示由自筹解决,15.12%(160人)表示企业设有专项党建资金,以及有11.15%(118人)、10.96%(116人)、1.70%(18人)表示有上级党组织专项资金、划拨(包括党费返还)或是地方财政补助,并存在37.43%(396人)的党员群体表示并不清楚,其他性质企业的党建活动经费来源如表3-2-65所示。值得注意的是,各类性质企业均存在相当部分党员群体不清楚党组

织经费来源。党组织活动经费的公开透明度存在不足或党员主动了解活动经费的意识不强都是非公有制经济组织党建质量不高的表现。

表3-2-65　您所在企业党组织的活动经费来源是？

企业性质	企业设有专项党建基金	上级党组织的党建工作专项资金	地方财政补助	上级党组织的划拨（包括党费返还）	自筹解决	不清楚	其他	总计
民营/私营企业	160 (15.12%)	118 (11.15%)	18 (1.70%)	116 (10.96%)	233 (22.02%)	396 (37.43%)	17 (1.61%)	1058 (100.00%)
外商投资企业	10 (7.81%)	19 (14.84%)	0 (0.00%)	24 (18.75%)	23 (17.97%)	52 (40.63%)	0 (0.00%)	128 (100.00%)
港澳台企业	1 (11.11%)	0 (0.00%)	0 (0.00%)	1 (11.11%)	2 (22.22%)	4 (44.44%)	1 (11.11%)	9 (100.00%)
中外合资/合作企业	2 (3.33%)	9 (15.00%)	1 (1.67%)	8 (13.33%)	7 (11.67%)	33 (55.00%)	0 (0.00%)	60 (100.00%)
股份合作制企业	19 (20.00%)	5 (5.26%)	0 (0.00%)	12 (12.63%)	12 (12.63%)	47 (49.47%)	0 (0.00%)	95 (100.00%)
转制企业	0 (0.00%)	3 (37.50%)	0 (0.00%)	0 (0.00%)	2 (25.00%)	3 (37.50%)	0 (0.00%)	8 (100.00%)
合计	192 (14.14%)	154 (11.34%)	19 (1.40%)	161 (11.86%)	279 (20.54%)	535 (39.40%)	18 (1.33%)	1358 (100.00%)

表3-2-66展示了不同性质企业党组织在组织工作中面临的各种困难。16.07%（170人）的民营或私营企业党员选择了党员难集中是组织工作面临的困难，14.37%（152人）认为是缺乏专门实践，7.28%（77人）认为是影响本职工作，10.78%（114人）认为是缺乏专职党务工作者，而较少的党员选择经费或场地限制问题，7.94%（84人）认为活动本身形式存在单调乏味的问题。总的来说，组织活动当前面临的困难来自外部资源与保障、党员思想及组织活动自身的各个方面，这些因素共同造成了组织工作与党建质量的当前困境。

表3-2-66　您所在企业的党组织在工作中面临的困难有？

企业性质	民营/私营企业	外商投资企业	港澳台企业	中外合资/合作企业	股份合作制企业	转制企业	合计
缺乏经费	49 (4.63%)	2 (1.56%)	1 (11.11%)	2 (3.33%)	0 (0.00%)	0 (0.00%)	54 (3.98%)
缺乏专门时间	152 (14.37%)	22 (17.19%)	3 (33.33%)	12 (20.00%)	13 (13.68%)	1 (12.50%)	203 (14.95%)
缺乏场地	56 (5.29%)	5 (3.91%)	0 (0.00%)	2 (3.33%)	4 (4.21%)	1 (12.50%)	68 (5.01%)

续表

企业 性质	民营/ 私营企业	外商投资 企业	港澳台 企业	中外合资/ 合作企业	股份合作制 企业	转制企业	合计
缺乏专职党务 工作者	114 (10.78%)	16 (12.50%)	0 (0.00%)	3 (5.00%)	6 (6.32%)	1 (12.50%)	140 (10.31%)
党员 不积极	5 (0.47%)	3 (2.34%)	0 (0.00%)	0 (0.00%)	0 (0.00%)	0 (0.00%)	8 (0.59%)
党员 难集中	170 (16.07%)	18 (14.06%)	0 (0.00%)	9 (15.00%)	16 (16.84%)	1 (12.50%)	214 (15.76%)
领导 不支持	8 (0.76%)	2 (1.56%)	0 (0.00%)	0 (0.00%)	0 (0.00%)	0 (0.00%)	10 (0.74%)
影响 本职工作	77 (7.28%)	15 (11.72%)	0 (0.00%)	9 (15.00%)	3 (3.16%)	1 (12.50%)	105 (7.73%)
组织活动 形式单调 乏味	84 (7.94%)	8 (6.25%)	1 (11.11%)	6 (10.00%)	7 (7.37%)	2 (25.00%)	108 (7.95%)
其他	26 (2.46%)	0 (0.00%)	22 (2.22%)	0 (0.00%)	4 (4.21%)	0 (0.00%)	32 (2.36%)
不清楚	317 (29.96%)	37 (28.91%)	2 (22.22%)	17 (28.33%)	42 (44.21%)	1 (12.50%)	416 (30.63%)
总计	1058 (100.00%)	128 (100.00%)	9 (100.00%)	60 (100.00%)	95 (100.00%)	8 (100.00%)	1358 (100.00%)

第三节　文化维度分析

文化,按照美国学者克罗伯和克拉克洪所说,"是包括各种外显或内显的行为模式;它通过符号的运用使人们习得及传授,并构成人类群体的显著成就,包括体现于人工制品中的成就,尤其是其价值观念;文化体系虽可被认为是人类活动的产物,但也可被视为限制人类作进一步活动的因素"[1]。根据这个概括,非公有制经济组织党建中的文化因素,大致上是指在特定的结构条件下,人们在党建活动过程中所形成的认知、态度及特定行为模式和支撑这种行为模式的价值观念等。其具体的内容包括员工的入党动机、入党积极性,员工对党员先锋模范作用和党组织作用的认可,企业主对党建作用的认

---

[1] 傅铿:《文化:人类的镜子——西方文化理论导引》,上海人民出版社,1990年,第12页。

识及对党建工作的态度等。总体上来说,就是非公有制经济组织中的多元主体对党建工作的认知、评价和态度的总和。

一、文化层面的总体情况

从文化角度来看,非公有制经济组织党的建设质量主要体现在人们对党的认识,是否积极向党靠拢、入党动机是否端正。表3-3-1显示的是受访者对所在企业员工入党积极性的看法。其中,认为企业员工入党积极性非常高和比较高的人分别占32.25%(694人)和31.55%(679人),而回答一般和非常低的分别占22.30%(480人)和1.25%(27人),另有12.64%(272人)表示"不清楚"。可以看到,近64.00%的人认为所在企业员工有比较高的入党积极性,说明中国共产党在非公有制经济组织中有着比较良好的形象,得到了一定的认可。当然,也有36.00%左右的人认为企业员工的入党积极性一般或是非常低,或是觉得说不清楚。

表3-3-1 您所在企业员工的入党积极性

选项	数量	百分比(%)
非常高	694	32.25
比较高	679	31.55
一般	480	22.30
非常低	27	1.25
不清楚	272	12.64
合计	2152	100.00

如果说入党积极性一定程度上体现了人们对党的看法,那么,这种体现还是比较浅层次的,入党动机才能从更深的层次上体现人们对党的认识。表3-3-2显示的是受访者对人们入党动机的看法。调查问卷显示,认为大家因为入党光荣而想加入党组织的人最多,占57.48%(1237人),51.91%(1117人)的受访者认为其同事因"为共产主义事业而奋斗"而想入党,18.08%(389人)的受访者认为同事们为了个人政治前途而想入党,16.50%(355人)的受访者认为同事们为了提高社会地位而想入党,11.15%(240人)认为同事们是看到别人入党而想入党。从这些数据中可以看到,超过一半的受访者对人们的入党动机持有比较正面的看法,但是,情况也并不是十分乐观。当然,与上述一

些看法不同,在访谈中有些人提到,非公有制企业中的党员之所以入党,其实并没有很大的功利性,因为他们"在政治上走到什么样的高度不大可能。之所以参加党组织是因为看到党员在各个岗位上都有,从基层到高管老板都有党员。党员的照片上墙,让大家看看哪些人是党员,他们就要注意自己的形象"①。

表3-3-2 您认为绝大多数同事的入党动机

选项	是		否	
	数量	百分比(%)	数量	百分比(%)
看到别人入党,自己也想入	240	11.15	1912	88.85
为了个人政治前途	389	18.08	1763	81.92
有利于提高社会地位	355	16.50	1797	83.50
有机会提高收入	124	5.76	2028	94.24
觉得入党光荣	1237	57.48	915	42.52
为共产主义事业而奋斗	1117	51.91	1035	48.09

严把党员入口关,是中国共产党百年发展进程中的一条重要经验。新民主主义革命时期,中国共产党强调,党员不仅要组织上入党,而且要思想上入党,也就是说,具有无产阶级思想意识是入党的重要标准。党的十八大以来,习近平多次强调发展党员要突出政治标准。党章明确规定,发展党员"必须把政治标准放在首位"②。

表3-3-3显示了受访者对企业发展党员时最主要的标准的看法情况。其中,有31.20%(2014人)的受访者选择了政治觉悟这一标准,87.59%(1764人)认为其处于第一位的标准,认为其处于第二和三位标准的人分别占9.09%(183人)和3.33%(67人),这表明,大多数人认为所在企业发展党员时是突出政治标准的。有19.53%(1261人)的受访者选择了业务水平这一选项,从排序来看,只有5.71%(72人)认为其是第一位的标准,而认为其是第二和第三位标准是分别占到59.48%(750人)和34.81%(439人)。只有2.28%(147人)选择了职位高低这一标准,在这当中,15.65%(23人)认为其处于第一位的标准,而认为其处于第二和第三位标准的分别占21.09%(31人)和63.27%(93人),这

---

① 20221103CDX。

② 《党的二十大文件汇编》,党建读物出版社,2022年,第111页。

表明大多数人认为企业发展党员时职位高低并不是十分重要的因素。有
5.41%(349人)选择了单位内人际关系这一选项,7.16%(25人)认为人际关系
处于第一位的标准,分别有28.08%(98人)和64.76%(226人)的受访者认为人
际关系处于第二和第三位的标准,可以看到,认为人际关系在入党时能够发
挥作用的人并不多,同时,即使部分受访者认为其有影响,也都认为影响并不
是很大。有5.92%(382人)选择了社会关系选项,其中6.28%(24人)认为其处
于第一位的标准,而有58.12%(222人)和35.60%(136人)认为其分别处于第
二和第三位的标准。有8.91%(575人)选择了受教育程度这一标准,其中,
3.30%(19人)认为其处于第一位的标准,认为其处于第二和第三位标准的分
别占到了36.87%(212人)和59.83%(344人)。这表明,尽管有不少人认为受
教育程度是入党的一个考量标准,但并不是很重要。有25.02%(1615人)选择
了人品这一选项,9.47%(153人)认为其处于第一位的标准,认为其处于第二
和第三位标准的各占45.26%(731人)。这表明,大多数人都看到了个人人品
在入党时的重要性。当然,也有上百人觉得不知道企业入党的标准到底有
哪些。

表3-3-3 企业发展党员时最主要的三个标准依次是?

选项	第一		第二		第三		合计	
	数量	百分比(%)	数量	百分比(%)	数量	百分比(%)	数量	百分比(%)
政治觉悟	1764	87.59	183	9.09	67	3.33	2014	31.20%
业务水平	72	5.71	750	59.48	439	34.81	1261	19.53%
职位高低	23	15.65	31	21.09	93	63.27	147	2.28%
单位内人际关系	25	7.16	98	28.08	226	64.76	349	5.41%
社会关系	24	6.28	136	35.60	222	58.12	382	5.92%
受教育程度	19	3.30	212	36.87	344	59.83	575	8.91%
个人人品	153	9.47	731	45.26	731	45.26	1615	25.02%
不清楚	72	63.72	11	9.73	30	26.55	113	1.75%

按照党的要求,每个共产党员都应当是一面旗帜,要在工作和生活中发
挥先锋模范作用。政党是由一个个党员个体组成的,人们对党员的认识必然

会影响到对党的认同和支持。表3-3-4显示了受访者对企业党员能否发挥模范带头作用情况的看法。其中,80.44%(1731人)的受访者认为所在企业的党员能够经常发挥模范带头作用,认为偶尔能够发挥带头作用和看不出有什么带头作用的分别占11.38%(245人)和6.46%(139人),有1.72%(37人)的受访者甚至认为所在企业党员达不到党员的基本要求。可以看到,人们对企业党员发挥先锋模范作用的情况总体上评价比较积极,但是,也不能不看到,近五分之一的人实际上是持不太认可的态度。

表3-3-4　企业党员发挥模范带头作用情况是?

选项	数量	百分比(%)
经常发挥	1731	80.44
偶尔发挥	245	11.38
看不出	139	6.46
达不到党员的基本要求	37	1.72
合计	2152	100.00

　　非公有制经济组织党组织是党在非公有制经济组织中的战斗堡垒,其作用发挥如何,直接影响着党在非公有制经济组织中的执政基础。表3-3-5显示的是受访者对企业党组织发挥作用的看法。80.58%(1734人)的受访者认为所在企业党组织起到了团结党员和群众的作用,认为其提升了党在广大员工中形象的占63.66%(1370人),认为其促进了企业文化发展的有65.61%(1412人),认为其为员工提供服务和帮助的有52.79%(1136人),而认为其促进本单位业务发展的相对少些,占41.64%(896人),当然,有8.74%(188人)的受访者认为企业党组织完全没有发挥上述作用。可以看到,人们对企业党组织在职工中发挥"政治核心作用"的看法比较积极,大多数人认为企业党组织在团结党员和群众、提升党的形象、促进企业文化发展和服务职工群众等方面的作用较大,相对来说,人们对党组织在企业业务发展中的作用的评价则不是很高,近60.00%的人认为没有起到什么作用。党建和业务"两张皮"也正是非公有制经济组织党建实践中亟待破解的难题。

表3-3-5　对企业党组织发挥作用的看法是?

选项	是		否	
	数量	百分比(%)	数量	百分比(%)
团结党员和群众	1734	80.58	418	19.42
提升党在广大员工中的形象	1370	63.66	782	36.34
促进企业(组织)文化发展	1412	65.61	740	34.39
促进本单位的业务发展	896	41.64	1256	58.36
为广大员工提供服务和帮助	1136	52.79	1016	47.21
以上都没有	188	8.74	1964	91.26

　　党建工作对企业的生产经营到底有没有推动作用,这在实践中是个非常复杂的问题。有学者明确提出,在非公有制企业中,"党建也是生产力"[1]。但是,也有的人认为,"党建很尴尬,对企业的发展起不到任何作用"[2]。当然,这未免是过于极端的看法。表3-3-6显示的是受访者对"党建也是生产力"这个观点的看法。可以看到,表示非常赞同和比较赞同者分别达到了70.07%(1508人)和20.68%(445人),这说明绝大多数人对党建在企业发展中的作用是认可的。当然,也要看到,不太赞同和很不赞同者也分别有1.30%(28人)和0.09%(2人),而7.85%(169人)表示说"不清楚",一定程度上也可视为不太赞同的表现。也就是说,有接近10%的人不太认可党建工作在企业中的作用。

表3-3-6　您对"党建也是生产力""党建强则生产强、业务强"
这样的观点的看法是?

选项	数量	百分比(%)
非常赞同	1508	70.07
比较赞同	445	20.68
不太赞同	28	1.30
很不赞同	2	0.09
说不清楚	169	7.85
合计	2152	100.00

　　众所周知,非公有制经济组织党建工作受到出资人或老板态度的直接影

[1] 何轩、马骏:《党建也是生产力——民营企业党组织建设的机制与效果研究》,《社会学研究》2018年第3期。
[2] 20211201XLM。

响。有的受访者明确表示,非公有制经济组织的党建工作,要"服从于企业生产经营的主线,工作做得怎么样,就看老板怎么看这个事情"①。表3-3-7显示的是企业主要领导对党建工作的态度情况。其中,79.00%(1700人)的受访者认为所在企业的主要领导对党建工作积极支持,认为企业领导因政府关系需要或政府要求才开展党建的受访者分别占3.49%(75人)和1.21%(26人),而认为企业领导对党建无所谓甚至不支持的分别占1.02%(22人)和0.37%(8人),另有14.92%(321人)说不清楚企业领导对党建工作的态度到底怎么样。总体来说,人们觉得企业的主要领导对党建工作是持比较支持的态度的。但是,也有一些人认为企业主要领导只是为了和政府搞好关系或是政府要求才开展党建工作的,显然,这与习近平提出的"民营企业搞党建不是一种形式的、功利的想法,要真正拥护党的理念,做到心中有党"②的要求还有一定的距离。再者,还有少数人认为所在企业主要领导对党建工作持无所谓甚至不支持的态度,这就更表明了党建在企业中的生存环境了。

表3-3-7　所在企业主要领导(出资人或主要负责人)对企业党建工作的态度

选项	数量	百分比(%)
积极支持	1700	79.00
政府关系需要	75	3.49
政府要求	26	1.21
无所谓	22	1.02
不支持	8	0.37
不太清楚	321	14.92
合计	2152	100.00

　　表3-3-8显示的是受访者在碰到困难时的首选求助对象情况。其中,向亲戚朋友求助的最多,占到41.91%(902人),其次是单位领导,占到27.42%(590人),再次是同事,占15.15%(326人),只有11.94%(257人)首先选择向党组织求助,而向工会、妇联和共青团等群团组织求助的就更少,只占3.58%(77人)。我们可以看到,在五类可选择的首选求助对象中,党组织处于倒数第二

① 20221118WZW。
② 牛月永:《深刻认识民营企业党建的时代意义》,《学习时报》2018年10月31日。

位,仅排在工青妇这些群团组织之前。究其原因,一方面,这和中国人的"熟人社会"文化有关;另一方面,也和人们对党组织是否愿意或是否能够解决自身问题的信心不足有关,这表明职工群众对党组织的信任水平还有待提高。

表3-3-8　当您在工作、生活中碰到困难时,首先想到向谁寻求帮助?

选项	数量	百分比(%)
领导	590	27.42
工会/妇联/共青团	77	3.58
党组织	257	11.94
同事	326	15.15
亲朋	902	41.91
合计	2152	100.00

二、文化层面的交叉分析

与结构和过程层面一样,在文化层面上,不同类别的群体对相关问题的认识和看法也有所不同,这些差异也能够为我们判断非公有制经济组织党的建设质量提供一定的参考。总体上,我们从不同类别群体对所在企业党员是否发挥先锋模范作用、企业职工的入党积极性及入党动机、企业领导对党建工作的态度、遇到问题首先向谁求助、党组织发挥的作用等问题的看法来考察非公有制经济组织党建文化层面的状况及其体现的党建质量情况。

1.不同性别群体

职工群众对党员先锋模范作用的认知和评价是其对党员认可度和信任度的重要体现,是党建文化的重要组成部分,也是非公有制经济组织党建质量的重要表现。表3-3-9显示了不同性别群体所认为的企业党员是否及何种程度上发挥先锋模范作用的情况。其中,近80.00%(962人)的男性员工认为其所在企业的党员经常发挥模范带头作用,11.00%(133人)的男性员工认为偶尔发挥作用,而认为党员看不出有什么作用甚至达不到基本要求的分别达到7.11%(86人)和2.32%(28人),二者合计将近10.00%。女性员工中,81.55%(769人)认为所在企业党员经常发挥模范带头作用,11.88%(112人)的人认为党员偶尔发挥作用,认为看不出党员有什么作用或达不到党员基本要求的人分别占5.62%(53人)和0.95%(9人),可以看到,女性职工比男性职工对其所在企业党员的认可度相对较高一些。

表3-3-9　您认为所在企业的党员（发挥模范带头作用）？

受访者性别	经常发挥	偶尔发挥	看不出	达不到党员的基本要求	总计
男	962 (79.57%)	133 (11.00%)	86 (7.11%)	28 (2.32%)	1209 (100.00%)
女	769 (81.55%)	112 (11.88%)	53 (5.62%)	9 (0.95%)	943 (100.00%)
合计	1731 (80.44%)	245 (11.38%)	139 (6.46%)	37 (1.72%)	2152 (100.00%)

　　非公有制经济组织党的建设质量受到出资人或主要负责人态度的直接影响。表3-3-10显示的是不同性别群体对所在企业主要领导是否支持及为何支持党建工作的看法。其中,76.67%(927人)的男性职工认为企业主要领导积极支持党建工作,认为领导主要是为了维护和政府的关系或政府要求才支持党建工作的男性职工分别占4.22%(51人)和1.41%(17人),而认为企业领导对党建工作不支持或无所谓的分别占0.25%(3人)和1.08%(13人),另有16.38%(198人)不清楚领导的态度。女性职工中,81.97%(773人)认为所在企业领导积极支持党建工作,认为企业领导为了维护和政府的关系或政府要求才开展党建工作的分别占2.55%(24人)和0.95%(9人),而认为企业领导对党建工作无所谓的或不支持的分别占0.95%(9人)和0.53%(5人),另有13.04%(123人)的女性职工不清楚企业领导对党建工作的态度。

3-3-10　您所在企业的主要领导（出资人或主要负责人）
对企业党建工作的态度是？

受访者性别	积极支持	维护政府关系	政府要求	无所谓	不支持	不太清楚	总计
男	927 (76.67%)	51 (4.22%)	17 (1.41%)	13 (1.08%)	3 (0.25%)	198 (16.38%)	1209 (100.00%)
女	773 (81.97%)	24 (2.55%)	9 (0.95%)	9 (0.95%)	5 (0.53%)	123 (13.04%)	943 (100.00%)
合计	1700 (79.00%)	75 (3.49%)	26 (1.21%)	22 (1.02%)	8 (0.37%)	321 (14.92%)	2152 (100.00%)

　　遇到困难向谁求助是社会信任的重要指示器。表3-3-11显示了不同性别的非公有制经济组织员工在遇到困难时首选向谁求助的情况,其中,男性员工在碰到困难时,其首选求助对象依次是亲朋、领导、党组织、同事和工青妇等群团组织,分别占36.72%(444人)、29.78%(360人)、15.38%(186人)、14.81%(179人)和3.31%(40人)。而女性员工在碰到困难时的首选求助对象依次是亲朋、领导、同事、党组织及工青妇等群团组织,分别占48.57%(458人)、24.39%(230人)、15.59%(147人)、7.53%(71人)和3.92%(37人)。可以看到,相较于党组织和工青妇这样的群团组织,无论男女职工在碰到困难时,都更倾向于向亲朋好友及领导、同事求助。当然,就首选向党组织求助来看,男性员工要远远超过女性员工,这可能是由于男性员工对党组织更为了解,或者具有更高的"外部政治效能感"。

表3-3-11　　当您在工作、生活中碰到困难时,您首先想到向谁寻求帮助?

受访者性别	领导	工会/妇联/共青团	党组织	同事	亲朋	总计
男	360 (29.78%)	40 (3.31%)	186 (15.38%)	179 (14.81%)	444 (36.72%)	1209 (100.00%)
女	230 (24.39%)	37 (3.92%)	71 (7.53%)	147 (15.59%)	458 (48.57%)	943 (100.00%)
合计	590 (27.42%)	77 (3.58%)	257 (11.94%)	326 (15.15%)	902 (41.91%)	2152 (100.00%)

2.不同政治面貌群体

　　与性别一样,不同的政治面貌同样会影响人们对事物的看法。表3-3-12显示了不同政治面貌的群体对所在企业员工入党积极性的看法。就党员来说,认为其所在企业员工入党积极性非常高和比较高的人分别占到33.28%(452人)和36.30%(493人),认为员工入党积极性一般的人占24.59%(334人),认为员工入党积极性非常低或说不清的分别占1.55%(21人)和4.27%(58人)。而就非党员来说,认为其所在企业员工入党积极性非常高或比较高的分别占30.48%(242人)和23.43%(186人),认为一般、非常低或说不清的分别占18.39%(146人)、0.76%(6人)和26.95%(214人)。可以看到,自身是党员的人对同事们的入党积极性有更加积极的判断,而非党员中,则有将近一半的人觉得其他人的入党积极性不怎么样。

表 3-3-12　您所在企业员工的入党积极性?

受访者政治面貌	非常高	比较高	一般	非常低	说不清	总计
党员	452 (33.28%)	493 (36.30%)	334 (24.59%)	21 (1.55%)	58 (4.27%)	1358 (100.00%)
非党员	242 (30.48%)	186 (23.43%)	146 (18.39%)	6 (0.76%)	214 (26.95%)	794 (100.00%)
合计	694 (32.25%)	679 (31.55%)	480 (22.30%)	27 (1.25%)	272 (12.64%)	2152 (100.00%)

如果说入党积极性还只是党建质量的浅层表现的话,那么,入党动机则是党建质量更加直接的体现。表 3-3-13 显示了不同政治面貌群体对所在企业同事入党动机的看法。就党员来看,认为人们是为共产主义而奋斗和觉得光荣而入党者分别占 53.53%(727 人)和 28.20%(383 人),认为人们是因为入党有机会提高收入、有利于提高社会地位,或为了个人政治前途及看到别人加入自己也想加入者分别占 0.44%(6 人)、2.50%(34 人)、2.14%(29 人)和1.40%(19 人),当然,也有 11.78%(160 人)的党员回答说"不清楚"。就非党员来看,认为人们为共产主义事业奋斗而入党或觉得光荣而入党者分别占44.46%(353 人)和 15.62%(124 人),认为说不清的占到了 30.23%(240 人),认为人们为提高收入、提高社会地位、为了个人政治前途而入党,或看到别人入党自己也想加入的分别占 1.39%(11 人)、2.02%(16 人)、3.27%(26 人)和3.02%(24 人)。从这些数据中可以看到,绝大多数的党员对人们的入党动机抱有比较正面的看法,而非党员对这个问题的判断相对悲观一些,某种程度上,这也代表了他们对党员本身的看法,体现着当前人们对党员的信任和认可程度。

表 3-3-13　您认为绝大多数同事的入党动机是?

受访者政治面貌	看到别人入党自己也想入	为了个人政治前途	有利于提高社会地位	有机会提高收入	觉得入党光荣	为共产主义事业而奋斗	说不清	总计
党员	19 (1.40%)	29 (2.14%)	34 (2.50%)	6 (0.44%)	383 (28.20%)	727 (53.53%)	160 (11.78%)	1358 (100.00%)
非党员	24 (3.02%)	26 (3.27%)	16 (2.02%)	11 (1.39%)	124 (15.62%)	353 (44.46%)	240 (30.23%)	794 (100.00%)
合计	43 (2.00%)	55 (2.56%)	50 (2.32%)	17 (0.79%)	507 (23.56%)	1080 (50.19%)	400 (18.59%)	2152 (100.00%)

表3-3-14显示了不同政治面貌群体对所在企业党员发挥模范带头作用情况的看法。就党员来说，86.60%(1176人)的人认为所在企业党员经常发挥模范带头作用，11.05%(150人)认为他们偶尔发挥这样的作用，只有2.14%(29人)和0.22%(3人)的人分别认为看不出党员的模范带头作用或达不到党员的基本要求。而非党员方面，认为所在企业党员经常发挥和偶尔发挥模范带头作用的分别占69.90%(555人)和11.96%(95人)，而认为看不出有什么作用或达不到党员基本要求的分别占13.85%(110人)和4.28%(34人)。显然，自身是党员的人对党员发挥模范带头作用的评价要更加积极，而30.00%左右的非党员实际上对党员发挥模范带头作用的情况持有比较悲观的看法。

表3-3-14   您认为所在企业的党员(发挥模范带头作用)?

受访者 政治面貌	经常发挥	偶尔发挥	看不出	达不到党员 的基本要求	总计
党员	1176(86.60%)	150(11.05%)	29(2.14%)	3(0.22%)	1358(100.00%)
非党员	555(69.90%)	95(11.96%)	110(13.85%)	34(4.28%)	794(100.00%)
合计	1731(80.44%)	245(11.38%)	139(6.46%)	37(1.72%)	2152(100.00%)

表3-3-15显示了不同政治面貌群体对所在企业党组织发挥作用的看法。其中，就党员来说，认为党组织为广大员工提供服务和帮助、促进企业文化发展、团结党员和群众、提升党在广大员工中的形象和促进本单位的业务发展分别占53.90%(732人)、18.92%(257人)、7.73%(105人)、6.92%(94人)和6.63%(90人)，有5.89%(80人)的党员认为所在企业党组织没有发挥上述这些作用。就非党员来说，其认为所在企业党组织发挥作用的情况依次是为广大员工提供服务和帮助占43.32%(344人)，促进企业文化发展占13.73%(109人)，团结党员和群众占13.48%(107人)，促进本单位的业务发展和提升党在广大职工中的形象均占7.93%(63人)，有13.60%(108人)的非党员认为党组织没有发挥上述作用。与对党员发挥作用的看法一样，非党员对党组织发挥作用的看法没有自身就是党员者的看法积极，这从一个侧面反映了党员和党组织在日常生活中对非党员群众的联系或帮助相对不足。

表3-3-15　您认为党组织在本企业发挥的作用是？

受访者政治面貌	团结党员和群众	提升党在广大员工中的形象	促进企业（组织）文化发展	促进本单位的业务发展	为广大员工提供服务和帮助	以上都没有	总计
党员	105 (7.73%)	94 (6.92%)	257 (18.92%)	90 (6.63%)	732 (53.90%)	80 (5.89%)	1358 (100.00%)
非党员	107 (13.48%)	63 (7.93%)	109 (13.73%)	63 (7.93%)	344 (43.32%)	108 (13.60%)	794 (100.00%)
合计	212 (9.85%)	157 (7.30%)	366 (17.01%)	153 (7.11%)	1076 (50.00%)	188 (8.74%)	2152 (100.00%)

表3-3-16显示了不同政治群体对"党建也是生产力"及类似观点的看法。其中,就党员群体来说,其回答依次是非常赞同者占74.08%(1006人),比较赞同者占22.46%(305人),说不清楚和不太赞同者分别占2.36%(32人)和1.10%(15人),没有党员对此很不赞同。就非党员群体来说,表示非常赞同和比较赞同这种看法者分别占63.22%(502人)和17.63%(140人),而说不清楚、不太赞同和很不赞同者分别占17.25%(137人)、1.64%(13人)和0.25%(2人)。可以看到,党员对"党建也是生产力"这样的看法更加认可,非常赞同和比较赞同者合计超过了96.00%;相对来说,非党员的认同度偏低一些,两者合计占80.00%。如果将说不清楚看作否定性回答的话,则不太赞同这种看法的人达到近20.00%。

表3-3-16　您对"党建也是生产力""党建强则生产强、业务强"
这样的观点的看法是？

受访者政治面貌	非常赞同	比较赞同	不太赞同	很不赞同	说不清楚	总计
党员	1006 (74.08%)	305 (22.46%)	15 (1.10%)	0 (0.00%)	32 (2.36%)	1358 (100.00%)
非党员	502 (63.22%)	140 (17.63%)	13 (1.64%)	2 (0.25%)	137 (17.25%)	794 (100.00%)
合计	1508 (70.07%)	445 (20.68%)	28 (1.30%)	2 (0.09%)	169 (7.85%)	2152 (100.00%)

表3-3-17显示的是不同政治面貌群体对所在企业主要领导是否支持党建工作的看法和判断。就党员来说,86.45%(1174人)的人认为所在企业主要领导积极支持党建工作,而非党员则只有66.25%(526人)持有这种看法。党

员中,认为企业领导主要是为了维护和政府的关系或政府要求而为之者分别占3.39%(46人)和1.25%(17人),非党员中这二者的比例分别占3.65%(29人)和1.13%(9人)。党员中,认为企业领导对党建工作无所谓、不支持或说不清楚领导的态度者分别占1.40%(19人)、0.37%(5人)和7.14%(97人),而非党员中回答这三者的比例分别为0.38%(3人)、0.38%(3人)和28.21%(224人)。可以看到,与党员相比,非党员关于企业领导对党建工作态度的看法要悲观许多,尤其是如果将不太清楚视作否定性回答的话,则有近30.00%的非党员认为企业领导并不怎么支持党建工作。

表3-3-17 您所在企业的主要领导(出资人或主要负责人)
对企业党建工作的态度是?

受访者政治面貌	积极支持	维护政府关系	政府要求	无所谓	不支持	不太清楚	总计
党员	1174 (86.45%)	46 (3.39%)	17 (1.25%)	19 (1.40%)	5 (0.37%)	97 (7.14%)	1358 (100.00%)
非党员	526 (66.25%)	29 (3.65%)	9 (1.13%)	3 (0.38%)	3 (0.38%)	224 (28.21%)	794 (100.00%)
合计	1700 (79.00%)	75 (3.49%)	26 (1.21%)	22 (1.02%)	8 (0.37%)	321 (14.92%)	2152 (100.00%)

表3-3-18显示的是不同政治面貌群体碰到困难时首选向谁求助的情况。其中,党员在此问题上的回答依次是亲朋占41.02%(557人),领导占25.70%(349人),党组织占16.57%(225人),同事占13.70%(186人)和工青妇占3.02%(41人)。而非党员对此问题的回答依次是亲朋占43.45%(345人),领导占30.35%(241人),同事占17.63%(140人),工青妇占4.53%(36人),而党组织最少,只占4.03%(32人)。可以看到,相比于党组织和工青妇这样的群团组织,非公有制经济组织员工更加倾向于向亲朋好友、企业领导或是同事求助。在这个问题上,党员和非党员虽然有所不同,但差别并不是很大。同时,非党员选择向党组织求助的比例甚至低于群团组织,这既有可能是因为非党员员工对党组织信任度不够,也有可能是非党员员工对党组织不够了解所致,无论哪种原因,都可以说是党建质量不高的表现。

表3-3-18 当您在工作、生活中碰到困难时,您首先想到向谁寻求帮助

受访者政治面貌	领导	工会/妇联/共青团	党组织	同事	亲朋	总计
党员	349 (25.70%)	41 (3.02%)	225 (16.57%)	186 (13.70%)	557 (41.02%)	1358 (100.00%)
非党员	241 (30.35%)	36 (4.53%)	32 (4.03%)	140 (17.63%)	345 (43.45%)	794 (100.00%)
合计	590 (27.42%)	77 (3.58%)	257 (11.94%)	326 (15.15%)	902 (41.91%)	2152 (100.00%)

3.不同教育程度群体

表3-3-19显示了不同教育程度群体对所在企业员工入党积极性的看法。就硕士研究生及以上者来说,他们认为所在企业员工入党积极性非常高、比较高、一般、非常低和说不清的比例分别占19.19%(33人)、41.28%(71人)、29.65%(51人)、2.33%(4人)和7.56%(13人)。就具有大学本科学历者来说,认为非常高者占35.48%(286人)、比较高者占37.10%(299人)、一般者占21.22%(171人)、非常低者占1.12%(9人)、说不清者占5.09%(41人)。总体上,拥有大学本科学历者对所在企业员工入党积极性的看法最为乐观,觉得非常高和比较高者累计达72.58%,相对来说,初中及以下学历者则只有47.31%的人认为所在企业员工入党积极性非常高和比较高,而高达38.17%(92人)认为说不清,相对来说,大学本科和硕士研究生及以上者选择说不清的比例则小很多。

表3-3-19 您所在企业员工的入党积极性

受访者教育程度	非常高	比较高	一般	非常低	说不清	总计
初中及以下	66 (27.39%)	48 (19.92%)	34 (14.11%)	1 (0.41%)	92 (38.17%)	241 (100.00%)
高中/中专	129 (33.08%)	89 (22.82%)	96 (24.62%)	6 (1.54%)	70 (17.95%)	390 (100.00%)
大学专科	180 (33.15%)	172 (31.68%)	128 (23.57%)	7 (1.29%)	56 (10.31%)	543 (100.00%)
大学本科	286 (35.48%)	299 (37.10%)	171 (21.22%)	9 (1.12%)	41 (5.09%)	806 (100.00%)

续表

受访者 教育程度	非常高	比较高	一般	非常低	说不清	总计
硕士研究生及 以上	33 (19.19%)	71 (41.28%)	51 (29.65%)	4 (2.33%)	13 (7.56%)	172 (100.00%)
合计	694 (32.25%)	679 (31.55%)	480 (22.30%)	27 (1.25%)	272 (12.64%)	2152 (100.00%)

表3-3-20显示的是不同受教育程度群体对同事入党动机的看法。其中，认为其同事是为共产主义事业而奋斗或觉得光荣选择入党的，硕士研究生及以上学历者占44.19%（76人）和28.49%（49人），大学本科学历者占54.22%（437人）和24.81%（200人），大学专科学历者占53.96%（293人）和25.60%（139人），高中或中专学历者占45.13%（176人）和23.08%（90人），初中学历者占40.66%（98人）和12.03%（29人）。回答其同事是因为入党有机会提高收入、有利于提高社会地位、为了个人政治前途或看到别人入党自己也想加入的，硕士研究生及以上者分别占0、2.91%（5人）、2.33%（4人）和1.16%（2人）；大学本科学历者分别占0.50%（4人）、1.86%（15人）2.36%（19人）和2.23%（18人）；大学专科学历者分别占1.29%（7人）、2.21%（12人）、1.84%（10人）和0.92%（5人）；初中学历者分别占0.41%（1人）、3.73%（9人）、2.07%（5人）和4.56%（11人）。在各学历层次中，回答说不清的分别是硕士研究生及以上者占20.93%（36人），大学本科学历者占14.02%（113人），大学专科学历者占14.18%（77人），高中或中专学历者占22.05%（86人），以及初中及以下学历者占36.51%（88人）。可以看到，大学本科和大学专科学历者对人们的入党动机持有更为积极的看法，相对来说，初中及以下学历者则较为悲观。

表3-3-20　您认为绝大多数同事的入党动机是？

受访者 教育 程度	看到别人入党, 自己也想入	为了个 人政治 前途	有利于提高 社会地位	有机会 提高 收入	觉得入党 光荣	为共产主 义事业而 奋斗	说不清	总计
初中 及以下	11 (4.56%)	5 (2.07%)	9 (3.73%)	1 (0.41%)	29 (12.03%)	98 (40.66%)	88 (36.51%)	241 (100.00%)
高中/ 中专	7 (1.79%)	17 (4.36%)	9 (2.31%)	5 (1.28%)	90 (23.08%)	176 (45.13%)	86 (22.05%)	390 (100.00%)

受访者教育程度	看到别人入党,自己也想入	为了个人政治前途	有利于提高社会地位	有机会提高收入	觉得入党光荣	为共产主义事业而奋斗	说不清	总计
大学专科	5(0.92%)	10(1.84%)	12(2.21%)	7(1.29%)	139(25.60%)	293(53.96%)	77(14.18%)	543(100.00%)
大学本科	18(2.23%)	19(2.36%)	15(1.86%)	4(0.50%)	200(24.81%)	437(54.22%)	113(14.02%)	806(100.00%)
硕士研究生及以上	2(1.16%)	4(2.33%)	5(2.91%)	0(0.00%)	49(28.49%)	76(44.19%)	36(20.93%)	172(100.00%)
合计	43(2.00%)	55(2.56%)	50(2.32%)	17(0.79%)	507(23.56%)	1080(50.19%)	400(18.59%)	2152(100.00%)

表3-3-21显示的是人们对所在企业党员发挥模范带头作用的看法。其中,就硕士研究生及以上学历者来说,其认为所在企业党员经常发挥模范带头作用、偶尔发挥作用、看不出有什么作用、达不到党员基本要求者,分别占81.98%(141人)、13.95%(24人)、3.49%(6人)和0.58%(1人)。大学本科学历者选择这些答案的比例分别是84.74%(683人)、12.28%(99人)、2.98%(24人)和0。大学专科学历者选择这些答案的比例分别是81.03%(440人)、12.52%(68人)、5.71%(31人)和0.74%(4人)。高中或中专学历者选择这些答案的比例分别是79.74%(311人)、7.95%(31人)、8.46%(33人)和3.85%(15人)。而初中及以下学历者选择这些答案的比例分别是64.73%(156人)、9.54%(23人)、18.67%(45人)和7.05%(17人)。总体上看,学历相对较高者,对党员发挥作用的评价更加积极和正面,而初中及以下学历者中,有超过25.00%的人认为看不出所在企业党员有什么作用或达不到党员的基本要求,这或许与学历相对较低者更加缺乏接触党员的机会有关。

表3-3-21 您认为所在企业的党员是否发挥模范带头作用?

受访者教育程度	经常发挥	偶尔发挥	看不出	达不到党员的基本要求	总计
初中及以下	156(64.73%)	23(9.54%)	45(18.67%)	17(7.05%)	241(100.00%)
高中/中专	311(79.74%)	31(7.95%)	33(8.46%)	15(3.85%)	390(100.00%)
大学专科	440(81.03%)	68(12.52%)	31(5.71%)	4(0.74%)	543(100.00%)
大学本科	683(84.74%)	99(12.28%)	24(2.98%)	0(0.00%)	806(100.00%)

受访者 教育程度	经常发挥	偶尔发挥	看不出	达不到党员的 基本要求	总计
硕士研究生 及以上	141(81.98%)	24(13.95%)	6(3.49%)	1(0.58%)	172(100.00%)
合计	1731(80.44%)	245(11.38%)	139(6.46%)	37(1.72%)	2152(100.00%)

表3-3-22显示的是不同教育程度群体对"党建也是生产力"及类似观点的看法。各学历层次群体中,都有相当大比例的人对此表示非常赞同或比较赞同,两者合计,最高者达95.90%,最低者也超过了60.00%。而对此表示不太赞同或很不赞同的都不多,这说明各学历层次人员均对非公有制经济组织党建持有相当程度的认可。当然,要注意的是,初中及以下学历者中对此表示说不清楚的人占比最高,达28.22%,此后,随着学历的提升,这种情况似乎成比例地递减。这在一定程度上表明,学历层次越高者,对党建的认可度越高,这或许是学历越高者中,本身党员的比例就越高。

表3-3-22　您对"党建也是生产力""党建强则生产强、业务强"
这样的观点的看法是?

受访者 教育程度	非常赞同	比较赞同	不太赞同	很不赞同	说不清楚	总计
初中及以下	133(55.19%)	36(14.94%)	3(1.24%)	1(0.41%)	68(28.22%)	241(100.00%)
高中/中专	263(67.44%)	80(20.51%)	5(1.28%)	1(0.26%)	41(10.51%)	390(100.00%)
大学专科	392(72.19%)	113(20.81%)	7(1.29%)	0(0.00%)	31(5.71%)	543(100.00%)
大学本科	603(74.81%)	170(21.09%)	9(1.12%)	0(0.00%)	24(2.98%)	806(100.00%)
硕士研究生 及以上	117(68.02%)	46(26.74%)	4(2.33%)	0(0.00%)	5(2.91%)	172(100.00%)
合计	1508(70.07%)	445(20.68%)	28(1.30%)	2(0.09%)	169(7.85%)	2152(100.00%)

表3-3-23显示的是不同受教育程度群体对所在企业主要领导如何看待党建工作的认识。硕士研究生及以上学历者中,认为所在企业主要领导积极支持党建工作、为了维护和政府关系而支持党建工作、因政府要求而开展党建工作,以及无所谓、不支持或不太清楚的,分别占79.65%(137人)、4.65%(8人)、1.16%(2人)、1.74%(3人)、1.16%(2人)和11.63%(20人)。大学本科学历者选择这些答案的比例分别占86.23%(695人)、3.35%(27人)、0.90%(8

人)、1.12%(9人)、0.37%(3人)和7.94%(64人)。大学专科学历者选择这些答案的比例分别占81.95%(445人)、4.05%(22人)、1.84%(10人)、1.29%(7人)、0.18%(1人)和10.68%(58人)。高中或中专学历者选择这些答案的比例分别是72.56%(283人)、3.33%(13人)、0.77%(3人)、0.51%(2人)、0和22.82%(89人)。而初中及以下学历者选择这些答案的比例分别占58.09%(140人)、2.07%(5人)、1.24%(3人)、0.41%(1人)、0.83%(2人)和37.34%(90人)。与前述相似,学历相对较高者对问题的回答更加正面,大学本科和大学专科学历者均有超过80.00%的人认为所在企业主要领导积极支持党建工作,而硕士研究生及以上学历者和高中或中专学历者也有超过70.00%的人持有这种看法,相对来说,初中学历者只有近60.00%的人这样认为。

表3-3-23　您所在企业的主要领导(出资人或主要负责人)
对企业党建工作的态度是?

受访者教育程度	积极支持	维护政府关系	政府要求	无所谓	不支持	不太清楚	总计
初中及以下	140 (58.09%)	5 (2.07%)	3 (1.24%)	1 (0.41%)	2 (0.83%)	90 (37.34%)	241 (100.00%)
高中/中专	283 (72.56%)	13 (3.33%)	3 (0.77%)	2 (0.51%)	0 (0.00%)	89 (22.82%)	390 (100.00%)
大学专科	445 (81.95%)	22 (4.05%)	10 (1.84%)	7 (1.29%)	1 (0.18%)	58 (10.68%)	543 (100.00%)
大学本科	695 (86.23%)	27 (3.35%)	8 (0.99%)	9 (1.12%)	3 (0.37%)	64 (7.94%)	806 (100.00%)
硕士研究生及以上	137 (79.65%)	8 (4.65%)	2 (1.16%)	3 (1.74%)	2 (1.16%)	20 (11.63%)	172 (100.00%)
合计	1700 (79.00%)	75 (3.49%)	26 (1.21%)	22 (1.02%)	8 (0.37%)	321 (14.92%)	2152 (100.00%)

表3-3-24显示的是不同受教育程度群体遇到困难时首先向谁求助的情况。其中,硕士研究生及以上学历者的首选求助对象分别是亲朋占54.07%(93人)、领导占22.09%(38人)、同事占16.86%(29人)、党组织占5.23%(9人)、工青妇这样的群团组织占1.74%(3人)。大学本科学历者的首选求助对象分别是亲朋占45.66%(368人)、领导占21.84%(176人)、同事占18.36%(148人)、党组织占12.41%(100人)、工青妇占1.74%(14人)。大学专科学历者的

首选求助对象分别是亲朋占39.78%(216人)、领导占25.41%(138人)、党组织占14.92%(81人)、同事占13.81%(75人)、工青妇占6.08%(33人)。高中或中专学历者的首选求助对象分别是领导占36.41%(142人),亲朋占35.38%(138人)、党组织占12.31%(48人)、同事占11.54%(45人)、工青妇占4.36%(17人)。初中及以下学历者的首选求助对象分别是领导占39.83%(96人)、亲朋占36.10%(87人)、同事占12.03%(29人)、党组织占7.88%(19人)和工青妇占4.15%(10人)。可以看到,总体上来说,无论哪个学历层次者,均更多向亲朋或领导、同事寻求帮助,向党组织寻求帮助是比较靠后的选择,大多数时候只比工青妇好点。同时,学历层次越低者,越倾向于向领导求助,而学历层次越高者,向亲朋求助者越多。

表3-3-24 当您在工作、生活中碰到困难时,您首先想到向谁寻求帮助?

受访者 教育程度	领导	工会/妇联/ 共青团	党组织	同事	亲朋	总计
初中及以下	96 (39.83%)	10 (4.15%)	19 (7.88%)	29 (12.03%)	87 (36.10%)	241 (100.00%)
高中/中专	142 (36.41%)	17 (4.36%)	48 (12.31%)	45 (11.54%)	138 (35.38%)	390 (100.00%)
大学专科	138 (25.41%)	33 (6.08%)	81 (14.92%)	75 (13.81%)	216 (39.78%)	543 (100.00%)
大学本科	176 (21.84%)	14 (1.74%)	100 (12.41%)	148 (18.36%)	368 (45.66%)	806 (100.00%)
硕士研究生 及以上	38 (22.09%)	3 (1.74%)	9 (5.23%)	29 (16.86%)	93 (54.07%)	172 (100.00%)
合计	590 (27.42%)	77 (3.58%)	257 (11.94%)	326 (15.15%)	902 (41.91%)	2152 (100.00%)

4.不同收入水平群体

受访者收入水平是影响人们对事物看法的重要因素之一。表3-3-25显示的是非公有制经济组织中不同收入水平者对所在企业员工入党积极性的看法。其中,收入水平在10万(含)元及以下者,认为其所在企业员工入党积极性非常高者占32.36%(378人),认为比较高者占26.20%(306人),认为一般的占21.15%(247人),认为非常低的占1.11%(13人),觉得说不清楚的占19.18%(224人)。而收入水平在10万~20万之间者在上述五个选项上的选择

分别占33.03%（215人）、37.79%（246人）、23.96%（156人）、1.38%（9人）和
3.84%（25人）。收入水平在20万~30万者在上述五个选项上的选择分别占
31.28%（61人）、39.49%（77人）、20.51%（40人）、0.51%（1人）和8.21%（16人）。
收入水平在30万~40万者在上述五个选项上的选择分别是32.25%（22人）、
42.65%（29人）、22.06%（15人）、2.94%（2人）和0。收入水平在40万~50万者
在上述五个选项上的选择分别是30.00%（9人）、26.67%（8人）、26.67%（8人）、
3.33%（1人）和13.33%（4人）。收入水平在50万以上者在上述五个选项上的
选择分别是22.50%（9人）、32.50%（13人）、35.00%（14人）、2.50%（1人）和
7.50%（3人）。可以看到,总体来说,不同收入水平者普遍认为所在企业员工
入党积极性比较高,均超过了50.00%。但要注意的是,每个收入水平段都有
超过20.00%的人认为所在企业员工入党积极性一般,最高者达35.00%,如果
加上"非常低"和"说不清"两项,则这个比例会更大。

表3-3-25　您所在企业员工的入党积极性

受访者收入水平	非常高	比较高	一般	非常低	说不清	总计
10万（含）及以下	378（32.36%）	306（26.20%）	247（21.15%）	13（1.11%）	224（19.18%）	1168（100.00%）
10万~20万(含)	215（33.03%）	246（37.79%）	156（23.96%）	9（1.38%）	25（3.84%）	651（100.00%）
20万~30万(含)	61（31.28%）	77（39.49%）	40（20.51%）	1（0.51%）	16（8.21%）	195（100.00%）
30万~40万(含)	22（32.35%）	29（42.65%）	15（22.06%）	2（2.94%）	0（0.00%）	68（100.00%）
40万~50万(含)	9（30.00%）	8（26.67%）	8（26.67%）	1（3.33%）	4（13.33%）	30（100.00%）
50万以上	9（22.50%）	13（32.50%）	14（35.00%）	1（2.50%）	3（7.50%）	40（100.00%）
合计	694（32.25%）	679（31.55%）	480（22.30%）	27（1.25%）	272（12.64%）	2152（100.00%）

表3-3-26显示了不同收入水平者对同事入党动机的看法。其中,收入在
10万元及以下者,认为人们是看到别人入党也想入党的占2.31%（27人）,认
为人们是为了个人政治前途而入党的占3.34%（39人）,认为人们是为了提高
社会地位而入党的占2.48%（29人）,认为人们是为了提高收入而入党的占
0.94%（11人）,认为人们觉得光荣或是为共产主义事业奋斗而入党的分别占

19.61%（229人）和50.17%（586人），认为说不清人们为什么入党的占21.15%（247人）。其他各收入水平阶段受访者对所在企业员工入党动机的看法如表3-3-26所示。这里要注意的是，不同收入者普遍对同事的入党动机持有比较正面的看法，认为人们因光荣而入党或为共产主义事业奋斗而入党的，最低也超过所在收入水平段人数的56.00%（40万~50万），而最高者占所在收入水平段人数的88.24%（30万~40万）。当然，要注意的是，也有少部分人觉得同事们是为提高收入或个人前途等原因而入党。尤其是在收入水平相对较低者当中（10万元及以下），其对同事入党动机的负面看法相对比例更高一些。

表3-3-26 您认为绝大多数同事的入党动机是？

受访者收入水平	看到别人入党自己也想入	为了个人政治前途	有利于提高社会地位	有机会提高收入	觉得入党光荣	为共产主义事业而奋斗	说不清	总计
10万(含)及以下	27 (2.31%)	39 (3.34%)	29 (2.48%)	11 (0.94%)	229 (19.61%)	586 (50.17%)	247 (21.15%)	1168 (100.00%)
10万~20万(含)	11 (1.69%)	10 (1.54%)	17 (2.61%)	6 (0.92%)	171 (26.27%)	338 (51.92%)	98 (15.05%)	651 (100.00%)
20万~30万(含)	2 (1.03%)	4 (2.05%)	4 (2.05%)	0 (0.00%)	61 (31.28%)	93 (47.69%)	31 (15.90%)	195 (100.00%)
30万~40万(含)	1 (1.47%)	1 (1.47%)	0 (0.00%)	0 (0.00%)	27 (39.71%)	33 (48.53%)	6 (8.82%)	68 (100.00%)
40万~50万(含)	0 (0.00%)	1 (3.33%)	0 (0.00%)	0 (0.00%)	7 (23.33%)	10 (33.33%)	12 (40.00%)	30 (100.00%)
50万以上	2 (5.00%)	0 (0.00%)	0 (0.00%)	0 (0.00%)	12 (30.00%)	20 (50.00%)	6 (15.00%)	40 (100.00%)
合计	43 (2.00%)	55 (2.56%)	50 (2.32%)	17 (0.79%)	507 (23.56%)	1080 (50.19%)	400 (18.59%)	2152 (100.00%)

表3-3-27显示的是不同收入水平者对所在企业党员发挥模范带头作用情况的看法。其中，各层次收入水平者都对所在企业党员发挥作用的情况持有比较正面的看法，认为其经常发挥模范带头作用所占比例最低者也达77.31%（903人），最高者达86.76%（59人）。当然，要注意的是，认为党员偶尔发挥作用、看不出有什么作用甚至达不到党员基本要求者，最高也占到所在收入水平段人数的近23.00%（10万元及以下），最低者也占到所在收入水平段人数的13.23%（30万~40万）。可以看到，收入水平较低者，对党员发挥作用的看法更加负面。

表3-3-27　您认为所在企业的党员是否发挥模范带头作用？

受访者收入水平	经常发挥	偶尔发挥	看不出	达不到党员的基本要求	总计
10万(含)及以下	903 (77.31%)	120 (10.27%)	114 (9.76%)	31 (2.65%)	1168 (100.00%)
10万~20万(含)	546 (83.87%)	85 (13.06%)	16 (2.46%)	4 (0.61%)	651 (100.00%)
20万~30万(含)	166 (85.13%)	25 (12.82%)	3 (1.54%)	1 (0.51%)	195 (100.00%)
30万~40万(含)	59 (86.76%)	6 (8.82%)	3 (4.41%)	0 (0.00%)	68 (100.00%)
40万~50万(含)	24 (80.00%)	4 (13.33%)	1 (3.33%)	1 (3.33%)	30 (100.00%)
50万以上	33 (82.50%)	5 (12.50%)	2 (5.00%)	0 (0.00%)	40 (100.00%)
合计	1731 (80.44%)	245 (11.38%)	139 (6.46%)	37 (1.72%)	2152 (100.00%)

表3-3-28显示的是不同收入水平者对"党建也是生产力"及类似观点的看法。可以看到,所有收入水平段的受访者都对此有比较强烈的感受,对这一观点非常赞同和比较赞同者,最高占到所在收入水平段人数的100.00%(30万~40万),最低者也占到85.99%(10万及以下)。与此相应,对此不太赞同或很不赞同者非常少。但是,要注意的是,收入水平在10万以下及40万~50万者,分别有12.07%(141人)和10.00%(3人)的人对此表示说不清楚,实际上,这一定程度上可以看作负面的回答。因此,就不同收入水平者对党建作用的看法来说,可以保持乐观的心态,但是,也要注意进一步提升人们对党建作用的认同感。

表3-3-28　您对"党建也是生产力""党建强则生产强、业务强"
这样的观点的看法是？

受访者收入水平	非常赞同	比较赞同	不太赞同	很不赞同	说不清楚	总计
10万(含)及以下	789 (67.55%)	220 (18.84%)	16 (1.37%)	2 (0.17%)	141 (12.07%)	1168 (100.00%)
10万~20万(含)	477 (73.27%)	144 (22.12%)	9 (1.38%)	0 (0.00%)	21 (3.23%)	651 (100.00%)
20万~30万(含)	142 (72.82%)	47 (24.10%)	2 (1.03%)	0 (0.00%)	4 (2.05%)	195 (100.00%)

续表

受访者收入水平	非常赞同	比较赞同	不太赞同	很不赞同	说不清楚	总计
30万~40万 （含）	48 （70.59%）	20 （29.41%）	0 （0.00%）	0 （0.00%）	0 （0.00%）	68 （100.00%）
40万~50万 （含）	21 （70.00%）	6 （20.00%）	0 （0.00%）	0 （0.00%）	3 （10.00%）	30 （100.00%）
50万以上	31 （77.50%）	8 （20.00%）	1 （2.50%）	0 （0.00%）	0 （0.00%）	40 （100.00%）
合计	1508 （70.07%）	445 （20.68%）	28 （1.30%）	2 （0.09%）	169 （7.85%）	2152 （100.00%）

表3-3-29显示的是不同收入水平者对所在企业主要领导如何看待党建工作的判断。其中，每个收入水平段的大多数人都觉得所在企业领导积极支持党建工作，最高者占到所在收入水平段人数的88.24%（30万~40万），最低者也占到所在收入水平段人数的73.97%（10万及以下）。当然，各收入水平段中，也有不少人认为所在企业领导主要是为了维护和政府的关系或是因政府要求而开展党建工作的。也有人认为企业领导对党建工作无所谓、不支持或不清楚领导态度，最高者累计占到所在收入水平段人数的近22.00%（10万及以下）。如果加上为维护和政府关系或因政府要求而开展党建工作的，这一比例会更高。这说明，尽管大家对所在企业领导积极支持党建工作抱有较高的信心，但是，也并不是所有人都觉得企业领导真的积极支持党建工作。

表3-3-29　您所在企业的主要领导（出资人或主要负责人）对企业党建工作的态度是？

受访者收入水平	积极支持	维护政府关系	政府要求	无所谓	不支持	不太清楚	总计
10万（含） 及以下	864 （73.97%）	35 （3.00%）	14 （1.20%）	8 （0.68%）	5 （0.43%）	242 （20.72%）	1168 （100.00%）
10万~ 20万（含）	549 （84.33%）	29 （4.45%）	9 （1.38%）	7 （1.08%）	2 （0.31%）	55 （8.45%）	651 （100.00%）
20万~ 30万（含）	169 （86.67%）	3 （1.54%）	3 （1.54%）	2 （1.03%）	1 （0.51%）	17 （8.72%）	195 （100.00%）
30万~ 40万（含）	60 （88.24%）	4 （5.88%）	0 （0.00%）	1 （1.47%）	0 （0.00%）	3 （4.41%）	68 （100.00%）
40万~ 50万（含）	24 （80.00%）	3 （10.00%）	0 （0.00%）	1 （3.33%）	0 （0.00%）	2 （6.67%）	30 （100.00%）
50万以上	34 （85.00%）	1 （2.50%）	0 （0.00%）	3 （7.50%）	0 （0.00%）	2 （5.00%）	40 （100.00%）
合计	1700 （79.00%）	75 （3.49%）	26 （1.21%）	22 （1.02%）	8 （0.37%）	321 （14.92%）	2152 （100.00%）

表3-3-30显示了不同收入水平者碰到困难时首先向谁求助的情况。其中,各收入水平段中,首选向亲朋求助者所占比例均最高,最高者达56.67%(40万~50万),最低也达到38.24%(30万~40万)。其次,较多者向领导或同事求助。不同收入水平中,首选向党组织求助者,最高占所在收入水平段人数的25.00%(50万以上),最低占所在收入水平段人数的6.15%(20万~30万)。可以看到,收入水平较高者,比较倾向于首选向党组织求助,当然,并不绝对。这说明,党组织需要进一步提高解决收入水平较低者工作生活中的困难或问题的能力,以增强他们对党组织的信任感。

表3-3-30 当您在工作、生活中碰到困难时,您首先想到向谁寻求帮助?

受访者收入水平	领导	工会/妇联/共青团	党组织	同事	亲朋	总计
10万(含)及以下	339 (29.02%)	51 (4.37%)	121 (10.36%)	178 (15.24%)	479 (41.01%)	1168 (100.00%)
10万~20万(含)	162 (24.88%)	19 (2.92%)	96 (14.75%)	95 (14.59%)	279 (42.86%)	651 (100.00%)
20万~30万(含)	61 (31.28%)	3 (1.54%)	12 (6.15%)	32 (16.41%)	87 (44.62%)	195 (100.00%)
30万~40万(含)	14 (20.59%)	3 (4.41%)	12 (17.65%)	13 (19.12%)	26 (38.24%)	68 (100.00%)
40万~50万(含)	4 (13.33%)	0 (0.00%)	6 (20.00%)	3 (10.00%)	17 (56.67%)	30 (100.00%)
50万以上	10 (25.00%)	1 (2.50%)	10 (25.00%)	5 (12.50%)	14 (35.00%)	40 (100.00%)
合计	590 (27.42%)	77 (3.58%)	257 (11.94%)	326 (15.15%)	902 (41.91%)	2152 (100.00%)

5.不同工作角色群体

不同的工作角色影响着人们对相同问题的认识和看法。工作于非公有制经济组织中的不同角色群体,对相同的问题很多时候也会有差异化的看法。一线员工和出资人或老板对同一问题的看法会有所不同。即使是中高层管理人员,他们判断问题的标准也不一定和出资人或老板一致,前者更加关注个人的职业发展,而后者则更看重企业的发展壮大和资本的保值增值。

表3-3-31显示的是非公有制经济组织中不同工作角色群体对员工入党积极性的看法。其中,出资人或主要负责人中,认为员工入党积极性非常高

或比较高的分别占27.52%（30人）和37.61%（41人），认为一般、非常低和说不清的分别占22.94%（25人）、0.92%（1人）和11.01%（12人）。高层管理人员中，认为员工入党积极性非常高、比较高、一般、非常低和说不清的比例分别为31.49%（57人）、34.81%（63人）、28.73%（52人）、2.21%（4人）和2.76%（5人）。中层管理人员在这一问题的五个选项上所作的选择分别是33.25%（265人）、36.76%（293人）、24.22%（193人）、1.38%（11人）和4.39%（35人）。而一线员工在这个问题的五个选项上所作的选择分别是32.73%（288人）、25.34%（223人）、18.98%（167人）、1.14%（10人）和21.82%（192人）。可以看到，各类工作角色的群体都认为企业员工有较高的入党积极性，均占到60.00%以上。当然，各类群体认为员工入党积极性一般、非常低或说不清的情况累计起来所占比例也并不低，这也说明不能过于高估非公有制经济组织员工的入党积极性。

表3-3-31 您所在企业员工的入党积极性是？

受访者工作角色	非常高	比较高	一般	非常低	说不清	总计
一线员工	288（32.73%）	223（25.34%）	167（18.98%）	10（1.14%）	192（21.82%）	880（100.00%）
中层管理人员	265（33.25%）	293（36.76%）	193（24.22%）	11（1.38%）	35（4.39%）	797（100.00%）
高层管理人员	57（31.49%）	63（34.81%）	52（28.73%）	4（2.21%）	5（2.76%）	181（100.00%）
出资人/主要负责人	30（27.52%）	41（37.61%）	25（22.94%）	1（0.92%）	12（11.01%）	109（100.00%）
其他	54（29.19%）	59（31.89%）	43（23.24%）	1（0.54%）	28（15.14%）	185（100.00%）
合计	694（32.25%）	679（31.55%）	480（22.30%）	27（1.25%）	272（12.64%）	2152（100.00%）

表3-3-32显示的是不同工作角色群体对员工入党动机的看法。其中，一线员工中，2.39%（21人）的人认为人们是看到别人入党也想入党，也就是说随大流；2.61%（23人）的人认为人们为了个人政治前途而入党，1.82%（16人）的人认为人们为了提高社会地位而入党，1.36%（12人）的人认为人们为了提高收入而入党，分别有18.18%（160人）和48.07%（423人）的人认为人们是觉得光荣和为共产主义事业奋斗而入党。当然，有25.57%（225人）的人认为说不清人们为什么入党。在这一问题的7个选项上，中层管理人员的选择依次是

1.76%（14人）、2.76%（22人）、3.01%（24人）、0.50%（4人）、27.23%（217人）、52.32%（417人）和12.42%（99人）。而高层管理人员在这一问题上的选项分别是1.10%（2人）、2.21%（4人）、2.76%（5人）、0、28.73%（52人）、55.80%（101人）和9.39%（17人）。出资人或主要负责人在这个问题上的选择分别是0.92%（1人）、3.67%（4人）、1.83%（2人）、0、33.03%（36人）、43.12%（47人）和17.43%（19人）。可以看到，各类工作群体对人们的入党动机都抱有比较积极的评价，大多数人认为人们是为共产主义事业奋斗或觉得光荣而入党，这说明了非公有制经济组织党员在职工群众中树立了比较良好的形象，当然，也有少部分人觉得人们为了个人利益（金钱、地位等）而入党。同时，相较于一线员工，中高层管理人员及出资人对人们入党动机的判断更加积极。与之相应，一线员工中有超过四分之一的人认为说不清人们的入党动机，远远超过中高层管理人员，也超过了出资人或主要负责人。

表3-3-32　　您认为绝大多数同事的入党动机是？

受访者工作角色	看到别人入党自己也想入	为了个人政治前途	有利于提高社会地位	有机会提高收入	觉得入党光荣	为共产主义事业而奋斗	说不清	总计
一线员工	21 (2.39%)	23 (2.61%)	16 (1.82%)	12 (1.36%)	160 (18.18%)	423 (48.07%)	225 (25.57%)	880 (100.00%)
中层管理人员	14 (1.76%)	22 (2.76%)	24 (3.01%)	4 (0.50%)	217 (27.23%)	417 (52.32%)	99 (12.42%)	797 (100.00%)
高层管理人员	2 (1.10%)	4 (2.21%)	5 (2.76%)	0 (0.00%)	52 (28.73%)	101 (55.80%)	17 (9.39%)	181 (100.00%)
出资人/主要负责人	1 (0.92%)	4 (3.67%)	2 (1.83%)	0 (0.00%)	36 (33.03%)	47 (43.12%)	19 (17.43%)	109 (100.00%)
其他	5 (2.70%)	2 (1.08%)	3 (1.62%)	1 (0.54%)	42 (22.70%)	92 (49.73%)	40 (21.62%)	185 (100.00%)
合计	43 (2.00%)	55 (2.56%)	50 (2.32%)	17 (0.79%)	507 (23.56%)	1080 (50.19%)	400 (18.59%)	2152 (100.00%)

表3-3-33显示的是不同角色群体对党员发挥模范带头作用的看法。其中，在一线员工中，认为党员经常发挥模范带头作用的占75.00%（660人），认为其偶尔发挥带头作用的占9.89%（87人），认为看不出党员有什么作用的占11.70%（103人），有3.41%（30人）的一线员工认为党员甚至达不到基本的要求。中层管理人员在这个问题的5个选项上的选择分别是83.81%（668人）、

13.30%（106人）、2.63%（21人）、0.25%（2人）。而高层管理人员在这个问题的
5个选项上的选择分别是87.29%（158人）、9.94%（18人）、2.76%（5人）和0。
出资人或主要负责人在这个问题的5个选项上的选择分别是86.24%（94人）、
10.09%（11人）、0.92%（1人）和2.75%（3人）。这里可以看到，总体上来说，不同
角色的群体对党员发挥模范带头作用均持有比较积极的看法，比例都超过了四
分之三。但是，相较于非公有制经济组织的中高层管理人员和出资人等群体，
一线员工对党员的评价相对低些，有近15.00%的一线员工认为所在企业党员
看不出有什么带头作用或达不到基本的要求，这说明非公有制经济组织党员要
进一步加强与职工群体的联系，倾听一线职工的心声、维护他们的利益。

表3-3-33　您认为所在企业的党员是否发挥模范带头作用？

受访者工作角色	经常发挥	偶尔发挥	看不出	达不到党员的基本要求	总计
一线员工	660（75.00%）	87（9.89%）	103（11.70%）	30（3.41%）	880（100.00%）
中层管理人员	668（83.81%）	106（13.30%）	21（2.63%）	2（0.25%）	797（100.00%）
高层管理人员	158（87.29%）	18（9.94%）	5（2.76%）	0（0.00%）	181（100.00%）
出资人/主要负责人	94（86.24%）	11（10.09%）	1（0.92%）	3（2.75%）	109（100.00%）
其他	151（81.62%）	23（12.43%）	9（4.86%）	2（1.08%）	185（100.00%）
合计	1731（80.44%）	245（11.38%）	139（6.46%）	37（1.72%）	2152（100.00%）

表3-3-34显示的是不同角色群体对所在企业党组织发挥作用的看法。
其中，一线员工中，13.30%（117人）的人认为党组织发挥了团结党员和群众的
作用，6.14%（54人）的人认为党组织发挥了提升党在广大职工中形象的作用，
16.02%（141人）的人认为党组织发挥了促进企业文化发展的作用，6.36%（56
人）的人认为党组织发挥了促进本单位业务发展的作用，46.59%（410人）的人
认为党组织发挥了为广大员工提供服务和帮助的作用，当然，还有11.59%
（102人）的人认为党组织没有发挥上述任何作用。就中层管理人员来说，他
们在这一问题的7个选项上的选择分别是7.15%（57人）、8.41%（67人）、

17.69%（141人）、7.40%（59人）、52.57%（419人）和6.78%（54人）。而高层管理人员在这一问题的7个选项上的选择分别是4.97%（9人）、5.52%（10人）、20.99%（38人）、8.29%（15人）、56.35%（102人）和3.87%（7人）。出资人或主要负责人在这个问题的7个选项上的选择分别是11.01%（12人）、5.50%（6人）、14.68%（16人）、10.09%（11人）、48.62%（53人）和10.09%（11人）。可以看到，不同角色的群体普遍认可党组织在为员工提供服务和帮助上的作用，相较于其他作用来说，各类群体对党组织促进本单位业务发展的认可度要低一些。同时，一线员工和出资人或老板中，均有10.00%左右的人认为党组织没有发挥任何作用。这些都表明，非公有制经济组织党组织的功能作用还有进一步提高的空间。

表3-3-34   您认为党组织在本企业发挥的作用是？

受访者工作角色	团结党员和群众	提升党在广大员工中的形象	促进企业（组织）文化发展	促进本单位的业务发展	为广大员工提供服务和帮助	以上都没有	总计
一线员工	117 (13.30%)	54 (6.14%)	141 (16.02%)	56 (6.36%)	410 (46.59%)	102 (11.59%)	880 (100.00%)
中层管理人员	57 (7.15%)	67 (8.41%)	141 (17.69%)	59 (7.40%)	419 (52.57%)	54 (6.78%)	797 (100.00%)
高层管理人员	9 (4.97%)	10 (5.52%)	38 (20.99%)	15 (8.29%)	102 (56.35%)	7 (3.87%)	181 (100.00%)
出资人/主要负责人	12 (11.01%)	6 (5.50%)	16 (14.68%)	11 (10.09%)	53 (48.62%)	11 (10.09%)	109 (100.00%)
其他	17 (9.19%)	20 (10.81%)	30 (16.22%)	12 (6.49%)	92 (49.73%)	14 (7.57%)	185 (100.00%)
合计	212 (9.85%)	157 (7.30%)	366 (17.01%)	153 (7.11%)	1076 (50.00%)	188 (8.74%)	2152 (100.00%)

表3-3-35显示了不同角色群体对"党建也是生产力"及相似观点的看法。其中，一线员工对这一观点表示非常赞同者占65.23%（574人），比较赞同者占18.86%（166人），不太赞同者占1.59%（14人），很不赞同者占0.23%（2人），另有14.09%（124人）的人觉得说不清楚。中层管理人员对这一问题的看法上，非常赞同者占74.65%（595人），比较赞同者21.46%（171人），不太赞同、很不赞同和说不清楚者分别占0.88%（7人）、0和3.01%（24人）。高层管理人员中，

表示非常赞同者占73.48%（133人），比较赞同者占24.86%（45人），后三者分别占1.66%（3人）、0和0。出资人或主要负责人对这一问题的看法中，非常赞同者占73.39%（80人），比较赞同者21.10%（23人），不太赞同者占1.83%（2人），很不赞同者为0，说不清楚者占3.67%（4人）。从中我们可以看到，不同角色的群体对党建在企业中的作用都持有比较正面的看法。尤其是，在企业中的职位越高者，对党建作用的认可度越高。这说明，随着非公有制经济组织党建工作的不断发展，其在企业中得到认可也越来越多。

表3-3-35　您对"党建也是生产力"
"党建强则生产强、业务强"这样的观点的看法是？

受访者工作角色	非常赞同	比较赞同	不太赞同	很不赞同	说不清楚	总计
一线员工	574 (65.23%)	166 (18.86%)	14 (1.59%)	2 (0.23%)	124 (14.09%)	880 (100.00%)
中层管理人员	595 (74.65%)	171 (21.46%)	7 (0.88%)	0 (0.00%)	24 (3.01%)	797 (100.00%)
高层管理人员	133 (73.48%)	45 (24.86%)	3 (1.66%)	0 (0.00%)	0 (0.00%)	181 (100.00%)
出资人/主要负责人	80 (73.39%)	23 (21.10%)	2 (1.83%)	0 (0.00%)	4 (3.67%)	109 (100.00%)
其他	126 (68.11%)	40 (21.62%)	2 (1.08%)	0 (0.00%)	17 (9.19%)	185 (100.00%)
合计	1508 (70.07%)	445 (20.68%)	28 (1.30%)	2 (0.09%)	169 (7.85%)	2152 (100.00%)

表3-3-36显示的是不同角色群体关于企业主要领导如何看待党建工作的认识。其中，一线员工中，68.75%（605人）的人认为企业主要领导积极支持党建工作，认为主要领导为维护和政府关系或因政府要求而开展党建工作者分别占2.95%（26人）和1.14%（10人），认为企业主要领导对党建工作无所谓、不支持或不清楚其态度者分别占0.91%（8人）、0.57%（5人）和25.68%（226人）。中层管理人员在这一问题的6个选项上的选择分别是86.70%（691人）、4.27%（34人）、1.38%（11人）、1.00%（8人）、0.25%（2人）和6.40%（51人）。高层管理人员在这一问题的6个选项上的选择分别是91.16%（165人）、1.66%（3人）、1.66%（3人）、2.76%（5人）、0.55%（1人）和2.21%（4人）。而出资人或主要负责人在这一问题的6个选项上的选择分别是89.91%（98人）、3.67%（4

人)、0、0、0和6.42%(7人)。可以看到,企业各类角色群体都对企业主要领导支持党建工作抱有较强的信心,这说明,当前非公有制经济组织党建工作有着较好的氛围。当然,相对于一线员工来说,中高层管理人员及企业出资人或主要负责人对此抱有更强的信心,而一线员工中,有超过四分之一的人对此表示不太清楚。

表3-3-36　您所在企业的主要领导
(出资人或主要负责人)对企业党建工作的态度是?

受访者 工作角色	积极支持	维护政府 关系	政府要求	无所谓	不支持	不太 清楚	总计
一线 员工	605 (68.75%)	26 (2.95%)	10 (1.14%)	8 (0.91%)	5 (0.57%)	226 (25.68%)	880 (100.00%)
中层管理 人员	691 (86.70%)	34 (4.27%)	11 (1.38%)	8 (1.00%)	2 (0.25%)	51 (6.40%)	797 (100.00%)
高层管理 人员	165 (91.16%)	3 (1.66%)	3 (1.66%)	5 (2.76%)	1 (0.55%)	4 (2.21%)	181 (100.00%)
出资人/ 主要负责人	98 (89.91%)	4 (3.67%)	0 (0.00%)	0 (0.00%)	0 (0.00%)	7 (6.42%)	109 (100.00%)
其他	141 (76.22%)	8 (4.32%)	2 (1.08%)	1 (0.54%)	0 (0.00%)	33 (17.84%)	185 (100.00%)
合计	1700 (79.00%)	75 (3.49%)	26 (1.21%)	22 (1.02%)	8 (0.37%)	321 (14.92%)	2152 (100.00%)

表3-3-37显示的是不同角色群体碰到困难时的首选求助对象情况。其中,一线员工中,28.18%(248人)首选向领导求助,首选向工青妇等群团组织、党组织、同事及亲朋求助的分别占3.41%(30人)、7.39%(65人)、16.82%(148人)和44.20%(389人)。而中层管理人员首选向领导、工青妇等群团组织、党组织、同事和亲朋求助的比例分别为29.86%(238人)、4.27%(34人)、13.80%(110人)、12.30%(98人)和39.77%(317人)。高层管理人员在这5个选项间的首选比例分别为31.49%(57人)、2.21%(4人)、19.89%(36人)、14.36%(26人)和32.04%(58人)。而出资人或主要负责人在这5个选项间的首选比例分别是10.09%(11人)、0.92%(1人)、29.36%(32人)、14.68%(16人)和44.95%(49人)。可以看到,各类群体在碰到困难时,首选向亲朋求助者最多。除亲朋,一线员工更多向领导和同事求助;中高层管理人员更多向领导求助,其次是

党组织;而出资人或主要负责人(本身可能就是企业领导)在亲朋外,首选向党组织求助,这一定程度上意味着,非公有制经济组织出资人认识到了党建工作的重要性,这是他们支持党建工作的重要前提。

表3-3-37　当您在工作、生活中碰到困难时,您首先想到向谁寻求帮助?

受访者工作角色	领导	工会/妇联/共青团	党组织	同事	亲朋	总计
一线员工	248 (28.18%)	30 (3.41%)	65 (7.39%)	148 (16.82%)	389 (44.20%)	880 (100.00%)
中层管理人员	238 (29.86%)	34 (4.27%)	110 (13.80%)	98 (12.30%)	317 (39.77%)	797 (100.00%)
高层管理人员	57 (31.49%)	4 (2.21%)	36 (19.89%)	26 (14.36%)	58 (32.04%)	181 (100.00%)
出资人/主要负责人	11 (10.09%)	1 (0.92%)	32 (29.36%)	16 (14.68%)	49 (44.95%)	109 (100.00%)
其他	36 (19.46%)	8 (4.32%)	14 (7.57%)	38 (20.54%)	89 (48.11%)	185 (100.00%)
合计	590 (27.42%)	77 (3.58%)	257 (11.94%)	326 (15.15%)	902 (41.91%)	2152 (100.00%)

6.不同性质企业群体

我们知道,不同性质的企业有不同的工作环境和文化氛围,这种环境和氛围会影响到员工对事物的看法,包括对党员和党组织作用的认识和评价等,这些认识和评价一定程度上体现着不同性质企业党的建设质量情况。表3-3-38显示的是不同性质企业员工对其同事入党积极性的看法。在民营或私营企业的受访者中,认为人们入党积极性非常高、比较高、一般、非常低及说不清的,分别占33.49%(584人)、30.73%(536人)、21.33%(372人)、1.38%(24人)和13.07%(228人)。在外资企业中,受访者在这5个选项上的选择分别是26.45%(41人)、34.84%(54人)、30.97%(48人)、1.29%(2人)和6.45%(10人)。港澳台企业员工在这5个选项上的选择分别是22.22%(4人)、33.33%(6人)、27.78%(5人)、0、16.67%(3人)。中外合资/合作企业员工在这5个选项上的选择分别是22.97%(17人)、32.43%(24人)、32.43%(24人)、1.35%(1人)、10.81%(8人)。股份合作制企业员工在这5个选项上的选择分别是30.41%(45人)、36.49%(54人)、18.24%(27人)、0和14.86%(22人)。转制企业员工在这5个选项上的选择分别是23.08%（3人）、38.46%（5人）、30.77%（4人）、0和7.69%（1人）。从中可以看到，各类性质企业受访者都认为其所在企业员工对入党有非常高或比较高的积极性，说明大多数非公有制经济组织的员工在积极向党组织靠拢。不过要注意的是，认为人们的入党积极性一般的比例也不低，高者达三分之一左右。

表3-3-38　您所在企业员工的入党积极性？

企业性质	非常高	比较高	一般	非常低	说不清	总计
民营/私营企业	584 (33.49%)	536 (30.73%)	372 (21.33%)	24 (1.38%)	228 (13.07%)	1744 (100.00%)
外商投资企业	41 (26.45%)	54 (34.84%)	48 (30.97%)	2 (1.29%)	10 (6.45%)	155 (100.00%)
港澳台企业	4 (22.22%)	6 (33.33%)	5 (27.78%)	0 (0.00%)	3 (16.67%)	18 (100.00%)
中外合资/合作企业	17 (22.97%)	24 (32.43%)	24 (32.43%)	1 (1.35%)	8 (10.81%)	74 (100.00%)
股份合作制企业	45 (30.41%)	54 (36.49%)	27 (18.24%)	0 (0.00%)	22 (14.86%)	148 (100.00%)
转制企业	3 (23.08%)	5 (38.46%)	4 (30.77%)	0 (0.00%)	1 (7.69%)	13 (100.00%)
合计	694 (32.25%)	679 (31.55%)	480 (22.30%)	27 (1.25%)	272 (12.64%)	2152 (100.00%)

表3-3-39显示了不同性质企业受访者对同事入党动机的看法。其中，民营/私营企业中，认为同事是为共产主义事业而奋斗或觉得光荣而想入党者分别占49.94%（871人）和22.36%（390人），认为其同事是为提高收入、提高社会地位、为了个人政治前途或看到别人入党而入党的，分别占0.86%（15人）、2.41%（42人）、2.92%（51人）和2.18%（38人）。有19.32%（337人）觉得说不清楚同事们为什么入党。外资企业员工对这个问题的选择分别是55.48%（86人）、29.03%（45人）、0、1.29%（2人）、2.58%（4人）1.29%（2人）和10.32%（16人）。港澳台企业员工在这个问题上的选择分别是44.44%（8人）、33.33%（6人）、5.56%（1人）、0、0、0和16.67%（3人）。中外合资/合作企业员工在这个问题上的选择分别是43.24%（32人）、28.38%（21人）、0、0、0、2.70%（2人）和

25.68%（19人）。股份合作制企业员工在此问题上的选择分别是52.70%（78人）、28.38%（42人）0.68%（1人）、3.38%（5人）、0、0.68%（1人）和14.19%（21人）。转制企业中，分别有38.46%（5人）和23.08%（3人）的人认为其同事是为了共产主义奋斗或觉得光荣而入党，7.69%（1人）的人认为其同事是为提高社会地位而入党，30.77%（4人）的人认为说不清楚同事为什么要入党。可以看到，不同性质的企业中，大多数的受访者对同事的入党动机都抱有比较积极的看法，体现了党员有比较正面的形象。当然，也要看到，有些类型企业（如股份制企业）中，超过四分之一的人表示说不清楚同事们为什么入党，某种程度上这可以看作负面的表达。

表3-3-39　您认为绝大多数同事的入党动机是？

企业性质	看到别人入党自己也想入	为了个人政治前途	有利于提高社会地位	有机会提高收入	觉得入党光荣	为共产主义事业而奋斗	说不清	总计
民营/私营企业	38 (2.18%)	51 (2.92%)	42 (2.41%)	15 (0.86%)	390 (22.36%)	871 (49.94%)	337 (19.32%)	1744 (100.00%)
外商投资企业	2 (1.29%)	4 (2.58%)	2 (1.29%)	0 (0.00%)	45 (29.03%)	86 (55.48%)	16 (10.32%)	155 (100.00%)
港澳台企业	0 (0.00%)	0 (0.00%)	0 (0.00%)	1 (5.56%)	6 (33.33%)	8 (44.44%)	3 (16.67%)	18 (100.00%)
中外合资/合作企业	2 (2.70%)	0 (0.00%)	0 (0.00%)	0 (0.00%)	21 (28.38%)	32 (43.24%)	19 (25.68%)	74 (100.00%)
股份合作制企业	1 (0.68%)	0 (0.00%)	5 (3.38%)	1 (0.68%)	42 (28.38%)	78 (52.70%)	21 (14.19%)	148 (100.00%)
转制企业	0 (0.00%)	0 (0.00%)	1 (7.69%)	0 (0.00%)	3 (23.08%)	5 (38.46%)	4 (30.77%)	13 (100.00%)
合计	43 (2.00%)	55 (2.56%)	50 (2.32%)	17 (0.79%)	507 (23.56%)	1080 (50.19%)	400 (18.59%)	2152 (100.00%)

表3-3-40显示了不同性质企业员工对党员发挥模范带头作用情况的看法。其中，民营/私营企业员工中，80.45%（1403人）认为所在企业党员经常发挥模范带头作用，10.95%（191人）认为他们偶尔发挥这样的作用，而认为他们看不出什么带头作用或达不到党员基本要求的分别占6.71%（117人）和1.89%（33人）。就这4个选项来说，外资企业员工的选择分别为78.71%（122

人)、18.71%(29人)、2.58%(4人)和0。而港澳台企业员工的选择分别是83.33%(15人)、11.11%(2人)、5.56%(1人)和0。中外合资/合作企业员工的选择分别是75.68%(56人)、13.51%(10人)、6.76%(5人)和4.05%(3人)。股份合作制企业员工的选择分别是83.78%(124人)、8.11%(12人)、7.43%(11人)和0.68%(1人)。转制企业员工的选择分别是84.62%(11人)、7.69%(1人)、7.69%(1人)和0。可以看到,总体上来说,不同性质企业受访者对党员发挥模范带头作用的评价都比较积极。但是,相较于转制、民营等类型的企业,外资企业和中外合资/合作企业员工,对党员发挥作用的评价相对偏低,这说明这些企业中的党员先锋模范作用还有待进一步提升。

表3-3-40 您认为所在企业的党员发挥模范带头作用的情况是?

企业性质	经常发挥	偶尔发挥	看不出	达不到党员的基本要求	总计
民营/私营企业	1403 (80.45%)	191 (10.95%)	117 (6.71%)	33 (1.89%)	1744 (100.00%)
外商投资企业	122 (78.71%)	29 (18.71%)	4 (2.58%)	0 (0.00%)	155 (100.00%)
港澳台企业	15 (83.33%)	2 (11.11%)	1 (5.56%)	0 (0.00%)	18 (100.00%)
中外合资/合作企业	56 (75.68%)	10 (13.51%)	5 (6.76%)	3 (4.05%)	74 (100.00%)
股份合作制企业	124 (83.78%)	12 (8.11%)	11 (7.43%)	1 (0.68%)	148 (100.00%)
转制企业	11 (84.62%)	1 (7.69%)	1 (7.69%)	0 (0.00%)	13 (100.00%)
合计	1731 (80.44%)	245 (11.38%)	139 (6.46%)	37 (1.72%)	2152 (100.00%)

表3-3-41显示了不同性质企业员工对党组织发挥作用的看法。民营/私营企业员工中,10.32%(180人)的人认为党组织发挥了团结党员和群众的作用,7.28%(127人)的人认为党组织发挥了提升党在广大员工中形象的作用,16.86%(294人)的人认为党组织发挥了促进企业文化发展的作用,7.45%(130人)的人认为党组织发挥了促进本单位业务发展的作用,49.20%(858人)的人认为党组织发挥了为广大员工提供服务和帮助的作用。就这5个方面作用来

说,外资企业员工的选择分别是6.45%(10人)、9.03%(14人)、16.77%(26人)、5.81%(9人)、56.77%(88人)和5.16%(8人)。而港澳台企业员工的选择分别是0、0、16.67%(3人)、5.56%(1人)、61.11%(11人)和16.67%(3人)。中外合资/合作企业员工的选择分别是8.11%(6人)、9.46%(7人)、18.92%(14人)、5.41%(4人)、47.30%(35人)和10.81%(8人)。股份合作制企业员工的选择分别是10.14%(15人)、4.05%(6人)、18.24%(27人)、5.41%(8人)、53.38%(79人)和8.78%(13人)。而转制企业员工在这个问题上的选择分别是7.69%(1人)、23.08%(3人)、15.38%(2人)、7.69%(1人)、38.46%(5人)和7.69%(1人)。可以看到,从党组织发挥作用来看,各类性质的受访者对党组织为广大员工提供服务和帮助、促进企业文化发展都抱有比较积极的看法,而就促进本单位业务发展来说,则评价不高,这也表明,非公有制经济组织党建中存在的党建和业务"两张皮"问题还没有得到很好解决。

表3-3-41 您认为党组织在本企业发挥的作用是?

企业性质	团结党员和群众	提升党在广大员工中的形象	促进企业(组织)文化发展	促进本单位的业务发展	为广大员工提供服务和帮助	以上都没有	总计
民营/私营企业	180 (10.32%)	127 (7.28%)	294 (16.86%)	130 (7.45%)	858 (49.20%)	155 (8.89%)	1744 (100.00%)
外商投资企业	10 (6.45%)	14 (9.03%)	26 (16.77%)	9 (5.81%)	88 (56.77%)	8 (5.16%)	155 (100.00%)
港澳台企业	0 (0.00%)	0 (0.00%)	3 (16.67%)	1 (5.56%)	11 (61.11%)	3 (16.67%)	18 (100.00%)
中外合资/合作企业	6 (8.11%)	7 (9.46%)	14 (18.92%)	4 (5.41%)	35 (47.30%)	8 (10.81%)	74 (100.00%)
股份合作制企业	15 (10.14%)	6 (4.05%)	27 (18.24%)	8 (5.41%)	79 (53.38%)	13 (8.78%)	148 (100.00%)
转制企业	1 (7.69%)	3 (23.08%)	2 (15.38%)	1 (7.69%)	5 (38.46%)	1 (7.69%)	13 (100.00%)
合计	212 (9.85%)	157 (7.30%)	366 (17.01%)	153 (7.11%)	1076 (50.00%)	188 (8.74%)	2152 (100.00%)

表3-3-42显示了不同性质企业员工对"党建也是生产力"及类似观点的

看法。就对这个问题的回答来说,民营或私营企业受访者的回答分别是非常赞同者占70.87%(1236人),比较赞同者占19.90%(347人),不太赞同者占1.15%(20人),很不赞同者占0.11%(2人),不太清楚者占7.97%(139人)。外资企业员工的选择分别是非常赞同者占70.32%(109人),比较赞同者占25.81%(40人),不太赞同者占1.29%(2人),不太清楚者占2.58%(4人)。港澳台企业员工在这5个选项上的选择分别是77.78%(14人)、22.22%(4人)、0、0、0,中外合资/合作企业员工在这5个选项上的选择分别是66.22%(49人)、14.86%(11人)、5.41%(4人)、0和13.51%(10人)。股份合作制企业员工在这5个选项上的选择分别是63.51%(94人)、25.00%(37人)、1.35%(2人)、0和10.14%(15人)。而转制企业员工对这个问题的看法分别是非常赞同和比较赞同者各占46.15%(6人)说不清楚者占7.69%(1人),没有人不太赞同或很不赞同。

表3-3-42 您对"党建也是生产力"
"党建强则生产强、业务强"这样的观点的看法是?

企业性质	非常赞同	比较赞同	不太赞同	很不赞同	说不清楚	总计
民营/私营企业	1236 (70.87%)	347 (19.90%)	20 (1.15%)	2 (0.11%)	139 (7.97%)	1744 (100.00%)
外商投资企业	109 (70.32%)	40 (25.81%)	2 (1.29%)	0 (0.00%)	4 (2.58%)	155 (100.00%)
港澳台企业	14 (77.78%)	4 (22.22%)	0 (0.00%)	0 (0.00%)	0 (0.00%)	18 (100.00%)
中外合资/合作企业	49 (66.22%)	11 (14.86%)	4 (5.41%)	0 (0.00%)	10 (13.51%)	74 (100.00%)
股份合作制企业	94 (63.51%)	37 (25.00%)	2 (1.35%)	0 (0.00%)	15 (10.14%)	148 (100.00%)
转制企业	6 (46.15%)	6 (46.15%)	0 (0.00%)	0 (0.00%)	1 (7.69%)	13 (100.00%)
合计	1508 (70.07%)	445 (20.68%)	28 (1.30%)	2 (0.09%)	169 (7.85%)	2152 (100.00%)

表3-3-43显示的是不同性质企业员工对企业出资人或主要负责人对待

党建工作的看法或感受。民营/私营企业来说，79.99%（1395人）的人认为企业主要领导积极支持党建工作，而认为企业主要领导为了维护和政府关系或因政府要求才开展党建工作、对党建工作无所谓、不支持或不清楚主要领导是否支持党建工作的，分别占3.27%（57人）、1.03%（18人）、0.69%（12人）、0.34%（6人）和14.68%（256人）。外资企业员工对这个问题的回答分别是，认为企业主要领导积极支持党建工作者占69.03%（107人），为维护和政府的关系或因政府要求而开展党建工作者分别占7.10%（11人）和2.58%（4人），而认为领导对党建工作无所谓、不支持或不清楚领导态度者分别占3.87%（6人）、0.65%（1人）和16.77%（26人）。港澳台企业中，认为企业领导积极支持党建工作者占77.78%（14人），认为企业领导为了维护和政府关系或因政府要求而开展党建工作的分别占5.56%（1人）和0，对此不太清楚者占16.67%（3人）。合资或合作企业中，认为企业领导积极支持党建工作者占71.62%（53人），认为企业领导为维护和政府关系或政府要求而开展党建工作，以及对党建工作无所谓、不支持或不清楚领导态度者分别占2.70%（2人）、4.05%（3人）、2.70%（2人）、1.35%（1人）和17.57%（13人）。而股份合作制企业中，人们对相同问题的选择分别是积极支持的占81.08%（120人）、维护和政府关系及因政府要求而开展党建工作的各占2.03%（3人）和0.68%（1人），另有14.86%（22人）的人认为不清楚领导对党建工作的态度，1.35%（2人）的人认为领导不支持党建工作。转制企业中，认为领导积极支持党建工作的比例最高，达84.62%（11人），只有7.69%（1人）不清楚领导对党建工作的态度或认为领导为了维护和政府的关系才开展党建工作，没有人觉得领导不支持党建工作，或对党建工作无所谓。这可能与转制企业的历史发展有关，许多转制企业由原来的企业主要领导（如国有/集体企业的党委书记或厂长等）所承包，他们对党建工作非常熟悉并十分相信党建在推动企业发展中的作用。正像我们所访谈的一位转制企业支部书记所说，其老总"不仅是支持党支部工作，而且是有要求的"①。

_____

① 20221103YQ。

表3-3-43 您所在企业的主要领导
(出资人或主要负责人)对企业党建工作的态度是?

企业性质	积极支持	维护政府关系	政府要求	无所谓	不支持	不太清楚	总计
民营/私营企业	1395 (79.99%)	57 (3.27%)	18 (1.03%)	12 (0.69%)	6 (0.34%)	256 (14.68%)	1744 (100.00%)
外商投资企业	107 (69.03%)	11 (7.10%)	4 (2.58%)	6 (3.87%)	1 (0.65%)	26 (16.77%)	155 (100.00%)
港澳台企业	14 (77.78%)	1 (5.56%)	0 (0.00%)	0 (0.00%)	0 (0.00%)	3 (16.67%)	18 (100.00%)
中外合资/合作企业	53 (71.62%)	2 (2.70%)	3 (4.05%)	2 (2.70%)	1 (1.35%)	13 (17.57%)	74 (100.00%)
股份合作制企业	120 (81.08%)	3 (2.03%)	1 (0.68%)	2 (1.35%)	0 (0.00%)	22 (14.86%)	148 (100.00%)
转制企业	11 (84.62%)	1 (7.69%)	0 (0.00%)	0 (0.00%)	0 (0.00%)	1 (7.69%)	13 (100.00%)
合计	1700 (79.00%)	75 (3.49%)	26 (1.21%)	22 (1.02%)	8 (0.37%)	321 (14.92%)	2152 (100.00%)

表3-3-44显示了不同性质企业员工在碰到困难时的首选求助对象。就民营/私营企业的员工来说,其首选求助对象分别是亲朋占42.49%(741人),领导占27.52%(480人),同事占15.02%(262人),党组织占11.75%(205人),工青妇等群团组织占3.21%(56人)。对外资企业员工来说,其选择分别是亲朋占43.87%(68人),领导占27.10%(42人),同事占13.55%(21人),党组织占10.97%(17人),工青妇等群团组织占4.52%(7人)。港澳台企业员工的选择分别是亲朋占50.00%(9人),领导和党组织各占16.67%(3人),同事占5.56%(1人),工青妇等群团组织占11.11%(2人)。中外合资/合作企业员工的选择分别是亲朋占39.19%(29人),同事占24.32%(18人),领导占20.27%(15人),党组织占13.51%(10人),工青妇等群团组织占2.70%(2人)。股份合作制企业员工的选择是亲朋占33.78%(50人),领导占29.73%(44人),同事占15.54%(23人),党组织占14.19%(21人),工青妇等群团组织占6.76%(10人)。而转制企业中员工的选择分别是领导占46.15%(6人),亲朋占38.46%(5人),党组织和同事各占7.69%(1人),没有人选择向工青妇等群团组织求助。

表3-3-44　当您在工作、生活中碰到困难时，您首先想到向谁寻求帮助？

企业性质	领导	工会/妇联/共青团	党组织	同事	亲朋	总计
民营/私营企业	480 (27.52%)	56 (3.21%)	205 (11.75%)	262 (15.02%)	741 (42.49%)	1744 (100.00%)
外商投资企业	42 (27.10%)	7 (4.52%)	17 (10.97%)	21 (13.55%)	68 (43.87%)	155 (100.00%)
港澳台企业	3 (16.67%)	2 (11.11%)	3 (16.67%)	1 (5.56%)	9 (50.00%)	18 (100.00%)
中外合资/合作企业	15 (20.27%)	2 (2.70%)	10 (13.51%)	18 (24.32%)	29 (39.19%)	74 (100.00%)
股份合作制企业	44 (29.73%)	10 (6.76%)	21 (14.19%)	23 (15.54%)	50 (33.78%)	148 (100.00%)
转制企业	6 (46.15%)	0 (0.00%)	1 (7.69%)	1 (7.69%)	5 (38.46%)	13 (100.00%)
合计	590 (27.42%)	77 (3.58%)	257 (11.94%)	326 (15.15%)	902 (41.91%)	2152 (100.00%)

第四章

非公经济组织党建质量的
主要制约因素和消极影响

与国有经济和集体经济等公有制经济组织党的建设不同,非公有制经济组织党的建设工作所受到的影响和制约有其特殊性,非公有制经济组织的党建工作也面临着更多的困难。总体来说,主体力量不过硬、制度体系不完善、运行机制不协调和外在支持不得力是非公有制经济组织党建质量的共性制约因素。非公有制经济组织党建质量不高,影响着党的执政基础的巩固、共同富裕目标的更好实现、企业的健康发展及社会治理资源的拓展。

第一节　非公有制经济组织党建质量的制约因素

经费支持不足、党员难以集中、缺乏专门党务工作人员等,都是非公有制经济组织党组织运行过程中常见的难题。表4-1-1显示了我们的受访者认为所在企业党组织面临困难的情况。首先,认为困难在于缺乏专门时间的人最多,占42.49%(577人)。其次是选择困难在于缺乏经费者,达27.54%(374

人)。选择党员难以集中者达21.58%(293人),选择缺乏专职党务工作者的受访者占19.37%(263人),选择缺乏专门场地者占13.33%(181人),认为影响本职工作和组织活动形式单调乏味的分别占9.28%(126人)和8.32%(113人)。选择困难在于党员不积极和领导不支持的受访者分别占2.72%(37人)和1.77%(24人)。尽管影响程度不同,但是,这些都不可避免地成为非公有制经济组织党的建设质量的重要制约因素。

表4-1-1　您所在企业的党组织在工作中面临的困难

选项	是		否	
	数量	百分比(%)	数量	百分比(%)
缺乏经费	374	27.54	984	72.46
缺乏专门时间	577	42.49	781	57.51
缺乏场地	181	13.33	1777	86.67
缺乏专职党务工作者	263	19.37	1095	80.63
党员不积极	37	2.72	1321	97.28
党员难集中	293	21.58	1065	78.42
领导不支持	24	1.77	1334	98.23
影响本职工作	126	9.28	1232	90.72
组织活动形式单调乏味	113	8.32	1245	91.68

综合问卷调查和深度访谈的结果,总体来看,非公有制经济组织党的建设质量受到四个方面因素的制约:非公有制经济组织党的建设的主体力量不过硬、制度体系不完善、运行机制不顺畅和外在支持不得力。这四个方面,有的是主观方面因素,有的是客观方面因素;有的是制度性因素,有的是体制机制性因素。各种因素交叠在一起,制约着非公有制经济组织党建质量的进一步提高。

一、非公有制经济组织党建的主体力量不过硬

从主体来说,非公有制经济组织党建质量受到四类人的影响:党委和政府及从事非公有制经济组织党建的工作人员、出资人或老板、企业党务工作者、企业的党员。他们共同构成了非公有制经济组织党建的主体力量[1],对非

---

[1] 这里的主体力量,主要是指人的因素,因此,把出资人或老板包括在内。

公有制经济组织党建质量有直接的影响。

第一，非公有制经济组织党建工作队伍。党的十六大就将非公有制经济组织党建工作写入党章，体现了中国共产党对加强非公有制经济组织党建工作的高度重视。但是，相比于农村、国企和机关等传统领域，人们对非公有制经济组织党建工作的重视程度还是显得不够，党委和政府的工作重点主要还是机关、事业单位、村居党组织等。这从非公有制经济组织党建工作的力量配置上就有所表现，例如，从我们的调查来看，街镇层面，目前一般各街镇只有1名专职"两新"组织党建工作人员，其完成上级单位的各项工作、应付上级的各类检查尚且时间精力不够，还要开展党员的日常教育管理、党支部的组织生活等基础工作，以及制作各种汇报材料、进行网络宣传、推进创新项目、"两个覆盖"排查、对非公有制经济组织党建工作进行指导，等等，基本没有精力去做细做实各项工作。村居或园区层面，身处一线的工作人员（如村、园区辖区的"两新"党组织相关党群干部）对非公有制经济组织党建工作也"缺少认识、缺少办法、不太重视，整体的工作能力不足，缺少攻坚克难的精神。相反党群干部更喜欢开展工会、妇联等各种一些好组织的活动"[1]。与此同时，街镇"两新"组织党建工作人员变动非常快，在岗位上待的时间过短，而"常态化的老企业十年也不会换书记或法定代表人"[2]，这就必然影响到党委、政府和企业之间的交流沟通。再者，街镇及园区、村居等层面的党务工作者本身的党务工作知识和管理知识也比较缺乏，难以对非公有制经济组织党建工作进行指导；同时，即使是"党建指导员"，也是"懂'两新'的、愿意开展'两新'党建工作的人少。原来退休的企业党员干部比较少，有经验的老党员也不多，建一支党建指导员队伍比较困难"[3]。"专业化的'党建指导员'比较欠缺，大部分的企业'三会一课'没有办法很规范地去完成。"[4]这些都成为制约非公有制经济组织党建质量的重要因素。

---

① 20230421WWP。
② 20221101LQY。
③ 20221025WWP。
④ 20221101LTY。

　　第二，出资人或老板。非公有制经济组织党建是一个政治组织向经济组织嵌入自己力量的过程，体现了执政党对改革开放以来新生的体制外力量进行政治整合的诉求。在这个过程中，不仅执政党自身有一定不适的反应，如早期人们关于私营企业主能不能入党的争论；对这个体制外经济组织来说，其对这种组织嵌入的态度也存在着一个从"拒斥"到"接受"，直至"欢迎"的总体转变过程。以民营企业为例，"中国民营企业与执政党之间已经建立了一种互惠性和情感性的'关系'纽带。这种纽带使民营企业主形成并巩固了与执政党的长期互惠关系以及彼此具有的'共同体'的认同感和归属感"[①]。具体到一个企业当中，其到底如何看待党建工作，出资人或老板的态度具有决定性作用，我们的许多受访者都明确地表达了这个看法。例如，对非公有制经济组织党建工作来说，中央的要求是党组织"应建尽建"，但是，"应建"的企业到底是否建立党组织，关键就在于出资人或老板是否支持。很多时候，出资人或老板担心在企业建立党组织会影响其自主决策权，在企业开展党建工作会影响企业生产经营，这种情况在外资企业尤甚。

　　有的企业党务工作者认为，企业文化说到底就是老板文化，企业的精神面貌就是老板的精神面貌。对党建工作来说，老板不反对就是支持，如果"企业董事会里人家要是发个不一样的声音的话，事情就会难办"[②]。我们访谈的一个党群服务中心工作人员也提到，"有的企业规模大，组织架构比较复杂，如果不是主要负责人担任书记，各部门无法配合开展工作。主要负责人是党员，成立支部相对容易一些"[③]。有的企业书记甚至提到，"原来镇里要到企业里的话，企业都不让进的，党员没地方交党费，老板也不让弄"[④]。即使对那些很支持党建工作的出资人或老板，做事情也要掌握分寸，不能太过火，因为"我们也决定不了，也没权力，只能提提建议。这和我们以前在国厂里的时候

[①] 何轩、马骏：《执政党对私营企业的统合策略及其效应分析：基于中国私营企业调查数据的实证研究》，《社会》2016年第5期。
[②] 20221103CDX。
[③] 20221121LSB。
[④] 20221114YXC。

相差太远了,当时任命干部什么的,厂长在一边的"[①]。特别是对外资企业来说,党建工作更加受到出资人或老板态度的影响,在一些企业中,党的十八大以前党支部甚至不敢公开搞活动,"十八大后,有点公开了。工作时间也可以开展党建工作了,党员活动、'三会一课'相对增加了,以前一年开不了几次"[②]。有的外资企业受访者甚至提到,企业党支部很困难,"说句不好听的话,有点像地下党,根本无法大张旗鼓地开会的。老板讲过一句话,就是我们所有能看到的,都是给客户看的,他的客户不是共产党。他们在商言商,觉得跟他讲政治是侮辱他,非要把企业经营和政治捆绑在一起,他们很反感"[③]。从这些我们可以看到,外资企业党建工作比民营企业等更加受到出资人或老板态度的制约和影响。

这里要注意的是,调查表明,出资人或老板是不是党员与其对党建工作的态度没有必然的联系。有的非党员出资人或老板也很支持党建工作,其主要是出于企业发展的需要留在党外或是加入民主党派。例如,医疗器械行业的非公有制企业出资人更愿意加入农工民主党,因为该党的成员主要是医药卫生界的中高级知识分子。反过来,即使是党员的出资人或老板也未必都积极支持党建工作,或者也未必都是真心开展党建工作,他们当中也有人或为了追求个人政治荣誉,或为了企业发展而建立党组织,应付式地开展党建工作。

第三,企业党务工作者。对非公有制经济组织来说,出资人或老板的态度决定了党建工作"能不能"开展。企业党务工作者的态度和能力则决定了非公有制经济组织党建工作开展得"好不好"。从这个角度来看,企业党务工作者三个方面的特点决定其成为非公有制经济组织党建质量的重要制约因素。

一是思想认识方面,党务工作者自我认识不高。与体制内单位一般具有

---

① 20221114YXC。
② 20221121YDL。
③ 20221027CJH。

相应的行政级别不同,非公有制经济组织党建工作具有"无行政权力依托"[①]的典型特征,党组织在企业中的地位也不是很明确。一般来说,除非党组织书记是出资人或老板,非企业高层管理人员的党务工作者(包括党组织书记)相对来说自视不会很高。例如,有党群服务中心的工作人员告诉我们,"同样是书记,村书记人家叫他一声,他感觉很好。企业里人家叫书记,书记甚至会觉得别人在嘲笑他"[②]。我们对一些非企业出资人或老板的党组织书记或其他党务工作者的访谈也表明,他们的身份意识很强,时刻提醒自己不是老板,他们的工作要对老板负责。

二是工作特点方面,党务工作者普遍兼职。企业以生产经营为主,企业的党务工作者绝大多数也都有自己的本职工作,党务工作绝大多数时候都是兼职开展。我们的调查也显示,只有少数的企业有专职党务工作者。兼职化使得党务工作者在党务工作和业务工作之间必须有所侧重,毫无疑问,党务工作者当然会更加重视自己的业务工作,因为这涉及其在企业中的工资待遇、职业晋升等核心利益问题,而党务工作相对来说对他们则没有这样的影响。他们很清楚的是,党务工作做得再好,既不必然会在企业中得到晋升,也很难从体制内得到实质性的奖励。有街镇党建工作人员提到,"企业的党组织书记一般由两类人担任,一类是出资人、一类是高管。企业出资人的重心在企业经营管理,对党建工作投入精力不多。高管在企业中主动开展党建工作的积极性更加不足,他本身也处在职业竞争环境中,主要精力还是在自己的业务。特别是当企业的出资人不是党员时,高管书记的积极性更加不足"[③]。当然,这里的问题是,也并不是党务工作者专职化就能解决一切问题。有的受访者提到,专职化的党务工作者由于外在于企业的生产经营决策过程,这使得其在企业中的地位也不会很高,也不见得就有益于企业的党建工作。

三是工作能力方面,党务工作者能力不足。与体制内单位党务工作者相比,非公有制经济组织的党务工作者存在的党务工作专业知识欠缺、能力不

---

① 刘宗洪:《无行政权力依托基层党组织的工作创新研究》,《探索》2010年第4期。
② 20221025WWP。
③ 20230421WWP。

足等问题。企业自己的书记或党务工作者业务能力普遍不强,组织生活不知道该怎么开展。有的党群中心受访者甚至提到,"企业党务工作者,如果我们不指导,几乎没有一家做得对"[①]。这种党务专业知识的欠缺和工作能力的不足有多种原因,有的是党务工作者自身素质方面的问题,有的则是党务工作者本身流动太快,没来得及学习积累就已经变换工作岗位甚至工作单位,再则是对党务工作者的教育培训也远远不够。事实上,《中国共产党支部工作条例(试行)》中也规定,"上级党组织应当经常对党支部书记、副书记和其他委员进行培训"[②]。实践中,一些街镇也建立了企业书记和党务干部培训制度,但是效果比较有限。原因在于,一方面,培训的规范和标准很难确定。一位受访者提到,"现在组织部门强调对企业书记的培训,对企业书记每年都有培训,但培训到什么程度才算成了,没有标准"[③]。另一方面,对非公有制经济组织来说,其以生产经营为主的特点,也决定了其支部书记对党务工作的相关培训兴趣不大。有的支部书记就非常明确地表示曾自费到大学商学院去学习,而"党群中心的培训过于偏重党务,与企业的生产经营结合得不够"[④]。这自然就导致前文中提到的凡是没有指导的企业党建没有一样能做得对的情况了。

第四,企业普通党员。党员是一个政党的细胞,每一个细胞的质量都影响着作为整体的政党组织的质量。对非公有制经济组织党建来说,出资人或老板即使再怎么支持,或党务工作者能力再强,如果没有高质量的党员,也谈不上什么高质量的党建工作。正因为如此,中国共产党要求每个党员都能成为一面旗帜,在日常生活中时刻发挥先锋模范作用。对非公有制经济组织来说,党员的行为、形象更直接影响着出资人或老板及企业员工对中国共产党的认知,尤其影响着出资人或老板是支持还是反对非公有制经济组织的党建工作。总体来看,非公有制经济组织中的党员能够在促进企业生产经营、推

[①] 20221101SY。
[②]《基层党建工作常用文件选编》,党建读物出版社,2021年,第235页。
[③] 20221027TCL。
[④] 20221123QF。

动技术创新发展、营造和谐劳动关系等方面发挥先锋模范作用。但是,也有不少非公有制经济组织中党员的党员意识、党性意识比较薄弱,先锋模范作用不明显。

一方面,非公有制经济组织中党员的党员意识不强。对非公有制经济组织中的党员来说,和上述党务工作者一样,他们对自己的认识定位首先是员工而不是党员,考虑的是要稳住自己的岗位,他们与老板之间的关系是雇佣关系。即使在企业党组织中担任职务的党员(如书记),如果本身不是出资人或老板,一般也都明确自己作为员工的身份定位。他们的工作首先是员工行为而非党员行为,他们更希望通过努力工作成为"优秀员工"以得到老板的赏识而不是成为"优秀党员"而得到党组织的认可。结果就是,党员对企业党组织的认同感不强、对自身党员身份的荣誉感不强。正因为这样,许多非公有制经济组织中的党员长期不转接组织关系,既无法参加原单位或户籍所在地党组织的组织生活,也不积极融入工作地党组织,有的干脆不表明自己的党员身份,成为"隐形党员",也就更谈不上发挥党员的先锋模范作用了,而职工对企业党组织和党员的作用发挥自然也没有什么感受度。

另一方面,非公有制经济组织中党员的党性意识薄弱。党员意识不强自然造成党性意识薄弱,如有的非公有制经济组织中的党员,对党的工作不热心、对党布置的工作谈条件,等等。尤其是社会主义市场经济条件下,人们的利益意识越来越强,有的企业支部书记感叹,党员"进入企业后普遍不关心党的工作。工作中不谈钱的话员工都不太会接受,老的员工还能接受传统的观念,现在年轻人多了,收入和社会上太过脱节,就更加难以开展工作"[1]。有的党员甚至因各种各样的原因"对党心存抱怨,牢骚满腹,抵触情绪大,不仅不能发挥先锋模范作用,相反在群众中还产生了一些负面影响"[2]。可以看到,非公有制经济组织中党员的党员意识和党性意识不强,成为制约党建工作质量的重要因素。

---

① 20221121YDL。
② 侯俊:《非公企业党的建设中党员教育管理创新研究》,博士学位论文,武汉理工大学,2013年。

二、非公有制经济组织党建的制度体系不完善

人的因素之外,非公有制经济组织党的建设质量还受到制度体系不完善的影响。人总是在一定的制度环境下活动,某种程度上制度塑造着人的行为。改革开放四十多年来,随着非公有制经济的发展,关于非公有制经济组织党建的相关制度不断建立起来。例如,党的十六大以来,历次党的全国代表大会都明确将非公有制经济组织党的建设要求写入党章。2012年中共中央办公厅印发的《关于加强和改进非公有制企业党的建设工作的意见(试行)》和2018年党中央印发的《中国共产党支部工作条例(试行)》等文件中,都对非公有制经济组织党组织的功能定位作了基本相同的规定。同时,从国家层面来说,于2005年通过的《中华人民共和国公司法》中也对加强非公有制经济组织党的建设提出了明确的要求,即"在公司中,根据中国共产党章程的规定,设立中国共产党的组织,开展党的活动,公司应当为党组织的活动提供必要条件"[①]。这应该是到目前为止唯一一部关于非公有制经济组织党建的国家法律。这些规定都为加强非公有制经济组织党的建设提供了重要遵循,也是改革开放以来特别是党的十八大以来中国非公有制经济组织党的建设工作取得历史性成就的重要制度保障。但是,已有的这些规定相对来说还比较宏观,更多是规范性要求而缺少操作性规则。总体来看,非公有制经济组织党建的相关制度体系还不很完善,主要是:

第一,党建嵌入制度有待加强。非公有制经济组织党的建设实际上是一个包括政治吸纳和组织嵌入两个方向运动的过程,前者意指执政党将非公有制经济组织中的优秀分子吸纳到党内来,后者则是指将党的组织嵌入到非公有制经济组织中,二者共同构成了执政党统合非公有制经济组织的基本路径。[②]从上述来看,目前有关执政党组织嵌入非公有制经济组织的宏观制度框架基本建立,在符合条件的非公有制经济组织中建立党的组织实现了"有章可循""有法可依"。尽管如此,作为典型的体制外组织,执政党组织想嵌入

[①]《中华人民共和国公司法》,《人民日报》2005年11月2日。
[②] 弓联兵:《政治吸纳与组织嵌入:执政党统合私营企业的逻辑与路径分析》,博士学位论文,复旦大学,2012年。

其中也并非易事。有的党务工作者对此深有感触,觉得在非公有制经济组织中建立党的组织,没有抓手,导致一年当中,"找了许多公司谈过,按照规定应该成立党支部,人家就是不成立,我们只能做工作,没有手段、没有约束。党建工作有利,有资源利用,企业就愿意配合。但百分之七八十很抵触,不愿意配合"①。许多受访者也都提到,党建工作虽有规定,但是缺乏强制性、没有约束性,工作中更多是靠感情在开展。有党群服务中心主任提到,"我们对企业一点抓手没有,党群办还有人才政策作为抓手,我们主要是靠感情联系的"②。从我们的调查来看,没有工作抓手、没有约束力是目前非公有制经济组织党建的重要制度难题。

同时,即使执政党嵌入非公有制经济组织,党的组织到底处于什么地位、功能如何发挥等还没有明确的规定。《关于加强和改进非公有制企业党的建设工作的意见(试行)》中规定了非公有制企业党组织"在企业职工群众中发挥政治核心作用,在企业发展中发挥政治引领作用"的功能定位及其六项职责,但是,并无党组织与企业间关系的明确规定,有关党建是否可以嵌入甚至如何嵌入非公有制经济组织治理这样的问题,在制度层面上仍是空白,这与工会在非公有制经济组织中的地位完全不同。《中华人民共和国公司法》明确规定:"公司研究决定改制、解散、申请破产以及经营方面的重大问题、制定重要的规章制度时,应当听取公司工会的意见,并通过职工代表大会或者其他形式听取职工的意见和建议。"③与工会不同,党组织在企业中则没有什么制度性话语权,如果是非企业高层或至少中层领导担任支部书记,则党组织在企业中的作用更难发挥。

第二,党建管理体制有待优化。除了组织嵌入尤其是功能发挥制度不很明确、缺乏约束力外,非公有制经济组织党建的管理体制也有待优化。一是非公有制经济组织党建工作的定位有待提高。对中国共产党来说,非公有制经济组织党建是整个党的建设新的伟大工程的重要组成部分,是巩固党的执

① 20211201XLM。
② 20222101SY。
③《中华人民共和国公司法》,《人民日报》2005年11月2日。

政基础的重要领域,因此,习近平曾强调,必须"以更大力度扎实做好非公有制企业党的建设工作"①。但是在实践中,如前所述,人们对非公有制经济组织党的建设工作重视还不够,相关的工作机构定位还偏低。有的受访者提到,在街镇层面,"负责'两新'党建工作的综合党委(镇)和社区党委(街道)没有做实,'两新'党建工作放在街镇社区党群服务中心,虽然有利于组织工作的一体推动,但也导致了工作推进的力量不足、层级较低,特别是党群服务中心无法去协调涉企的上级或平级部门"②。党群服务中心较低的行政层级(一般是正科级),决定了其无法有效整合区域内的各类资源为非公有制经济组织提供有效的服务,从而难以获得其在党建工作方面的有力支持。

二是非公有制经济组织党建管理体制混乱。例如,非公有制经济组织党建工作存在典型的"多头管理"的情况。非公有制经济组织党组织的上级党委包括街镇党委、工商局党委、工商联党委等,有的大型企业还有集团党委,企业党的基层组织面对众多"婆婆",要提交各种各样的材料,耗费了大量的人力和物力,也消耗了其对党建工作的热情和耐心。与此同时,非公有制经济组织体量大、类型多、形态杂,党建管理的规则既要有一定的共性规范,也要"因企制宜"。有的地方"一刀切"式地搞"属地化",实际上带来许多的问题。有的受访者提到,全部"属地化"管理,企业的"经营业务范围不归我们管,但是党建归我们管。属地托底变成了属地优先,行业主管部门该认领的不认领"③。这就大大增加了属地的责任,但是,属地却没有相应的权力去约束企业,自然其党建工作也就难以开展。

三是党委、政府对非公有制经济组织党建工作的考核制度乏力。作为体制外单位,非公有制经济组织的党务工作者绝大多数是兼职,没有工资报酬,

---

①《以更大力度扎实做好非公有制企业党的建设工作》,《党建研究》2012年第4期。
② 20230421WWP。
③ 20221101TCL。

属于义务劳动,①也不可能通过党务工作从体制外进入体制内,二者间没有制度化的联通渠道。相比于经济等部门(如工商、税务、安监等),组织部门对企业没有什么约束力或吸引力。因此,党务工作者基本上凭热情和责任做工作,这也就决定了上级党委、政府对非公有制经济组织党建工作的考核缺乏相应的力度。

四是流动党员管理体制需要完善。非公有制经济组织党建面临的一个重要难题就是如何有效管理流动党员,恰恰在这个问题上,目前的制度相当乏力。2006年出台的《关于加强和改进流动党员管理工作的意见》只是对流出地和流入地党组织的主要责任作了原则性规定,但是没有相应权力的规定。②非公有制经济组织作为接收流入党员的重要载体,其党组织对流入党员能够行使什么样的权力,没有明确的规定,园区的那些联合党组织对分散在各个企业的党员就更没有约束力。这也就导致许多非公有制经济组织中的党员"来了不迁入党组织关系""走了不迁出党组织关系"的常见现象,正像有的受访者所说,"党员想走就能走的,我对他没有约束力"③。在工作制度上存在的这些缺陷,也是目前非公有制经济组织党的建设质量的重要制约因素所在。

第三,常态化规范化制度体系缺乏。上述党建工作制度主要从管理主体来说,具体到非公有制经济组织,其党建工作的制度规范也有待完善。一方面,非公有制经济组织的党建工作常态化不够。从我们的调查来看,绝大多数的企业没有制定自己的党建工作制度或相关规则。很多时候,非公有制经济组织党组织的工作方式就是"兵来将挡、水来土掩",即上级发来什么工作任务,就做一下,上级如果没有任务要求,就基本没活动,也就是所谓的"规定动作"简单应付,"自选动作"基本为零。而上级管理部门的工作方式单一,更多时候只是发文件、发通知等,缺乏更加细致的工作指导,这就更加大了非公

---

① 一些街镇规定,非公有制经济组织支部书记每年有一定金额的"书记津贴",有的街镇不论支部大小一律2000元,有的街镇根据支部大小有所不同,一般在1600~3000元之间划分不同档次。但是很多时候,恰恰支部书记是不做具体党务工作的,他们忙于业务,而基本上是以挂名的形式表示重视和支持党建工作,真正的党务工作者又没有这个津贴。
②《关于加强和改进流动党员管理工作的意见》,《人民日报》2006年6月29日。
③ 20221028XM。

有制经济组织党建工作的执行难度,使得非公有制经济组织对党建工作"望
而却步",多一事不如少一事,能省则省。以党组织活动为例,有的受访者提
到,其所在党支部活动的开展,随着企业的生产经营形势的变化而变化,"公
司也会分淡季和旺季,旺季的时候可能一个季度也没有活动,企业首先要活
着。"①企业都活不了的话,党建也就面临着"皮之不存、毛将焉附"的局面。在
党建和业务之间,非公有制经济组织自然会做出以业务为先的选择。

另一方面,非公有制经济组织党建工作的规范化程度较低。制度规则的
缺乏,既决定了党建工作常态化程度不够,也导致党建工作规范化水平不高。
例如,有研究发现,非公有制经济组织的党组织存在"家族化"倾向。②我们的
调查也发现,有的企业中夫妻分任党支部书记和行政总裁,这样的结构显然不
利于党组织引领和监督功能的发挥,这些都是典型的规范化制度化水平不高的
结果。同样,在党员的教育管理、党组织活动的开展、党建经费的拨付与使用、
党建阵地的开辟与打造等方面,非公有制经济组织一般都没有明确的规章制
度,这就能说明为什么非公有制经济组织党建工作更多要靠感情来办事了。

三、非公有制经济组织党建的运行机制不协调

非公有制经济组织党的建设质量,不仅受到制度体系不完善的影响,实践
中,非公有制经济组织党建的一些运行机制也不协调。这种不协调,在三个层
次表现出来:一是作为党建工作管理主体的党委、政府层面,二是作为党组织生
存载体的非公有制经济组织层面,三是非公有制经济组织党组织内部。

第一,党委、政府层面。非公有制经济组织党的建设工作在实践中存在
各种各样的问题,除了其作为体制外单位所具有的特点而必然带来的困难之
外,党委、政府各部门之间协调机制不健全也是重要的制约因素。一般来说,
地方各级党委是非公有制经济组织党建工作的领导主体,党委组织部门是直

---

① 20221108WHY。
② 祝全永:《非公有制企业党组织"家族化"倾向的成因及对策探析》,《理论导刊》2008年第
4期。

接推动主体,而各街镇的党群服务中心则负责具体的党建工作。[①]但是,不少受访者提到,对组织部门来说,开展非公有制经济组织党建工作"缺抓手",更多的是"靠感情",党建工作如果没有政府其他部门的配合难度会比较大。有些人甚至认为,非公有制经济组织党的建设工作,很多时候难点不在企业内,而在企业外,"党建应该和工商、税务、市场监督、社保等部门联合起来,比如'两个覆盖'过程中,要排查企业的人数、党员,社保能不能把企业的基本信息直接告诉我们? 大数据完全可以做得到"[②]。但实际工作中,党委组织部门(尤其是党建工作执行主体——街镇的党群服务中心)很难直接从这些政府部门手中拿到相关的数据。一位受访者提到,"党群系统和业务系统组团式开展工作很难。每年市里都要求对非公有制企业进行排查,依据就是工商、税务等经济口的要求,党群部门需要这些业务部门的协助。但是,往往人家给你的数据不可靠,由各业务部门组成小组去排查,可能会更好。说起来党建工作大家都重视,实际上操作起来很难"[③]。沟通协调机制不畅制约了街镇对政府各职能部门的资源整合力度,结果就是党建工作看起来"虚"而不"实",从而大大增加了非公有制经济组织党建工作一线执行主体的工作难度。

第二,企业内部层面。从企业内部来看,非公有制经济组织党建工作质量的制约因素,首先是党组织的决策参与和监督机制不畅通。按照党章的规定,非公有制经济组织中的党组织,应当"贯彻党的方针政策,引导和监督企业遵守国家的法律法规……维护各方的合法权益,促进企业健康发展"[④]。但是,与国有企业和集体企业中党的基层组织参与企业重大问题的决策不同,非公有制经济企业的特点是资产归企业出资人或老板所有,他们在企业的生产经营决策中具有绝对的话语权,党组织的成员(无论是支部书记抑或其他

[①] 在实践中,各街镇党群服务中心(有的称党建服务中心)主要负责农村党建、城市社区党建、"两新"组织党建和区域化党建等工作。而国有企业党建、机关党建、学校党建等,则归各自单位及所属系统主管。

[②] 20221025WWP。

[③] 20221101TCL。

[④]《党的二十大文件汇编》,党建读物出版社,2022年,第122页。

成员)如果不是出资人或老板,那么他们则不太可能参与企业的决策过程,尤其是一般的党员员工担任书记的,则更可能使党组织在企业中处于边缘化的位置。再者,非出资人或老板的党组织成员本身就受雇于人,他们的工作或者说"饭碗"端在别人的手里,再去谈监督别人恐怕就很难了。

其次是党建与业务的融合机制难建立。企业以生存和发展为第一目标,党建工作到底怎么融入业务,助力企业的业务发展,是实践中的一大难题。很多时候,我们看到的是所谓党建和业务"两张皮"的现象。有的受访者谈到,"大部分的企业无法把生产经营和党建工作结合起来,导致党建工作和企业生产经营存在两张皮的现象,消耗了企业的人力、财力、物力、精力,却没有多大受益"[①]。这个时候,党建工作要想得到企业出资人或老板的支持就很难。对非公有制企业来说,"党建融入业务比较难,公司章程中即使写入,但真正落实和领导的意识相关。企业的第一位是利润和生存,企业在往前推的时候,工会工作相对好做。董事会决策的事情由党组织来决定,这实际上是做不到的"[②]。当然,我们在调查中也发现有个别转制企业制定了相关的文件,要求员工晋升事宜必须拿到党支部去讨论,但是,这与其转制企业的背景及其老板曾经担任国有企业老总的经历密切相关。这种区别的关键就在于所有制不同,一位曾担任国有企业领导的支部书记提到,在原来单位的时候,"支部书记列席厂长办公会议,组织人事都是由党组织这条线管理的,牵涉到每个人的档案、工资分配等都在里面。到这里就不一样了,体制多元化,党建感觉可有可无一样,就算有的,经营活动中、业务活动中没有职务的话,责任就承担不了。我在这里虽然担任公司副总,和老板关系也挺好的。我做工作的时候,也尽量不要影响他们的时间,大家都很忙,吃饭是第一要事。国有企业比民营企业管理规范得多,党政两条线是合一的。民营企业里,除非老板也是党员,不是的话,底下就很难。我们还算可以了,我也是老书记了。平时有活动,尽可能通过多媒体各种途径开展起来,我这个身份去做党建工作,比

---

① 20230421WWP。
② 20221121YDL。

起其他人稍微好一点"①。无论是上述引导和监督非公有制经济组织健康发展,还是这里所说的党建融入企业业务工作、助力企业发展,都是中国共产党对非公有制经济组织中党的基层组织的重要功能定位,也是评价党的建设质量的重要标准,功能发挥不畅,当然也就很难说其质量有多高了。

最后是组织和人事间的沟通机制不畅通。这里主要是指那些已经建立了党组织,并且党组织负责人和企业人事部门负责人分设的情况。在我们的调查中,既有组织和人事"一肩挑"的案例(即党支部书记担任人事经理或人事经理兼职党务工作),也有两者并立的情况。对前者来说,党组织通过对人事信息的掌握而较好地了解企业中的党员情况。对后者来说,党组织则更多地依赖人事部门才能掌握企业员工的政治身份信息。但问题在于,有的企业人事部门在员工的招聘和管理中并没有特别关注其政治身份,有的企业人事部门则认为这是员工的隐私而不太愿意向党组织透露相关的信息,这是目前非公有制经济组织中流动党员,尤其是"隐形党员"比较多的重要原因。特别在外资企业,如果二者分立,党组织想了解企业员工的政治身份信息难度就更大。再者,一般来说,人事部门是企业的关键部门之一,关系到企业的人员进出、职位晋升、奖励惩罚等等,人事部门具有相当的话语权。相对来说,党组织在企业中的地位则不是很明确,二者分立情况下,党组织也没有权力向人事部门要求提供员工的个人信息。非公有制企业中组织和人事沟通、联动机制不畅直接制约着党的建设质量。

第三,企业党组织层面。非公有制经济组织党的建设质量,除受到上述外在因素的影响,更直接的则是受到党组织本身内在运行机制的制约。一方面,组织建设困难。加强非公有制经济组织党的建设工作,首先就是要加强党组织建设,提高党组织的覆盖率。但是,非公有制经济组织数量多而涉及面广,许多企业因没有3名党员而达不到建立党组织的条件,或者即使有3名党员而具备建立党组织的条件,也借口找不到合适的支部书记而不愿建立党组织。非公有制经济组织的特殊性还在于其变动性强,"有的企业原本有3名

---

① 20221114YXC。

党员可以组建支部,到后来党员反倒不断减少。往往我们基层辛苦一年,因企业的发展变动,到年底成效全没了"①。这样,有些地方通过多建联合党支部的方式来完成覆盖率指标,实际上,对有些街镇来说,"如果仅靠独立支部的话,覆盖率只有个位数,也只能靠联合党支部提高覆盖率"②。同时,联合党支部则容易带来运转难的问题。

另一方面,组织运行不畅。对非公有制经济组织来说,其人员本身就比较分散,有的分散在流水线上、有的分散在各个部门、有的分散在全国各地,基本上很难集中起来进行学习或者开展组织活动。而联合党支部的困难则更大,其缺陷在于,支部和企业之间没有隶属关系,党支部书记与来自不同企业的党员之间也没有行政关系,这就提高了联合党支部开展组织活动的难度。有的联合党支部书记也提到,"各个企业里的党员,和我们没有隶属关系,管理上很有难度。开展支部活动时有的人不请假就不来了,能请假就算好的了"③。有党群服务中心主任告诉我们,按照规定联合党支部一般不超过5家企业,但是实际上很多时候大大超过这个数量,有时候甚至"三五十家企业组建一个联合党支部,跑完都得一个月,有的企业根本不理你"④。这样的党支部实际上基本上没有什么活动,很难切实地对党员进行教育管理,更难说参与企业决策或对企业起到引导和监督作用了。

四、非公有制经济组织党建的外在支持不得力

与体制内单位的党建不同,非公有制经济组织党的建设工作能够得到的外部支持比较有限,这也是制约非公有制经济组织党建质量的重要因素。前述出资人或老板的态度之外,这种支持的缺乏还表现在以下方面:

首先,党员发展名额偏少。加强非公有制经济组织党建工作,提高非公有制经济组织党的建设质量,一个重要内容就是要将非公有制经济组织中的优秀分子吸收到党内来,再由他们发挥先锋模范作用,助力企业的经营发展,

---

① 20221101TCL。
② 20221101SY。
③ 20221019XCM。
④ 20221101SY。

从而增强非公有制经济组织的职工群众尤其是出资人或老板对党建工作的支持、对中国共产党的认同。从我们的调查来看,上级党委和政府对非公有制经济组织党建工作的支持力度还有待加强。其首要的表现,就是分配给非公有制经济组织的党员发展名额还相对偏少,有的街镇甚至达到了"十年才有一个名额"的程度。发展党员当然要慎重,想要加入党组织也要经得起考验,但在实践中,等待的时间过长,导致有些原来想加入党组织的员工也产生了退却心理。当然,这里所说的"名额偏少"主要是相对于非公有制经济组织庞大的数量来说的,实际上非公有制经济组织的党员发展名额在当年全街镇各单位中所占比重并不算低。

其次,党建资源相对不足。一方面是非公有制经济组织党建工作的经费还相对缺乏,尤其是上级党委和政府的经费支持比较少。以上海为例,我们所调查的各区/街镇对非公有制经济组织党建工作的支持主要有四个方面(见表4-1-2),以10名党员的支部为例,除党费返还数额不明确和书记津贴到其个人账户外,支部年度党员教育经费和支部活动经费一共只有4000元,再加上党费返还一般也不会超过1万元。这样,按照一些受访者的说法,就是只能就近去一些免费的红色景点接受教育了,或者买几本时事政治方面的书籍,很难再组织其他更为丰富的活动。

表4-1-2　各街镇对非公有制经济组织的经费支持

	书记津贴	党费返还	党员教育经费	支部活动经费
数额	2000元/人/年	各支部不同	200元/人/年 各街镇给付方式有所不同	2000元/年/支部 部分街镇按支部大小有所不同
使用方式	到书记个人账户	实报实销	实报实销	实报实销

就我们所调查的企业来看,很少有企业在财务支出中单列党建经费。我们的问卷调查显示(表4-1-3),30.34%(412人)的受访者表示所在企业设有专项党建基金,24.67%(335人)的人回答有上级党组织的党建工作专项资金,18.56%(252人)的人回答有上级党组织的划拨(包括党费返还),21.87%(297

人)的人回答自筹解决经费问题。从中可以看到,只有三分之一的受访者所在企业愿意专门设立基金来开展党建工作,这在一定程度上也表明了企业出资人或老板对党建工作的态度。

表4-1-3　您所在企业党组织的活动经费来源

选项	是		否	
	数量	百分比(%)	数量	百分比(%)
企业设有专项党建基金	412	30.34	946	69.66
上级党组织的党建工作专项资金	335	24.67	1023	75.33
地方财政补助	50	3.68	1308	96.32
上级党组织的划拨(包括党费返还)	252	18.56	1106	81.44
自筹解决	297	21.87	1061	78.13
不清楚	537	39.54	821	60.46

我们的大多数受访者表示其党建活动都是从企业里"实报实销",并且一般都强调行政上是支持的。但是,这种支持更多是非制度化的,主要看出资人或老板的态度。有的受访者提到,"有些企业虽然成立了支部,书记不当家,老板不支持,他不敢发话,想要搞活动基本上很难的"[①]。这就使我们更能理解企业党务工作者在开展党建工作时小心翼翼的行为了。

另一方面,除党建经费外,阵地资源匮乏也是非公有制经济组织党建质量的重要制约因素。我们所调查的39家企业中,28家企业有专门的党建阵地,11家根本没有阵地。有些企业所谓的党建阵地,也只是在角落里放置几本时事书籍,作用十分有限。尤其有些外资企业的党建阵地,就是党务工作者的工位旁边放个书架、插个党旗,或在楼道里贴上几张宣传画,以显示企业有党组织的存在并做了党建工作,基本不能真正地发挥作用。

最后,赋权增能有所缺位。按照规定,非公有制经济组织党组织要发挥"两个核心"作用,但是,到底怎么发挥、凭什么发挥这样的作用?调查发现,实践中,除了要求党员发挥先锋模范作用外,来自上级的政策支持是比较少

[①] 20221103CDX。

的。尤其是对企业党组织来说,街镇党委、政府及各部门很少关注增强其解决企业"急、难、愁、盼"问题的能力,大多数时候只是向企业党组织发送各类工作通知,要求配合完成各项工作任务而已,企业党组织没有真正帮助企业解决问题的能力。有的企业党组织书记就提到,尽管上级说我们是来帮你们企业的,但是,真正要帮的时候又帮不了。例如,对上海一些"高精特新"企业来说,高技术人才对企业的生存发展具有根本性作用,但是,作为企业党组织来说,他们很少能够在这方面发挥作用。尤其是对新进的年轻员工,企业党组织对他们的落户需求、住房需求、子女入学需求等问题,能够提供的帮助很少。访谈中,有少数企业提到通过党组织书记的私人关系而为员工解决了子女入学问题,显然,这与企业党组织发挥作用留住人才是两个不同的问题。可以看到,一味地让企业党组织发挥作用,却没有从政策上增强其发挥作用的能力,是目前非公有制经济组织党建工作的重要制约因素,也是党的建设质量不高的重要原因所在。

第二节　非公有制经济组织党建质量不高的影响

通过前述分析我们可以看到,改革开放四十多年来,特别是党的十八大以来,中国非公有制经济组织党的建设取得了历史性成就,非公有制经济组织党的建设质量不断提高,高质量党建成为新时代非公有制经济发展取得历史性成就的根本政治保障。但是,也应该看到,非公有制经济组织党的建设还存在不少的难题和挑战,非公有制经济组织党的建设质量还有不尽如人意的地方。在全面建设社会主义现代化国家新征程中,非公有制经济组织党建质量不高,必然影响着党的执政基础的进一步巩固和推动共同富裕取得实质性进展重大目标的实现,也使企业本身的发展难以得到有效引领,还将制约非公有制经济组织丰富的人力物力资源融入基层社会治理,制约社会治理资源的进一步拓展。

一、政党层面：执政基础得不到有效巩固

习近平强调，"严密的组织体系是党的优势所在、力量所在"[①]。作为一个成立百余年，执政七十多年的大党，坚持哪里有群众，哪里就有党员；哪里有党员，哪里就有组织，始终将党的组织建立在最为活跃的经济社会脉络之上，是中国共产党发展进程中的重要经验。从新民主主义革命时期及社会主义革命和建设时期大力加强农村基层党的建设，到改革开放后一段时间强化城市社区基层党的建设，再到新世纪以后突出非公有制经济组织和新社会组织党的建设，都展现出中国共产党随着经济社会形势的变化而调整、严密党的组织体系，巩固党的执政基础的重要经验。

作为社会主义国家，以国有经济为主的公有制经济是中国共产党执政的首要基础。国有企业是中国特色社会主义的重要物质基础和政治基础，是党执政兴国的重要支柱和依靠力量。但是，中国非公有制经济的巨大经济体量，以及在就业、税收、创新等方面的重要地位，决定了其是中国共产党执政的重要领域。加强非公有制经济组织党的建设、提高非公有制经济组织党的建设质量是加强党的建设新的伟大工程的重要组成部分，是巩固党的长期执政基础的重要任务。非公有制经济组织党的建设质量不高，制约着党在非公有制企业职工中的影响力和号召力，影响着党的执政基础的巩固。

一方面，非公有制经济组织党建质量不高，制约着非公有制经济组织职工对党的组织认同。作为中国工人阶级的先锋队，实现好、维护好工人阶级的利益是中国共产党的重要任务。今天，中国工人阶级的绝大部分已经受雇于非公有制经济组织，中国共产党要代表和维护工人阶级的利益，必须代表和维护好这部分人的利益；中国共产党要巩固在工人阶级中的执政基础，必须巩固在这部分人中的执政基础。作为党在非公有制经济组织中的战斗堡垒，非公有制经济组织党组织的重要任务之一，就是要"团结凝聚职工群众，依法维护各方合法权益"[②]，这当中自然包括维护好非公有制经济组织职工的

[①]《中国共产党第二十次全国代表大会文件汇编》，人民出版社，2022年，第56页。
[②]《基层党建工作常用文件选编》，党建读物出版社，2021年，第230页。

合法权益。但是,现实生活中,绝大多数的非公有制企业党组织在企业中的地位还相对边缘化,在企业的生产经营决策中还缺乏话语权。尤其在面对不太合理的劳资关系或出现劳资冲突时,非公有制经济组织党组织还难以切实地发挥作用以维护职工的合法权益。在实践中,非公有制经济组织的职工在遇到困难时更多地想到亲友,而相对较少地寻求党组织的帮助,就是非公有制经济组织职工对党组织态度的最好证明。显然,这与中国共产党所要求的非公有制经济组织党组织应"在企业职工中发挥政治核心作用"的要求相去甚远。

另一方面,非公有制经济组织党建质量不高,制约着非公有制经济组织职工对党的价值认同。相对于国有企业来说,非公有制企业的一个重要特点是职工相对年轻化,他们思维更加活跃、思想更加多元、生活方式更加多样,如何加强党在他们当中的影响力和号召力,是巩固党的执政基础的重要环节。非公有制经济组织党建质量不高,党员先锋模范作用不突出、党组织作用发挥不明显,或是党组织行为处事不够公平公正,都会直接影响他们对党组织的价值认同,造成他们对党的疏离,这也不可避免地影响着党在非公有制经济领域执政基础的巩固。

二、国家层面:共同富裕得不到有力支撑

党的二十大报告强调,中国式现代化是全体人民共同富裕的现代化,共同富裕是中国特色社会主义的本质要求。[①]历史地看,共同富裕是中国人民由来已久的追求。传统社会中,农民革命很多时候都以"均贫富、等贵贱"相号召,这里的"均贫富"一定程度上隐含着消灭贫富差距、实现共同富裕的诉求。及至中国共产党成立,明确将马克思主义和科学社会主义写在自己的旗帜上,这就决定了其必然以全体人民共同富裕作为自己的价值追求。马克思在《1857—1858年经济学手稿》中就曾指出,在新的社会制度中,生产的发展将以所有人的富裕为目标。毛泽东也曾多次强调我们要实行一种计划使中国一年比一年更强些。并且,是共同的富和共同的强,大家都有份。邓小平首次将共同富裕纳入社会主义本质内涵,实现了对社会主义本质的重大认识

①《党的二十大文件汇编》,党建读物出版社,2022年,第17页。

创新。此后,江泽民提出"实现共同富裕是社会主义的根本原则和本质特征,绝不能动摇"①。胡锦涛也指出中国要"走共同富裕道路"②。党的十八大以来,习近平多次论及共同富裕问题,强调"实现共同富裕不仅是经济问题,而且是关系党的执政基础的重大政治问题"③。因此,在全面建设社会主义现代化国家进程中,必须推动共同富裕取得实质性进展。

社会主义和共产主义不是一朝一夕所能实现的,全体人民共同富裕同样不是一蹴而就的,全社会的团结奋斗和共同努力是实现全体人民共同富裕的根本前提。作为我国社会主义市场经济的重要组成部分和生产力发展的重要推动力量,非公有制经济可以也应当在扎实推进全体人民共同富裕的历史征程中发挥重要作用。实际上,这些年来,非公有制经济组织在扶贫助困、救济慈善等事业中作出了巨大的贡献,正如习近平在给"万企帮万村"行动中受表彰的民营企业家回信时所说的那样,"越来越多的民营企业积极承担社会责任,踊跃投身脱贫攻坚,帮助众多贫困群众过上了好日子"④。"我国经济发展能够创造举世瞩目的中国奇迹,我们能够打赢脱贫攻坚战、如期全面建成小康社会、实现第一个百年奋斗目标,民营经济和民营经济人士功不可没。"⑤非公有制经济之所以能够在推动全体人民共同富裕进程中作出这样的贡献,最根本的在于坚持中国共产党的领导,在于坚持和加强非公有制经济组织党的建设和党的工作。可以这样说,党的建设质量一定程度上决定着非公有制经济组织投身实现全体人民共同富裕的力度。

在现实生活中,部分非公有制经济组织党的建设质量不高,党组织对非公有制经济组织的政治领导力不强、思想引领力不够,团结凝聚非公有制经济组织职工的能力缺乏,导致非公有制经济组织投身全面建设社会主义现代化国家伟大事业的热情不够,在实现全体人民共同富裕进行中的责任意识、

---

① 《江泽民文选》(第一卷),人民出版社,2006年,第466页。
② 《十六大以来重要文献选编》(下),中央文献出版社,2008年,第676页。
③ 《习近平谈治国理政》(第四卷),外文出版社,2022年,第171页。
④ 《习近平给"万企帮万村"行动中受表彰的民营企业家的回信》,《中国产经》2018年第11期。
⑤ 中共全国工商联党组:《坚定不移促进民营经济发展壮大》,《求是》2023年第4期。

担当意识缺失,等等,这些都必然影响着全体人民共同富裕这一目标的实现。

三、企业层面:企业发展得不到有效引领

改革开放以来,中国非公有制经济之所以能够"从无到有""从小到大"不断向前发展,坚持中国共产党的领导,坚持和加强非公有制经济组织党的建设是重要的经验所在。正如中共中央办公厅印发的《关于加强和改进非公有制企业党的建设工作的意见(试行)》中所指出的那样:"加强和改进非公有制企业党的建设工作,是坚持和完善我国基本经济制度、引导非公有制经济健康发展、推动经济社会发展的需要。"①党的建设质量不高必然制约着其对非公有制经济的有效引领。

这种引领首先就是政治上的引领。作为社会主义市场经济的重要组成部分,中国非公有制经济发展过程中,必须坚持市场在资源配置中的决定性作用,只有这样,才能更加有效地利用国内外各种资源,才能更加有效地激活非公有制企业的创新创造活力。但是,中国的非公有制经济与西方国家私人资本主义经济有着根本的不同,这就是其必须坚持中国特色社会主义道路、坚持中国特色社会主义制度,这当中最为根本的就是要坚持中国共产党的领导,这是中国非公有制经济生存发展的前提所在。中国共产党将党的组织和党的工作延伸到非公有制经济组织中,其首要的目的,就是要保证非公有制经济发展的正确政治方向。因此,党对非公有制企业党组织的重要定位之一,就是要"在企业发展中发挥政治引领作用"②。不断提高非公有制经济组织党的建设质量是发挥这种政治引领作用的必然要求。

但是,在现实生活中,大量的非公有制经济组织还没有建立党的组织,许多非公有制经济组织即使建立了党的组织,也还处于"无位"或是"无为"的地位,更多时候也只是实现了"有形覆盖"而离"有效覆盖"还有不小的距离,③也就谈不上对企业进行政治引领了。例如,不少非公有制企业党组织在履行

① 《十七大以来重要文献选编》(下),中央文献出版社,2013年,第879页。
② 《十七大以来重要文献选编》(下),中央文献出版社,2013年,第879页。
③ 王玉鹏、李鑫:《非公企业党建"有效覆盖"的现实困境及破解路径》,《中州学刊》2020年第10期。

"引导和监督企业严格遵守国家法律法规……促进企业健康发展"①的职责时,经常会因为党员雇工身份而无法真正地执行,更有甚至,极少数非公有制经济组织党组织或党员默许甚至参与企业的违规违法经营,造成极为恶劣的影响。基本的监督职能尚且无法实现,进行政治上的引领更是难上加难。

四、社会层面:治理资源得不到有效拓展

党的十八届三中全会首次在党的文件中使用"社会治理"一词,提出要创新社会治理体制,提高社会治理水平,从而改变了党的十六届四中全会以后沿用近十年的"社会管理"概念,推动中国国家治理体系和治理能力现代化不断向前发展。与社会管理不同,社会治理借用西方治理理论,突出强调的是治理主体的多元性、治理过程的协商性等,力图改变以往社会管理格局下行政力量主导而其他主体相对消极被动的局面,社会治理更加强调其他主体的积极性和参与性。因此,2015年12月,习近平在中央城市工作会议上指出,要"统筹政府、社会、市民三大主体,提高各方推动城市发展的积极性"②。2017年党的十九大报告中,习近平明确强调要"打造共建共治共享的社会治理格局",显然,这里就是要改变以往那种党政"一元主导"甚至"党政包办"的方式,倡导多元主体参与到社会治理过程中,更加广泛地拓展社会治理资源。党的十九届四中全会通过的《中共中央关于坚持和完善中国特色社会主义制度,推进国家治理体系和国家能力现代化若干重大问题的决定》中更进一步提出了这个要求,强调要"建设人人有责、人人尽责、人人享有的社会治理共同体"③。这里的"人"既包括具体的个体的人,同样也应当包括各种各样的主体在内。党的二十大报告再次提出了构建"社会治理共同体"的要求,也就是要将多元主体、多元社会力量引入社会治理全过程。

非公有制经济组织巨大的经济体量、庞大的就业容量,决定了其是新社会治理格局不可多得的重要主体,可以而且应当在社会治理中发挥重要的作

①《基层党建工作常用文件选编》,党建读物出版社,2021年,第230页。
②《十八大以来重要文献选编》,(下)中央文献出版社,2018年,第91页。
③《中共中央关于坚持和完善中国特色社会主义制度,推进国家治理体系和国家能力现代化若干重大问题的决定》,《人民日报》2019年11月6日。

用。实际上,这些年来,非公有制经济组织日渐成为城乡基层治理不可或缺的重要主体,这当中一个重要的经验,就是通过党组织的引领,以各种各样的党建活动为抓手,将非公有制经济组织丰富的人力、物力资源引入社会治理过程中去。特别是一些非公有制经济组织党组织通过党建联建的方式,或是参与社区协商和文明创建,或是为社会困难群体提供力所能及的帮助和服务,都大大推动了企业更好地履行社会责任,提高了企业的知名度、美誉度,为非公有制经济组织的发展赢得了良好的社会氛围,同时,也增强了出资人或老板对党组织的认可,为非公有制经济组织党组织的生存营造了宽松的环境。

当然,我们也不难看到,许多非公有制经济组织党建质量不高,党组织在企业中的地位不高、党员先锋模范作用不明显,导致其引领企业参与社会治理和履行社会责任的意识不强、能力不足。特别是少数非公有制经济组织党组织,主要从企业及其出资人的立场出发,以企业应当以生产经营为主业主责的理由,忽视企业社会责任的履行,对参与基层社会治理热情不高、动力不够。实际上,这既不利于社会治理资源的拓展,妨碍共建共治共享社会治理共同体的构建,也不利于企业自身社会形象的构建,最终的结果只能是损害企业的发展。

第五章

新时代提高非公有制经济组织
党建质量的战略路径

非公有制经济是中国社会主义市场经济的重要组成部分,非公有制经济组织党建同样是党的建设新的伟大工程不可或缺的重要组成部分,非公有制经济组织党的建设质量在一定程度上制约着整个党的建设质量。改革开放四十多年来,特别是党的十八大以来,中国非公有制经济组织党的建设实现了历史性突破、取得了历史性成就。但是,也要承认,中国非公有制经济组织党的建设还面临着许多的困难和挑战,影响中国共产党执政基础的巩固,影响中国经济社会长期可持续发展,制约着共同富裕目标的实现。为此,需要从以下方面进一步提高非公有制经济组织党的建设质量。

第一节　把准非公有制经济组织党建正确方向

方向决定道路,道路决定命运。百余年来,中国共产党之所以能够带领人民不断取得革命、建设和改革的胜利,关键就在于选择了科学社会主义的正确方向。习近平强调,"政治方向是党生存发展第一位的问题,事关党的前途命运和事业兴衰成败"①。加强非公有制经济组织党的建设,同样要把准非公有制经济组织党的建设正确方向,这是提高非公有制经济组织党的建设质量的首要问题和关键所在。方向不明、方向迷失甚至方向错误,党的建设必然会走上歧途,也就谈不上什么提高党的建设质量问题。可以说,提高非公有制经济组织党的建设质量,首要的和关键的问题就是要把准正确的方向,这就要求我们做到:

一、以党的政治建设为统领

党的十九大报告强调,要以党的政治建设为统领来推进党的建设新的伟大工程,因为"党的政治建设是党的根本性建设,决定党的建设方向和效果"②。就非公有制经济组织党的建设来说,要把准党的建设正确方向,提高党的建设质量,同样首先就是要坚持党的政治建设的统领地位。

第一,引导非公有制经济组织及包括出资人在内的各类群体增强"四个意识"、坚定"四个自信"、做到"两个维护"、牢记"国之大者"。在实践中,非公有制经济组织党的建设之所以难题不少、质量不高,关键就在于,有些人觉得,非公有制经济组织作为以盈利为主要目标的体制外组织,与党政机关等体制内单位有所不同,应该以经济为核心导向,而不应该谈所谓的政治,甚至认为讲政治会妨碍非公有制经济组织更好地发展经济。正是这种看法,影响着非公有制经济组织出资人对加强党的建设、开展党的工作的积极性和支持度。实际上,这种看法,既忽视了政治对经济有反作用这个马克思主义基本原理,也没有看到中国非公有制经济发展历程的独特性。改革开放以来,中国的非公有制经济之所以能够从小到大、由弱变强,最根本的就在于中国共产党的鼓励、支持和引导,在于坚持走中国共产党领导人民开辟的这条中国特色社会主义道路,没有这个政治前提,中国的非公有制经济即使不说没有发展的可能性,至少也不可能取得今天的发展成就和在国民经济中的重要地

---

① 《十九大以来重要文献选编》(上),中央文献出版社,2019年,第537页。
② 《十九大以来重要文献选编》(上),中央文献出版社,2019年,第44页。

位。因此,提高非公有制经济组织党的建设质量,关键就是要以党的政治建设为统领,引导非公有制经济组织坚持共产主义远大理想和中国特色社会主义共同理想,坚定中国特色社会主义道路,坚持中国共产党领导,自觉遵守党的路线方针政策。只有这样,才能为提高非公有制经济组织党的建设质量提供根本政治前提,也才能用高质量党的建设来促进非公有制经济更好更快地发展。

第二,增强非公有制经济组织党组织的政治功能。习近平在党的二十大报告中强调,要增强党组织政治功能和组织功能,"把基层党组织建设成为有效实现党的领导的坚强战斗堡垒"[①]。作为中国社会主义市场经济的重要组成部分和生产力发展的重要推动力量,非公有制经济始终是中国共产党加强党的领导的重要领域,是巩固党的执政基础不可或缺的重要组成部分。加强非公有制经济组织党的建设,提高非公有制经济组织党的建设质量,必须充分发挥党组织在非公有制经济组织中的政治引领作用,在非公有制经济组织职工群众中的政治核心作用。只有这样,才能引导非公有制经济组织紧密团结在中国共产党周围,确保党的路线方针政策在非公有制经济组织中得到贯彻执行,巩固党在非公有制经济组织中的执政基础。

第三,把政治标准贯彻到非公有制经济组织党的建设全过程。以党的政治建设为统领提高非公有制经济组织党的建设质量,关键是要把政治标准贯彻到非公有制经济组织党的建设全过程。在组织发展中,坚持政治标准为先。党要管党、从严治党必须落实到党员队伍的管理中去,习近平强调,"党组织要严格把关,把政治标准放在首位,确保政治合格"[②]。就提高非公有制经济组织党的建设质量来说,同样要坚持政治标准,把那些能够坚持正确政治方向、坚定政治立场,能够真正认同并坚定执行党的路线方针政策的优秀员工吸纳到党内来。在组织生活中,要严肃党内政治生活、净化党内政治生态、打造积极健康的党内政治文化。尤其要提高非公有制经济组织党组织

---

① 《党的二十大文件汇编》,党建读物出版社,2022年,第51页。
② 《十八大以来重要文献选编》(上),中央文献出版社,2014年,第351页。

内政治生活的政治性、时代性、原则性和战斗性,着力改变一些非公有制经济组织党组织的党内政治生活只讲业务而不讲政治的状况。在党员教育管理中,要突出党的正面历史教育,把百余年来中国共产党带领人民取得革命、建设和改革的巨大成就贯穿党员教育全过程,把改革开放以来中国共产党鼓励、支持和引导非公有制经济发展壮大的历程讲清楚、讲生动,尤其要把党的十八大以来中国共产党领导人民取得的历史性成就讲明、讲深、讲透,在党的十八大以来中国发展取得的历史性成就中阐明中国共产党领导是中国特色社会主义最本质的特征、是中国特色社会主义制度的最大优势这个根本道理,提高非公有制经济组织党员的历史认同和政党认同。

二、坚持以人民为中心的理念

马克思主义强调,人民群众是历史的创造者。以马克思主义为理论指南的中国共产党,始终将"为人民谋幸福、为民族谋复兴"作为自己的初心和使命。党的十八大以来,习近平多次强调,要坚持以人民为中心的发展理念,强调人民群众对美好生活的向往就是中国共产党人的奋斗目标,"发展为了人民、发展依靠人民、发展成果由人民共享"①。以人民为中心既是中国共产党治国理政的核心理念所在,同时是坚持和加强党的建设新的伟大工程的核心理念所在。离开或偏离这个理念,党的建设必然迷失方向、丧失力量。作为党的建设新的伟大工程的重要组成部分,提高非公有制经济组织党的建设质量,必须坚持以人民为中心的发展理念。

第一,非公有制经济组织党组织要更好发挥引导和监督企业朝着有利于国计民生的方向发展的作用。总体上看,我国的非公有制经济组织都是在党的政策号召下,合法经营而发展起来的。但是,正如习近平指出的那样,我国的非公有制经济在发展过程中不可避免地存在着这样那样的问题,有的企业在发展过程中"存在不规范、不稳健甚至不合规合法的问题",这使得少数企业的发展不是有利于国计民生而是有害于国计民生,也损害着非公有制经济的生存环境。一定程度上可以说,社会上关于非公有制经济的负面舆论和少

---

① 《习近平关于社会主义经济建设论述摘编》,中央文献出版社,2017年,第41页。

数非公有制经济组织的违法违规经营有直接的联系。因此,提高非公有制经济组织党的建设质量,必须坚持以人民为中心的理念,充分发挥非公有制经济组织党组织的作用,引导和监督非公有制经济组织合法合规生产经营,在更好满足人民群众美好生活需要中发挥更大作用。

第二,非公有制经济组织党组织要切实维护各方尤其是广大职工群众的合法权益。按照规定,非公有制经济组织党组织除在企业发展中发挥政治引领作用外,还应当在企业的职工群众中发挥政治核心作用。要起到这样的作用,非公有制经济组织党组织就必须增强解决职工群众"急、难、愁、盼"问题的能力,增强维护职工合法权益的意识和功能。尤其在劳动力市场买方垄断和劳资力量格局失衡条件下,"在对劳动者的雇佣和辞退、劳动条件的确定、工资报酬标准以及劳动管理和奖惩等重大问题上,雇主占据绝对的主导、支配地位"[1]时,非公有制经济组织党组织更需要公平、公正地处理劳资之间的关系甚至冲突。前述我们的调查发现,非公有制经济组织的员工在遇到困难或问题时,选择党组织作为首选求助对象的人数排在倒数第二位,只排在工青妇这些群团组织之前,这一定程度上反映了职工群众对非公有制经济组织党组织帮助解决自身问题的信心不足、信任不够。如此,恐怕很难在职工群众中发挥政治核心作用。当然,这并不是说非公有制经济组织党组织只维护职工群众的合法权益。按照党章的规定,非公有制经济组织党组织要"维护各方的合法权益",这里的"各方"当然包括企业出资人或老板在内。进而言之,坚持以人民为中心的发展理念,提高非公有制经济组织党的建设质量,实际上要求非公有制经济组织党组织维护各方的合法权益,提高构建和谐、共赢的劳资关系的意识和能力。只有这样,才是真正地坚持以人民为中心的理念。

第三,非公有制经济组织党组织要充分发挥示范引领作用和党员的先锋模范作用,带动引领职工群众在企业更好更快发展中发挥积极性和主动性。习近平强调,"以人民为中心的发展思想,不是一个抽象的、玄奥的概念,不能

---

[1] 谢海东:《中国非公有制企业劳资关系研究》,江西人民出版社,2010年,第130页。

只停留在口头上、止步于思想环节,而要体现在经济社会发展各个环节"[1]。在实践中,要求坚持人民的主体地位,全面调动人的积极性、主动性、创造性。坚持以人民为中心的发展理念,提高非公有制经济组织党的建设质量,关键就是要充分发挥党员的先锋模范作用,带动广大职工群众在提高企业生产效率、优化企业管理流程、推动企业技术攻关等过程中,在推动企业发展中体现出党的先进性,增强企业出资人或老板对中国共产党的认同和对党建工作的认可与支持。

三、以国家重大战略为导向

相对于公有制经济来说,非公有制经济更多的以市场为导向,以盈利为目标,这是其生存和发展的前提所在。但是,与资本主义国家放任私人资本的逐利本性不同,中国共产党更加强调要引导非公有制经济朝着有利于国计民生的方向发展,推动非公有制经济融入党和国家的重大发展战略。新民主主义革命时期,中国共产党就提出了利用资本主义发展社会主义的思想;中华人民共和国成立初期,中国共产党引导非公有制经济在恢复国民经济中发挥了重大作用;改革开放以后,中国的非公有制经济在发展经济、提供就业、改善民生等方面发挥了重要作用。新时代,加强非公有制经济组织党的建设,提高非公有制经济组织党的建设质量,关键就是要以国家重大发展战略为导向,引导非公有制经济融入中国特色社会主义事业总体布局,在全面建设社会主义现代化国家、实现中华民族伟大复兴新征程中更好发挥作用。

首先,在坚持和完善我国基本经济制度中提高非公有制经济组织党的建设质量。改革开放以来,中国的经济发展之所以能够取得举世瞩目的伟大成就,和中国独特的社会主义市场经济体制密切相关。与其他许多社会主义国家因固守传统社会主义体制而陷入困境甚至丧失政权不同,中国共产党成功将社会主义和市场经济结合起来,使其成为中国特色社会主义的鲜明特色,迸发出推动生产力发展的强大力量。因此,党的二十大报告再次强调,要坚持"两个毫不动摇"的原则,坚持和完善社会主义基本经济制度,这是中国经

---

[1]《习近平关于社会主义经济建设论述摘编》,中央文献出版社,2017年,第40~41页。

济高质量、可持续发展的重要制度保障。加强非公有制经济组织党的建设，提高非公有制经济组织党的建设质量，不是干扰非公有制经济组织的生产经营，更不是像社会上有些人所认为的那样，是所谓的加强对非公有制经济组织的"控制"或是实行"新公私合营"，而是要以高质量党建来促进非公有制经济更高质量的发展，促进非公有制经济发展壮大，进一步完善中国公有制为主体、多种所有制经济共同发展的基本经济制度。

其次，在推动共同富裕取得实质性进展中提高非公有制经济组织党的建设质量。共同富裕是中国人自古以来梦寐以求的目标，无论是传统社会中人们所追求的"大同社会"，抑或近代以来人们所追求的"均贫富、等贵贱"的理想国度，无不寄托着中国人对共同富裕的美好社会的追求。中国共产党自成立起，就以"为中国人民谋幸福、为中华民族谋复兴"为己任，这里的幸福当然是全体人民共同的幸福，而不是少数人的幸福。百余年来，中国共产党对共同富裕的认识和追求虽然历经曲折，但是终究明确了一点，那就是"共同富裕是中国特色社会主义的本质要求，也是一个长期的历史过程"①。正如中华民族伟大复兴的梦想不是轻轻松松、敲锣打鼓就能实现的一样，共同富裕更不是一蹴而就的，它需要充分发挥包括非公有制经济在内的各种社会力量的积极作用，凝心合力为推动共同富裕取得实质性进展贡献力量。加强非公有制经济组织党的建设，提高非公有制经济组织党的建设质量，就是要引导非公有制经济组织融入推动共同富裕取得实质性进展这个重大战略当中，为实现这个重大战略贡献应有的力量。同时，通过融入国家重大战略、为国家重大战略作贡献而为自己赢得更加广阔的生存和发展空间。

最后，在打造共建共治共享社会治理共同体中提高非公有制经济组织党的建设质量。党的十八大以来，中国共产党治国理政的一个鲜明特色，就是越来越强调多元主体在国家和社会治理中的作用，在坚持党委领导、政府负责的同时，更加强调引入包括非公有制经济组织在内的社会力量加入社会治

---

① 《高举中国特色社会主义伟大旗帜 为全面建设社会主义现代化国家而团结奋斗——在中国共产党第二十次全国代表大会上的报告》，《人民日报》2022年10月26日。

理过程中。党的十九大报告明确指出,要打造共建共治共享的社会治理格局,完善党委领导、政府负责、社会协同、公众参与、法治保障的社会治理体制;[①]党的十九届四中全会进一步指出,要坚持和完善共建共治共享的社会治理制度,"完善党委领导、政府负责、民主协商、社会协同、公众参与、法治保障、科技支撑的社会治理体系,建设人人有责、人人尽责、人人享有的社会治理共同体"[②]。在这个治理共同体中,非公有制经济组织可以而且应当成为重要的参与主体,这既是增强社会治理力量的必然要求,也是非公有制经济组织通过融入基层治理而提升自身社会合法性的必然路径。加强非公有制经济组织党的建设,提高非公有制经济组织党的建设质量,关键就是通过党组织的示范引领作用和党员的先锋模范作用,把非公有制经济组织丰富的人力物力资源引入社会治理过程,为完善我国新型社会治理格局、增强基层社会治理的整体合力发挥应有的作用。

第二节 提升非公有制经济组织党建主体力量

非公有制经济组织党建实践中,在坚持正确方向的前提下,人这个主体就成为关键的影响因素。这里所说的作为主体力量的人,既包括街镇层面的党建工作队伍,也包括非公有制经济组织的出资人或老板,还包括企业的党务工作者和党员。提高非公有制经济组织党的建设质量,首要的问题就是提升非公有制经济组织党建的主体力量,没有人这个主体的意识、能力等整体质量的提高,非公有制经济组织党的建设质量就成为无源之水、无本之木。

---

① 全国干部培训教材编审指导委员会组织编写:《改善民生和创新社会治理》,人民出版社、党建读物出版社,2019年,第130页。
②《中共中央关于坚持和完善中国特色社会主义制度,推进国家治理体系和治理能力现代化若干重大问题的决定》,《人民日报》2019年11月6日。

一、优化非公有制经济组织党建工作队伍

加强非公有制经济组织党的建设工作,是中国共产党巩固在新兴经济领域执政基础的一个重要举措,提高非公有制经济组织党的建设质量,首先就要从党和政府层面来配优、配强党建工作队伍。党建工作队伍的力量、党建工作意识和党建工作能力等,对非公有制经济组织党建工作有直接的影响,他们身处一线,近距离和非公有制经济组织接触,只有党建工作意识强、能力足,才能够更好地指导非公有制经济组织开展党建工作。从我们的调查来看,目前非公有制经济组织党的建设质量不高,街镇层面的非公有制经济组织党建工作队伍不强是重要的制约因素。因此,解决党建工作队伍数量不足、意识不够、能力不强等问题是提升非公有制经济组织党建工作主体力量的首要工作。

一方面,充实非公有制经济组织党建工作队伍。目前来看,街镇层面非公有制经济组织党建工作的一个重要制约因素,就是工作力量薄弱。例如,上海市规定,每200家企业配备一名专职"两新"组织党建工作者,但是,我们的调查显示,各街镇一般只有1名工作人员负责"两新"党建工作,远远没有达到规定的配比要求。这仅有的1名工作人员,既要完成来自上级党委的各项工作要求,又要指导数量庞大的非公有制经济组织党建工作,同时,还要开展"两个覆盖"排查等工作,仅是每年走访企业,就是个非常繁重的任务。况且,走访企业也不是一件容易的工作,有的企业对党建工作不了解、不认同,大大增加了工作难度。对工作认真负责的人来说,工作压力很大;对工作不太认真的人来说,必然带来工作中的形式主义和弄虚作假。因此,提高非公有制经济组织党的建设质量,首先就要进一步充实非公有制经济组织党建工作队伍。具体来说,在条件允许的情况下,扩大专职"两新"组织党建工作队伍,巩固"两新"组织党建工作的基本力量;优化"党建指导员""党建联络员"队伍。着力挖掘机关、国企、事业单位及高校等体制内单位退休的党务工作者资源,发挥他们在党建工作方面的经验和优势;以区域化党建为平台,以党建联建为抓手,推动机关、国企、高校等体制内单位的现有优质党建工作力量助力街镇开展非公有制经济组织党建工作,从而为提高非公有制经济组织党建工作

质量提供强大的人力基础。

另一方面,提升非公有制经济组织党建工作人员的意识和能力。如果说街镇非公有制经济组织党建工作队伍力量不足还只是客观因素的话,那么工作人员的意识不强、能力不足则更多是主观因素。从街镇层面来看,有些从事"两新"组织党建工作的人员对非公有制经济组织党建工作认识不够、重视不够,认为其没有村居等体制内单位党建工作重要,也不愿意投入过多的精力。因此,提高非公有制经济组织党的建设质量,必须进一步增强党建工作队伍的意识和能力。具体来说,一是加强思想教育,强化党建工作人员对非公有制经济组织党建工作重要性的认识。二是加强专业教育,尤其是党务管理等方面的专业知识培训,提高非公有制经济组织党建工作人员的专业能力。在条件成熟的情况下,建立非公有制经济组织党建工作资格认证和党务工作准入制度,提高街镇非公有制经济组织党建工作人员的专业能力和水平。三是提升实践能力,创新街镇"两新"组织党建工作人员到非公有制经济组织挂职锻炼和学习交流机制,增进对企业及企业党建工作实践的了解,提升其开展企业党建工作的实践能力。

此外,从街镇层面来看,"两新"组织党建工作队伍的流动性比较强、稳定性不够,其带来的直接问题,就是街镇和企业之间情感联系的缺乏。党建工作很大程度上可以说就是做人的工作,尤其是非公有制经济组织党建工作,要获得出资人或老板的支持,或是获得企业党务工作者的支持配合,与他们之间的情感联系、情感交流有十分重要的作用。但是,在实践中,街镇"两新"党建工作队伍稳定性不足,因各种各样的原因在岗位上待的时间太短,弱化了与企业间的常态化联系,党建工作中缺了情感交流而更多是工作联系,这样的党建工作自然不容易获得企业的支持。从这个角度来说,必须进一步增强街镇"两新"组织党建工作队伍的稳定性。

二、增强非公经济组织出资人的党建认同

作为体制外组织,非公有制经济组织党建工作受到出资人或老板态度的直接影响。当然,他们既有可能积极支持党建工作,也有可能在不得已的情况下消极应付党建工作。[①]正如有的受访者提到的那样,非公有制经济组织的党建工作,"要持续做下去而且很协调的话,大家要动些脑筋的,让企业里真正地重视党建工作还是要做点工作的"[②]。从提高非公有制经济组织党的建设质量来说,需要进一步提高出资人或老板的党建认同,增强其对党建工作的支持。具体来说主要是:

第一,切实落实对非公有制经济的支持政策。非公有制经济组织出资人对党建工作的态度受到多种因素的影响,但是,党和政府对非公有制经济的政策或态度应该说是最直接的影响因素。目前来看,宏观层面上,中国共产党始终坚持"两个毫不动摇",党的领导人也不断强调非公有制经济在我国经济社会发展中的贡献和作用,要求一视同仁地看待公有制经济和非公有制经济,落实对非公有制经济的各项支持政策。但在具体实践中,非公有制经济的发展还面临着"旋转门""玻璃门"等情况,还存在着对非公有制经济的支持性政策落实不到位的情况。例如,访谈中有的人提到,尽管中央三令五申,要对公有制经济和非公有制经济同等看待、一视同仁,但是,其所在地区在发包项目时只允许国有企业投标,而不允许民营企业投标,更有的人甚至至今还视非公有制经济为社会主义的"异己"力量,必消灭之而后快。这些当然会影响非公有制经济人士对执政党的认同,造成对党建工作的排斥。因此,要提高非公有制经济组织出资人或老板的党建认同,首先就要按照中央的要求,切实落实对非公有制经济的政策规定,为非公有制经济的发展壮大营造良好的政策环境和社会氛围,这是增强非公有制经济组织出资人或老板党建认同的最直接有力的措施。

第二,创新非公有制经济出资人或老板列席党建活动的方式方法。很多时候,非公有制经济组织的党建工作之所以得不到出资人或老板的支持,关键是他们对其了解不够,认为党建工作只会打扰企业的生产经营,甚至认为中国共产党在企业建立党组织,是要"抢班夺权",影响他们的生产经营决策

[①] 刘小雨:《政治过程视角下非公企业家对党建的态度研究——以七家非公企业党建为例》,硕士学位论文,华东师范大学,2019年,第33~44页。
[②] 20221114YXC。

权。因此,要提高非公有制经济组织出资人或老板对党建工作的支持,增强他们的党建认同,创新党建活动方式方法,推动"开门搞党建",邀请非党员的企业出资人或老板参加一些党建活动,增进他们对企业党建工作的了解,让他们看到党建工作与企业生产经营之间是相辅相成、和谐共生的关系,而不是想象中的"非此即彼"的对立关系。正如有的受访者所说:"党组织主要是服务企业生产经营,不是凌驾于企业之上的组织。"①只有这样,才能增强他们对党建工作的支持态度和党建认同。

第三,增强党建工作与企业生产经营的契合度。如果说"开门搞党建",还只能使非公有制经济组织出资人或老板对党建工作与企业生产经营之间的和谐共生关系有浅层次了解的话,那么,增强党建工作与企业生产经营之间的契合度,提高企业生产经营效率,为企业带来实实在在的效益,则会使非公有制经济组织出资人或老板对此有更加深入的认识。正如有研究提到的那样:"党建如果能够为企业带来经济效益,那么往往会成为打动企业家进行党建的最大诱因。"②这就需要增强党建工作与企业生产经营之间的契合度,找准契合点。例如,有的互联网企业在开发"红色游戏"时,在游戏出版发行前的审核中,充分发挥党员的党史知识优势,大大提高了工作效率,加快了游戏发行面市的速度,这自然会赢得企业出资人或老板对党建工作的支持,增强他们开展党建工作的意识。还有的企业,通过党组织的活动,增强员工间的情感交流,降低了企业骨干员工和技术人才的流失率,为企业的持续发展提供了有力支撑,使非公有制经济组织出资人或老板真正地感受到了"党建也是生产力"③。这些都成为非公有制经济组织出资人或老板增强党建认同和支持党建工作的重要动力。

---

① 20221109WZQ。

② 刘小雨:《政治过程视角下非公企业家对党建的态度研究——以七家非公企业党建为例》,硕士学位论文,华东师范大学,2019年。

③ 何轩、马骏:《党建也是生产力——民营企业党组织建设的机制与效果研究》,《社会学研究》2018年第3期。

三、提高党务工作者能力水平

非公有制经济组织党的建设质量,既受出资人或老板的态度这样的外部因素的影响和制约,更受企业党务工作者的能力水平的直接影响。正如有的受访者提到的那样,在非公有制经济组织党建实践中,"有些事情一个书记办不成,另外一个书记能办成"①。之所以出现这种差别,根本原因,就是非公有制经济组织中的党务工作者(尤其是书记、带头人)的能力水平不够。提高党务工作者的能力水平是提高非公有制经济组织党建质量的必然要求。②

第一,拓宽党组织书记选拔渠道。提高党的建设质量,选优配强党组织书记或带头人是关键,在非公有制经济组织中开展党建工作尤其如此。实践中,恰恰非公有制经济组织党建中"还存在'打工书记'多、'新手书记'多、'流动书记'多等突出问题"③。这些成为影响非公有制经济组织党建质量的重要因素。因此,必须不断拓宽非公有制经济组织党组织书记的选拔渠道。一是企业内部成长。着力将企业内部那些政治素质好、业务能力精、群众基础好的党员职工培养成党组织负责人;二是体制内选聘。创新国企、机关、学校等体制内单位干部培养模式,推动体制内单位在提拔年轻干部时,将到非公有制经济组织、农村、社区等党建工作的难点领域挂职锻炼作为必要条件;三是社会招聘。有条件的地方,党委、政府从社会上招聘有经验的党务干部到非公有制经济组织党组织中任职,提高非公有制经济组织党组织书记或带头人的质量。

第二,加强对党务工作者的教育培训。中国共产党历来重视对干部的教育培训工作。1929年12月,毛泽东起草的古田会议决议中就提出,"从教育上提高党内的政治水平"④。改革开放以来,尤其是党的十八大以来,中国共产党更加重视干部的教育培训,制定实施了多轮干部教育培训五年规划,明确

---

① 20221101TCL。

② 本节所论不涉及党务工作者专职化的问题。因为我们的调查表明,专职党务工作者并不见得能更好开展党建工作、提升党建质量。

③ 李源潮:《以改革创新精神加强非公企业党的建设》,《党建研究》2012年第4期。

④《毛泽东选集》(第一卷),人民出版社,1991年,第87页。

要求"各地区各部门各单位每年分期分批将党支部书记轮训一遍,加强基层
党务干部培训"①。但是,实际工作中,一些企业的党务工作者反映,"书记这
一块,党建工作能力上,相关的培训比较少。我来这里一年了,没有接受到任
何支部工作的培训"②。同时,从内容上说,有的培训只注重经济发展、经营业
务等方面知识的培训,而党的知识和理论以及路线方针政策等方面的内容相
对较少;有的培训形式化比较严重,没有标准,无法衡量培训到底取得了什么
成果;许多的培训结果没有得到很好的运用,等等。因此,应从优化教育培训
的内容体系、明确教育培训结果的评价指标,以及强化教育培训结果的应用
等方面,进一步加强对非公有制经济组织党务工作者的教育培训,提高非公
有制经济组织党组织的党务工作者的思想观念和能力水平。

第三,构建体制内外党务工作者互动交流机制。就党建工作质量来说,
体制内单位和体制外单位各有优劣、各有长短。但是,相对来说,体制外单位
如非公有制经济组织等,毕竟有自己的主营业务,而在党建工作上投入较少,
其党务工作者也由于各种各样的原因而能力偏弱,需要和体制内单位加强交
流互动以更好地提升自己。一方面,构建"结对帮扶"机制。以区域化党建为
平台,构建多层次常态化的"结对帮扶"机制,既可以在体制内单位党组织和
体制外单位党组织间"结对",也可以是体制内外单位党组织党务工作者之间
"结对",还可以是非公有制经济组织党组织及党务工作者之间开展"结对"共
建,这样,可以更加充分地利用体制内外现有的党建资源。另一方面,建立学
习交流机制。打通不同领域、不同所有制单位党组织间的隔阂,以"书记沙
龙""书记工作坊"等形式建立党组织/党务工作者之间定期交流学习机制,以
更好地提高非公有制经济组织党务工作者的能力水平。

四、强化党员的党员党性意识

党员是政党组织的细胞,党员的质量在一定程度上决定了政党的质量。
党员的质量又体现于其具有的党员意识和党性意识。一个政党的党员具有

---

① 《2018—2022年全国干部教育培训规划》,《人民日报》2018年11月2日。
② 20211201XLM。

强烈的党员意识,才能明确自己的角色定位,坚定理想信念、增强党性,为党的事业奉献自己。所谓党员意识,是指"共产党员独特的社会身份、社会地位和社会作用在观念上的反映,是广大党员独特的实践行为的产物。党员意识有着丰富的内涵,当前主要包括角色意识、执政意识、共产主义信念、群众意识、服务意识、党章意识等"①。要提高非公有制经济组织党建质量,必须强化党员的党员党性意识。

首先,彰显党员的身份标识。理论上,对作为执政党的中国共产党党员来说,表明自己的党员身份不应该是什么难事。但在实践中,一些非公有制经济组织中的党员恰恰是在这个问题上还"不合格"。前文所述,非公有制经济组织党员中存在不少的流动党员、"口袋党员"及"隐形党员",有的甚至故意隐瞒自己是党员,基本的党员意识都没有,更不用说坚定的党性意识。可以这样说,增强党员的党员意识和党性意识,首先要求党员敢于承认自己是中国共产党党员。非公有制经济组织党组织要持续做好党员摸排工作,推动流动党员及时转接组织关系,在此基础上,促进党员亮明自己的政治身份,对那些即使组织关系不在企业的党员,也应该要求亮明自己的身份。按照"一方归属、多方管理"的要求,参加工作所在地党组织的活动,在工作所在的企业中发挥党员的先锋模范作用。

其次,严格党员日常教育管理。习近平强调:"要严格党员日常教育和管理,使广大党员平常时候看得出来、关键时刻站得出来、危急关头豁得出来,充分发挥先锋模范作用。"②一方面,要加强对党员的日常教育。对非公有制经济组织党组织来说,尤其要加强中国共产党百年历史教育,加强百年历史进程中党的先进人物教育,使非公有制经济组织中的党员(尤其是年轻党员)了解中国共产党的光荣历史,了解历史上那些优秀党员是如何在革命、建设和改革进程中发挥先锋模范作用的。发挥榜样的力量来感染、影响非公有制经济组织中的党员,增强他们的党员意识和使命感。另一方面,要加强对党

① 邱耕田:《党员意识淡化的表现、危害、成因和对策》,《社会主义研究》1997年第6期。
② 《十八大以来重要文献选编》(上),中央文献出版社,2014年,第351页。

员的管理和监督。党员身份不仅是荣誉,也意味着更多的要求和约束,既要在日常生活中发挥先锋模范作用,还要在日常生活中更加严格地要求自己。非公有制经济组织中的党员位置比较分散、工作地点灵活,主观上接受党组织和群众监督的意识不强,客观上对他们进行监督的难度也比较大。因此,非公有制经济组织党组织既要增强党员主动接受监督的意识,同时要创新监督形式、延长监督线条,对较长时期外出工作的党员,要及时联络当地党组织协助进行监督,确保党员即使人在流动,但理想信念不动、正面形象不动。

最后,搭建党员发挥作用的平台。党员缺乏党员意识,既有自身的原因,也有外部的原因。有的时候,党员长期没有发挥作用的平台和机会,最终会丧失对自身角色的认可。因此,非公有制经济组织党组织要适时发挥作用,推动企业将党员员工安排到生产经营一线、关键岗位上锻炼,使他们在推动企业生产经营、促进企业技术进步和提高企业管理水平等方面,发挥出先锋模范作用,提升党员的成就感、荣誉感,进而增强他们的党员意识和党性意识。

第三节　完善非公有制经济组织党建制度体系

党的十八大以来,习近平多次强调:"制度问题更带有根本性、全局性、稳定性、长期性。"[1]改革开放以来,我国非公有制经济组织党建工作的相关制度体系建设取得了巨大进步,如将非公有制经济组织党建工作要求写入党章,出台《关于加强和改进非公有制企业党的建设工作的意见(试行)》等,为确保非公有制经济组织党建工作顺利向前发展提供了基本的制度前提。但是,现有关于非公有制经济组织党建的制度体系还有一些不完善的地方,成为非公有制经济组织党建质量进一步提高的重要制约因素。因此,必须从以下方面

---

[1]《习近平总书记系列重要讲话读本》(2016年版),学习出版社、人民出版社,2016年,第116页。

来完善非公有制经济组织党建的制度体系,为提高新时代非公有制经济组织党建质量提供坚强制度保证。

一、明确非公有制经济组织党建嵌入制度

从制度设计上明确党建嵌入非公有制经济组织的必要性、必然性和可行性,是加强非公有制经济组织党的建设、增强人们对非公有制经济组织党建工作重要性的认识、提高非公有制经济组织党建质量的前提和基础。简单说,就是要通过加强制度建设,为党建嵌入非公有制经济组织提供制度遵循和制度保障。这里的嵌入大致包括两个层次,一是组织上的嵌入,二是功能上的嵌入。提高非公有制经济组织党的建设质量,首先要从制度上明确党的组织嵌入和功能嵌入的必要性、必然性、优越性。

一方面,明确组织嵌入的相关规定。从组织嵌入的角度来看,党章、《关于加强和改进非公有制企业党的建设工作的意见(试行)》及《中华人民共和国公司法》等党内法规和国家法律的相关规定为执政党组织嵌入非公有制经济组织提供了基本的遵循。尽管如此,在实践中,在非公有制经济组织中建立党的组织、开展党的工作也并非易事。原因在于,作为体制外组织,中国共产党组织嵌入其中的必要性和必然性并没有得到很好的回答。例如,在外资企业中,出资人或老板最大的疑问就是"为什么(或凭什么)中国共产党要在企业中建立自己的组织?"一般的非公有制经济组织不会提出这样的疑问,但是,他们要么不太明确建立党组织对企业发展的积极意义何在,要么认为建立党组织只会阻碍企业的发展。这些都要求更新现有的关于非公有制经济组织党的建设相关文件,从理论上进一步阐明中国共产党组织嵌入非公有制经济组织的必要性、必然性、可行性和优越性。例如,根据新的党章和宪法中关于"中国共产党领导是中国特色社会主义最本质的特征"的规定,既然非公有制经济是中国社会主义市场经济的重要组成部分,自然必须接受中国共产党的领导,中国共产党在其中建立党的基层组织来引领企业健康发展自然也属情理之中的事情。又如,既然民营企业和民营企业家"是我们自己人",是在党的政策号召下发展起来的,他们就不是中国特色社会主义或中国共产党政权的异己力量,而是紧密围绕在中国共产党周围、为实现中华民族伟大复兴中国梦而团结奋斗的力量,中国共产党在非公有制经济组织中建立党的组织,就不是要控制或阻碍其发展,而是引领其壮大的重要举措。应通过更新或制定新的相关文件(如《非公有制经济组织党建工作条例》),将这些新表述、新论断融入其中,为中国共产党嵌入非公有制经济组织提供更加科学的理论支撑。

另一方面,优化功能嵌入的相关规定。从功能嵌入的角度来看,目前,关于党组织在非公有制经济组织中如何发挥作用的论述,主要来自《关于加强和改进非公有制企业党的建设工作的意见(试行)》中关于"探索党组织和党员发挥作用的有效途径"一节,其中关于建立双向互动工作机制、开展开放式党组织活动等内容,都有助于非公有制经济组织党组织与企业行政组织之间建立良好的关系,更好发挥党组织在企业生产经营和企业管理中的作用。但是,这些都不是制度性的规定,而更多是对党务工作者开展党建工作时的建设性意见,对企业本身没有相应的约束力。例如,其中关于探索建立党组织书记参加或列席企业管理层重要会议制度、党组织与企业管理层沟通协商和恳谈制度等,这些意见能否得到执行或执行到什么程度,和出资人或老板的态度密切相关,党组织及其负责人并没有话语权。因此,要提高非公有制经济组织党的建设质量,必须进一步优化非公有制经济组织党组织功能嵌入的相关规定,将党建的功能嵌入纳入非公有制经济组织享受政府优惠政策考核指标体系当中,提高党建功能嵌入的制度化规范化水平,为提高非公有制经济组织党的建设质量提供更强的制度保障。

二、完善非公有制经济组织党建管理体制

提高非公有制经济组织党的建设质量,不仅要进一步完善党的组织嵌入和功能嵌入制度,还需要进一步完善与之相关的管理体制。宏观制度框架再好,没有科学合理、运转协调的管理体制,也不可能提高非公有制经济组织党的建设质量。就此来说,需要从以下方面着手:

第一,优化非公有制经济组织党建的领导体制。科学合理的领导体制是非公有制经济组织党的建设质量的重要保证,要提高非公有制经济组织党的建设质量,必须进一步优化领导体制。一是理顺区县党委组织部和党委社会工作部二者间的权限关系。按照2023年《党和国家机构改革方案》的规定,原来党委组织部门"两新"工委的职责将划归新设立的党委社会工作部,社会工作部负有指导"非公有制企业和新经济组织、新社会组织、新就业群体党建工作"①的责任,这是否意味着党委组织部门不再考核街镇"两新"党建工作,而将其剥离至社会工作部? 这些都需要在实践中理顺,否则,就会造成党委社会工作部和党委组织共管"两新"组织党建工作的情况,进一步加剧多头管理的局面。二是建立健全分类领导体制。非公有制经济组织类型多样、形态多元,其党组织的隶属关系也极为复杂。有的非公有制经济组织党组织隶属于所在街镇党委,有的则隶属于所在开发区(或园区)党总支,有的则隶属于行业系统。更有甚者,有的大型非公有制经济组织党组织既隶属于企业集团党委,也受所在街镇党委领导,造成典型的多头管理问题。调研发现,有的非公有制经济组织党组织要将党建材料同时报送属地党委和集团党委,费时费力,影响非公有制经济组织开展党务工作的积极性。因此,要建立健全科学合理的分类领导体制。按照属资(即出资人,楼宇的开发商等)、属业(如服务行业的主管部门)及属地等多种类型来确定非公有制经济组织党组织的隶属关系和领导关系,破解多头管理或无人管理难题。

第二,增强非公有制经济组织党建的工作定位。与农村、国有企业、机关等体制内单位相比,非公有制经济组织党建虽然越来越受到重视,但是,这种重视更多地还只是体现在纸面上,实践中则远远不够。例如,目前各级党委"两新"组织党建工作的力量相当薄弱,中央层面一直没有组建"两新"组织工作委员会,"两新"组织党建此前由中组部在基层党建范畴内统筹指导。②在地方层面,有的省(市)一级党委设有"两新"组织党建工作处,而区县一级则设置"两新"组织党建科,但是,力量非常薄弱,一般配置四五个工作人员。而到街镇一级,则只有一两个人兼职负责"两新"组织党建工作,既要完成上级党委布置的各种任务,又要面对所属区域成千上万家企业,工作难度可想而

①《党和国家机构改革方案》,《人民日报》2023年3月17日。
②张克:《从地方社工委到中央社会工作部:党的社会工作机构职能体系重塑》,《行政论坛》2023年第3期。

知。因此,要以党和国家机构改革为契机,落实"两新"组织党建工作机构,在中央社会工作部下成立"两新"(或"三新",即新经济组织、新社会组织和新就业群体)组织党建工作委员会,作为社会工作部的下属机构;省、市(地)、区(县)党委社会工作部依此类推;街镇党委成立"两新"组织党建工作委员会("两新"组织党建工委),配备相应的人员编制、工作经费等,形成上下贯通的工作体系,增强非公有制经济组织党建工作力量。

第三,优化组织关系转接制度。非公有制经济组织党的建设质量不高,组织关系转接不畅而造成大量流动党员、"隐形党员"或"口袋党员"的存在是一个重要原因,其中有的是嫌手续麻烦而不愿意转,有的是组织关系留在家里有好处而不愿意转,有的则考虑到工作稳定而觉得暂时没有必要转,有的则是因为非公有制经济组织党组织对党员的约束力缺乏而懒得转,等等。这就要求进一步优化组织关系转接制度,推动非公有制经济组织党员及时将组织关系转入所在工作单位中,积极参加所在工作单位党组织的组织生活,接受党组织的教育管理,发挥党员的先锋模范作用。一是探索下放组织关系转接审批权限。非公有制经济组织中的党员很多时候都是跨省流动,组织关系留在老家,而工作在大城市。目前,跨省组织关系转接,要层层上报、层层审批,极为费时,这些都会影响党员转接组织关系的积极性。因此,要探索下放跨省组织关系转接的权限,减少审批层次和组织关系转接的时间,方便党员转接组织关系。二是推动组织关系转接的电子化、远程化。当今世界,网络技术早已渗透到人类社会的生产生活当中,党的建设工作也不例外,不仅可能而且应当充分运用网络技术的最新成果来提高党建工作的效率和质量。实践中,有些地方的组织关系转接方式方法还十分的"落后",有的省份还要求必须本人亲自当面办理,这些都不利于党员及时转接组织关系。因此,要推动组织关系转接的电子化、远程化,"让数据多跑路、让党员少跑路",真正提高组织关系转接的效率。三是建立健全企业变动时党员组织关系转接前置制度。非公有制经济组织的一个重要特点,就是其本身的变动性也很大。企业的成立、注销、改制、搬迁等,都会影响党员组织关系的变动。因此,要建立健全企业变动时党员组织关系转接前置制度,即非公有制经济组织申请改制、搬迁或注销时,必须首先完成其所属党员员工组织关系的转接,并获得组织部门的认可,否则工商部门等不予办理相关手续,防止因企业的变动而造成党员突然间的散落而失去和党组织的联系,提高流动党员管理效率。

第四,强化非公有制经济组织党建质量考核体制。一是要确立科学合理的考核标准。要在明确党的建设质量的科学内涵和构成要素的基础上,构建科学合理的非公有制经济组织党的建设质量评估体系,为非公有制经济组织党的建设质量考核提供科学的标准。二是明确多元考核主体。非公有制经济组织党的建设质量到底怎么样,不能仅仅是上级党委说了算。非公有制经济组织党组织是否发挥了战斗堡垒作用,党员是否发挥了先锋模范作用,非公有制经济组织及其员工,都应当有发言权;不仅如此,近年来治理重心下移背景下,非公有制经济组织党组织融入基层社会治理的状况,党员在参与社区治理中的表现等,都是非公有制经济组织党建质量的重要体现。因此,非公有制经济组织所在区域的村居也应当在考核中提出自己的看法。三是强化考核结果的运用。构建党建工作与非公有制经济组织政治待遇挂钩制度,增强非公有制经济组织支持党建工作的力度;开展非公有制经济组织党建质量达标行动,对达不到基本质量要求的非公有制经济组织党组织进行挂牌警告,并要求及时整改,增强非公有制经济组织党组织的内在动力。

三、提升企业党建工作常态化制度化水平

就制度建设角度来说,非公有制经济组织党的建设受到三个层次制度的影响,既包括前文所述的宏观层面上的顶层制度设计,也包括中观层面上的管理体制,还包括党组织自身的制度规范。因此,提高非公有制经济组织党的建设质量,不仅要明确非公有制经济组织党建的嵌入制度、完善非公有制经济组织党建管理体制,还要提升非公有制经济组织党建工作的常态化制度化规范化水平。

一方面,提高非公有制经济组织党建工作常态化水平。所谓常态化,是指一件事情的开展不是临时起意,而是融入日常工作生活,成为日常工作生活的一部分。就非公有制经济组织党的建设来说,大多数非公有制经济组织党组织开展党建工作具有相当高的常态化水平,平常的"三会一课"、每个月

的"主题党日"、年底的"民主评议党员""书记上党课"等,这些来自上级党委布置的"规定动作",非公有制经济组织党组织基本能够完成。当然,也有一些非公有制经济组织党组织过于强调业务工作而对党建工作"忽冷忽热",业务工作闲的时候开展一下,业务工作忙起来则把党建工作抛诸脑后。以组织生活为例,调研发现,年底一些非公有制经济组织员工忙于外出收款,难以参加组织生活。相对认真负责的党组织,会开展线上组织生活,确保外出党员能够及时接受教育管理,而有些党组织则对其不管不问。因此,必须进一步提高非公有制经济组织党建工作的常态化水平,明确党建工作常态化要求。街镇党委可建立健全基本党建工作常态化提醒机制,利用微信群、公众号等及时发送工作提示,确保所有党组织"规定动作"要到位。

另一方面,提高非公有制经济组织党建工作制度化水平。提高非公有制经济组织党的建设质量,不仅要提高党建工作的常态化水平,更为重要的是提高党建工作的制度化水平。就这个问题来说,既要提高非公有制经济组织党员尤其是党务工作者的制度意识,又要提高非公有制经济组织党员及党务工作者执行制度的能力。一是要提高非公有制经济组织党员特别是党务工作者的能力水平,增强其对党建工作特别是非公有制经济组织党建工作相关制度规范的认知和了解。在实践中,许多非公有制经济组织党务工作者的业务能力很强,但对党建工作(党务工作)知识熟悉不够,例如,如何发展党员、如何开展组织生活,都有着严格的制度规定和程序规范,有的党务工作者对此了解不够,导致党员发展过程存在问题,影响员工入党的积极性。二是要增强非公有制经济组织党员特别是党务工作者的制度意识。就提高党建工作制度化水平来说,制度规范的存在只是前提,至于人们是否尊崇制度、遵守制度,则从根本上决定着制度水平的高低。在中国这个有着数千年历史传统的社会中,人的行为很容易受到人情关系的制约而忽视对制度规范的遵守。调研发现,非公有制经济组织党组织发展党员时的"家族化""人情化""关系化"现象并不鲜见,这些情况严重破坏党在非公有制经济组织员工中的良好形象,影响其对党的认同,损害党在非公有制经济组织中的执政基础。因此,必须有效增强非公有制经济组织党员尤其是党务工作者的制度意识,提升其对党的建设制度的敬畏之心,切实增强其按制度办事的意识和能力,从而提高非公有制经济组织党建工作的制度化水平,为提高非公有制经济组织党的建设质量提供坚强制度保障。

第四节 优化非公有制经济组织党建运行机制

科学合理的制度体系是非公有制经济组织党的建设质量的根本保障,具体的运行机制则对党的建设质量有着直接的影响。从非公有制经济组织党建实践来看,主要包括三个层面的运行机制,即党政部门之间的联动机制、企业内部的协调机制、企业党组织的运行机制。提高非公有制经济组织党的建设质量,必须优化提升这三个方面的运行机制。

一、构建党政部门联动机制

加强非公有制经济组织党的建设,提高非公有制经济组织党的建设质量,看起来是个党建工作,是党委组织部门的工作范围,和政府其他业务部门关系不大。实际上,对非公有制经济组织这样的体制外单位来说,如果没有政府职能部门的统筹联动、积极配合,党委及其组织部门[①]的工作很难开展。我们的调查中,街镇从事"两新"组织党建的工作人员多次提到,他们的工作缺少抓手而更多地依靠感情或人情关系。这里所说的缺少抓手或依靠感情,其对象既包括区级政府职能部门,也包括街镇所属的非公有制经济组织。就前者来说,主要是指街镇党委缺乏整合调动区级政府职能相关资源的制度化权力,在很多时候,非公有制经济组织党建工作只是街镇党委及其组织部门在"单兵作战",这就导致其在开展非公有制经济组织党建工作时软弱乏力。

例如,基本信息排查是加强非公有制经济组织党建工作的基础性工作,

---

① 根据2023年中共中央、国务院印发的《党和国家机构改革方案》,非公有制经济组织党建工作划归党委社会工作部负责。在非公有制经济组织党建问题上,党委组织部门和党委社会工作部的关系如何处理,还在调适中。

党委及其组织部门单独开展这项工作,没有相应的制度支撑,给人"名不正、言不顺"的感觉。正如有的受访者所说:"我们自己去排查,人家不大接待,一说是(街镇)党群服务中心,人家有时候都不知道这是什么部门,要借助行政部门才行。"[1]但是,街镇党委(及其组织部门,甚或街镇党群服务中心)很难协调区级政府职能部门的力量。同时,有的受访者提到,现在"企业越来越多,各平台不相通。例如,经济科对接好几个平台,工商、税务、财政等。如何排查到企业,怎么做到全覆盖? 有的企业注册地和办公地不同,每个区的税收政策不一样,企业选择分开来做,我们掌握不了"[2]。从这个角度来说,要提高非公有制经济组织党的建设质量,首先就要构建党政部门之间的联动机制,形成开展非公有制经济组织党建工作的合力。

一方面,加强街镇党委对区级政府职能部门的组织整合。党的二十大报告强调,要"推进以党建引领基层治理"[3],对非公有制经济组织党建来说,就是要加强街镇党委统筹协调区级政府职能部门的权力。在组织上,构建以街镇党委为主导、政府各职能部门为成员单位的"两新"组织党建工作委员会,增强街镇党委和区级政府职能部门间的组织联结,为街镇党委统筹调动各类资源开展非公有制经济组织党建工作提供组织基础。同时,中国独特的条块体制,决定了仅仅只有组织上的整合,街镇党委很难协调区级政府职能部门的资源来开展党建工作。因此,除加强二者组织上的联结以外,还需要从制度设计上增强街镇党委对区级政府职能部门的统筹力度,将区级职能部门助力街镇党委开展非公有制经济组织党建工作纳入其考核内容体系,增强街镇党委对职能部门负责人年终考核、等级评定的建议权,提高区级政府职能部门支持配合街镇党委开展非公有制经济组织党建工作的内在动力。

另一方面,强化街镇党委和政府职能部门间的行动协调。前文提到,一般来说,党委及其组织部门,尤其是党建工作的一线执行主体党群服务中心直接去走访企业、开展党建工作,很多时候面临着"门难进、脸难看"的尴尬境

---

① 20221101TCL。
② 20221101LQY。
③《党的二十大文件汇编》,党建读物出版社,2022年,第51页。

地,因为其对企业没有直接的影响力和约束力,而如果有工商、税务、财政、安监等对企业生产经营有直接影响的政府职能部门配合,开展联合走访行动,则能更好地推进党建工作,有效推进"两个覆盖"。有的受访者提到,对非公有制经济组织来说,他们对党建的认知和支持力度,受到政府职能部门态度的影响更甚于党委及其组织部门,"特别是抓经济的领导对董事长施加影响,对企业落实党建有重大影响。他只要提一句,你们企业对党建工作的支持怎么样,这一句对企业的影响比其他人影响更大"[①]。因此,要加强非公有制经济组织党的建设工作,提高非公有制经济组织党建质量,需要构建以街镇党委(组织部门)为核心,统筹联动政府各职能部门力量的联合走访企业制度,开展党员信息排查等,以党委、政府的合力来增强非公有制经济组织对党建工作的支持。

二、畅通企业内部协调机制

提高非公有制经济组织党的建设质量,不仅要从企业外部增强党政之间的统筹协调,还需要从企业内部增强党企之间的协调互动。也就是说,"要建立党组织与企业管理层双向互动联系工作机制,及时沟通协商有关情况,定期恳谈重要事项,探索党组织参与企业经营管理和重要决策的有效途径和方法"[②]。总体来看,就是要建立健全三个方面的机制:

第一,构建非公有制经济组织党组织和企业行政组织间的制度化联结机制,确保党组织"有位"。非公有制经济组织以业务为核心、以市场为导向,党组织要在其中发挥作用,除了其活动要与企业的生产经营相结合外,组织上的联结同样是重要条件。正如有的受访者所说,党组织的负责人或党务工作者,只有在企业中的"地位上确立起来,有了地位才能更好地发挥作用,否则党支部书记就没有用"[③]。这与我们的调查发现一致,即凡是党建工作开展得比较好的非公有制经济组织,其党组织负责人基本上处于企业行政管理的中上层,而纯粹由一线的党员员工担任党组织负责人的情况很少。例如,有的

---

① 20221101TCL。
② 李源潮:《以改革创新精神加强非公企业党的建设》,《党建研究》2012年第4期。
③ 20221103YQ。

企业党委书记提到,其所在企业的党组织负责人,"一大半是企业的管理团队成员,有几位虽然不是,但是,都是各个业务部门的核心骨干"①。从这个角度来说,要提高非公有制经济组织党的建设质量,必须着力构建党组织成员与企业行政组织成员之间的"交叉任职"机制,鼓励党组织成员特别是负责人努力工作,争取成为企业的中高层管理人员,党组织也要重点发展企业中高层特别是高层管理人员加入党的组织。在具体的运作过程中,构建党组织成员和企业行政组织人员相互列席会议制度,畅通党组织参与非公有制经济组织生产经营决策的制度化渠道,为增强党的组织和企业行政组织间的制度化联结提供条件。

第二,构建非公有制经济组织党组织和企业行政组织间的沟通交流机制,确保党组织"有为"。前文已述,非公有制经济组织党的建设过程,本质是执政党组织向非公有制经济组织嵌入的过程,就必然受到出资人或老板的态度或看法的影响。增强党组织和非公有制经济组织(出资人或老板)之间的沟通协调是顺利开展非公有制经济组织党建工作的重要保障。这就要在二者之间建立制度化的沟通协调机制。例如,党组织要建立健全党员发展、党组织活动定期向企业行政组织交流通报制度,增强非公有制经济组织特别是出资人或老板对党组织活动的了解,增进二者间的互信,不至于因不了解而产生误解。同时,鼓励非公有制经济组织建立健全企业行政事务向党组织沟通协调制度,如建立任命党员员工行政职务向党组织征求意见制度等,提高党组织在企业生产经营和企业管理中的制度性话语权。

第三,强化企业党组织和人事部门间的沟通协调机制。党员信息难掌握是影响非公有制经济组织党建质量的重要因素,原因在于,许多非公有制经济组织党组织和企业的人事行政部门之间缺乏制度化的联系,非公有制经济组织的人事行政部门进行员工的招聘、考核和晋升等工作时,也无需和党组织进行交流沟通,这大大增加了非公有制经济组织党组织对员工中党员情况掌握的难度。尤其在外资企业中,人事行政部门常常以隐私为由而拒绝向党

---

① 20220921ZL。

组织提供新进员工的信息,党组织只能以逐个走访的形式来了解谁是党员。有的党员有意隐瞒,企业党组织根本无从知晓。因此,提高非公有制经济组织党的建设质量,需要打通企业的党务工作和人事工作之间的联通渠道,一方面,推动党组织成员(特别是负责人)和企业人事行政人员的交叉任职,从组织上增强党务工作和行政工作间的关联,为党组织掌握党员情况提供直接的条件;另一方面,在那些尚未实现交叉任职的非公有制经济组织中,党组织要推动将政治面貌写入非公有制经济组织员工招聘信息表,并推动人事行政部门向党组织共享员工信息,为党组织切实掌握党员情况提供可能,从而为更好地进行党员教育、管理及组织活动的开展等工作提供前提。

三、优化党组织的运行机制

如果说党政部门间的联动机制和企业内部不同部门间的协调机制尚属非公有制经济组织党建质量的外部条件的话,那么,非公有制经济组织党组织自身的运行机制则是其党建质量的直接决定因素。外部条件再好,党组织自身运行不畅,也很难说有什么党建质量。因此,要提高非公有制经济组织党的建设质量,必须优化党组织自身的运行机制,主要是:

第一,规范党员的发展工作。党员是党组织的细胞和主体,党员的质量一定程度上决定着党的建设质量,规范党员的发展是提高党的建设质量的第一步。对非公有制经济组织来说,规范党员的发展,一是要严格党员发展的标准。作为无产阶级政党,中国共产党在党员发展中始终强调要严格标准,严把党员入口关。对非公有制经济组织来说,同样必须严格党员发展标准,尤其要破除实践中存在的党员发展中的"家族化"现象,也不能因为申请人是出资人或老板而降低标准,必须以党性标准而不是以亲疏远近标准来发展党员。二是严格党员发展的程序。发展党员是十分严肃的事情,有着十分严格的程序,从提交入党申请书,到入党积极分子的确定和培养,以及发展对象的确定和考察,预备党员的接收、教育、考察和转正等,一个程序也不能少。实践中,有些非公有制经济组织党组织或是急于增加党员数量以提高党组织级别(如支部提升为总支,或总支转为党委),或是急于将出资人或老板吸纳进党组织,而减少党员发展程序甚至搞"火线入党",或是对其放松考察等,这些做法显然都不可能提高党的建设质量。

第二,强化党员的教育管理。如果说严格党员发展标准,规范党员发展工作是提高党的建设质量的首要工作的话,那么,强化党员的教育管理则是提高党的建设质量的关键所在。因为,党员数量再多,如果不对其加强教育管理,则党组织只会是"一盘散沙"而缺乏凝聚力和战斗力。正因为如此,党的二十大报告指出,要"加强和改进党员特别是流动党员教育管理"[1]。加强对党员的教育管理是提高党的建设质量的重要内容,就非公有制经济组织党的建设来说,党员教育管理难是制约其质量的重要因素所在。因此,必须创新优化党员的教育管理机制。一是要构建企业党组织和人事行政部门联动的党员信息排查机制,确保党员信息的准确性精确性;二是利用现代科学技术,构建线上线下相结合的党员教育方式,提高党员教育管理效率;三是优化党员教育内容,以党的路线方针政策和党的创新理论为核心,构建政治理论和业务技能相融合的党员教育内容体系,提高非公有制经济组织党员的政治素质和业务素质;四是规范党组织的组织生活。组织生活是教育管理党员的重要载体,高质量的组织生活既是高质量党建的重要依托,更是高质量党建的直接体现。因此,必须提高非公有制经济组织党组织组织生活的规范性,严格"三会一课"制度、主题党日活动、民主评议党员等;五是以区域化党建为平台,推动企业在职党员向社区报到,促进党员在融入社区治理、服务社区居民中发挥先锋模范作用。

第三,优化党组织的设置。非公有制经济组织党组织是党在非公有制经济组织中的战斗堡垒,合理设置党的组织是有效实现党对非公有制经济组织领导的重要保证,提高非公有制经济组织党的建设质量,必须优化党组织的设置。一方面,要严格按照要求设置党的组织。从实践来看,有些企业党组织因为担心级别越高,上级党委对其党建工作要求越多,党员人数达到要求该"升格"而不"升格"(如党支部升为党总支,或党总支升为党委);有些企业与之相反,在企业党员因组织关系变动而不再符合设置相应级别党组织时,

---

[1]《党的二十大文件汇编》,党建读物出版社,2022年,第51页。

也不愿意"降格",例如,调查发现,有些企业党组织曾经是党委建制,随着党员组织关系的迁出而应当"降格"为总支时却长期没有"降格"。这些都不利于上级党委对非公有制经济组织党建工作的掌握,也制约着非公有制经济组织党建质量的提高。另一方面,要创新党组织的设置方式。非公有制经济组织党员流动快、分布广、时间活,必须根据实际情况灵活设置党组织。例如,可以根据企业工作内容板块设置党组织,如生产党支部、研发党支部、营销党支部、行政党支部等,或根据企业重大攻关任务设置临时性党支部或党小组,还可以针对企业外派党员员工情况设置流动党员党支部等,以提高党组织活动的效果,为提高非公有制经济组织党的建设质量奠定基础。

第五节　创新非公有制经济组织党建方式方法

与体制内单位不同,非公有制经济组织党的建设既要遵循党建工作的一般要求,但又不能完全照搬文件规定,那样的话,只会降低非公有制经济组织党建工作的质量,影响非公有制经济组织党建工作的效果。就提高非公有制经济组织党的建设质量来说,除了前文中已经提到的从坚定正确政治方向、提升主体力量、完善制度体制和运行机制等方面外,还需要创新非公有制经济组织党建方式方法。具体来说,主要包括以下方面:

一、突出情感

美国社会学家乔纳森·特纳曾提到,"只要稍加思考,就会不言自明地发现,情感是把人们联系在一起的'黏合剂'"[1]。情感使人与人之间拉近距离、相互理解、相互包容。从非公有制经济组织党的建设来看,虽然说要进一步地提升工作的制度化规范化水平,但是,注重情感的方法不能丢,尤其在当前非公有制经济组织党建制度体系还很不健全的情况下,更需要发挥情感的力

---

[1] [美]乔纳森·特纳:《情感社会学》,孙俊才、文军译,上海人民出版社,2007年,第1页。

量。总体来看,突出情感主要是指:

首先,带着感情做事。党建工作主要是做人的工作,对非公有制经济组织党建工作来说更是如此。我们的不少受访者都提到,他们对企业、对党员没有抓手,主要是靠着感情在联系,所谓"无行政权力依托"是非公有制经济组织党建工作的典型特征。对党务工作者来说,他们或许觉得是无奈之举,但实际上,这同样是重要的方法。带着情感做事,要求党务工作者在开展党建工作时,加强对党员的关心、关怀,使他们感受到党组织的温暖,而不能仅仅将开展党建工作当作必须完成的任务来简单应付。

其次,怀着同理之心。非公有制经济组织中的党务工作者具有双重身份,既是中国共产党在非公有制经济组织中的政治代表,又是非公有制经济组织的员工,这就决定了其所作所为要考虑两方的利益的诉求。尤其是,非公有制经济组织中的党务工作者要在坚持政治要求、政治标准的前提下,能够多为企业出资人或老板考虑,增强换位思考的能力。正如有的受访者提到的那样,"也不要想着搞党建工作一定要有什么权,人家老板真要出钱的,为了办公司把房子都抵押了"①。党组织的活动要围绕企业的生产经营来开展,要为企业的生产经营来助力,而不是妨碍企业的生产经营。那种只是为了搞活动而搞活动的党建工作,是不可能得到出资人或老板的支持的;那种机械、僵化地执行上级党委相关政策文件的行为,也不可能得到企业党员的支持和认可。

最后,抱着尊重态度。在非公有制经济组织中开展党建工作,面临的一个重要困难,就是企业出资人或老板有戒备心理,尤其是外资企业,出资人或老板担心党建工作会影响企业的生产经营决策权。这就要求企业党组织及书记在开展工作时,要尊重企业行政领导,处理好相互间的关系。党组织及书记要明确其在企业中的定位,即使是有行政职务的党员担任党组织书记,在作出相关决定、开展某些党建活动时,也要加强和企业出资人或老板沟通交流,争取他们的理解和支持。正如有的受访者所说,"工作中我们会和老总沟通,老总说'你们党委说了算'。但是,我肯定还是要征求老总的意见,把党

---

① 20221114YXC。

建的业务信息注入老总的脑子里去。虽然最终我来决定,但是,我听了他的意见建议,是尊重他,他也高兴"①。这样,才能为党建工作营造一个宽松的氛围,也为提高非公有制经济组织党的建设质量打下基础。

二、讲究策略

就非公有制经济组织这样的体制外单位来说,提高非公有制经济组织党的建设质量,不仅要借助情感的力量,以情感人、增强认同,还要讲究策略,而不能机械行事、生搬硬套。那样的话,既不能获得出资人或老板的认同,也无法获得企业员工及党员的认可。在非公有制经济组织中开展党建工作,提高非公有制经济组织党建质量,要讲究一定的行动策略,可以从以下方面着手:

第一,以"公"促党、寓党于"公"。这里的"公",是指社会公益或社会责任。对非公有制经济组织来说,它们对党建工作或许有各种各样不同的看法,但是,一般来说,它们都愿意履行一定的社会责任,愿意从事一些社会公益事业和活动。履行社会责任、参加社会公益活动,能够提升企业的社会形象。因此,出资人或老板一般都比较支持。加强非公有制经济组织党的建设,要结合企业的社会责任来开展,在企业履行社会责任、参与社会公益活动中发挥党组织的组织动员作用,发挥党员的先锋模范作用,在这些活动过程中增强党员的党员意识和党性意识,实现党建和公益的协力共进。例如,有的外资企业党支部书记提到,其在担任中方事务代表时,将所有的社会公益活动以党支部的名义推行,大大提高了企业的知名度,从而增强了外方出资人对党支部工作的支持。②

第二,以"工"促党,寓党于"工"。主要是指将党建工作和工会工作结合起来,或者说在工会工作中体现党的领导。如果说非公有制经济组织中的职工群众对党组织的了解相对较少的话,那么,他们对工会的认知和了解则更多。因此,以工会工作为切入口来开展党的工作,是实践中常见而实用的方法。有的受访者提到,如果是单独的对外资企业的老板提出建立党的支部,

---

① 20221027SSB。

② 20221124JH。

他们不仅不会支持,有可能还会反对,但是,"我跟老外强调,我们不是仅仅成立一个支部,而是党工团共建,促进企业发展"①。从而获得了外方的支持。还有的受访者提到,在非公有制经济组织中,党建工作和群团工作不会分得那么清楚。例如,企业每年举办的职工运动会属于典型的工会组织的活动,但是,"通常我们的汇报材料会写上'这个活动是在党支部的领导下、支持下……'"②,从而将党的角色嵌入其中。

第三,"话语转译"。所谓转译,是指"对行动者网络建构过程的一种描述,指核心行动者将其他行动者的问题和利益表达转换出来,进而达成不同主体之间的关系联结和行动整合"③。从党建工作角度来看,实际上,就是党务工作者将与党建工作密切相关的各主体(如出资人或老板、企业员工等)的问题或利益表达出来,增进他们对党建工作的理解和支持,并促进集体行动的过程,而不是机械地执行党建工作的政策文件。这里的转译包括两个方面的内涵:一方面,从非公有制经济组织出资人或老板的角度来看,转译意味着从他们的角度来看问题,将他们的利益表达出来。例如,有的企业党务工作者提到,其在工作中,会将上级党委的要求告诉老板,将大事化小、繁事化简,而"不能直接把上级的文件拿给老板看,我主要告诉老板做这件事对企业的发展有什么好处,有什么用处。和政府配合了以后,他们会给企业什么样的政策支持"④。在党员管理活动中,就是让老板看到,"基层支部就是让党员发挥先锋模范作用,让党员感到有组织在,让党员感到有约束。这样,老板见到我也没什么说的。我要让老板明白,我管的人都是你的精英。我们的共同目标是把公司搞好,把队伍建设好,让老板感觉到共产党员在企业里是有作用的,让老板明白这个道理"⑤。通过这种方式来提高老板对党建工作的认可和支持。另一方面,对党员或员工来说,转译主要是指将规范化的党建工作内

---

① 20221124JH。

② 20221031NJQ。

③ 文军、陈雪婧:《社区协同治理中的转译实践:模式、困境及其超越——基于行动者网络理论的分析》,《社会科学》2023年第1期。

④ 20220913WYF。

⑤ 20221114YXC。

容和要求转换成通俗易懂的形式,而不是简单的照本宣科。例如,将篇幅较长的文件进行要点解读、为枯燥的文件配上恰当的图解等,都能够更好地促进普通党员对党的文件精神和上级党委、政府政策要求的理解,提高党员的政治素质和政治能力。

三、运用科技

当今世界已经进入信息化时代,尤其是21世纪以来,信息技术的发展推动着各领域的变革,同样也推动着政党的转型发展。[①]技术的飞速发展既对政党的生存发展提出了挑战,也为政党的自身管理提供了难得的机遇。加强非公有制经济组织党的建设,既要利用技术的积极作用,也要警惕技术运用中存在的问题。

首先,优化党建工作信息化平台。可以这样说,今天我们的任何工作恐怕都离不开信息技术,都受到信息技术的支持,也受到它的影响。对党建工作来说,互联网、大数据和云计算等现代信息技术的发展,为提高党建工作的效率提供了基本的物质条件。特别是其强大的数据存储能力和数据分析能力,为更好地开展党建工作和分析党建工作中存在的问题提供了坚实的基础。从当前的实践来看,无论是党委、政府层面,还是非公有制经济组织层面,大多数都建立了基本的党建工作信息化平台,在党员的基础信息存储、党组织活动的记录及宣传等方面发挥了重要的作用。但是,也存在不可忽视的问题。主要是党委、政府及各部门间信息沟通不畅、资源缺乏共享。与非公有制经济组织党建工作相关的部门,都各自向企业收集党建方面的信息和资料,既重复劳动,又加重了企业的负担。因此,在已经构建党建信息化平台的基础上,要进一步增进党委组织部门和政府各职能部门间的信息共享和资源共享,真正做到党建信息"一次收集、多次利用"。

其次,推动党员教育管理信息化。信息技术的发展渗透到人们生活的方方面面、每时每刻,为促进人与人之间的交流沟通提供了重要条件。就加强

---

① 刘红凛:《技术革命驱动政党转型发展:历史逻辑与当代演绎》,《政治学研究》2021年第6期。

非公有制经济组织党建工作来说,要充分利用网络新兴技术,搭建党员的学习交流平台。通过微信、微博、党委和政府或企业党建微信公众号、"学习强国"平台等媒介,构建全天候全覆盖的党员学习教育管理平台,提高学习资源的可及性、生动性,提高党员自我学习的积极性、主动性。

再次,打造党内民主生活平台。一方面,利用网络技术提升党员民主生活的效率。对非公有制经济组织党建来说,党员的分散性和流动性是影响和制约党建质量的重要因素。非公有制经济组织中的党员大多数分布在各个工作岗位,甚至分散在全国各地或世界各地,一般很难有时间集中起来进行理论学习或开展组织生活。网络技术的发展为党员开展民主生活提供了便利的条件,党组织可以根据需要及时召开党员民主生活会。另一方面,利用网络技术打造党内民主的氛围。党内民主是党的生命,中国共产党历来重视发展党内民主。对非公有制经济组织党组织来说,要提高党的建设质量,必须充分利用网络技术来推动党内民主的发展。尤其是利用网络技术更好实现党务公开。列宁说,没有公开就没有民主。如设置"网上公开栏",通过网络平台主动及时向党员公开党组织的工作情况,确保党员的知情权和监督权。开设"网上意见箱",及时地收集、分析党员或群众在网络平台上的意见和建议,畅通党员、群众和党组织之间的沟通渠道,增进党员、群众对党组织的理解和支持,增强党组织的凝聚力。

最后,警惕技术运用中的问题。技术的发展始终存在着两面性,它在给人们带来更大便利的同时,也不可避免地存在着问题。在非公有制经济组织党建中,技术应用中的问题主要在于:一是技术本身存在的不完善,有些方面的技术手段还比较落后,不能满足更好推动党建工作的要求。例如,同一区域各部门的党建信息各自统计、各自使用,互不共享甚至数据差异很大,难免造成混乱。二是过度的技术依赖。随着网络技术的发展,人们对其的依赖程度也越来越高。有些党委、政府的"两新"组织党建工作人员工作方式生硬,习惯于坐在办公室向下级党组织转发文件、传达指令或收集工作材料,而不愿深入实践,不去具体了解企业及党组织的工作困难。不仅如此,不少地方街镇的"两新"组织党建工作人员平时主要收集"电子台账",到年底的时候还要到企业集中检查"纸质台账"。平时没有指导,年底集中检查,大大增加了企业的负担,许多企业党组织只能临时集中"恶补台账",或是直接造假。这样的工作方式,当然不可能提高非公有制经济组织党的建设质量。

第六节　增强非公有制经济组织党建外在支持

提高非公有制经济组织党的建设质量是一个系统工程,除了上述提到的提升主体力量、完善制度体系、优化运行机制等方面外,还需要增强其外在支持力度。这里的外在支持,既包括党建经费和党建阵地等方面的物质资源,也包括赋权增能等方面的制度化权力支持,还包括营造有利于非公有制经济组织党建工作的社会氛围。

一、资源支持

加强非公有制经济组织党的建设工作,首先就是要有钱有人有阵地,这是提高非公有制经济组织党建质量的基本前提。因此,必须从以下方面增强对非公有制经济组织党建工作的支持力度。

党建经费方面。与机关、学校、国有企业等体制内单位不同,非公有制经济组织的党建经费相对来说比较缺乏,影响活动开展。因此,必须进一步拓宽非公有制经济组织党建经费的筹集渠道。一是上级党委、政府要在条件允许的情况下,增加非公有制经济组织党建经费的份额。目前,从我们的调查来看,涉及的部分街镇层面上的年度"两新"组织党建经费在100万元左右,看起来数额不少,但是实际上,覆盖的企业成千上万,覆盖的非公有制经济组织党组织也有上百个,平均下来每个企业所能得到的党建经费少之又少。不少受访者都提到,上级党委、政府能够支持的党建经费过少。二是鼓励有条件的企业在财务预算中将党建经费单独列支,或是通过税前抵扣的方式推动非公有制企业在财务预算中预留党建经费,确保党建经费的稳定性和可持续性。三是落实非公有制经济组织党员党费全额返还政策。四是鼓励非公有制经济组织中的党员在有条件的情况下捐助。最后,在党建经费的筹集之外,也要促进党建经费的合理使用。调研发现,有的街镇将原本拨付给非公有制经济组织党组织的经费统筹使用,对党组织搞"抓大放小"政策,对做得好的党组织实施经费奖励,而对做得不太好的党组织则适当减少经费支持。这种做法虽然起到了一定的作用,但是,也造成了一些非公有制经济组织党组织干脆"躺平",更加不愿意开展党建工作。另外,有些地方上级党委和政府下指标、派任务,要求街镇每年必须买几千册书籍,费用高达几十万,使街镇本来就捉襟见肘的党建经费更加紧张。

党建阵地方面。2012年3月,中共中央办公厅印发的《关于加强和改进非公有制企业党的建设工作的意见(试行)》要求,"按照有场所、有设施、有标志、有党旗、有书报、有制度的'六有'标准,加强非公有制企业党组织活动场所规范化建设"[1]。当前的实践中,除党建经费之外,阵地缺乏是非公有制经济组织党建工作面临的又一个难题。有的企业不愿意拿出专门的场所作为党建活动阵地,有的企业本身规模较小(如一些科技研发型企业)而无法拿出专门场所作为党建阵地。阵地的缺乏既造成一些基本的党建活动无法开展,也无法在非公有制经济组织中体现出党的元素。因此,提高非公有制经济组织党的建设质量,必须按照要求加强党建阵地建设。一是对规模比较大、党员数量多的企业,要在鼓励企业自筹的基础上,加大上级党组织支持力度,帮助建设相对固定的党建活动阵地。二是在企业相对比较集中的经济园区、产业园区,上级党委和政府统一打造开放的综合党群服务中心,作为各企业共享的党建活动阵地。三是加强非公有制经济组织党组织与国有企业、机关、村居等区域内单位的党建联建,推动与体制内单位的阵地共享共用。

上述之外,街镇层面上,还需要在党员发展上加大对非公有制经济组织的支持力度。在党员名额总量有限的情况下,尤其要着力将非公有制经济组织中那些高学历、高技能、高职位的员工发展到党内来。同时,对非公有制经济组织党建来说,还有前文中已经提到的党建人才队伍的建设和培养。例

---

[1]《关于加强和改进非公有制企业党的建设工作的意见(试行)》,《人民日报》2012年5月25日。

如,鼓励部分有条件的高校或党校依托党史党建学科开设党务管理相关的专业教育,为非公有制经济组织的党建工作培养更多专业化人才,提高其工作的专业化科学化水平。

二、赋权增能

党的二十大报告强调,要把各类基层党组织建设成为有效实现党的领导的坚强战斗堡垒,这就要求各类基层党组织在解决人民群众的困难和问题中积极发挥作用,只有这样,才能增强群众的认同和支持,才能实现党组织的战斗堡垒作用。提高非公有制经济组织党的建设质量,目的就是要发挥其在企业发展中的政治引领作用和在企业职工群众中的政治核心作用,为实现党对非公有制经济组织的有效领导奠定坚实的政治基础。这就必然要求非公有制经济组织党组织在"为企解忧、为民解困"中发挥应有的作用,增强非公有制经济组织党组织相应的权能。

一方面,要增强非公有制经济组织党组织帮助企业解决"急、难、愁、盼"问题的能力。党组织要在非公有制经济组织中生存和发展,除了其活动要和企业的生产经营相结合外,还要增强其帮助企业解决困难问题的能力,这样,出资人或老板才能感到党组织存在的价值和意义。正如有的受访者所说,"关键看你这个组织在企业里有没有作用,没有作为就没有地位,特别是民营企业"[①]。但是,在实践中,恰恰是在这个问题上,非公有制经济组织党组织所能发挥的作用还比较小,能够为企业提供的帮助还比较少,这是目前不少非公有制经济组织出资人或老板对党建工作不太积极的重要原因所在。正如一些企业党务工作者所提到的那样,"有为才有位",党组织如果不能在企业面临问题时提供一定的帮助,而只是空谈政治引领,恐怕很难得到出资人或老板认可。有的受访者就提到,"企业帮我们做了很多事情,但是,我们能帮助企业的相对较少。街镇掌握的资源不多、力量不大,企业的困难基本上自己解决,资源共享不均衡"[②]。因此,必须增强党组织帮助企业解决困难问题

---

① 20221021LB。
② 20221025WWP。

的能力。一是增强党组织帮助企业解决生产经营困难的能力。生产经营是企业的核心任务,党组织可以而且应当在其中发挥应有的作用。例如,针对非公有制经济组织发展中面临的"融资难、融资贵"问题,要分层分类增强企业党组织的资源链接能力,提高其帮助企业解决融资难问题的能力。通过对企业党组织"评星定级"的方式,差异化配置其链接政府资源的能力,以促进非公有制经济组织开展党建工作的动力和积极性。二是增强党组织帮助企业解决稳定人才队伍的能力。人才是第一资源,企业发展最需要一支稳定的人才队伍,尤其对一些科技研发型企业,高技术人才更是"一才难求"。但是,恰恰是他们又最不稳定,因为市场需求旺盛,他们很容易找到条件更好的岗位,而有时候企业所能提供的条件十分有限,这就需要发挥党组织作为政府和企业桥梁的作用,帮助企业链接更多更好的政府资源,为企业留住人才,稳定队伍。这就需要分层分类赋予各类企业党组织传递部分政府政策的专属权力,提高党组织在企业发展中的话语权。

另一方面,增强非公有制经济组织党组织帮助党员和群众解决生活或工作困难的能力。以解决人民群众生产生活中的迫切问题而赢得人民群众的认同和支持,是中国共产党百年发展进程中的一条重要经验。新民主主义革命时期,毛泽东就曾强调,要得到群众的拥护,"就得和群众在一起,就得去发动群众的积极性,就得关心群众的痛痒,就得真心实意地为群众谋利益,解决群众的生产和生活的问题,盐的问题,米的问题,房子的问题,衣的问题,生小孩子的问题,解决群众的一切问题"[1]。改革开放以后,邓小平将"是否有利于提高人民的生活水平"作为评判工作得失的三个标准之一。党的十八大以来,习近平明确提出要坚持"以人民为中心"的发展理念,这些实际上都阐明了一个道理,就是要得到人民群众的认同和支持,必须切实解决人民群众生产生活中的困难和问题。非公有制经济组织党组织要在职工群众中发挥政治核心作用,必须增强帮助解决职工群众在生产生活中遇到的困难和问题的能力。这就要分层分类赋予非公有制经济组织党组织一定的物质资源和政

①《毛泽东选集》(第一卷),人民出版社,1991年,第138~139页。

策资源,构建非公有制经济组织党组织解决职工群众困难和问题的制度化渠道,只有这样,才能增进职工群众对党组织的认可和信任,也才能切实发挥党组织在职工群众中的政治核心作用。反之,如果职工群众碰到问题党组织不能给予任何的帮助,又何谈在他们当中发挥政治核心作用呢。

三、氛围营造

加强非公有制经济组织党的建设,提高非公有制经济组织党的建设质量,既要丰富其所能运用的物质资源,又要增强其解决实际问题的权能资源,还要营造良好的社会氛围。物质资源是基础、权能资源是关键,而支持性的社会氛围是支撑,三者缺一不可。具体来说,支持性社会氛围的营造包括三个方面的内容:

第一,讲清楚非公有制经济的重要作用。谈加强非公有制经济组织党的建设,首先就要讲清楚我国非公有制经济的发展及作用问题,这是前提和基础。如果非公有制经济的地位和作用问题不解决或是受到怀疑甚至否定,就不存在非公有制经济组织党的建设问题了,所谓"皮之不存、毛将焉附"。改革开放以来,中国的非公有制经济在促进经济发展、改善人民生活、推动科技进步等方面发挥了不可或缺的重要作用,中国共产党对其地位和作用作了充分的肯定。在民营企业家座谈会上,习近平强调:"我国基本经济制度写入了宪法、党章,这是不会变的,也是不能变的。任何否定、怀疑、动摇我国基本经济制度的言行都不符合党和国家方针政策,都不要听、不要信! 所有民营企业和民营企业家完全可以吃下定心丸、安心谋发展!"[1]但是,与党中央的坚定支持态度不同,社会上总是存在着对非公有制经济各种不同的有时候甚至是错误的看法。这就要求必须进一步从理论上深刻阐明非公有制经济是社会主义市场经济重要组成部分这个道理,从实践中讲清楚非公有制经济在我国经济社会发展中的重要作用,增进广大人民群众对我国社会主义初级阶段促进非公有制经济发展壮大必要性和必然性的理解,为非公有制经济的发展壮大营造良好的社会氛围。

---

[1]《在民营企业座谈会上的讲话》,《人民日报》2018年11月2日。

第二,讲清楚非公有制经济人士的积极态度。非公有制经济的发展壮大伴随着非公有制经济人士群体的发展壮大,他们在中国社会处于什么样的地位、扮演什么样的角色,他们对中国共产党领导、对中国特色社会主义道路和中国特色社会主义制度是什么态度? 这些问题看起来不言自明,但是,实际上并非完全没有争议。尽管中国共产党充分肯定非公有制经济人士的地位和作用,肯定其是"中国特色社会主义建设者",是"我们自己人"。社会上否定他们的地位和作用的看法还是不时出现,有的人认为非公有制经济的发展冲击中国特色社会主义制度,有的人认为非公有制经济人士是"贫富分化"的制造者,因此而对民营企业和民营企业家"喊打喊杀",导致一些民营企业家心惊胆战,极大地影响了非公有制经济的发展。因此,必须进一步讲清楚非公有制经济人士对中国共产党、中国特色社会主义道路和中国特色社会主义制度的积极态度,从理论上阐明非公有制经济人士支持中国共产党领导的必然性,在当代中国历史发展进程中阐明非公有制经济人士支持社会主义制度和坚持走社会主义道路的必然性,为非公有制经济人士健康成长和发挥他们在扎实推进共同富裕中的积极作用营造良好的氛围。

第三,讲清楚非公有制经济组织党建的重要功能。非公有制经济的发展壮大,是加强非公有制经济组织党建的前提,但加强非公有制经济组织党建是否必要? 社会上对此的认识并不是那么清晰,有的人认为非公有制经济组织是市场导向型组织,以生产经营为主,加强党的建设不仅没有必要,甚至影响生产经营。有的外资企业出资人或老板提出,既然中国共产党要在其企业中建立党的组织,他们也可以建立政党以与中国共产党相竞争,否则,中国共产党也不应该在其企业中建立党组织。有的职工群众认为非公有制经济组织根本不能解决其生产生活中的问题,有与没有影响不大。这些错误看法,直接影响人们对非公有制经济组织党建的支持,更制约着非公有制经济组织党的建设质量的提高。因此,必须进一步阐明党的建设对促进非公有制经济发展壮大的积极作用;阐明党的建设对引导非公有制经济和非公有制经济人士健康发展的重要作用;阐明党的建设对维护包括职工群众在内的各方合法权益的必要性和重要性;阐明党的建设对引导非公有制经济投身共同富裕、助力社会治理等国家重大战略中的积极作用。这样,才能使人们更加深刻地认识新时代加强非公有制经济组织党的建设,提升非公有制经济组织党的建设质量的必要性。

结　语

　　党的二十大报告指出,"全面建设社会主义现代化国家、全面推进中华民族伟大复兴,关键在党"①。这就决定了不断提高党的建设质量始终是个重大课题。只有不断提高党的建设质量,把党建设成为朝气蓬勃的马克思主义执政党,中国全面建设社会主义现代化国家和实现中华民族伟大复兴才有坚强领导力量。非公有制经济是中国特色社会主义市场经济的重要组成部分和推动中国社会生产力发展的重要力量,加强和改进非公有制经济组织党的建设,提高非公有制经济组织党的建设质量,是鼓励、支持和引导非公有制经济健康发展的必然要求,也是不断提高党的建设质量这个重大课题的题中应有之义。但是,许多人对这些重大问题的认识并不是十分清晰。

　　一方面,一些人对中国非公有制经济发展的必然性、必要性认识不清。改革开放四十多年后的今天,还总是有人用"有色眼镜"来看待非公有制经济和非公有制经济人士。在有些人看来,中国作为共产党领导的社会主义国家,怎么能允许私营经济(在他们看来就是资本主义)的存在呢?《共产党宣言》中不是指出共产党人要消灭私有制吗?这些观点忽视了中华人民共和国成立以后,我们是在经济社会发展十分落后的条件下开始建设社会主义的,这就必然要求调动一切可以调动的力量来促进生产力的发展,让资本、劳动、知识和技术等各种生产要素都能够在发展社会主义社会生产力的过程中充分发挥作用。

---

①《党的二十大文件汇编》,党建读物出版社,2022年,第48页。

　　改革开放以来,中国共产党创造性提出社会主义初级阶段理论并不断深化,①明确中国正处于并将长期处于社会主义初级阶段;重新解释社会主义的本质,突出强调要解放和发展生产力;明确计划和市场都是手段,资本主义可以有计划、社会主义也可以有市场,这些新观点和新论断为非公有制经济的发展提供了根本前提。但是,随着中国经济社会不断发展,中国综合国力增强和国际地位不断提高,有的人觉得中国很快就要进入社会主义"中级"甚至"高级"阶段,那么自然就带来非公有制经济是否还有必要、是否应该"离场"的问题。在2018年11月的民营企业座谈会上,习近平已经明确批驳了这些观点。这些观点的错误在于,他们坚持的仍然是所谓"利用资本主义发展社会主义"的立场,而没有认识到非公有制经济已经成为中国基本经济制度的"内在要素"。他们没有认识到,将社会主义与市场经济结合起来,确实是国际共产主义运动史上的伟大创举,是改革开放以来中国共产党能够历经风雨而屹立不倒的关键所在。

　　另一方面,一些人对加强非公有制经济组织党建的必然性、必要性认识不清。有些人认为,非公有制经济组织作为典型的市场导向型组织,没有必要过多地讲政治,甚至最好只讲经济而不讲政治。显然,这种看法既忽视了经济与政治之间普遍存在的必然联系,也忽视了中国非公有制经济发展历程的独特性。纵观中国共产党成立以来百余年历史,可以发现,中国非公有制经济之所以能够发展壮大,最重要的原因就是有中国共产党的鼓励、支持和引导。没有了这个政治前提,中国的非公有制经济绝不可能取得今天这样的成就和地位。因此,社会上那些认为非公有制经济的发展可以脱离中国共产党领导、应当按照资本主义市场经济的逻辑去发展的看法显然是错误的,在中国情境下也是不现实的。

　　同时,有些非公企业家认为,在企业里加强党的建设,只会增加企业的负担、影响企业的生产经营,因此非公有制经济组织根本没有必要搞党的建设,

---

① 曹普:《1978—2021:社会主义初级阶段理论的提出、深化和新发展》,《科学社会主义》2021年第5期。

更不要说提高党的建设质量了。这些观点没有看到"党建也是生产力"这个基本原理。中国共产党明确提出,加强非公有制经济组织党的建设,不是要影响企业的生产经营,也不是像社会上有些人所说的那样要"控制"企业,而是通过党组织发挥政治引领作用,引导和监督企业合法合规经营;通过发挥党组织的中介作用,为企业发展连接更多更好的资源;通过党员发挥先锋模范作用,团结带领职工群众更好地进行生产经营、推动技术创新。这些都是为了更好地促进企业的生产经营,而不是阻碍企业的发展。

最后,非公有制经济组织党的建设体现了中国共产党强大的理论创造能力和中国政治体制的强大整合能力。改革开放以后一段时间里,与非公有制经济发展的争论相比,非公有制经济发展所带来的私营企业主能不能入党问题恐怕是更加具有争议的话题。许多人甚至从改变中国共产党性质、威胁中国共产党政权的高度来强烈反对私营企业主入党。①人们的疑问在于,中国共产党作为无产阶级政党,怎么能够让"剥削者"加入自己的组织? 在实践中,私营企业主阶层的发展壮大不断提出参政议政的诉求,理论与实践之间形成了巨大的张力。中国共产党没有根据理论来剪裁实践,而是根据实践来发展理论以化解这个张力。经济上,中国共产党将个体和私营等非公有制经济从改革开放初期的"补充"地位提升到"社会主义市场经济重要组成部分"地位;法律上,明确非公有制经济人士是受党的政策号召并诚实劳动、合法经营而发展起来的;政治上,强调私营企业主等非公有制经济从业人员同样是"中国特色社会主义建设者"。这样,从经济上、法律上、政治上明确了非公有制经济和非公有制经济人士的合法性和正当性,从而为组织上向其敞开大门创造了前提。

非公有制经济组织党的建设还体现了中国政治体制强大的政治整合能力。中华人民共和国成立以后很长一段时间里,西方学界对中国政治的研究,无论范式如何转换,其根本立场主要就是"从价值判断或意识形态的角度来考察中国共产党领导及其创建的政治制度,对中国的社会主义政治制度基

---

① 马立诚:《交锋三十年:改革开放四次大争论亲历记》,江苏人民出版社,2008年,第200～202页。

本持否定看法,认为其应该也必将向西方的自由民主体制转型"①。20世纪80年代以后,海外学者无论是对中国的村民选举的关注(始自20世纪80年代末),还是对公民社会/社会团体发展的青睐(20世纪90年代),抑或对私营经济发展和私营企业家入党的关注(21世纪以来),都是试图发现所谓中国社会的"民主化"力量。从中国共产党执政来看,私营企业主入党问题就是一个政权如何应对经济社会发展而带来的新兴社会群体的政治整合问题。到底是排斥或压制新兴经济社会群体的诉求,还是创新制度设计以吸纳他们的诉求,考验着中国共产党的政治智慧。选择前者可能会制造出一个体制外的敌对群体而威胁政治社会稳定,选择后者则可能促进政治整合以维护社会稳定。中国共产党对私营企业主等新兴经济社会群体的成功吸纳,将其整合到现有体制当中,使他们成为现有体制的支持者而不是反对者,从实践上来说,这使中国保持了经济社会的长期稳定,体现了中国政治体制强大的政治整合能力;从理论上来说,也破除了西方政治社会学关于中产阶级的壮大必然带来所谓民主转型的理论预设。这些中国实践都非当代西方社会科学理论所能解释,这也是亟须构建中国哲学社会科学理论体系的原因所在。

---

① 王可园、齐卫平:《从体制转型到国家治理:海外当代中国政治研究的重心转换》,《当代中国史研究》2023年第1期。

附　录

非公有制经济组织党的建设质量调查问卷

尊敬的女士/先生：

您好！为了解新时代非公有制经济组织党的建设的基本情况,我们向您发放这份问卷。本调查采取不记名方式,请您按照自己的实际情况和真实想法填写问卷。问卷的所有信息只用于学术研究,绝对不泄露个人隐私,敬请放心!

衷心感谢您对本次调查的大力支持!

"新时代提高非公有制经济组织党的建设质量研究"课题组

2022年10月

一、个人基本情况

1.您出生于_____年。

2.您的性别是:_____

A.男　　　　　　　　B.女

3.您的受教育程度是:_____

A.初中及以下　　　　　B.高中/中专　　　　　C.大学专科

D.大学本科　　　　　　E.硕士研究生及以上

4.您的政治面貌是:_____

A.党员(党龄_____年)　　B.预备党员　　　　C.共青团员

D.民主党派　　　　　E.无党派人士　　　　　F.群众

5.您的户籍所在地是_____省(自治区/直辖市)_____市(区/县)。

6.您长期居住在_____省(自治区/直辖市)_____市(区/县)。

7.您的收入是(元/年):_____

A.10万(含)及以下　　B.10万~20万(含)　　C.20万~30万(含)

303

D.30万～40万（含）　　　E.40万～50万（含）　　F.50万以上

8.您在目前企业已经工作的时长是(请填写)_____

9.您在目前企业中担任的角色是：_____

A.一线员工　　　　　　　B.中层管理人员　　　　C.高层管理人员

D.出资人/主要负责人　　　E.其他(请填写)_____

10.您平时比较关注哪些方面的话题或新闻(可多选)：_____

A.金融理财　　　　B.娱乐八卦　　　　　C.旅游美食

D.时事政治　　　　E.体育军事　　　　　F.没有特别关注的主题

G.其他(请填写)：_____

11.当您在工作、生活中碰到困难时,您首先想到向谁寻求帮助：_____

A.领导　　　　　　B.工会/妇联/共青团　　　　C.党组织

D.同事　　　　　　E.亲朋

二、企业基本情况

12.您所在企业的性质是：_____

A.民营/私营企业　　　　　B.外商投资企业　　　C.港澳台企业

D.中外合资/合作企业　　　E.股份合作制企业　　F.转制企业

G.其他(请填写)_____

13.您所在企业的员工人数是：_____

A.50人以下　　　　B.50～100人　　C.101～300人

D.301～1000人　　　E.1000人以上

14.您所在企业中是否有党员：_____

A.有　　　　　　　B.无　　　　　　C.不清楚

15.您所在企业中是否有党组织：_____

A.有　　　　　　　B.无　　　　　　C.不清楚

16.您所在企业员工的入党积极性：_____

A.非常高　　　B.比较高　　　C.一般　　　D.非常低　　　E.说不清

17.您认为绝大多数同事的入党动机是(可多选)：_____

A.看到别人入党,自己也想入　　　B.为了个人政治前途

C.有利于提高社会地位　　　　　　D.有机会提高收入

E.觉得入党光荣　　　　　　　F.为共产主义事业而奋斗　　　G.说不清

18.您觉得所在企业发展党员时,最主要的三个标准依次是:___、___、__。

A.政治觉悟　　　　　B.业务水平　　　　　C.职位高低

D.单位内人际关系　　E.社会关系　　　　　F.受教育程度

G.个人人品　　　　　H.不清楚

19.您所在企业的主要领导(出资人或主要负责人等)中间,是否有党员:_____

A.是　　　　　　　　B.否　　　　　　　　C.不清楚

20.您所在企业的主要领导(出资人或主要负责人)中间,是否有人担任党代表、人大代表、政协委员等职务:_____

A.是　　　　　　　　B.否　　　　　　　　C.不清楚

21.您所在企业的主要领导(出资人或主要负责人)对企业党建工作的态度是:_____

A.积极支持,认为党建工作能够促进企业的发展

B.为了和政府搞好关系,毕竟有很多事务要跟政府打交道

C.政府要求的,不开展党建不行

D.无所谓,爱怎么做就怎么做

E.不支持,企业不需要党建

F.不太清楚

22.您认为所在企业的党员:_____

A.经常发挥模范带头作用　　　　　B.偶尔发挥模范带头作用

C.看不出有什么模范带头作用　　　D.达不到党员的基本要求

23.您认为党组织在本企业发挥的作用是(可多选):_____

A.团结党员和群众　　　　　　　　B.提升党在广大员工中的形象

C.促进企业(组织)文化发展　　　　D.促进本单位的业务发展

E.为广大员工提供服务和帮助　　　F.以上都没有

24.您对"党建也是生产力""党建强则生产强、业务强"这样的观点的看法是:_____

A.非常赞同　　　　　B.比较赞同　　　C.不太赞同

D.很不赞同　　　　　E.说不清

25.当本企业员工在工作、生活中碰到困难时,党组织或党员是否会主动及时提供帮助:_____

A.会　　　　　B.不会　　　　　C.不清楚

如果您是党员,请继续填写下面的问卷

26.当前您的党组织关系在:_____

A.目前工作所在企业的党组织(如选此答案,请跳至第28题)

B.工作所在地的流动党组织

C.工作所在地的楼宇或园区的联合党组织

D.户籍所在村居党组织

E.在自己手中保管

F.以往工作单位的党组织

G.读书时的学校党组织

H.其他(请填写)_____

27.您没有将党组织关系转入目前工作的企业中来的原因是:_____

A.目前企业没有独立党组织　　　B.不想转,太麻烦了

C.不知道怎么转　　　　　　　　D.企业党组织不愿意接收

E.转到企业来党费太贵　　　　　F.其他(请填写)

28.您所在党组织的党员人数是:_____

A.3人以下　　　　B.3~49人　　　　C.50~100人

E.100人以上　　　G.不清楚

29.您所在党组织中哪个年龄段的党员居多:

A.18~30岁　　　　B.31~40岁　　　　C.41~50岁

D.51岁及以上　　　E.不清楚

30.您在党组织中(党委/总支/支部)担任的职务是:_____

A.书记　　　　B.副书记　　　　C.委员(组织、纪检或宣传委员等)

D.无职务　　　E.其他(身兼多职,请填写):_____

31.您交纳党费的方式:_____

A.按时当面交纳　　B.参加组织活动时交纳　　C.线上转账交纳

D.被提醒交纳　　　　E.不交纳

32.您对所在党组织党费收缴、管理、使用情况：＿＿＿＿＿＿＿＿＿

A.非常了解　　　B.比较了解　　　C.不太了解　　　D.不了解

33.您所在党支部开展组织生活的频率是：＿＿＿＿＿＿＿＿

A.1月1次　　　　　　B.1季度1次　　　　　C.半年1次

D.1年1次　　　　　　E.从未有过　　　　　　F.不清楚

34.您所在党支部开展组织生活的内容有(可多选)：＿＿＿＿＿＿

A.政治理论学习　　　　　B.传达党中央和上级党组织文件

C.开展批评和自我批评　　D.发展党员或处理违纪党员

E.时政热点讨论　　　　　F.观看红色电影/参观红色基地

G.党员内部交流学习　　　H.慰问老党员

I.上党课　　　　　　　　J.其他(请填写)：＿＿＿＿＿＿＿

35.您所在党支部开展组织生活的方式有：＿＿＿＿＿＿＿

A.线下活动为主　　　B.线上活动为主　　　C.其他(请填写)：＿＿＿＿＿

36.您所在党支部的党员参加支部活动情况是：＿＿＿＿＿＿＿＿＿

A.非常好,都能积极参加　　　　B.比较好,大多数人会积极参加

C.不太好,少数人会积极参加　　D.不好,很少人会参加

37.您所在企业的最高级别党组织是：＿＿＿＿＿＿＿＿＿

A.独立党支部　　　B.党总支　　　C.党委　　　D.临时党支部

E.联合党支部　　　F.不清楚　　　G.其他(请填写)＿＿＿＿＿＿

38.您所在企业最高级别党组织的书记是：＿＿＿＿＿＿＿＿

A.普通员工　　　　B.中层管理人员　　　　C.高层管理人员

D.党建联络员/党建指导员　　　E.不清楚　　　　F.其他(请填写)：＿＿＿＿

39.您所在企业的党组织隶属于：＿＿＿＿＿＿＿＿＿

A.企业所在街镇　　　B.企业所属行业部门　　　C.企业所在村居

D.企业所属园区、楼宇、商圈等领域的党组织　　　E.不清楚

40.您所在企业是否有专职党务工作人员(指专门从事企业党务工作的人员,而不是由其他人来兼任党务工作)：＿＿＿＿＿＿＿＿＿

A.有　　　　　B.没有　　　　　C.不清楚

41.您所在企业是否给予从事党务工作的同志物质补贴:＿＿＿＿＿＿＿

A.是　　　　　　　B.否　　　　　　　C.不清楚

42.您所在企业党组织的活动经费来源是(可多选):＿＿＿＿＿＿＿

A.企业设有专项党建基金　B.上级党组织的党建工作专项资金

C.地方财政补助　　　　　D.上级党组织的划拨(包括党费返还)

E.自筹解决　　　　　　　F.不清楚　　　G.其他(请填写)＿＿＿＿＿

43.您所在企业的党组织在工作中面临的困难有(可多选):＿＿＿＿＿＿

A.缺乏经费　　　　　　　B.缺乏专门时间　　　C.缺乏场地

D.缺乏专职党务工作者　　E.党员不积极　　　　F.党员难集中

G.领导不支持　　　　　　H.影响本职工作

I.组织活动形式单调乏味　J.其他(请填写)＿＿＿　K.不清楚

44.您所在企业的党组织作出重要决策前,是否经过党支部/党总支/党委讨论研究:＿＿＿＿＿＿＿＿

A.全部　　　　　B.大部分是　　　　　C.少部分是

D.从来没有　　　E.不清楚

45.您所在企业的党组织参加区域化党建联建的频率是:＿＿＿＿＿＿＿

A.1月1次　　　　B.1季度1次　　　　C.半年1次

D.1年1次　　　　E.不清楚

46.您所在企业的党组织在区域化党建联建中的主要做法有(可多选):＿＿

＿＿＿＿＿＿

A.认领居民微心愿

B.与区域单位联合开展各类活动(主题党课、交流参观等)

C.向社会捐款捐物

D.进社区为居民服务

E.不清楚

F.其他(请填写)＿＿＿＿＿

47.您对所在企业的党建工作的建议是:＿＿＿＿＿＿＿＿＿＿＿＿＿

＿＿＿＿＿＿＿＿＿＿＿＿＿＿＿＿＿＿＿＿＿＿＿＿＿＿＿＿＿＿＿

＿＿＿＿＿＿＿＿＿＿＿＿＿＿＿＿＿＿＿＿＿＿＿＿＿＿＿＿＿＿＿

再次感谢您的支持!

二、访谈提纲

1.请介绍一下您所在企业的基本情况,包括企业历史、企业规模、生产与经营内容、企业的管理架构等。

2.请介绍一下您所在企业党组织建设的情况。如党员数量、年龄与性别结构、学历层次等。

3.请介绍企业党组织建设历程、党组织设置情况,特别是各级党组织负责人担任行政职务情况等。

4.请介绍一个您所在企业党组织书记(党委/总支/支部书记)的基本情况。如年龄、性别、党龄、工作履历、学历,以及党组织书记担任企业行政职务的情况。

5.您所在企业的主要负责人(或出资人)是党员吗? 其对党组织活动的态度怎么样?

6.您所在企业的党组织是否有专职党务工作者、是否有专门的党建经费及活动场地?

7.请介绍一下您所在企业的党组织发展党员的程序、标准和数量情况。每年有多少人提交入党申请书? 每年的入党名额有多少?

8.您所在企业的党组织在党员/特别是流动党员的教育管理等方面有哪些举措? 您所在企业中有没有党员,但是组织关系未迁到企业来的情况? 有多少这种情况?

9.除了官方的规章制度外,您所在企业党支部有没有制定自己的相关规章制度(如组织活动、党员教育管理、支部建设等方面)?

10.您所在企业党组织开展组织生活的方式有哪些,频率怎么样? 请介绍一下企业党员参与党组织生活的渠道、内容与频率?

11.您所在企业党组织一年组织过几次党课,或是外地参观、观影、志愿服务等活动?

12.您觉得所在企业党组织开展组织生活/党员教育管理方面存在的问题或困难有哪些?

13.您所在企业的党员通过哪些渠道了解企业的党建工作和党务工作?

14.您觉得所在企业的党员在企业生产、经营中发挥了什么样的作用?

15.您所在企业的党组织在企业日常经营管理中起到了什么样的作用? 通过哪些方式或渠道参与企业的生产、经营、管理?

16.您所在企业的党组织企业参与区域化党建或社会治理活动的渠道、形式、内容有哪些? 请介绍一下您所在企业党组织及党员参与社区治理情况。

17.您所在企业的党组织是否及如何运用网络等信息技术来开展党务工作的?

18.您所在企业的党建工作有哪些创新做法和典型案例? 面临的主要困难有哪些?

19.您觉得非公有制企业党建工作的标准和要求和体制内党建工作的标准、要求有什么不同?

20.您对做好非公企业党建工作有哪些建议吗?

三、访谈对象

序号	编码	性别	年龄	职务 (主要工作内容)	现单位工作 时长(月)	现单位党务 工作时长(月)	主要工作经历
1	20220913 WYF	男	31	专职党务工作者	3	3	6年国企、4年民企党务工作经历
2	20220915 YLJ	女	32	公司行政 兼职党务、支部书记	120	84	2012年毕业加入现公司
3	20220921 CSH	男	39	行政主管 兼职具体党务工作	13	9	企业工作

续表

序号	编码	性别	年龄	职务（主要工作内容）	现单位工作时长（月）	现单位党务工作时长（月）	主要工作经历
4	20220921ZL	男	50	行政总裁兼党委书记	84	12	某集团执行总裁、某集团副总裁兼首席人力资源官、某公司首席人力资源官、某集团总裁助理兼人力资源总监、某公司人力资源经理
5	20220921ZWJ	男	35	党内：专职副书记，保密委员 行政：事务经理	12	12	此前在某干部学院工作
6	20220922ZL	女	40	党群服务中心书记、副主任，镇综合党委专职副书记	72	72	2008年至今一直在上海某镇人民政府工作，先后从事社区、宣传、党建领域工作。
7	20221018LZL	男	49	公司内主要负责后勤，党内为支部书记	120	48	某公司送牛奶
8	20221018LZL	男	54	后勤、安全、党建、工会，工会主席	60	48	—
9	20221019XCM	女	41	党总支记；党群办：后勤、安全、党建、工会	180	72	某企业下属印刷厂工作
10	20221020FJ	女	48	行政总裁兼职党支部书记	72	36	上海某果蔬食品有限公司
11	20221021WF	男	35	组织委员	156	96	某公司
12	2022117WAT	男	64	总裁	228	180	1978年入伍，曾任党支部书记，1995年退伍；在某区委宣传部做了7年党务工作，后下沉至某镇做党务工作
13	20221021LB	男	61	退休前为副总裁兼任党支部书记	96	48	有18年国有企业总经理和16年兼任党委书记的经历
14	20221025ZGL	男	53	支部副书记、工会主席，人事课长	300	132	早年在上海重型机器厂工作
15	20221025WWP	男	41	党群服务中心（两新党建负责人）	60	60	在某区图书馆工作8年，某镇社保中心就业
16	20221026FH	女	42	党群服务中心党支部书记，副主任	—	—	2007年到某镇组织人事科
17	20221027SSB	男	50	党委书记、技术中心总监	156	60	民企研发工作
18	20221028CJH	男	45	支部书记、科长	28	16	1997—1999年上海消防兵
19	20221028XM	女	37	党支部书记、董事会秘书，综合管理部经理	168	84	2008大学毕业后在某公司工作
20	20221031NJQ	男	52	党支部委员、工会主席，负责摩托车赛事的副总经理	192	156	毕业后中学教书16年（1990—2006年），2006年后就到现公司任职

续表

序号	编码	性别	年龄	职务（主要工作内容）	现单位工作时长（月）	现单位党务工作时长（月）	主要工作经历
21	20221101 LQY	女	54	镇工会主席,镇社会党委专职书记,党群服务中心主任。	—	24	社保科当了16年书记,社区事务受理中心2年党支部书记,后来转入党群中心
22	20221101 LTY	女	28	党群服务中心,负责两新工作。	48	48	大学毕业后到党群服务中心工作
23	20221101 TCL	男	61	镇原社会党委委员,负责两新工作（2012—2022年）	—	—	原来在敬老院做2年支部书记,1993年到成人教育学校做老师
24	20221101 SY	女	42	党群服务中心主任	60	60	2004年到机关单位（督察室,和纪委差不多性质）,2017年到党群中心做主任
25	20221101 CTN	女	40	支部书记、总经理	120	36	做过银行管培生
26	20221101 WX	女	33	组织委员,战略发展部副部长	108	24	2013年毕业就到公司
27	20221103 YQ	女	30	支部书记,武装部部长;行政职务是企划部部长,也管人力资源	108	84	2013年毕业后在,在企划部门工作,2015年担任副书记,2020年任支部书记
28	20221103 GTW	男	72	工会副主席、党办主任,负责民主管理,	132	132	1968年进入沪东造船厂,后来当了文艺兵,一开始在侦察排,从副班长到班长,文书,在步兵连和炮兵连当排长。到了地方后在某造船厂宣传科工作
29	20221103 ZFH	女	48	工会主席,生产副总	192	132	一直在现公司工作
30	20221103 CDX	男	57	党内职务:支部书记;行政职务:集团办公室主任,高层管理人员,负责人力资源、行政、党务、安保等事务	192	96	原来在县粮食局工作。从米厂、饲料加工厂再到面粉加工厂、粮食检测中心。曾任面粉有限公司法人代表。2002年自己出去到河南工作了几年,2006年到现公司来,2014年左右开始做党务工作
31	20221104 CH	女	56	质量副总、支部书记	216	168	原来跟老板一起在某公司工作,后来跟着老板出来单干。2005年公司发展起来。任分管品质的副总
32	20221104 ZXY	女	50	生产副总,区党代表、支部书记	22	24	某酒店餐饮部工作
33	20221104 SXR	男	77	总经济师,管财务	192	192	原来是高级工程师。曾任某镇镇长,区政府城投公司党委书记、总经理,建交委调研员岗位退休
34	20221107 PSL	男	44	总经理兼党支部书记	192	60	某企业创始人

序号	编码	性别	年龄	职务（主要工作内容）	现单位工作时长（月）	现单位党务工作时长（月）	主要工作经历
35	20221107 HLR	女	41	人力资源总监兼党支部书记	180	120	在民营企业做了7年的团支部书记
36	20221108 WHY	女	43	总经办主任、支部副书记	120	60	主要在台资、美资企业做供应商质量管理
37	20221108 ZXT	男	46	副总经理	6	6	6年金融央企和10多年民营企业工作经历
38	20221108 YXL	女	32	行政经理、党务工作	60	24	2017年入职本企业，2020年开始接触党务工作，2022年成为预备党员
39	20221108 TJH	男	30	机械部、研发部经理、组织委员	4	4	三资企业4年党务工作经历
40	20221109 WZQ	女	46	人事经理兼工会主席	312	120	毕业后就入职现公司
41	20221109 YLY	女	52	行政副总经理、支部书记	60	60	曾做过语文老师
42	20221109 SLH	女	49	行政经理（群众）	72	72	20多年的行政工作经历
43	20221109 SLW	女	41	生产运营部经理	48	96	在外商独资企业工作2年
44	20221109 WPJ	男	38	采购部经理	108	36	在某企业负责运营策划工作
45	20221110 CDS	男	80	副总裁	216	180	2002年7月—2005年5月任浙江某化妆品有限公司副总经理；2005年6月—2021年10月任上海某化妆品有限公司副总裁、荣誉董事长
46	20221111 QL	男	40	创始人	58	54	一直从事科技工作，2018年1月创办公司
47	20221111 JJY	女	35	办公室主任、合伙人	58	54	以前在市区做人事、财务工作，2018年1月加入公司
48	20221111 LXY	女	40	支部副书记	252	48	企业创始人之一
49	20221111 XQ	女	37	副总经理兼总经办主任、宣传委员	132	108	—
50	20221114 YXC	男	73	副总经理,监事会主席	156	156	1979年在仪表厂上班，上山下乡，做过生产队队长，1984—1990年药厂厂长和专职支部书记，1990—2000年在上海医药工业研究院工作，2009年入职本企业
51	20221025 WDH	女	38	党群服务中心主任	36	36	2015—2019年第一季度任居民区书记
52	20221025 YKC	男	33	党群服务中心副主任	120	72	大学生村官

序号	编码	性别	年龄	职务（主要工作内容）	现单位工作时长（月）	现单位党务工作时长（月）	主要工作经历
53	20221117CMF	女	58	生产负责人	180	180	1981年参加工作，1998—2007年在某制药厂下的合资企业任党支部书记
54	20221118WZW	男	40	总裁办主任	180	132	毕业后就入职现公司
55	20221121YDL	男	59	党支部副书记（前任）、工会主席、对外联络办公室主任	324	228	1983年参加工作，1985年调入上海某啤酒厂
56	20221121LSB	男	29	镇党群服务中心"两新"党建工作人员	24	0	之前在企业工作过三四年
57	20221123QF	女	54	董事、行政副总	192	192	1985年参加工作，任果品公司开票员；1992年到区供销社工作
58	20221123HWH	女	52	办公室主任	396	192	原党支部委员，2022年9月换届退下来
59	20221124JH	男	41	支部书记、中国区中方事务代表、人力资源总监	156	48	最早在某企业做人力资源部经理，2009年1月正式加入现公司
60	20221207	男	70	咨询顾问、党支部书记	48	48	1952年出生，1969年入伍，1986转业。50年党龄，部队入党，1987县委组织部工作，之后调至闵行网格化治理中心，2012年退休
61	20221118WJ	女	40	兼职党务工作者	222	193	2003年6月至今嘉兴某有限公司副总经理
62	20221118XQ	男	59	董事长助理、支部书记	72	108	15年国企和6年民企党务工作经验
63	20221118FSH	男	28	IT、组织委员	36	36	7年民企党务工作经验
64	20221118YJM	男	47	党支部书记	29	86	党龄29年，历任某电器集团党支部书记、某电力科技股份有限公司党支部书记
65	20221118HHM	男	43	公司品质部经理/支部组织委员	252	72	21年港资企业工作经历
66	20221118TLT	女	28	专职党务工作者	60	60	镇党建办工作

参考文献

一、中文文献

（一）文献

1.《列宁专题文集（论无产阶级政党）》，人民出版社，2009年。

2.《列宁专题文集（论资本主义）》，人民出版社，2009年。

3.《建国以来毛泽东文稿》（第一册），中央文献出版社，1987年。

4.《建国以来毛泽东文稿》（第四册），中央文献出版社，1990年。

5.《毛泽东选集》（第一、二、三、四卷），人民出版社，1991年。

6.《毛泽东文集》（第三卷），人民出版社，1996年。

7.《毛泽东文集》（第五卷），人民出版社，1996年。

8.《毛泽东文集》（第六卷），人民出版社，1999年。

9.《毛泽东文集》（第七卷），人民出版社，1999年。

10.《毛泽东年谱（1893—1949）（修订本·上卷）》，中央文献出版社，2013年。

11.《毛泽东年谱（1849—1976）》（第一卷），中央文献出版社，2013年。

12.《毛泽东年谱（1849—1976）》（第二卷），中央文献出版社，2013年。

13.《刘少奇选集》（上卷），人民出版社，1981年。

14.《刘少奇选集》（下卷），人民出版社，1985年。

15.《刘少奇论合作社经济》，中国财政经济出版社，1987年。

16.《刘少奇论新中国经济建设》，中央文献出版社，1993年。

17.《周恩来选集（下）》，人民出版社，1984年。

18.《陈云文选》（1926—1949），人民出版社，1984年。

19.《陈云文选》（1949—1956），人民出版社，1984年。

20.《陈云文选》（1956—1985），人民出版社，1986年。

21.《邓小平文选》（第一、二卷），人民出版社，1994年。

22.《邓小平文选》（第三卷），人民出版社，1993年。

23.《江泽民文选》（第一、二、三卷），人民出版社，2006年。

24.《胡锦涛文选》（第一、二、三卷），人民出版社，2016年。

25.《习近平谈治国理政》（第二卷），外文出版社，2017年。

26.《习近平谈治国理政》（第四卷），外文出版社，2022年。

27.《张闻天选集》，人民出版社，1985年。

28.《瞿秋白选集》，人民出版社，1985年。

29. 李维汉：《回忆与研究（下）》，中共党史出版社，2013年。

30.《十一届三中全会以来重要文献选编》，中共中央党校出版社，1981年。

31.《三中全会以来重要文献选编》（上），人民出版社，1982年。

32.《三中全会以来重要文献选编》（下），人民出版社，1982年。

33. 江西省档案馆编：《中央革命根据地史料选编》（下册），江西人民出版社，1982年。

34.《十一届三中全会以来重要文献简编》，人民出版社，1983年。

35.《十二大以来重要文献选编》（上），人民出版社，1986年。

36.《十二大以来重要文献选编》（中），人民出版社，1986年。

37.《十二大以来重要文献选编》（下），人民出版社，1988年。

38.《中共中央文件选集》（第2册），中共中央党校出版社，1989年。

39.《十三大以来重要文献选编》（上），人民出版社，1991年。

40.《十三大以来重要文献选编》（中），人民出版社，1991年。

41.《中共中央文件选集》（第15册），人民出版社，1991年。

42. 中华人民共和国农业委员会办公厅编：《农业集体化重要文件汇编（1958—1981）》，中共中央党校出版社，1991年。

43.《建国以来重要文献选编》（第三册），中央文献出版社，1992年。

44. 中国社会科学院、中央档案馆编：《中华人民共和国经济档案资料选编·工商体制卷（1949—1952）》，中国社会科学出版社，1993年。

45.《建国以来重要文献选编》（第四册），中央文献出版社，1993。

46.《建国以来重要文献选编》（第七册），中央文献出版社，1993。

47.《十三大以来重要文献选编》（下），人民出版社，1993年。

48.《十四大以来重要文献选编》（上），人民出版社，1996年。

49.《十一届三中全会以来党的历次全国代表大会中央全会重要文件选编》（上），中央文献出版社，1997年。

50.《十四大以来重要文献选编》（中），人民出版社，1997年。

51.《十五大以来重要文献选编》（上），人民出版社，2000年。

52.《十五大以来重要文献选编》（中），人民出版社，2001年。

53. 国家工商行政管理局个体私营经济监管司编：《个体私营经济法规集成》，中国工商出版社，2001年。

54. 中央组织部办公厅、中央办公厅法规室编：《中国共产党党内法规选编（1996—2000）》，法律出版社，2001年。

55. 中共长沙市委组织部编：《党的基层组织建设常用文件选编》，内部资料，2001年。

56.《十五大以来重要文献选编》（下），人民出版社，2003年。

57.《宪法和宪法修正案辅导读本》，中国法制出版社，2004年。

58.《十六大以来重要文献选编》（上），人民出版社，2005年。

59.《十六大以来重要文献选编》（中），人民出版社，2006年。

60. 中华全国工商业联合会编：《中国私营企业大型调查（1993—2006）》，中华工商联合出版社，2007年。

61.《十六大以来重要文献选编》（下），人民出版社，2008年。

62.《十七大以来重要文献选编》（上），人民出版社，2009年。

63.《建国以来重要文献选编》（第九册），中央文献出版社，2011年。

64.《建国以来重要文献选编》（第十册），中央文献出版社，2011年。

65.《建国以来重要文献选编》（第十一册），中央文献出版社，2011年。

66.《建国以来重要文献选编》（第十五册），中央文献出版社，2011年。

67.《建国以来重要文献选编》（第十七册），北京：中央文献出版社，2011年。

68.《建党以来重要文献选编》（第一册），中央文献出版社，2011年。

69.《建党以来重要文献选编》（第二册），中央文献出版社，2011年。

70.《建党以来重要文献选编》（第三册），中央文献出版社，2011年。

71.《建党以来重要文献选编》（第四册），中央文献出版社，2011年。

72.《建党以来重要文献选编》（第五册），中央文献出版社，2011年。

73.《建党以来重要文献选编》（第七册），中央文献出版社，2011年。

74.《建党以来重要文献选编》（第八册），中央文献出版社，2011年。

75.《建党以来重要文献选编》(第九册),中央文献出版社,2011年。

76.《建党以来重要文献选编》(第十册),中央文献出版社,2011年。

77.《建党以来重要文献选编》(第十二册),中央文献出版社,2011年。

78.《建党以来重要文献选编》(第十四册),中央文献出版社,2011年。

79.《建党以来重要文献选编》(第十九册),中央文献出版社,2011年。

80.《建党以来重要文献选编》(第二十三册),中央文献出版社,2011年。

81.《建党以来重要文献选编》(第二十五册),中央文献出版社,2011年。

82.《建党以来重要文献选编》(第二十六册),中央文献出版社,2011年。

83.《十七大以来重要文献选编》(中),人民出版社,2011年。

84.《十七大以来重要文献选编》(下),人民出版社,2013年。

85.《中共中央文件选集(1949年10月—1966年5月)》(第37册),人民出版社,2013年。

86.《中华全国工商业联合会简史(1953—2013)》,中华工商联合出版社,2013年。

87.《十八大以来重要文献选编》(上),人民出版社,2014年。

88. 中共上海市社会工作委员会:《"两新"组织党建工作文件选编》,内部资料,2015年。

89.《十八大以来重要文献选编》(中),人民出版社,2016年。

90.《习近平总书记系列重要讲话读本(2016年版)》,学习出版社、人民出版社,2016年。

91.《习近平关于社会主义经济建设论述摘编》,中央文献出版社,2017年。

92.《十八大以来重要文献选编》(下),人民出版社,2018年。

93.《<中共中央关于深化党和国家机构改革的决定><深化党和国家机构改革方案>辅导读本》,人民出版社,2018年。

94.《十九大以来重要文献选编》(上),中央文献出版社,2019年。

95.《十九大以来重要文献选编》(中),中央文献出版社,2019年。

96.《基层党建工作常用文件选编》,党建读物出版社,2021年。

97.《党的二十大文件汇编》,党建读物出版社,2022年。

(二)专著

1.陈光金、吕鹏主编:《中国私营企业调查综合报告(1993—2016):从高速增长到高质量发展》,社会科学文献出版社,2019年。

2.陈文斌、邵纬生编：《中国资本主义工商业的社会主义改造（中央卷）》（下），中共党史出版社，1993年。

3.陈真、姚洛合：《中国近代工业史资料（第一辑）：民族资本创办和经营的工业》，生活·读书·新知三联书店，1957年。

4.方雷等：《新时代"两新"组织党建创新形态研究》，山东大学出版社，2021年。

5.冯波：《非公企业党建研究》，中国传媒大学出版社，2012年。

6.傅铿：《文化：人类的镜子——西方文化理论导引》，上海人民出版社，1990年。

7.傅桃生：《非公有制经济组织党建工作理论研究》，人民出版社，2003年。

8.顾龙生：《毛泽东经济年谱》，中共中央党校出版社，1993年。

9.郭鸿泰：《非公有制企业党建工作的理论与实践》，中央文献出版社，2002年。

10.黄宏主编：《井冈山精神》，人民出版社，2005年。

11.黄孟复主编：《中国民营经济史·大事记》，社会科学文献出版社，2009年。

12.黄孟复主编：《中国民营经济史·纪事本末》，中华工商联合出版社，2010年。

13.李青主编：《中国共产党对资本主义和非公有制经济的认识与政策》，中共党史出版社，2004年。

14.李占才主编：《中国新民主主义经济史》，安徽教育出版社，1990年。

15.厉以宁、单忠东：《风物长宜放眼量——"非公经济36条"落实情况区域调查》，经济科学出版社，2008年。

16.凌耀伦等：《中国近代经济史》，重庆出版社，1982年。

17.马立诚：《交锋三十年：改革开放四次大争论亲历记》，江苏人民出版社，2008年。

18.马齐彬等：《中国共产党执政四十年（1949—1989）》，中共党史资料出版社，1989年。

19.潘君祥、王仰清:《上海通史(第8卷):民国经济》,上海人民出版社,1999年。

20.逄先知、金冲及编:《毛泽东传1949—1976》(上),中央文献出版社,2003年。

21.邱观建:《非公有制企业党的建设研究》,湖北人民出版社,2008年。

22.沙健孙等:《中国共产党和资本主义、资产阶级》(上、下册),山东大学出版社,2005年。

23.宋志平:《中国企业改革发展2018蓝皮书》,中国商务出版社,2019年。

24.万典武:《当代中国商业简史》,中国商业出版社,1998年。

25.王炳林主编:《中国共产党与私人资本主义》,北京师范大学出版社,1995年。

26.王河主编:《中国非公有制企业党建工作》,上海人民出版社,2002年。

27.王克忠:《非公有制经济论》,上海人民出版社,2003年。

28.王世谊:《非公有制经济组织党建运行机制研究:以江苏省为例》,中国社会科学出版社,2014年。

29.谢海东:《中国非公有制企业劳资关系研究》,江西人民出版社,2010年。

30.熊月之主编:《上海通史(第12卷):当代经济》,上海人民出版社,1999年。

31.许毅主编:《中央革命根据地财政经济史长编》(上册),人民出版社,1982年。

32.薛暮桥、苏星、林子力等:《中国国民经济的社会主义改造》,人民出版社,1959年。

33.张厚义:《中国私营企业发展报告》,社会科学文献出版社,2004年。

34.张厚义等:《中国私营企业发展报告No.1(1978—1998)》,社会科学文献出版社,1999年。

35.张厚义等:《中国私营企业发展报告No.4(2002)》,社会科学文献出版社,2003年。

36.张志勇:《中国往事30年》,经济日报出版社,2009年。

37.赵淑梅:《以真理的名义:中共党内"左"、右倾话语分析(1927—1949)》,中共党史出版社,2014年。

38.郑谦主编:《中华人民共和国史(1966—1976)》,人民出版社,2010年。

39.庄跃成主编:《党建创新看浙江》,浙江人民出版社,2008年。

40.[美]杰克·普拉诺:《政治学分析辞典》,胡杰译,中国社会科学出版社,1986年。

41.[美]塞缪尔·亨廷顿:《变化社会中的政治秩序》,王冠华等译,生活·读书·新知三联书店,1989年。

42.[德]托马斯·海贝勒:《作为战略群体的企业家:中国私营企业家的社会与政治功能研究》,吴志成等译,中央编译出版社,2003年。

43.[美]乔纳森·特纳:《情感社会学》,孙俊才、文军译,上海人民出版社,2007年。

44.[美]蔡欣怡、何大明:《后街金融:中国的私营企业主》,何大明、湾志宏译,浙江人民出版社,2013年。

(三)期刊论文

1.《"万企帮万村",书写脱贫伟业的民企华章》,《中国产经》2021年第8期。

2.《2021年江苏省国民经济和社会发展统计公报》,《统计科学与实践》2022年第3期。

3.《2021年上海国民经济和社会发展统计公报》,《统计科学与实践》2022年第3期。

4.《加强改革系统集成协同高效,推动各方面制度更加成熟更加定型》,《中国金融家》2019年第9期。

5.《解放初期上海私营工商业情况》,《档案与史学》2001年第4期。

6.《习近平给"万企帮万村"行动中受表彰的民营企业家的回信》,《中国产经》2018年第11期。

7.《以更大力度扎实做好非公有制企业党的建设工作》,《党建研究》2012

年第4期。

8.《中华人民共和国国民经济和社会发展第十一个五年规划纲要》,《全国人民代表大会常务委员会公报》2006年第3期。

9.蔡文华:《组织融合与文化协同:非公企业党建工作难点及其解决之道》,《理论导刊》2017年第7期。

10.常胜:《非公企业党建合法性探究》,《理论月刊》2013年第9期。

11.陈健:《我国民营经济促进共同富裕的难点及其化解》,《云南师范大学学报(哲学社会科学版)》2022年第4期。

12.陈向群:《在新的历史起点上努力开创非公有制企业党建工作新局面》,《求是》2012年第15期。

13.陈永杰:《2006年中国民营经济发展分析》,《中国工业经济》2007年第11期。

14.陈永杰:《民营经济税收贡献究竟有多少》,《中国民商》2016年第2期。

15.初明利、张敏:《民营企业党建嵌入公司治理的思路与模式》,《天津师范大学学报(社会科学版)》2011年第1期。

16.初明利:《嵌入公司董事会的民营企业党建机制创新研究》,《兰州学刊》2011年第4期。

17.戴焰军:《把握非公企业党建的普遍性与特殊性》,《中国党政干部论坛》2018年第8期。

18.单东:《民营经济论》,《浙江社会科学》1998年第2期。

19.丁俊萍、甘久翔:《改革开放以来我国非公有制经济组织党建工作的历史考察及其经验总结》,《社会主义研究》2010年第1期。

20.董志强、魏下海:《党组织在民营企业中的积极作用——以职工权益保护为例的经验研究》,《经济学动态》2018年第1期。

21.杜仕菊、刘林:《党建顾问:新时代非公企业党建模式新探》,《中共福建省委党校学报》2018年第8期。

22.段治文、郑玥:《论"党的建设质量"内涵体系的整体性把握》,《观察与思考》2020年第3期。

23.方世南、尤西虎:《提高新时代党的建设质量研究》,《中国特色社会主义研究》2018年第1期。

24.非公有制经济发展问题与对策研究课题组:《制度、市场与非公有制经济》,《经济社会体制比较》2004年第3期。

25.冯筱才:《一九五八年至一九六三年中共自由市场政策研究》,《中共党史研究》2015年第2期。

26.付佳迪、高红波:《积极分子与政治结构的稳定性——基于非公党建行动者策略的考察》,《社会主义研究》2016年第6期。

27.付佳迪、邱观建:《融合与超越:非公有制企业党的建设中的文化自信》,《学校党建与思想教育》2017年第1期。

28.关海庭:《1933年至1934年期间中共中央对民族资产阶级的政策》,《中共党史研究》1988年第1期。

29.郭朝先、李成禅:《新中国成立70年来我国民营企业发展成就及未来高质量发展策略》,《企业经济》2019年第9期。

30.郭朝先:《民营经济发展30年》,《经济研究参考》2008年第49期。

31.郭为桂:《在结构与行动之间:非公有制经济领域党的组织力成长略考》,《长白学刊》2019年第1期。

32.郭晓燕:《中国共产党对非公经济的认识与重新定位》,《中共党史研究》2007年第1期。

33.郭钟禾:《我国个体、私营企业简析》,《经济研究参考》1993年第Z1期。

34.何薇:《新中国成立初期对私人资本主义的利用和限制》,《党的文献》2010年第1期。

35.何晓斌、柳建坤:《政治联系对民营企业经济绩效的影响研究》,《管理学报》2020年第10期。

36.何轩、马骏:《党建也是生产力——民营企业党组织建设的机制与效果研究》,《社会学研究》2018年第3期。

37.何轩、马骏:《执政党对私营企业的统合策略及其效应分析:基于中国私营企业调查数据的实证研究》,《社会》2016年第5期。

38.洪向华、解超:《智能技术赋能基层党建的顶层设计、底层逻辑与发展前景》,《中共天津市委党校学报》2022年第5期。

39.胡博成:《包容性耦合:非公企业党建与基层社会治理的内在逻辑研究》,《中共福建省委党校学报》2018年第11期。

40.黄德均:《私营企业:现状、特点与未来——全国私营企业调查综述》,《南开经济研究》1989年第3期。

41.黄健:《个体私营经济,一支不可忽视的力量》,《经济研究参考》1997年第94期。

42.黄健:《私营经济发展趋势及对策》,《经济研究参考》1994年第Z2期。

43.黄孟复:《2003年中国民营经济发展形势分析》,《中国科技产业》2004年第1期。

44.黄一玲:《整合视野下非公经济组织中党组织拓展研究》,《求实》2016年第1期。

45.季文一:《论第一次世界大战前后(1912—1926年)浙江民族资本主义经济的发展》,《杭州大学学报(哲学社会科学版)》1992年第4期。

46.江宇:《用辩证的观点看待改革面临的重大关系》,《红旗文稿》2015年第11期。

47.焦连志、桑玉成:《"回归社会":非公经济组织党建的理念变革与创新》,《理论探讨》2015年第5期。

48.康燕雪:《以创新获取民营企业家的认同机制研究——基于对泉州市32家非公企业典型示范党组织的调查》,《中共福建省委党校学报》2014年第8期。

49.李俊:《非公企业党建内在动力培育研究——基于政党认同的视角》,《中共天津市委党校学报》2012年第2期。

50.李明伟、宋姝茜:《新时代非公企业基层党组织建设质量提升探究》,《新视野》2019年第5期。

51.李如鹏、高汝伟、李荔:《关于非公经济理念需要进一步更新》,《学术论坛》2010年第10期。

52.李欣欣:《1998年我国个体私营经济十大特点》,《经济研究参考》1999年第96期。

53.李源潮:《以改革创新精神加强非公企业党的建设》,《党建研究》2012年第4期。

54.林常颖:《非公党建工作项目化运作研究——以泉州市为例》,《中共福建省委党校学报》2016年第5期。

55.林超超:《一九五六年前后的自由市场政策与城市商品供应》,《中共党史研究》2019年第1期。

56.林建华:《民营经济领域意识形态现状及问题研究——基于部分民营企业出资人和职业经理人的调查分析》,《毛泽东邓小平理论研究》2016年第4期。

57.林立公、杨绪盟:《非公有制经济组织党建体制机制创新初探》,《马克思主义研究》2010年第11期。

58.林兴初:《基层党建的实践逻辑和经验启示——基于浙江台州市的考察分析》,《北京工业大学学报(社会科学版)》2012年第1期。

59.刘红凛:《技术革命驱动政党转型发展:历史逻辑与当代演绎》,《政治学研究》2021年第6期。

60.刘红凛:《政治建设、组织力与党的建设质量——新时代党的建设三大新概念新要求》,《思想理论教育》2018年第7期。

61.刘立峰:《民间投资增速下滑现象透视》,《宏观经济管理》2016年第8期。

62.刘林:《社会主义核心价值体系引领非公企业党建工作研究》,《中共成都市委党校学报》2020年第6期。

63.刘先春、陈慧瑞:《新时代提高党的建设质量的若干思考》,《兰州大学学报(社会科学版)》2021年第2期。

64.刘笑言、郝东明:《体制·文化·过程:当下中国政治生态现状的三维审视》,《社会科学》2016年第11期。

65.刘笑言:《党治社会:区域化党建过程中的内卷化倾向研究》,《社会科学》2020年第6期。

66.刘一鸣、王艺明:《民营企业党建与劳动生产率——一个政治经济分析》,《经济科学》2022年第6期。

67.刘玥玥、席猛:《民营企业党组织对促进企业劳动关系和谐发展的作用研究——以安徽虹亚集团为例》,《中国人力资源开发》2018年第2期。

68.刘长庚、王宇航、江剑平:《党组织能提高企业劳动收入份额吗?——基于中国民(私)营企业调查数据的实证研究》,《上海财经大学学报》2022年第1期。

69.刘宗洪:《无行政权力依托基层党组织的工作创新研究》,《探索》2010年第4期。

70.罗平汉:《一九四七年下半年解放区土改运动中的"左"倾错误及其纠正》,《中共党史研究》2005年第2期。

71.彭丽:《以柔性管理提升非公企业党建工作实效》,《人民论坛》2019年第10期。

72.齐卫平:《质量强党:新时代推进党的建设的战略新思维》,《新疆师范大学学报(哲学社会科学版)》2019年第2期。

73.邱耕田:《党员意识淡化的表现、危害、成因和对策》,《社会主义研究》1997年第6期。

74.邱观建、付佳迪:《从"戴红帽子"到"多元主体共治":非公党建中企业家的行动逻辑》,《社会科学研究》2016年第1期。

75.邱海平:《实现民营经济健康发展、高质量发展——深入学习习近平总书记关于发展民营经济的重要论述》,《人民论坛》2023年第7期。

76.任晓猛、钱滔、潘士远:《新时代推进民营经济高质量发展:问题、思路与举措》,《管理世界》2022年第8期。

77.任映红:《非公企业党建评价体系的探索与构建》,《江汉论坛》2007年第1期。

78.施成杰:《民营经济发展40年:五次争论及其启示》,《重庆理工大学学报(社会科学)》2019年第5期。

79.寿明辉:《上海私营经济发展趋势和今后对策》,《上海农村经济》1995年第10期。

80.陶庆:《嬗变、缺位和弥补:政治安排中私营企业主利益表达——皖南宣城市的实证分析》,《社会科学研究》2004年第6期。

81.陶周颖、王瑜:《主体嵌入与功能融入:基层协商治理中党组织的行动逻辑分析——基于苏州市L社区"民生协商项目"的个案研究》,《学习论坛》2022年第4期。

82.童强:《上海"两新"组织党建的发展历程与实践探索》,《上海党史与党建》2021年第4期。

83.汪海波:《对发展非公有制经济的历史考察——纪念改革开放40周年》,《中国经济史研究》2018年第3期。

84.汪仲启:《空间结构变迁与城市基层党建发展——以我国城市商务楼宇党建实践为例》,《理论视野》2020年第1期。

85.王炳林、马荣久:《从社会心理看私人资本主义在新中国头七年的历史命运》,《中共党史研究》2006年第2期。

86.王可园,齐卫平:《政治赋权与政治一体化:1832年英国选举权扩大的政治分析》,《华东师范大学学报(哲学社会科学版)》2015年第2期。

87.王可园、郝宇青:《政治权利与阶级意识——19世纪英国议会改革对工人运动改良主义的影响》,《当代世界与社会主义》2016年第6期。

88.王可园、齐卫平:《改革开放以来非公有制经济组织党建理论的创新发展》,《党的文献》2019年第5期。

89.王可园:《农村基层党组织组织力的困境及出路——基于"结构—过程—文化"视角的分析》,《江西师范大学学报(哲学社会科学版)》2020年第1期。

90.王可园:《习近平关于促进非公有制经济发展的重要论述及其价值》,《福州大学学报(哲学社会科学版)》2021年第3期。

91.王鹏、周金龙:《信息化背景下非公企业党建如何高质量发展》,《东岳论丛》2021年第8期。

92.王世谊、方世南:《苏南发达地区非公有制经济组织党建运行机制研究》,《苏州大学学报(哲学社会科学版)》2010年第6期。

93.王世谊、郭昭如:《代际分析下的非公有制经济组织基层党组织网络建设分析》,《云南行政学院学报》,2011年第1期。

94.王世谊、王婷:《近年来非公企业党的建设研究述评》,《新视野》2011年第6期。

95.王世谊:《建立促进科学发展的规模以上非公企业党建绩效考核评价体系——以江苏省为例》,《理论探讨》2012年第1期。

96.王世谊:《新经济组织党的建设运行机制探索——以苏南地区为例》,《中共中央党校学报》2009年第1期。

97.王永华:《加强非公企业党建工作:问题与对策》,《中共天津市委党校学报》2016年第3期。

98.王玉鹏、李鑫:《非公企业党建"有效覆盖"的现实困境及破解路径》,《中州学刊》2020年第10期。

99.王珍珍、周利梅、张建威:《中国共产党百年民营经济发展取得的辉煌成就与伟大经验》,《经济研究参考》2021年第22期。

100.魏继昆:《以初心和使命为引领提高党的建设质量》,《当代世界与社会主义》2019年第4期。

101.文军、陈雪婧:《社区协同治理中的转译实践:模式、困境及其超越——基于行动者网络理论的分析》,《社会科学》2023年第1期。

102.肖红军、阳镇、张哲:《私营企业党组织嵌入、企业家地位对企业社会责任的影响》,《管理学报》2022年第4期。

103.谢健、付映杰:《民营企业党建与企业可持续发展研究——基于温州34家民营企业的调查》,《中共福建省委党校学报》2013年第2期。

104.邢中先:《百年回眸:中国共产党民营经济政策发展的历史演进与内在逻辑》,《企业经济》2021年第6期。

105.徐军:《非公经济人士和自由择业知识分子政治参与的比较研究》,《学习与实践》2012年第6期。

106.杨年强:《"纪念改革开放 40 周年全国个私协会非公有制企业党建工作座谈会"在湘召开》,《光彩》2018 年第 7 期。

107.杨小勇、闫慧慧:《促进新时代共同富裕实现与民营经济发展的良性互动研究》,《中国经济问题》2023 年第 2 期。

108.姚靖:《"凑合式作为":基层非公企业党务工作者行为的一种理论解释——基于 Y 市 G 高新区的实证分析》,《理论月刊》2021 年第 7 期。

109.姚靖:《非公企业党建效能极化现象的形成机理与破解路径》,《湖北社会科学》2023 年第 5 期。

110.姚靖:《政党入企:国家与社会双向赋能的中国实践》,《党政研究》2021 年第 4 期。

111.叶子鹏:《新时代党的建设质量评价标准研究》,《理论视野》2023 年第 2 期。

112.余威:《党组织参与治理的民营企业更"乐善好施"吗?——基于慈善捐赠视角的实证检验》,《云南财经大学学报》2019 年第 1 期。

113.原东良、周建:《非公党建能够促进民营企业参与光彩事业吗——基于第十一次全国私营企业调查的微观数据》,《当代财经》2020 年第 5 期。

114.岳伟:《新时代非公企业党建:价值澄明与策略选择——基于上海市 JD 区的调研》,《中国延安干部学院学报》2020 年第 2 期。

115.张慧:《嵌入性理论:发展脉络、理论迁移与研究路径》,《社会科学动态》2022 年第 7 期。

116.张克:《从地方社工委到中央社会工作部:党的社会工作机构职能体系重塑》,《行政论坛》2023 年第 3 期。

117.张菀洺、刘迎秋:《开拓政治经济学中国话语新境界——中国民营经济理论的创新发展》,《中国社会科学》2021 年第 6 期。

118.张旭东:《改革开放以来关于私营经济发展的五次大争论》,《党史纵横》2008 年第 5 期。

119.章高荣:《组织同构与治理嵌入:党建何以促进私营企业发展——以 D 市 J 科技园企业党建为例》,《经济社会体制比较》2019 年第 6 期。

120.赵大朋:《新形势下"两新"党组织功能的激活与实现:挑战与对策》,《理论月刊》2019年第2期。

121.赵付科:《党的建设质量论》,《理论探索》2020年第4期。

122.赵淑梅:《区域化党建:困境与进路》,《中州学刊》2016年第6期。

123.赵彦云等:《北京市私营经济发展和现状实证研究》,《经济研究参考》1997年第26期。

124.郑红亮、吕建云:《中国私营经济发展30年:理论争鸣和改革探索》,《管理世界》2008年第10期。

125.郑长忠:《党建工作与非公企业有机融合的逻辑、空间与机制》,《毛泽东邓小平理论研究》2019年第11期。

126.中共全国工商联党组:《坚定不移促进民营经济发展壮大》,《求是》2023年第4期。

127.周文、司婧雯:《民营经济发展与共同富裕》,《财经问题研究》2022年第10期。

128.周永生:《小土产与大市场:自由市场开放前后上海中药材采购研究(1956—1958)》,《中共党史研究》2022年第4期。

129.祝丽敏、赵晶、孙泽君:《党组织建设对企业社会责任承担的影响机理研究》,《经济理论与经济管理》2023年第3期。

130.祝全永:《非公有制企业党组织"家族化"倾向的成因及对策探析》,《理论导刊》2008年第4期。

(四)重要报纸文章

1.《中华人民共和国公司法》,《人民日报》2005年11月2日。

2.《关于加强和改进流动党员管理工作的意见》,《人民日报》2006年6月29日。

3.《基层组织建设开创新局面》,《人民日报》2007年7月13日。

4.《关于加强和改进非公有制企业党的建设工作的意见(试行)》,《人民日报》2012年5月25日。

5.《巩固发展最广泛的爱国统一战线,为实现中国梦提供广泛力量支持》,

《人民日报》2015年5月21日。

6.《立足我国国情和我国发展实践，发展当代中国马克思主义政治经济学》，《人民日报》2015年11月25日。

7.《在网络安全和信息化工作座谈会上的讲话》，《人民日报》2016年4月26日。

8.《别让民营企业的心悬着——关于当前民间投资增速下滑现象和原因的调查报道》，《人民日报》2016年6月13日。

9.《中共中央政治局召开会议》，《人民日报》2016年7月27日。

10.《中央经济工作会议在北京举行》，《人民日报》2016年12月17日。

11.《在民营企业座谈会上的讲话》，《人民日报》2018年11月2日。

12.《2018—2022年全国干部教育培训规划》，《人民日报》2018年11月2日。

13.《改革开放40年全国个体工商户增长500多倍》，《人民日报》2018年12月9日。

14.《深化金融供给侧结构性改革增强金融服务实体经济能力》，《人民日报》2019年2月24日。

15.《习近平栗战书汪洋王沪宁赵乐际分别参加全国人大会议一些代表团审议》，《人民日报》2019年3月11日。

16.《中国共产党党员教育管理工作条例》，《人民日报》2019年5月22日。

17.《中共中央关于坚持和完善中国特色社会主义制度，推进国家治理体系和国家能力现代化若干重大问题的决定》，《人民日报》2019年11月6日。

18.《中共中央关于制定国民经济和社会发展第十四个五年规划和二〇三五年远景目标的建议》，《人民日报》2020年11月4日。

19.《中办印发〈意见〉加强新时代民营经济统战工作》，《人民日报》2020年9月16日。

20.《中国共产党组织工作条例》，《人民日报》2021年6月3日。

21.《中央经济工作会议在北京举行》，《人民日报》2022年12月17日。

22.《党和国家机构改革方案》，《人民日报》2023年3月17日。

23.《从2012年1085.7万户增长到2021年4457.5万户》，《人民日报》2022

年3月23日。

24.《关于在全党大兴调查研究的工作方案》,《人民日报》2023年3月20日。

25.李东明:《切实加强非公有制经济组织、新社会组织党建工作》,《光明日报》2009年12月3日。

26.《江苏非公企业建党工团取得进展》,《新华日报》2010年12月25日。

27.《播撒"党的种子":江苏省非公企业党组织覆盖率超九成》,《新华日报》2017年1月12日。

28.任一龙:《"36条"出台后私营企业数量净增100万户》,《人民政协报》2007年2月16日。

29.《新中华报》1937年7月9日。

30.李景田:《在全国非公有制企业党建工作经验交流会上的讲话》,《组织人事报》2003年9月3日。

31.《做活变强,茁壮成长:非公经济步入发展壮大新时代》,《文汇报》2012年8月15日。

32.《本市集中推进"两个覆盖"工作,"两新"组织党组织覆盖率圆满完成既定目标》,《解放日报》2017年4月1日。

33.国家工商总局:《党的十八大以来全国企业发展分析(2012年9月—2017年9月)》,《中国工商报》2017年10月26日。

34.《高质量党建助推非公企业高质量发展——党的十八大以来非公企业党建工作综述》,《河北日报》2021年6月10日。

35.赵玉金:《民营经济发展回顾与启示:从"五老火锅宴"谈起》,《中华工商时报》2021年7月22日。

36.阮博:《不断提高新时代党的建设质量》,《中国教育报》2018年7月5日。

37.《红色引擎如何助企发展? 来看浙江非公企业党组织发挥实质作用的十年》,《浙江日报》2021年5月20日。

（五）学位论文

1.李少斐:《非公有制经济领域党建问题新论——基于组织资源开发视角的分析》,博士学位论文,天津师范大学,2006年。

2.李清亮:《中国民营经济发展研究——从制度变迁视角看民营经济合法性地位的确立和制度环境的改善》,博士学位论文,复旦大学,2012年。

3.弓联兵:《政治吸纳与组织嵌入:执政党统合私营企业的逻辑与路径分析》,博士学位论文,复旦大学,2012年。

4.侯俊:《非公企业党的建设中党员教育管理创新研究》,博士学位论文,武汉理工大学,2013年。

5.董大伟:《改革开放以来党的非公有制经济政策演进研究(1978—2016)》,博士学位论文,中共中央党校,2017年。

6.赵丽:《我国非公有制经济发展问题研究》,博士学位论文,东北师范大学,2017年。

7.翁兆祥:《非公有制企业党组织覆盖问题研究——以2000年以来黑龙江省绥芬河市为例》,硕士学位论文,吉林大学,2017年。

8.刘小雨:《政治过程视角下非公企业家对党建的态度研究——以七家非公企业党建为例》,硕士学位论文,华东师范大学,2019年。

9.郝晓康:《从组织进入到功能提升:非公企业党建工作研究——以上海市S企业为例》,硕士学位论文,华东师范大学,2020年。

10.徐敏:《自我弥合:非公有制企业党组织的"策略性生存"——基于上海市八家企业的考察》,硕士学位论文,华东师范大学,2023年。

二、英文文献

1.Tony Saich,"Negotiating the State: The Development of Social Organization-sin China", *The China Quarterly*, Vol.161,2000.

2.Chen An, "Capitalist Development, Entrepreneurial Class, and Democratiza-tionin China", *Political Science Quarterly*, 117(3), 2002.

3.Bruce Dickson, *Red Capitalists in China: the Party, Private Entrepreneurs, and Prospectsfor Political Change*, Cambridge University Press, 2003.

4.Gilles Guihexu, "The Political Participation of Entrepreneurs: Challenge or Opportunity for the Chinese Communist paty?" *Social Research*, Vol. 73, No. 1, 2006.

5.Kellee Tsai, *Capitalists without Democracy: the Private Sector in Contempo-rary China*, Cornell University Press, 2007.

6.Yan Xiaojun, " To Get Rich is not Only Glorious: Economic Reform and the New Entrepreneurial Party Secretaries", *The China Quarterly*, 2012(210).

7.Patricia M. Thornton, " The New Lifeofthe Party: Party- Building and Social Engineeringin Greater Shanghai", *The China Journal*, No. 68, 2012.

8.Bruce Dickson," Who wants to be A Communist? Career Incentives and Mo-bilizaed Loyalty in China", *The China Quarterly*, 2014(217).

9. Daniel Koss, *Where the Party Rules: The Rank and File of China's Commu-nist State*, Cambridge University Press, 2018.

后　记

　　2025年2月，习近平在民营企业座谈会上讲话时强调，民营经济发展前景广阔，大有可为，民营企业和民营企业家大显身手正当其时。改革开放以来，包括民营经济在内的非公有制经济从小到大、从弱到强，在发展生产、创新科技、服务民生、参与治理等方面发挥着越来越重要的作用，非公有制经济已经成为我国社会主义市场经济的重要组成部分，成为我国经济社会发展的重要力量。非公有制经济健康发展、非公有制经济人士健康成长，离不开中国共产党的领导。加强非公有制经济组织党的建设，提高非公有制经济组织党的建设质量，是新时代加强党的建设新的伟大工程的重要组成部分，是巩固党在非公有制经济领域执政基础的必然要求。

　　本书是我主持的2019年国家哲学社会科学基金一般项目"新时代提高非公有制经济党的建设质量研究"（项目编号：19BDJ015）的结项成果，也是我的第一本关于中国共产党建设方面的著作。2019年7月立项到2023年6月提交结项成果，整整四年时间，我对中国的非公有制经济、中国共产党与非公有制经济的关系、非公有制经济组织党的建设等议题有了初步的了解，我本人也从此前主要从事农村农民问题研究转向了中国共产党建设问题研究。这些年来，我越来越意识到研究中国政治、研究中国共产党，仅仅关注党的领导人的讲话是不够的，还必须关注紧随其后的政策制定以及政策执行。为此，我尝试构建一个"话语—制度—实践"三层次的问题思考框架，既关注党的领导人说了什么，又关注党推动制定了哪些制度，同时，关注这些制度的具体实践状况。据此，我既尽可能收集百余年来党的领导人关于非公有制经济的相关论述，又尽可能收集各个历史时期党制定的相关政策文件，厘清其政策发展脉络。最后,我对当前非公有制经济组织党的建设状况进行了深入调查,力争了解非公有制经济组织党的建设最真实的情况,在此基础上,提出了一些提高非公有制经济组织党的建设质量的对策建议。当然,我对这一领域的认识还有待深化,书中提出的一些观点、所用的方法、所得出的结论肯定还有许多不能令人满意的地方,但也算是个尝试。

在课题的申报和开展及本书写作过程中,我们得到许多人的指导和帮助。我的博士生导师齐卫平教授引领我从农村农民研究顺利地转向中国共产党建设研究,指导我如何写作党建方面的课题申报书,教会我如何写作党建主题的学术论文。尤其是齐老师身体力行的实践精神和严谨务实的治学态度总是激励着我们晚辈奋力前行,不敢懈怠。郝宇青教授总是能够在随意的言谈中激发我们的灵感,让人找到方向。华南师范大学马克思主义学院陈金龙教授、湖北师范大学马克思主义学院周青山教授、湖北师范大学马克思主义学院唐兴军教授、湖北师范大学马克思主义学院杨灿教授、中共浙江衢州市委党校姜裕富教授、华东师范大学政治与国际关系学院王子蘄教授,都给予我许多有益的指导和建议,为本书的研究打下了坚实的基础。

本书的最终完成,还要感谢许多实务部门的领导。时任上海市奉贤区委组织部副部长黄军华、时任上海市奉贤区委组织部"两新"组织科科长黄颖、上海市奉贤区金汇镇党群服务中心方红主任、上海市奉贤区庄行镇党群服务中心王丹红主任、上海市奉贤区青村镇党群服务中心沈瑜主任、上海市奉贤区西渡街道党群服务中心干部王文培、上海市闵行区吴泾镇党群服务中心杨希主任、上海市闵行区浦江镇党政办张彦宏主任、上海市闵行区浦江镇党群服务中心张丽副主任,他们的精心组织安排,才使得调研工作顺利开展。没有他们的帮助,本书的完成是不可能的。更要感谢接受我们访谈的数十位企业党务工作者、党员及其他员工。他们的配合和真诚,是保证本研究质量的最后也是最重要的关口。在此,虽然无法一一列出他们的名字,但我总是心怀感激。

课题和本书的完成是大家共同努力的结果。华东师范大学马克思主义学院博士生徐敏、廖小红、杜晓童,硕士生丘淑媛、隋佳琦等参与了许多调研和访谈,并负责访谈资料的整理。徐敏、廖小红、杜晓童参与了本书部分章节的写作,硕士生隋佳琦运用他娴熟的技术对数据和图表进行了处理,在此一并感谢。

本书的出版,还要感谢天津人民出版社的领导和编辑,尤其是王玮和曹忠鑫两位编辑的细致审读,大大提高了本书的质量。最后,我想说的是,虽然我们已经尽了最大努力,但是,由于水平有限,书中错漏之处在所难免,我们热忱欢迎来自各方的批评。

王可园

2025年3月7日于华东师范大学闵行校区办公室